LE BARON CHARLES DE MARTENS.

GUIDE DIPLOMATIQUE

OU

TRAITÉ

DES DROITS, DES IMMUNITÉS ET DES DEVOIRS
DES MINISTRES PUBLICS,
DES AGENS DIPLOMATIQUES ET CONSULAIRES,
DANS TOUTE L'ÉTENDUE DE LEURS FONCTIONS;

PRÉCÉDÉ DE
CONSIDÉRATIONS GÉNÉRALES SUR L'ÉTUDE DE LA DIPLOMATIE;

SUIVI
D'UN TRAITÉ DU STYLE DES COMPOSITIONS DIPLOMATIQUES,
D'UNE BIBLIOGRAPHIE DIPLOMATIQUE CHOISIE,
ET
D'UN CATALOGUE SYSTÉMATIQUE
DE CARTES DE GÉOGRAPHIE ANCIENNE ET MODERNE,
RÉDIGÉ PAR M. CH. PICQUET.

Nouvelle Edition,

REVUE, RECTIFIÉE ET AMÉLIORÉE DANS TOUTES SES PARTIES,
AUGMENTÉE DE NOTES, DE DÉVELOPPEMENS ET D'APPENDICES
Extraits des Ouvrages
DU COMMANDEUR S. PINHEIRO-FERREIRA, DU COMTE D'HAUTERIVE, DU PROF. DE FÉLICE,
S' GRAVESANDE, ETC., ETC.

PAR M. DE HOFFMANNS.

TOME PREMIER *BIS*,

CONTENANT LES APPENDICES.

PARIS.
A LA LIBRAIRIE DIPLOMATIQUE, FRANÇAISE ET ÉTRANGÈRE
DE J. P. AILLAUD,
QUAI VOLTAIRE, 11.

1837.

GUIDE

DIPLOMATIQUE.

TOME PREMIER *BIS*,

CONTENANT LES APPENDICES.

« Quel plus noble emploi que de représenter le Souverain, de parler au nom de la patrie, de faire le sort des empires, et d'être en quelque sorte l'oracle et l'arbitre de l'univers ! »

(*Éloge du* Président Jeannin.)

PARIS. — IMP. DE CASIMIR,
Rue de la Vieille Monnaie, 12.

LE BARON CHARLES DE MARTENS.

GUIDE DIPLOMATIQUE

OU

TRAITÉ

DES DROITS, DES IMMUNITÉS ET DES DEVOIRS

DES MINISTRES PUBLICS,

DES AGENS DIPLOMATIQUES ET CONSULAIRES,

DANS TOUTE L'ÉTENDUE DE LEURS FONCTIONS;

PRÉCÉDÉ DE

CONSIDÉRATIONS GÉNÉRALES SUR L'ÉTUDE DE LA DIPLOMATIE;

SUIVI

D'UN TRAITÉ DU STYLE DES COMPOSITIONS DIPLOMATIQUES,

D'UNE BIBLIOGRAPHIE DIPLOMATIQUE CHOISIE,

ET

D'UN CATALOGUE SYSTÉMATIQUE

DE CARTES DE GÉOGRAPHIE ANCIENNE ET MODERNE,

RÉDIGÉ PAR M. CH. PICQUET.

Nouvelle Edition,

REVUE, RECTIFIÉE ET AMÉLIORÉE DANS TOUTES SES PARTIES,

AUGMENTÉE DE NOTES, DE DÉVELOPPEMENS ET D'APPENDICES

Extraits des Ouvrages

DU COMMANDEUR S. PINHEIRO-FERREIRA, DU COMTE D'HAUTERIVE, DU PROF. DE FÉLICE,

'S GRAVESANDE, ETC., ETC.

PAR M. DE HOFFMANNS.

TOME PREMIER *BIS*,

CONTENANT LES APPENDICES.

PARIS,

A LA LIBRAIRIE DIPLOMATIQUE, FRANÇAISE ET ÉTRANGÈRE

DE J.-P. AILLAUD,

QUAI VOLTAIRE, 11.

1837.

TROISIÈME PARTIE.

APPENDICE.

DES NÉGOCIATIONS,

OU

DE L'ART DE NÉGOCIER,

PAR M. DE FÉLICE.

(Article extrait du *Code de l'Humanité* *.)

Par le terme de *négociation*, on entend communément l'art de manier les affaires d'État, en tant qu'elles regardent les intérêts respectifs des grandes sociétés qui sont censées indépendantes, et se trouver entre elles dans la liberté naturelle. Il n'est pas étonnant que l'éclat des affaires de cette espèce en impose assez aux hommes, pour les porter à donner à l'art de traiter ces affaires le nom qui devrait convenir à l'art de traiter les affaires en général, qu'elles soient publiques ou particulières. C'est le plus grand intérêt d'une nation, qui décide de la valeur d'une idée, et c'est cette valeur qui est exprimée par les termes qu'on reçoit exclusivement dans une langue.

Cependant la *négociation* ne se borne point aux affaires qui se traitent de peuple à peuple : elle a lieu partout où il y a des différends à concilier, des intérêts à ménager, des hommes à persuader, et où il s'agit de faire réussir un dessein. Toute la vie, par conséquent, peut être regardée comme une *négociation* continuelle. Nous avons sans cesse besoin de gagner des amis,

* En 1833, un auteur que nous nous abstenons de nommer, autant par égard que par rapport à la gravité du fait, a reproduit et tronqué ce même article, qu'il n'a pas craint de donner comme étant du célèbre (Albert) DE HALLER, *dont il prétend posséder le manuscrit autographe*. Il est à regretter qu'un homme qui ne saurait être indifférent à l'opinion que l'on peut concevoir de sa véracité ait recours à de pareils moyens pour donner du relief à ses productions.

de ramener des ennemis, de redresser des impressions désavantageuses, de faire entrer les hommes dans nos vues, et de nous servir enfin de tous les ressorts propres à faire prospérer nos projets. Il est des affaires de particulier à particulier qui, par le choc des passions, par la contrariété des caractères, et par la différence de la façon de penser des parties, deviennent si embrouillées, qu'elles ne demandent pas moins d'art et d'habileté pour être terminées, qu'un traité de paix entre les plus grandes puissances. J'ai vu traiter une bagatelle, qui, par la difficulté de réunir un grand nombre de personnes différentes d'état, de nation, de religion et de sentimens, occasiona autant de pourparlers, exigea autant de finesse, et causa autant de peine que l'affaire la plus importante.

Quoique l'art de négocier les affaires publiques ait mérité jusqu'ici et mérite encore préférablement notre attention, l'étendue et l'utilité de celui de traiter les affaires en général devrait nous engager à ne pas le négliger. Son examen sera d'autant plus nécessaire, que la théorie de la *négociation*, prise dans le sens le plus universel, est commune aux affaires de toute espèce, et que la *négociation* publique ne diffère de la particulière que par son objet et par quelques nuances de l'exécution, accommodées à la diversité des circonstances. Il ne sera donc pas inutile de faire la recherche des règles de la *négociation* en général, et de les appliquer alors à la publique avec les modifications requises.

A cet effet, j'aurai besoin de quelques principes relatifs à la théorie des passions, et je dois présupposer ces principes en faveur de la brièveté et pour éviter le dégoût des répétitions.

Pour ne point tâtonner dans l'obscurité, et pour ne point tomber dans des inconséquences continuelles, il est indispensable de se former une idée nette de l'affaire à traiter et d'en dresser un plan bien lié, et pour le fond et pour les moyens les plus propres pour obtenir le but désiré. Il est des hommes naturellement inquiets, qui s'agitent sans cesse, qui portent leur inconstance d'objet en objet, et qui, sans dessein arrêté, s'occupent de tout sans paraître occupés. Ce défaut gagne souvent ceux qui décident du sort des nations. Une cour a des vues vagues d'agrandissement; elle veut se faire valoir et jouer un rôle parmi les puissances, ou son ministère veut immortaliser son nom par un vain bruit : cette cour sera donc continuellement dans une action inefficace, s'occupera sans savoir de quoi, et ses ambassadeurs, pour parer le reproche d'inutilité, négocieront pour négocier. Qui plus est, quelques politiques ont voulu tourner en maxime cette inquiétude infructueuse, et donner pour règle qu'il ne faudrait jamais être sans *négociation*. Cependant, à côté des contradictions et des incertitudes que cette vaine ardeur de négocier met dans la conduite des États et des particuliers, elle alarme encore à contre-temps ceux avec lesquels nous avons à traiter. En voyant notre agitation, qu'ils ne supposeront point porter sur des riens, ils nous prêtent des desseins vastes et cachés, et se défient de nos démarches les plus innocentes.

C'est en fixant par un projet bien concerté l'état de l'affaire en question qu'on prévient ces inconvéniens. La sagesse combine ce projet pour le fond, et la prudence choisit les moyens pour en assurer l'exécution. Dans les affaires particulières, la même personne qui tâche de faire réussir un plan est obligée encore à le former en entier. A cet effet, il est nécessaire de savoir l'art de dresser un projet et de lier si bien les différentes parties, qu'elles se prêtent un secours mutuel. Mais cet art est une science différente de la *négociation*, qui, à proprement parler, n'est que la science des moyens pour mettre en exécution un plan déjà tout formé.

Dans les affaires publiques, le cas est différent; le négociateur suit son instruction, fondée sur un plan dressé par son souverain, et il ne lui reste que la gloire d'une heureuse exécution des ordres de son maître. Mais quoiqu'il ne puisse pas ranger son projet pour le fond de l'affaire, il n'aura pas moins besoin d'en former un pour faciliter la réussite de son instruction. Il examinera tous les ressorts, il choisira ceux qu'il doit mettre en jeu, et il les subordonnera si bien entre eux que ceux même qui pourront manquer contribuent au succès de son affaire. C'est dans ce choix que sa prudence et son habileté triomphent. Il est difficile de donner des règles à ce sujet : ce sont les circonstances qui présentent ces ressorts, qu'on ne peut pas forger à son gré, et tout ce que l'art peut faire, c'est d'enseigner la manière la plus avantageuse pour les employer.

Si le plan est formé suivant la nature de l'affaire et suivant l'exigence des moyens pour son exécution, c'est alors proprement que commence la *négociation*. De quelque espèce que soient ces moyens, ils se réduisent tous aux effets de la volonté des hommes. Les instrumens de la *négociation* sont par conséquent les hommes, et ses ressorts sont les actions auxquelles nous engageons les hommes pour concourir à notre but.

Les hommes ne sont mus que par les passions. Les actions même, qui paraissent au premier abord les plus éloignées de ce qu'on appelle communément *action passionnée*, ont pour motif quelque passion déguisée. Un homme paraît céder uniquement à la force de la raison : sa conviction dépend d'un intérêt clairement aperçu, de l'intérêt d'être convaincu, et l'intérêt est une passion qui découle de l'instinct pour la conservation. Un autre suit fidèlement les règles de la justice : cet amour de la justice est une passion mêlée de l'amour de la société et de la gloire, et nuancée encore par d'autres parties de l'instinct. Enfin la vertu même la plus pure est une passion composée de tout ce que l'instinct de l'homme a de plus relevé. Ainsi, pour faire agir les hommes, pour les convaincre, pour les persuader, il est toujours question de mettre en mouvement la passion qui doit déterminer la volonté dans le cas donné.

Tous les hommes ne sont pas sujets aux mêmes passions, ou n'en sont point animés avec une force égale. Suivant notre tempérament, la trempe de notre esprit, l'étendue de nos lumières et la nature de nos habitudes, nous nous sentons entraînés plutôt par un penchant que par un autre, et ce penchant prédominant forme la base de notre caractère. Cependant l'empire d'une passion n'est jamais assez despotique pour donner l'exclusion au reste des passions et pour les empêcher de nous dominer à leur tour, quoique avec moins de pouvoir. Ce mélange infiniment varié de passions quelquefois contradictoires, et l'instabilité de leur règne dans le même individu, forment la variété étonnante des caractères et sont la cause de l'inconsistance dont on accuse les hommes. Ainsi, pour savoir quelles passions on peut mettre en jeu pour faire agir un homme, il faut étudier son caractère, et connaître la nature de son esprit, de ses habitudes et de ses passions.

Cette étude mène à la connaissance de l'homme, art également difficile et nécessaire. Il est des gens auxquels on attribue un instinct particulier pour se connaître en hommes, et on parle de cet instinct comme d'un don immédiat de la nature. Mais ce don merveilleux, apprécié à sa juste valeur, se réduit à une branche de l'esprit observateur appliqué à l'homme moral. L'esprit observateur, occupé sans cesse à déchiffrer les marques caractéristiques qui distinguent les êtres et les phénomènes, porte la même attention sur les caractères et les actions des hommes, et devine réciproquement les effets par les causes et les causes par les effets. La facilité de se connaître en hommes est donc fondée sur des règles fines, souvent imperceptibles, mais toujours invariables, et la pratique de ces règles est assurée par une longue expérience ou par un usage réfléchi du monde, qui fournit un nombre infini d'objets de comparaison.

Le moyen le plus simple, et, à ce qu'il paraît, le plus sûr pour connaître les hommes, ce serait de les juger par leurs discours, par leurs écrits et par leurs actions. Mais dans nos mœurs le commerce de la parole est devenu si infidèle, qu'on ne pourra jamais fonder les jugemens sur les propos d'un homme sans risquer de se tromper : on est presque convenu tacitement de se payer de fausse monnaie. Les conséquences tirées des actions sont sans doute plus justes; il est impossible qu'un homme pousse assez loin l'hypocrisie pour maîtriser toujours ses passions et pour les retenir long-temps sans qu'elles s'échappent. Cependant il est des hommes assez faux pour en imposer pendant une partie de leur vie par des actions simulées, et pour empêcher que leur caractère ne se manifeste par leurs actions. La dissimulation met ainsi un grand obstacle dans l'art de connaître les hommes, et cet obstacle devient d'autant plus considérable, que les gens accoutumés à manier des affaires prennent insensiblement l'habitude de vernisser leurs propos, de masquer leurs idées, de voiler leurs penchans et de cacher leurs actions d'une manière impénétrable aux yeux les plus perçans. Quoique la vivacité et l'imprudence les trahissent quelquefois et leur extorquent des indices propres à les démasquer, ces occasions sont rares, et pour connaître les hommes il faut découvrir des marques encore plus sûres et contre lesquelles l'homme le plus dissimulé ne peut se défendre, ou contre lesquelles il est moins en garde.

Le Créateur a répandu sur tous les êtres vivans, depuis la plante jusqu'à l'homme, des signes extérieurs qui dénotent les qualités intérieures de ces êtres. Ces signes sont différens dans chaque espèce et quelquefois dans chaque individu, et forment une certaine physionomie variée à l'infini, et qui fait qu'aucun individu ne ressemble parfaitement à un autre individu de la même espèce. La bonté du Créateur a voulu nous faciliter la connaissance des êtres qui nous environnent et nous présenter ces signes comme un fil pour nous empêcher de nous égarer dans le vaste labyrinthe de la création. Un moyen aisé pour distinguer ce qui nous est utile ou nuisible, était nécessaire à notre conservation.

Dans l'homme, ces figures sont encore plus diversifiées et plus marquées. Elles dépendent sans doute de la première conformation et de l'arrangement des organes destinés à répondre aux opérations de l'âme. Cependant il est croyable que l'action non interrompue des passions habituelles donne de nouvelles impressions aux organes et altère leur constitution primitive. Quoi qu'il en soit, le caractère d'un homme est peint sur son extérieur, et pour savoir lire ce caractère, il ne faut qu'avoir les yeux exercés par l'observation. Il ne s'agit point de ces règles vagues et arbitraires, par lesquelles plusieurs auteurs prétendent enseigner à juger des qualités morales par quelques traits isolés d'un visage ou par quelques parties d'une figure. Il est question de ce composé de traits qui fait la physionomie d'un homme, et de l'ensemble de son corps, qui forme son air. Dans ce sens, la physionomie, le son de voix, le geste, la démarche, le maintien, enfin tout l'extérieur d'un homme présente des indices infaillibles de la disposition de son esprit et de son caractère. Il est autant qu'impossible de prescrire les règles de cette méthode de deviner les hommes, puisqu'elle dépend des abstractions faites de remarques fines sur des objets presque imperceptibles. Mais on peut acquérir insensiblement l'habitude de cette méthode, si, en vivant avec beaucoup de caractères variés, on observe nettement les signes extérieurs ; si l'on compare ces signes avec soin pour en tirer des marques générales, et si enfin on applique ces règles généralisées à des caractères inconnus, qu'on tâche d'approfondir après pour vérifier la justesse de l'application. Un homme attentif et bien exercé à cette étude portera au premier coup d'œil un jugement assez net, et d'autant plus certain que la dissimulation ne saura jamais altérer les signes imprimés par la nature.

Si l'examen de l'extérieur ne suffit pas pour déchiffrer un caractère, il est des indices qu'on peut tirer des choses qui paraissent d'abord les plus indifférentes. Les hommes ne se composent que dans des occasions importantes ; ils se lassent de la gêne et se relâchent dans des occurrences ordinaires, où ils ne soupçonnent aucun danger de se trahir. Cependant, rien n'est indifférent dans les occasions les plus simples : l'analogie des idées, qui nous force à n'estimer que les idées ressemblantes aux nôtres, arrache le secret des goûts de l'homme le plus caché. On jugera sûrement de son caractère par ses amis, ses connaissances, le choix de ses plaisirs et de ses lectures : on n'aura pas des indices moins sûrs par le jugement que cet homme porte de ceux qui l'environnent, des auteurs qu'il lit et des opinions qu'il embrasse ou qu'il rejette. L'analogie ou la dissemblance des idées perce partout, si l'importance du sujet ne ferme pas le cœur, qui s'ouvre aussitôt qu'il peut le faire sans conséquence. Supposé même qu'une dissimulation habituelle rende un homme attentif à toutes ses démarches et à toutes ses paroles, des questions détournées, des insinuations jetées sans affectation, des contradictions amenées à propos, dissipent le nuage dont il veut couvrir son caractère et le montrent au jour.

Si le caractère est connu et si les passions dominantes sont données, il est question de la manière de les employer pour faire agir ceux avec lesquels on a à traiter. Il est des règles qui conviennent à toutes les passions en général ; il en est qui doivent être appropriées à quelque passion particulière. De ce nombre sont celles qui regardent la passion de l'intérêt, prise dans la signification la plus étendue, en tant qu'elle comprend le penchant pour tout ce qui est utile ou à notre fortune ou à nos plaisirs.

Dans les affaires où il y a toujours un intérêt à discuter ou à obtenir, il est clair que cette passion doit jouer le premier rôle. On traite d'ailleurs à l'ordinaire avec des gens d'un certain âge, qui, devenus insensibles à la plupart des passions, ne s'occupent plus que du soin de leur fortune. Cependant on se trompe en supposant que tous les hommes agissent toujours suivant leurs vrais intérêts ; les bornes de leur esprit, l'ignorance, le préjugé, le choc des passions, obscurcissent ou éblouissent leur vue, et causent des méprises inattendues. Le faux intérêt est quelquefois si compliqué, qu'on a de la peine à le débrouiller. Les esprits médiocres sont très-propres à saisir ces petits intérêts et à se servir des petits moyens qu'ils exigent. C'est en ceci, je crois, que consiste la différence entre la *négociation* et l'intrigue, dont parlent tant d'auteurs sans l'expliquer. Le négociateur cherche plutôt à ramener les hommes aux grands intérêts et à les faire goûter à force de génie ; l'intrigant, au contraire, profite des petits intérêts qu'il devine et qu'il trouve, pendant que le grand homme n'en soupçonne pas l'existence ou qu'il dédaigne d'en tirer parti. Un homme très-borné peut devenir habile intrigant, si la passion pour la fortune l'anime; ce n'est que le génie supérieur qui peut aspirer à la gloire de la grande *négociation*.

Ce sont en partie ces erreurs sur le vrai intérêt qui ont donné occasion à la maxime commune que les esprits ne peuvent être convaincus que par de petites raisons. En d'autres termes, on pourrait dire : Les hommes médiocres ne saisissent point la combinaison des grands intérêts, et, emportés par de petites passions, ils se forgent de fausses idées de leur propre intérêt, et par conséquent il faut leur mettre ces petits intérêts devant les yeux pour les persuader. Ce cas est plus fréquent qu'on ne pense, et les grands ne sont pas plus exempts de ces faiblesses que ne l'est le vulgaire. Le maréchal de Bassompierre, après la mort du cardinal de Richelieu, son persécuteur, languissait toujours dans la Bastille, sans que l'amour de la justice et de la gloire pût engager Louis XIII à le délivrer de sa prison et à surmonter la honte d'avoir maltraité un homme qu'il avait aimé. Un courtisan fit entendre au roi que le maréchal prisonnier était entretenu aux dépens du roi, et cette raison victorieuse valut au maréchal sa liberté.

Les petites passions qui concourent avec l'ignorance pour produire ces méprises, sont en grand nombre et de toute espèce. L'amour, l'amitié, la haine, la vengeance, la jalousie, l'envie, l'avarice, en un mot le cortége entier des effets de l'instinct mal gouverné, s'allient avec l'intérêt, le confondent et le font méconnaître. Dans les affaires particulières, on en voit journellement des preuves; dans les affaires publiques même, cette observation n'est pas trop difficile à faire. Combien de petites causes de grands événemens ne nous présente pas l'étude réfléchie de l'histoire! Combien de révolutions ne voyons-nous pas causées par des rivalités, des aversions secrètes, des petites distinctions de ceux qui gouvernent les peuples! Combien de fois l'intérêt des nations n'est-il pas sacrifié à des motifs qu'on a honte d'avouer, qu'on cache avec soin et que la postérité a de la peine à deviner, tant ils semblent disproportionnés à leurs effets!

Heureusement la plupart des affaires importantes sont maniées par des gens éclairés qui sont en état de connaître les vrais intérêts et de goûter les raisons par lesquelles on les leur démontre. C'est avec des gens de cette espèce qu'on peut employer les bons principes de la *négociation*, et qu'on peut mettre en œuvre toute la force du raisonnement. Il faut avoir beaucoup de lumières, de justesse dans l'esprit, d'ordre et de netteté dans les idées, pour trouver les argumens qui arrachent la conviction, pour arranger ces argumens dans une suite conforme à leur nature, et pour les exposer de la manière la plus fréquente. Un homme qui a supérieurement cet heureux talent de bien raisonner et de l'invention dans ses raisonnemens, ne persuadera pas seulement les esprits lumineux, mais il dominera encore cette classe d'esprits froids, mais justes, dont l'imagination morte ne fournit pas le nombre requis d'idées pour composer des preuves, et qui cependant saisissent ces idées, les combinent et en tirent des conséquences aussitôt qu'on les leur présente. Les esprits de cette trempe ne peuvent pas se déterminer et se convaincre par eux-mêmes; mais ils savent souvent le faire aussitôt qu'on vient à leur secours. Enfin la vérité bien exposée triomphe de tout, si l'ignorance ou des passions contradictoires ne s'opposent pas à son action.

Il est des esprits d'une autre espèce qui sentent les preuves, qui entrent dans les vues proposées, qui peuvent être convaincus, et qui, malgré la conviction, restent pourtant dans une indolence qui les empêche d'agir. Ce sont ces esprits paresseux qu'on honore quelquefois du titre d'esprits justes, et auxquels on attribue au moins le bon sens. On est souvent étonné de voir des gens assez éclairés pour distinguer clairement le pour et le contre d'une question, et pour découvrir les raisons décisives du parti à prendre, qui ont cependant de la peine à se déterminer et qui tombent dans une irrésolution aussi nuisible dans les affaires que les fautes de précipitation. C'est l'absence des passions, cause de ce bon sens tant vanté, qui produit en même temps la conduite incertaine et chancelante des caractères froids, sur lesquels la chaleur des motifs ne fait aucune impression. Pour réussir auprès de caractères semblables, il faudra tâcher de les animer de quelque passion, de leur communiquer ce feu vivifiant, ou de réveiller au moins quelque étincelle cachée sous les cendres. Il n'est point d'homme inaccessible à toutes les passions, et qui ne porte au moins en soi des germes tout prêts à pousser, si une main habile sait les développer.

L'absence ou l'affaiblissement des passions est encore la raison du peu de service et du peu de parti qu'on tire des vieillards. Malgré la sagesse et l'expérience qu'on leur suppose, on voit languir les affaires entre leurs mains, et se ressentir de la décadence de ceux qui les traitent. La vieillesse, sujette à une crainte machinale qui mène à l'avarice, ne connaît qu'un intérêt borné, et n'est sensible qu'à l'intérêt proprement dit. Incapable de changer ses idées endurcies par l'âge et d'en recevoir de nouvelles, elle devient opiniâtre et réfractaire aux meilleures raisons, très-difficile à persuader, et encore plus difficile à remuer. Un vieillard ordinaire ne peut être tiré de son inaction que par un intérêt présent et sordide, si un hasard ne fait trouver quelque bout d'une passion avec laquelle il est encore à l'unisson. Il n'en est pas de même de la vieillesse respectable de l'homme de mérite, qui, semblable au soleil, éclaire encore après son coucher et trace des sillons de lumière. L'homme supérieur, animé de l'amour de la vertu et de la gloire, est encore embrasé de ce feu divin quand toutes les passions subalternes sont éteintes, et cette ardeur durable lui inspire les forces nécessaires pour connaître la vérité, et la volonté pour suivre ses ordres. A l'âge le plus avancé, il ne saura être ni opiniâtre, ni indolent, ni irrésolu : son âme ne connaît point d'hiver et jouit d'un printemps continuel.

Si les gens éclairés, mais froids, sont si difficiles à manier, que doit-on espérer de ces gens bornés qui manquent également d'âme et d'esprit? Un sot sans âme est le vrai roi des grenouilles de la fable. Également insensible à l'éclat de la vérité et à la chaleur des passions, il ne donne aucune prise sur lui : on ne sait où l'entamer, on ne sait comment percer dans un être aussi massif; entouré du rempart de son impénétrable stupidité, il est à l'abri de tous les coups. Il est des sots d'une autre espèce, dont l'imbécillité est accompagnée d'une foule de petites passions, et qui, malgré ce principe de vie, ne sont pas faciles à mettre en mouvement. Accoutumés à concentrer leur attention sur quelques idées bornées, ils ne peuvent les envisager que du côté éclairé par la faible lueur de leur esprit et favorable à leurs passions. Ce défaut les rend indociles, opiniâtres, inaccessibles aux nouvelles idées et à l'action des passions qui ne leur sont pas habituelles. Si l'on ne trouve pas le moyen de détourner imperceptiblement le torrent de leurs passions, et de lui en substituer un autre, on ne pourra jamais les faire agir suivant un plan qui ne leur est pas familier. On peut dire des sots en général ce que Balzac disait des femmes des bords de la Charente : *Ils n'ont pas assez d'esprit pour être trompés*. Il est toujours plus aisé de persuader et de gouverner un homme d'esprit qu'un sot décidé. Ce dernier ne présente rien de stable, aucun point d'appui sur lequel on puisse se fonder ; on croit l'avoir gagné, il échappe dans le moment, et chaque nouveau venu le domine à son tour, un sot même mieux qu'un homme d'esprit, tant l'attraction entre les esprits de la même classe est puissante !

Il est évident, par ce qui vient d'être exposé, qu'il ne suffit pas de convaincre les hommes, et qu'il est nécessaire de remuer leurs passions dans tous les cas possibles. Elles sont excitées puissamment par un intérêt manifeste et présent; mais ce cas ne peut pas entrer dans notre examen, puisqu'il n'est pas commun et qu'il n'exige aucun art. Rien de plus aisé que de persuader les hommes en marchant une bourse à la main. Il est plus avantageux d'examiner les moyens propres à réveiller les passions, quand l'objet de ces passions est éloigné ou incertain, ou quand leur intérêt est méconnu.

Si nous voulons dominer les passions d'autrui, nous devons savoir maîtriser les nôtres. Sans cet empire sur nous-mêmes, nous nous engageons sans cesse dans de fausses démarches; emportés par le courant, nous ne pouvons pas attendre les occasions, saisir les momens favorables. Nous ne savons pas employer la douceur des insinuations et le charme de la parole. Nos passions avertissent les autres de se défier de nous, et elles nous font supposer des intérêts que souvent nous n'avons point. Elles nous aveuglent assez pour nous tromper sur la nature des ressorts dont il faudrait se servir, et sur la manière de les mettre en activité. Un homme qui veut réussir en fait de *négociation* doit savoir cacher ses passions au point de paraître froid, quand il est accablé de chagrin, et tranquille, quand il est agité par les plus grands embarras. Comme il est impossible de se défaire de toute passion, et qu'il serait même dangereux d'en être privé entièrement, il faut savoir au moins les brider, et les empêcher de se montrer à découvert. Il est souvent avantageux de paraître rempli de passions, mais d'une espèce différente de celles qui nous animent en effet. Un homme passionné donne des espérances de se laisser gagner, au lieu qu'on est en garde contre un homme d'une froideur marquée. Celui qui feint des passions dépayse d'ailleurs ceux qui cherchent à prendre de l'ascendant sur lui. Une dissimulation semblable est permise et n'a rien de contraire à la probité.

Après avoir acquis cet empire sur soi-même, le premier soin du négociateur doit être de se rendre agréable à ceux avec lesquels il traite. Les hommes n'estiment que ce qui les flatte, et ne sont touchés que de ce qui leur plaît; et les plus éclairés ne sont pas exempts de cet attribut de la nature humaine, qui nous porte à priser même trop les simples agrémens. Ce penchant fait qu'on est prévenu favorablement pour tout ce qui vient de la part d'une personne aimable, que sa vue prépare déjà la persuasion, et que toutes les raisons qu'elle peut alléguer acquièrent d'avance un poids considérable. Une aversion secrète, au contraire, nous met en garde contre tout ce qu'on nous propose, nous hérisse d'entrée de difficultés, fait interpréter au plus mal toutes les paroles d'une personne désagréable, et affaiblit toute la force de son raisonnement.

Il est des agrémens qui sont un présent de la nature, et qu'on ne se donne point. Heureux ceux qui en sont favorisés, et qui portent sur leur personne la recommandation la plus puissante! Cependant un homme qui n'est pas entièrement disgracié par la nature, et qui ne choque pas au premier abord, peut acquérir des agrémens, qui, quoique moins frappans dans un inconnu, ne laissent pas de faire impression dans un commerce plus familier, et qui la font même plus sûrement et avec plus de durée, que les avantages de la figure : tels sont les signes extérieurs et tous les effets d'un esprit supérieur et d'une belle âme. Un esprit cultivé par la fleur des connaissances les plus intéressantes, une imagination riante, l'aménité de la conversation, la douceur des mœurs, ne manqueront jamais de gagner les cœurs et de faciliter à un négociateur doué de ces aimables qualités la réussite de ses entreprises.

L'amitié des hommes avec lesquels on a des affaires est indispensable encore pour un autre but. Souvent, pour régler nos démarches, nous avons besoin du secret d'autrui, ou au moins des avis sur des faits que des gens accoutumés à l'air mystérieux par l'habitude des affaires nous cachent ou nous déguisent. Les ruses de la finesse ordinaire ne forcent pas toujours les retranchemens des gens si retirés. Mais peu de personnes tiendront contre la confiance qu'un homme saura leur inspirer par la discrétion et par des manières ouvertes et caressantes. L'amitié ouvre le cœur et arrache le secret le mieux gardé.

De quelque manière qu'on tâche de convaincre les hommes,

ou d'exciter et de régler leurs passions, on a besoin du ministère de la parole.

Ce serait, au reste, agir sans prudence, que d'employer tous les ressorts de l'éloquence, sans distinction, auprès des esprits et des caractères de toute espèce. Il est des hommes qui ne sont pas sujets au pouvoir de cet art, et qui traitent les images de folie, et le geste d'affectation : c'est le cas des imaginations froides et des âmes tranquilles. Il est en effet singulier de soutenir que les gens froids demandent moins de feu dans le discours que les esprits les plus ardens, et cependant ce paradoxe est appuyé par l'expérience. Au lieu d'échauffer les imaginations mortes par la chaleur des images, on ne ferait que les prévenir contre celui qui leur parle. Chaque esprit, comme chaque corps, ne supporte qu'une nourriture proportionnée à ses forces; et on l'accable en lui présentant des mots qu'il ne peut ni goûter, ni digérer. En connaissant la portée d'un caractère, on saura quelle quantité et quelle espèce de preuves, d'images et de sentimens on ose employer, et jusqu'à quel point on osera se servir du secours de l'action. On est obligé de modérer tout, quand on parle à des hommes bornés et sans imagination, qui se laissent gagner plutôt par l'insinuation, ou par un ton simplement décisif.

Malgré les difficultés causées par des caractères de l'espèce mentionnée, qui heureusement sont rares dans la *négociation*, le pouvoir de l'éloquence surpasse tout ce qu'on en peut espérer. On trouve des gens qui sont incongrus dans leurs expressions, embrouillés dans leurs discours, et qui persuadent. Marlborough, en parlant mal français, fait changer aux États-Généraux les résolutions les plus fermes, prises suivant leurs intérêts, et fait pleurer le comte Piper. C'est l'éloquence vive de l'âme qui produit des effets si peu attendus : c'est le geste d'un homme supérieur, qui fait des impressions aussi puissantes. Par cette raison, tant d'hommes éloquens dans la conversation ne le paraissent plus dans leurs écrits; par la même raison, beaucoup de personnes résistent aux efforts de la plume, ne peuvent être convaincues par écrit, et ne sont échauffées au moins que par la présence de celui qui doit les persuader.

Ces considérations engagent souvent à préférer la *négocia-*

tion par écrit à celle qui se fait de bouche ; on veut se garantir de la séduction de l'éloquence animée. On craint d'ailleurs de s'exposer aux interprétations aisées des paroles prononcées en conversation, qui peuvent toujours être désavouées, sous le prétexte du défaut de réflexion ; au lieu que celles qui existent sur le papier ne peuvent pas être palliées par la même excuse. Il est encore une infinité de circonstances qui rendent les écritures nécessaires, et par conséquent le talent de bien écrire est indispensable au négociateur.

L'art de bien écrire est un de ceux où il y a le moins de données, et où il y a le moins de règles fixes à proposer. Si ce talent n'était pas plutôt un don de la nature qu'un résultat des préceptes, on pourrait croire que l'art est encore dans son enfance et qu'on le poussera plus loin. Cependant ce que nous en savons et ce qu'on en peut expliquer, peut servir à éviter au moins les écueils où se brisent ceux qui, destinés par la nature à acquérir ce talent, suivent de mauvais modèles, ou négligent entièrement de se former et de cultiver leurs dispositions par les secours de l'art.

On peut appliquer à l'art d'écrire ce qu'on dit de l'éloquence en général : excepté ce qui regarde l'action, le reste convient aux deux arts également. Cependant l'art d'écrire exige de plus une exactitude, dont l'art de parler peut souvent se dispenser.

Si les caractères et les moyens de la persuasion sont connus, il reste encore des considérations qui résultent de la combinaison de la nature des affaires et du génie des personnes avec lesquelles on traite. On rencontre souvent des hommes très-difficiles à convaincre et aussi difficiles à émouvoir, et qui regimbent à toutes les idées dont ils ne croient pas être les auteurs. Ce n'est ni le défaut des lumières, ni le défaut des passions, qui cause cette difficulté : c'est l'attachement à ses propres pensées, c'est la vanité de ne prendre point les instructions des autres, c'est la défiance contre des propositions formelles, qui rendent les hommes sourds à la voix de la persuasion. Avec des caractères de cette espèce, il faut se servir de l'insinuation, qui est une manière détournée de suggérer aux hommes les idées, en sorte qu'ils croient avoir trouvé eux-mêmes ces idées.

Comme les petites passions qui bouchent l'entrée de la vérité, dans ces esprits, sont fort communes, et se mêlent dans la composition de tous les caractères, on peut dire, en général, que l'art d'insinuer est d'un usage plus universel que celui de persuader directement.

La nature des affaires exige d'ailleurs souvent l'insinuation. Il en est qu'on n'ose pas proposer formellement, ou parce qu'elles sont trop contraires aux passions, ou trop éloignées de la façon de penser des personnes avec lesquelles on traite; il en est qui ne peuvent pas réussir tout d'un coup, et qu'on ne fait parvenir à leur maturité que par de longues préparations; il en est encore, où il est avantageux à l'issue de paraître les avoir proposées, sans les proposer en effet pendant leur cours. Dans des cas semblables, il serait imprudent de vouloir se servir de la conviction : on ne parviendra à son but qu'en jetant des propos indirects et des germes d'idées, qui se développeront peu à peu dans les esprits, et qui produiront imperceptiblement les pensées et les mouvemens qu'on a dessein d'y mettre. Dans ces occasions il est permis de généraliser : en débitant sans affectation des maximes et en rapportant simplement des faits, on fournit de la matière aux applications et on fait naître des idées.

De l'insinuation dépend encore ce qu'on appelle *ouvertures et lueurs*, qui sont des propositions à l'ordinaire vagues et indéterminées, par lesquelles on en amène de plus directes ou par lesquelles on amuse le tapis. La prudence autorise quelquefois ces moyens; mais elle ordonne en même temps d'en user sobrement et de les empêcher de dégénérer en finesses. Si les hommes s'aperçoivent qu'on veut les surprendre par des propositions superficielles ou artificieuses, ils se préviennent contre les solides et celles qu'il est de notre intérêt qu'ils prennent pour bonnes.

Quoiqu'on ne puisse pas choisir les caractères avec lesquels on négocie une affaire, il n'est pas moins nécessaire de faire de certaines considérations sur la proportion entre les forces des caractères et l'importance des affaires en question. C'était un bel éloge que celui qu'on a fait d'un ancien, en disant de lui, qu'il n'avait jamais été ni au-dessus ni au-dessous de ce qu'il avait entrepris. En effet, les affaires ne prospèrent qu'entre les mains de ceux qui ont dans leur caractère les qualités proportionnées aux moyens que ces affaires exigent. C'est cependant à quoi on fait peu d'attention, et on échoue si souvent, uniquement par la raison qu'on n'a point attrapé le point de la portée des hommes, et qu'on leur propose les choses d'un degré qui surpasse les facultés des caractères.

Dans aucune occasion, l'effet de cette disproportion n'est plus sensible que quand on négocie avec des esprits timides ou courageux. Une affaire hasardeuse, qui demande de la fermeté, est au-dessus d'un homme craintif; si elle est grande et difficile, il n'osera pas seulement l'entreprendre, ou s'il y entre, et s'il y est entraîné, il troublera tout par les fausses démarches que lui inspire la crainte de ne pas réussir. Un homme courageux, au contraire, donne trop aisément dans les projets les plus audacieux et les plus chimériques; et si même ces projets sont sages et bien concertés, il va toujours trop loin, et la confiance en ses forces l'emporte hors du bon chemin. Le premier a continuellement besoin de l'éperon, et le second, de la bride : on n'ose proposer au premier de grandes affaires, et le second n'est pas propre aux petites ou à celles dont l'exécution doit être mesurée. Cependant on tirera toujours plus de parti d'un caractère élevé par le courage, que d'un autre abaissé par la timidité. La peur est sans doute une des passions les plus intraitables, et dont les effets sont si diversifiés et si dissemblables qu'ils en paraissent souvent contradictoires. Elle ne se guérit à l'ordinaire que par un plus haut degré de la même passion, et si l'on est obligé de traiter avec des gens timides, on ne les fait agir qu'en les menant par des précipices continuels, dont on leur exagère le danger, pour les forcer de se jeter dans celui qu'on a en vue et qui doit leur paraître le moins profond.

Quand on parle de courage à l'égard des affaires, il est question du courage d'esprit, dont la fermeté forme une branche. Ce courage dépend de la force du génie et de la conscience des ressources, pendant que le courage guerrier ou la valeur proprement dite tient du machinal et de la conscience des forces du corps et du tempérament. Le premier peut manquer à ceux qui s'exposent avec la plus grande intrépidité aux dangers corporels, et on a vu les gens les plus braves montrer une faiblesse étonnante dans les occurrences de la vie civile. C'est le courage d'esprit qui donna à Auguste, dont la valeur était assez équivoque, un ascendant marqué sur Marc-Antoine, brave soldat, mais esprit faible, et qui fit dire que le génie du second tremblait devant le génie du premier.

L'irrésolution est une suite naturelle de la timidité. Un homme qui craint tout et qui se défie de soi-même, a de la peine à se déterminer, et les impressions de la peur mettent de l'incertitude dans tous ses pas. Cependant il est encore une autre source de l'irrésolution, le défaut des passions de l'espèce requise pour décider dans un cas particulier. Les gens de la plus haute capacité sont souvent aussi irrésolus que les plus bornés; leurs lumières concourant à suspendre la décision de leur volonté, en leur présentant des deux côtés une foule de raisons d'une force presque égale, et qui les retiennent en équilibre. Ce n'est alors que le poids ajouté d'une passion, qui peut faire pencher la balance et mettre la volonté en mouvement. Comme rien ne recule et ne dérange plus les affaires que l'incertitude de la conduite de ceux qui les manient, on ne doit rien épargner pour déterminer de bonne heure et pour fixer toujours la volonté. Si l'irrésolution et l'inconstance proviennent de la timidité, il faut les contre-balancer, ou par une plus grande peur, ou en inspirant du courage ; si elles proviennent d'un défaut de passion, on n'en triomphera guère par des raisons; on ne les surmontera qu'en attirant et en entretenant les passions de l'espèce, précisément, qui peut vaincre l'indécision et arrêter le changement.

Le temps convenable à la *négociation* dépend et de la nature des affaires, et de la disposition de ceux qui s'en mêlent. Il est des hommes sensibles sur lesquels les causes physiques, tant extérieures qu'intérieures, ont beaucoup de pouvoir, et les assujettissent aux variations de l'humeur. C'est un conte fait à plaisir, que l'histoire de cet Anglais qui, ayant des espérances fondées pour obtenir un emploi, et ne pouvant expliquer le refus du ministre, remarqua en le quittant que le vent avait changé. Néanmoins ce conte n'est pas aussi fabuleux qu'il parait d'abord, et en vivant avec beaucoup de monde, on voit des effets tout aussi singuliers des vicissitudes de l'humeur, produites par des causes mécaniques. Souvent il arrive des époques malheureuses, où une influence maligne se répand sur tout, où tout est dérangé et où les caractères les plus raisonnables semblent entièrement renversés. Quoique les causes de ce dérangement soient cachées, elles doivent exister, puisque leurs effets sont visibles et certains. Il est d'ailleurs encore des causes morales qui exercent leur pouvoir sur la disposition des esprits. Dans les temps de trouble et d'embarras, où l'âme agitée et accablée de chagrins se ferme aux idées étrangères, ou ne les voit qu'en noir, il est autant qu'impossible de réussir en rien. Pour pouvoir se promettre une heureuse issue d'une affaire, il faut, pour la traiter, se saisir des occasions où les âmes, libres des impressions disgracieuses et à l'abri des désordres du corps, s'épanouissent par la santé et par la joie, et permettent l'entrée aux idées qu'on leur présente, sans les décolorer.

L'arrangement essentiel d'une affaire exige souvent qu'on attende des occurrences d'une certaine espèce pour la proposer, ou qu'on la prépare jusqu'à ce qu'elle parvienne à sa maturité. C'est en ceci, en distinguant le vrai point de possibilité d'une chose, que les gens d'une habileté consommée montrent peut-être le plus leur supériorité. L'homme ordinaire croit impossible tout ce qui est au-dessus de ses forces et de sa conception; et s'il croit une chose possible, il manque le moment où elle est faisable. Le grand homme voit nettement et la possibilité, et le temps où elle peut devenir une réalité. Cette vue distincte est donc le résultat du génie, rendu plus perçant par l'étude profonde de l'expérience, tant des autres que de la sienne propre ; elle est un talent qui ne s'enseigne pas, un don de la nature perfectionné par un art qui n'a point de règles.

Cependant le génie et les lumières ne suffisent pas pour attraper le point de possibilité : il faut y ajouter la fermeté et la patience, qualités requises pour atteindre ce point. Un génie bouillant précipite tout, se dégoûte des lenteurs, et veut à contre-temps tout entraîner dans son tourbillon ; un homme

On avance quelquefois d'une chose, qu'elle est bonne en politique, et qu'elle ne l'est point en morale. Cette assertion est contradictoire, puisque la politique et la morale forment une seule science, dont les principes sont entièrement les mêmes : elle est le subterfuge des politiques vulgaires, qui, ne pouvant parvenir à leurs fins par des voies directes, pallient leurs petites ruses par cette distinction paradoxale. Un vrai politique, qui connaît la bonne morale, saura toujours concilier les contrariétés apparentes, et régler ses démarches de sorte qu'elles ne choquent pas la vertu. La sagesse n'a aucun besoin de l'artifice pour trouver les moyens les plus propres à la réussite de ses desseins, et la prudence dédaigne les finesses, lorsqu'il s'agit de l'exécution du plan tracé par la sagesse.

La sincérité facilite beaucoup le maniement des affaires : en traitant avec des gens dont la véracité est reconnue, on abrége tout, et on épargne le temps requis pour dévoiler les mensonges de ceux qui ne passent pas pour véridiques. On ne s'occupe pas alors à se tâter, à s'examiner, à se démasquer réciproquement, et la confiance aplanit toutes les difficultés. La vérité est encore d'un excellent usage, lorsqu'on a devant soi des fourbes et des gens défians, auxquels on se voit obligé de donner la charge. Ces caractères corrompus, jugeant les autres par eux-mêmes, prendront le contre-sens de la vérité, et se tromperont par leur propre faute. Par cette raison, Temple soutenait que la seule ruse toujours bonne était celle d'être vrai. Un ambassadeur espagnol se plaignait de la fausseté du cardinal Mazarin, et avertissait son successeur de la nécessité de le payer en même monnaie : « Au contraire, répondit le dernier, j'attraperai bien le cardinal, car je lui dirai toujours la vérité. » Henri IV surprit Spinola, en lui exposant avec sincérité le plan d'une campagne projetée.

Si la franchise, lorsqu'elle n'est pas tempérée par la prudence, est dangereuse, ses apparences au moins sont d'un grand avantage. On voit des fourbes, convaincus de son utilité pour cacher leurs menées, pousser cette vertu jusqu'à la naïveté, et même jusqu'à la rusticité. Il n'est pas convenable, sans doute, de manifester ses pensées ; mais il est avantageux de le faire aisément dans des conjonctures indifférentes, pour persuader aux autres, qu'on ne prend pas la peine de retenir ses idées, et qu'on les communique naturellement. Par la même raison, un négociateur fait mieux de paraître léger et superficiel que profond et dissimulé : il doit éviter tout ce qui pourrait réveiller la défiance, et mettre les autres en garde. La prudence lui apprendra bien ce qu'il faut taire et cacher sans blesser la sincérité, et ce qu'il est nécessaire de faire pour dépayser les curieux, et pour se dérober à l'œil examinateur de ceux qui veulent pénétrer son secret.

La finesse, par conséquent, est toujours un outil sujet à mille inconvéniens : s'il est mis souvent en usage, sa trempe se perd, et sa pointe est émoussée. Un homme fin en trouve sans faute encore de plus fins, qui s'aperçoivent de ses allures, et qui les combattent avec des armes égales. Si sa façon d'agir est une fois connue, il rencontrera d'avance des batteries dressées contre ses attaques, et partout il verra les esprits effarouchés à son approche. La réputation de finesse est la plus désavantageuse qu'un négociateur puisse se donner. Don Louis de Haro, quoique habitué aux ruses du gouvernement espagnol, disait que le cardinal Mazarin avait le plus grand défaut auquel un politique puisse être sujet, celui de vouloir toujours être fin. Un grand prince montra de la répugnance à se servir d'un habile homme, uniquement à cause de sa physionomie trop fine et trop mystérieuse. Mornay et Temple réussirent dans toutes leurs *négociations :* c'étaient de vrais politiques, et point des intrigans, et ils ne s'abaissaient point à ces finesses et à ces ruses vulgaires qui font échouer plus d'affaires qu'elles n'en font entrer au port.

Dans le cours des affaires, il arrive des événemens imprévus, qui dérangent le plan le mieux concerté, et qui obligent à le changer : il se présente des obstacles que la sagesse n'a pas pu deviner, et que la prudence doit écarter à mesure qu'on les lui oppose. C'est par les expédiens qu'on pare ces obstacles, et qu'on remédie aux inconvéniens amenés par des cas fortuits. Il est des hommes de beaucoup de capacité, qui savent dresser un plan et l'exécuter, aussi long-temps que les accidens ne sortent pas de la route prévue ou tracée, mais qui sont arrêtés par la première difficulté, qui sont déroutés par tout objet étranger, et qui ne trouvent aucun moyen pour s'aider en chemin : ce sont des gens d'un sens juste et rassis, mais sans imagination. L'esprit à expédiens tient de l'invention, et dépend d'une imagination féconde, qui fournit un grand nombre d'idées, et qui peut combiner ces idées de toutes les manières possibles. Cependant si l'imagination est trop forte et trop active, elle forme ce qu'on nomme des *hommes à expédiens ;* gens souvent dangereux, qui croient tout faisable, et qui, séduits par la foule et l'éclat de leurs idées, ne font aucun choix des expédiens, et tombent dans le chimérique et le romanesque. Un homme à expédiens, s'il veut mériter ce nom dans une acception favorable, doit ressembler au bon poète : son imagination doit être gouvernée par un jugement exquis.

Tout ce qui regarde les règles de conduite, qui découlent de la différente nature et de la combinaison si variée des affaires, est du ressort du génie. Sans vouloir entrer dans un détail inutile, et même impossible, on est obligé de se contenter de quelques généralités peu satisfaisantes sur cette matière. Il suffit d'exposer les principes, et de montrer quelles facultés de l'esprit et quelles qualités de l'âme sont nécessaires pour rendre un homme capable de se conduire suivant les occurrences, et quelles de ces facultés et de ces qualités il doit employer pour s'assurer d'un heureux succès. Les coups de génie ne s'apprennent point ; on s'y prépare par un usage adroit des passions, et par des réflexions profondes sur la liaison des causes et des effets.

Il est plus naturel d'appliquer la théorie de la *négociation* en général à celle des affaires publiques, que ne pense la foule des politiques vulgaires. On se trompe, disent-ils, si l'on croit un homme capable de la grande *négociation*, quand même il a donné des preuves d'une habileté supérieure dans le maniement des affaires de la vie commune. Sans ajouter à sa capacité encore des connaissances préliminaires qui regardent les affaires d'État, cet homme ne pourra pas sans doute passer d'un saut dans le maniement des affaires de cette espèce. Mais s'il sait distinguer les modifications exigées par les affaires publiques, la même habileté lui servira à les traiter aussi bien qu'il avait traité les particulières. Le préjugé de ces politiques est une suite de leur ignorance et de leur intérêt : ils n'ont pas assez de lumières pour sentir l'affinité des affaires et des talens, et ils sont intéressés à faire envisager leur métier comme quelque chose de l'accès le plus difficile, et qui demande une longue routine des mêmes objets. Ils ressemblent à ces médecins âgés et bornés qui méprisent le génie et le savoir, et qui ne prônent qu'une expérience, qu'ils n'ont jamais été en état d'acquérir.

Le cardinal de Janson, aussi bon courtisan qu'habile négociateur, était d'un autre sentiment. Louis XIV lui demanda un jour où il en avait tant appris en fait de *négociation*? Sire, répondit le cardinal, c'est étant encore évêque de Digne, en courant avec une lanterne sourde pour faire un maire d'Aix. En effet, toute la différence entre la manière de traiter des affaires qui du premier abord paraissent d'une espèce si éloignée, ne peut provenir que du fond, de l'importance et de la complication de l'affaire publique, et de l'élévation, de la délicatesse et de l'habileté des personnes avec lesquelles on négocie. Tout ce qui a été dit de la *négociation*, prise dans le sens général, convient à la publique sans aucune exception, et ce qu'il y a encore à remarquer touchant cette dernière se réduit à quelques réflexions.

On a négocié sans doute aussi long-temps qu'il existe des sociétés qui ont des intérêts à discuter. Les sauvages de l'Amérique s'envoient réciproquement des ambassadeurs, qui concluent des traités, et qui règlent les prétentions de leurs compatriotes. Mais la forme de la *négociation* se détermine suivant les mœurs, les lumières et la constitution d'un peuple, et suivant le système politique des nations entre elles. Les États de l'ancien temps, séparés par les mœurs, ayant peu de communication par des voyages et par le commerce, n'avaient à l'ordinaire que des intérêts momentanés à démêler : il n'était question que de finir une guerre, de fixer les limites d'un pays, et de faire quelque alliance passagère. A cet effet, les anciens employaient des ambassadeurs dont la mission était d'une courte durée ; et, comme il s'agissait le plus souvent de persuader un grand nombre de personnes, on choisissait des gens fameux par leur éloquence, et le nom d'*orateur* était à peu près synonyme de celui de *ministre public*. Dans le moyen âge, où tout, jusqu'à la justice, se décidait uniquement par la force, où le gouvernement gothique rapprochait tous les petits États par la position, et les éloignait en même temps par les intérêts, la *négociation* avait peu de pouvoir sur des peuples isolés et farouches, qui ne connaissaient et qui n'aimaient aucune méthode pour terminer leurs querelles, que celle des armes. Toute la *négociation* se réduisait presque à l'art de faire des trèves et de marchander les rançons.

Ce n'est que dans l'Europe moderne, dont les habitans sont liés étroitement par la conformité des mœurs, par un même fond de religion, par un commerce fréquent, et par une communication continuelle des lumières, que la *négociation* a pu se réduire en art et devenir stable. Ce changement est arrivé, depuis que des intérêts sans cesse renaissans de cette liaison, et un système politique inconnu aux anciens, qui fait de l'Europe une espèce de république d'alliés, ont engagé les souverains à entretenir des ministres résidens à toutes les cours de notre continent. On a voulu faire honneur au cardinal Mazarin de l'introduction de l'art de négocier en France, et de la perfection de cet art en général. Cependant, avant son temps, la France et les autres États de l'Europe avaient produit les plus habiles négociateurs; et depuis son temps de grands hommes paraissent avoir suivi une méthode assez différente de la sienne. Ce ministre, tout composé de petites finesses, a mis dans ses *négociations* son âme artificieuse, et bien loin d'avoir perfectionné cet art, il paraît l'avoir embrouillé, avoir altéré sa simplicité et reculé ses progrès.

Quoi qu'il en soit, la coutume de négocier sans interruption, ou au moins la facilité de le faire à tout moment, a rendu la *négociation* publique plus compliquée. Les longueurs que cette coutume met dans les affaires exigent plus de fermeté et de patience, et un plus grand empire sur les passions, que n'en exige une *négociation* plus abrégée. L'habitude de traiter sans discontinuer apprend toutes les ruses dont les politiques se servent pour se tromper, et la lenteur donne tout le temps nécessaire pour les employer, et pour se lasser et pour se surprendre réciproquement. On a des occasions continuelles à se tâter, à s'examiner, et à abuser des passions d'autrui.

La complication essentielle des affaires publiques cause déjà assez de difficultés, et plus qu'on n'en peut rencontrer dans les affaires particulières. Tant de ressorts obscurs et cachés concourent à produire les révolutions des États; tant de passions déguisées se mêlent dans la conduite des grands; tant d'intérêts séparés forment l'intérêt général des nations, qu'il est impossible de mettre en mouvement ou de diriger des machines aussi composées, sans en connaître toutes les parties. Il faut savoir découvrir ces ressorts, en combiner les effets, et s'en servir à propos. C'est cette multiplicité de considérations pour acquérir une connaissance unique, c'est cette quantité de causes subalternes pour concourir à un seul effet, qui font de la politique la science la plus difficile, et qui rendent l'application de sa théorie si peu sûre dans la pratique. Une petite roue est ignorée ou négligée; et toute la grande machine est dérangée et sans action. Dans les affaires de la vie civile, ces ressorts sont en plus petit nombre, plus simples; et leur combinaison ne dépend pas d'une étendue aussi vaste de connaissances.

Si la complication des affaires publiques demande plus de sagesse pour le plan, leur importance demande aussi plus de prudence dans l'exécution. Dans la vie civile une fausse démarche peut être aisément redressée, et on peut réparer les influences d'un événement malheureux par mille moyens présens. Mais dans tout ce qui regarde les intérêts des États, chaque pas est de la plus grande conséquence, et, en cas de malheur, les ressources ne sont pas si aisées à trouver. Les souverains n'ont point de juge supérieur qui supplée à l'imprudence de leur conduite, et au défaut de bonne foi dans les puissans; et ils ne peuvent pas intenter action, comme voulait faire un ministre du siècle passé, à un voisin qui veut profiter des circonstances pour les maltraiter. Ils sont obligés de tirer tous les secours de leur propre fonds, de leurs alliés et de leur bonne conduite. Un ministre auquel ils confient le maniement de leurs affaires a besoin de toute l'habileté et circonspection possibles, et d'une rare prudence dans l'invention et dans le choix des expédiens.

Les personnes avec lesquelles on discute les intérêts publics ajoutent à la difficulté de cette espèce de *négociation*. Quoiqu'il arrive rarement qu'on traite directement avec le souverain, les occasions se présentent pourtant où il est indispensable de lui parler d'affaires. Un homme qui manque de courage est alors ébloui par l'éclat qui accompagne la majesté royale : la splendeur du pouvoir suprême lui impose au point, qu'il ne peut ni faire les propositions de la manière requise, ni les appuyer avec force et avec fermeté. On ose proposer tout à ses égaux, ou à ceux qui ne sont pas dans une grande élévation; on le fait sans effort d'une façon convenable, et on emploie sans embarras les charmes de l'éloquence. Mais un ministre public, s'il n'est pas doué d'une noble hardiesse, qui lui donne la liberté de parler, et d'une discrétion décente, qui lui apprend à ménager cette liberté, sera troublé par la présence d'un grand à ne pouvoir faire usage de ses talens, ou abusera de ses talens pour choquer des personnes qui décident du sort de sa *négociation*. Dans l'un et l'autre cas, il fera un tort sensible à soi-même et aux affaires dont il est chargé.

Les grands, par l'habitude des superfluités et de la vue des meilleurs modèles, prennent un goût fin et machinal de tout ce qui est agréable, et se dégoûtent aisément de ce qui ne répond pas à leurs idées habituelles de la perfection. Sans cesse exposés aux séductions de la flatterie, ils deviennent d'une sensibilité extrême sur tout ce qui peut les choquer ou leur déplaire. Tous ceux qui les approchent doivent avoir dans l'esprit, dans les manières, et dans l'extérieur, ces grâces qui arrachent l'affection des cœurs les plus difficiles; ou au moins n'être pas sujets à des défauts qui laissent des impressions désagréables. Le ministre public a besoin, pour réussir, du talent des agrémens dans toute son étendue, pendant qu'un particulier, en traitant avec des personnes qui n'ont pas tant de délicatesse, et qui sont accoutumées à une plus grande indulgence, peut se contenter d'en acquérir une partie.

Quoique le choix des hommes d'État soit souvent abandonné au hasard de la position, à la faveur aveugle d'un maître et au pouvoir de l'intrigue, il arrive cependant, à l'ordinaire, que d'habiles gens parviennent aux grandes places; et si le mérite leur manque, la routine des affaires supplée jusqu'à un certain point à leur incapacité naturelle. La plupart du temps, on est obligé de négocier avec des gens d'une habileté supérieure, rompus dans les affaires, et qui, maîtres de leurs passions, sont en garde contre toutes les surprises. Si l'on se mesure avec des hommes si bien armés, sans avoir une armure à l'épreuve des coups, bien loin de remporter la victoire, on peut s'attendre à une défaite totale. On ne risque pas tant dans les affaires communes, où l'on attaque des hommes armés à la légère, qui font rarement usage de leurs forces, qui n'en ont point, ou qui n'en ont guère plus que celui qui les entame.

Par ces considérations, on se convaincra que le négociateur public doit avoir les qualités nécessaires au maniement des affaires dans un degré plus éminent que celui qui traite avec des particuliers. Avec le génie propre à son emploi, il a besoin d'une connaissance profonde des affaires et des hommes; d'un talent singulier pour se servir des passions d'autrui et pour dominer les siennes, de l'art de parler et d'écrire avec agrément, avec force et avec facilité; d'un courage à toute épreuve, et tempéré par une docilité sans bassesse; d'un air ouvert, accompagné de manières nobles et insinuantes; d'une sagesse supérieure; d'un discernement exquis; d'une probité éclairée; d'une prudence consommée, sans mélange de finesse; de l'esprit inventeur pour les expédiens; enfin d'une certaine élévation d'esprit et de cœur, qui l'empêche de tomber dans des bagatelles. Cette grandeur d'âme est exigée préférablement par les affaires publiques, où le goût des vétilles, si ordinaire aux petits esprits, est de la plus dangereuse conséquence.

De ces qualités, celles qui ne sont pas un heureux don de la nature ne s'acquièrent que par l'étude, la méditation, l'usage du monde et l'expérience. La vie de l'homme est trop courte pour qu'il puisse faire sur tous les cas existans le nombre d'observations qui est requis pour former la vraie expérience et une grande capacité. On gagne de grandes avances en pouvant commencer sa propre expérience par celle des autres, et mettre pour fondement de ses lumières les découvertes des grands génies de tous les siècles. On a dit qu'un auteur ne saurait produire un ouvrage approchant de la perfection, sans avoir joué quelque rôle dans la vie active; on pourra dire, avec plus de raison, qu'un homme ne saurait jouer avec supériorité son rôle dans les affaires, et surtout dans la *négociation*, s'il n'amasse pas des connaissances, et s'il ne cultive pas ses talens par un commerce familier avec les meilleurs auteurs. L'étude est d'une utilité incontestable : la méditation la digère, et l'approprie à celui qui s occupe de la lecture. Le négociateur portera ses vues préférablement du côté des sciences les plus analogues à sa vocation : du côté de la politique, qui lui fournit les principes de toutes ses démarches ; de l'histoire, de ce recueil d'expériences sur l'homme moral, qui lui apprend à découvrir les causes des événemens ; de la philosophie, qui enseigne à raisonner juste ; et des lettres, qui ajoutent de l'agrément au reste des connaissances. Muni de ces secours, il pourra percer avec sûreté dans le labyrinthe des affaires, et acquérir de bonne heure de l'expérience et de la capacité.

Supposé encore que des connaissances variées ne soient pas d'un usage indispensable, elles sont toujours d'un avantage sensible par une raison indirecte. Le ministre public est obligé de se mêler dans des conversations de toute espèce, et dans le monde on ne parle que des choses ou des personnes. Il est évident de quelle conséquence il est de parler trop des personnes, dans des situations où l'inimitié d'un seul homme peut faire échouer une *négociation*, sans compter l'insipidité d'une conversation semblable. Si l'on parle des choses, un homme resserré dans les idées relatives à son emploi borne son entretien uniquement à ce qui l'occupe, ou est forcé à un silence ennuyant. On sent combien la prudence défend des entretiens si remplis de risques, où l'on trahit si facilement ses sentimens, découvre ses desseins, et laisse échapper son secret. Si le négociateur, au contraire, a l'esprit orné de belles connaissances, il peut fournir matière à une conversation amusante, qui rend sa personne plus agréable, qui lui attire de l'estime et de l'amitié, et qui ne l'expose en aucune manière. Elles le délasseront d'ailleurs de ses occupations importantes, et le préserveront d'une dissipation toujours désavantageuse aux talens.

Par ces raisons, les plus grands politiques ont exigé du ministre public une grande variété de connaissances. Sully avoue que l'éloquence et la réputation du C. du Perron le servirent mieux dans ses *négociations*, que toutes les finesses des autres :

on ne pouvait résister, ajoute-t-il, à ses entretiens doux et insinuans, toujours assaisonnés d'un savoir varié. Temple méprisait tout ministre sans lettres, comme un homme auquel il manquait une partie essentielle du mérite politique. Il serait inutile de citer le grand nombre des hommes d'État qui ont été du même sentiment. Bacon prouve même par l'histoire, que les politiques les plus habiles ont tous été des gens lettrés.

Malgré cette quantité de suffrages, il règne encore un préjugé assez généralement répandu. On croit les gens d'esprit et bien instruits moins propres aux affaires, et principalement à la *négociation,* que ceux qui n'ont pour eux que des talens agréables et la routine commune. L'exemple de plusieurs savans, et surtout de beaux-esprits, qu'on avait jugés capables de tout à cause de leurs agrémens, et qui n'ont point réussi dans les emplois qu'on leur avait confiés, semble confirmer cette prévention. On aurait pu cependant penser aussi naturellement qu'un homme qui donne des preuves d'une pénétration et d'une habileté supérieure dans les sciences, peut porter dans les affaires la même pénétration, et la même capacité, s'il est mis dans des circonstances où il pourra appliquer ces qualités. Mais ce préjugé n'est pas raisonné ; il est à l'ordinaire un jugement dicté par la passion de l'intérêt. Les souverains et les ministres d'un esprit médiocre craignent les gens de génie, et n'aiment pas à les employer. Ce préjugé est un prétexte plausible de la faveur, une excuse toute trouvée pour pallier l'empressement de placer des parens, des amis, et des favoris peu dignes des places qu'ils occupent. Il favorise les prétentions des gens de qualité, qui étant pour la plupart mal instruits, se piquent de dépriser un mérite qui leur manque, et se croient en droit d'aspirer à tout par le seul privilége de leur naissance.

Si ce préjugé est envisagé d'un autre côté, il contient quelque chose de vrai, et à quoi on ne fait pas attention. Les dons de l'esprit et de l'âme sont le plus souvent séparés, et se joignent rarement dans la même personne. Des génies supérieurs sont faibles, timides, chimériques dans leurs vues ; des gens bornés au contraire ont souvent de la prudence, du courage, de la fermeté. On se tromperait également en croyant ou les qualités de l'esprit, ou celles de l'âme uniquement suffisantes pour s'acquitter avec succès du maniement des affaires. Il faut avouer cependant que les qualités de l'âme sont encore plus nécessaires que les talens, et qu'un homme qui n'a pas un caractère proportionné à ses lumières ne peut se promettre aucun succès dans ses entreprises. C'est en ceci que les gens de qualité jouissent, sans doute, d'un plus grand avantage que les gens d'une naissance commune : si leur état met des obstacles à l'acquisition des connaissances, leur éducation et leur position est favorable pour cultiver certaines parties du caractère, et des talens agréables.

Mais si un homme est doué de ce don heureux et rare, de l'équilibre entre son esprit, ses lumières et son caractère, il est capable des plus grandes affaires. Cependant les hommes de cette espèce ne sont presque jamais employés, et c'est en partie par leur propre faute. Quand ils sont bien instruits, et quand ils ont goûté une fois vivement le plaisir de la connaissance de la vérité, ils s'abandonnent à l'ordinaire avec trop d'ardeur à l'étude des sciences et des lettres. Cette étude est sans doute si fort au-dessus du reste de toutes les occupations possibles, qu'un homme a de la peine à s'abaisser à d'autres moins satisfaisantes. En s'y prêtant, il fait un sacrifice secret aux circonstances, ou à des considérations étrangères à son vrai bonheur. L'élévation de l'esprit rend d'ailleurs un homme semblable assez indifférent à la fortune, et une certaine hauteur d'âme l'empêche de se donner les mouvemens requis pour écarter des concurrens, et pour parvenir. On ne vient plus comme autrefois arracher un homme éclairé à ses méditations pour le forcer de servir sa patrie dans la vie active.

Il est assez superflu par conséquent de s'attacher trop au portrait du parfait négociateur ; peinture qui, comme toutes celles des caractères, doit exprimer simplement la perfection d'un modèle, qui est difficile à trouver, et souvent aussi difficile à avoir. En nommant des ministres publics, on fera souvent de bons choix, et aussi souvent on sera obligé de prendre ceux qu'on trouve sous la main, qui sont à la source des grâces, et qui ont occasion de faire connaître leur mérite, ou de gagner la faveur. En attendant, le monde ira son train, puisque, suivant le sentiment du fameux Oxenstiern, il a besoin de si peu de sagesse pour être gouverné.

Dans la pratique, les opinions semblent partagées sur l'utilité et l'importance de la *négociation*. Des souverains la négligent par hauteur, par esprit d'économie, ou par une confiance présomptueuse dans leurs propres forces. Il est des époques entières stériles en *négociations*, où un esprit destructeur gagne les peuples, et où rien ne se décide que par la voie des armes; il en est d'autres, où le génie pacifique de la peur paraît dominer, et où l'on ne fait que traitailler. Des puissances faibles et peu propres aux exploits guerriers négocient sans cesse, et ne savent opposer à leurs ennemis que la défense de la prudence et de l'habileté. Il y a des négociateurs assez enthousiastes pour soutenir qu'un bon ambassadeur vaut autant à son maître qu'une armée de cent mille hommes.

Les plus grands monarques, et même les conquérans qui ont méprisé la *négociation*, ne l'ont jamais dédaignée impunément. En employant uniquement la force et la hauteur, ils alarment leurs voisins, et les nécessitent à se liguer contre une puissance inquiète et formidable, toujours prête à s'élancer sur ceux qui lui donnent le moindre prétexte pour une guerre. En négociant de bonne heure, on prévient les défiances, on gagne quelques-uns des princes tentés de s'allier contre nous; et en montrant du penchant pour les voies de la douceur et de l'accommodement, on diminue la crainte qu'inspire un gouvernement militaire. L'histoire est remplie d'exemples de souverains qui, enflés par le succès de leurs armes, ont négligé de cultiver par la *négociation* l'amitié et l'alliance des autres puissances, et qui, par cette conduite hautaine et imprudente, se sont attiré les plus grands malheurs. Les progrès des conquérans mêmes sont facilités par l'adresse de gagner les hommes : Pyrrhus avoua que son épée ne lui avait pas donné autant de villes, que ne lui en avait donné l'éloquence de Cynéas.

Il y a des puissances qui, avec des forces très-médiocres, se soutiennent, et se débarrassent des occurrences les plus épineuses. Elles sont redevables de leur conservation à leur prudence, à leur attention de se prêter aux circonstances, de saisir les occasions favorables à leurs intérêts, et d'observer la maxime, qu'il est toujours avantageux de mettre en *négociation* les choses qu'on ne peut pas contester par les armes. Une conduite semblable ne peut se tenir sans négocier sans cesse, sans se faire des amis et des alliés ; elle est la ressource unique, mais sûre, des faibles, et elle est d'un usage excellent pour tempérer l'excès des forces des puissans.

La *négociation* cependant, sans être appuyée par des forces réelles ou imaginaires, est toujours imparfaite, et accompagnée de mille difficultés. Le ministre d'un prince victorieux, craint et respecté, trouve les chemins frayés, et toutes les affaires préparées pour un bon succès. Ce qu'il y a de plus avantageux en général, c'est de savoir mêler avec adresse la force avec la *négociation*. Sans les forces la *négociation* est à l'ordinaire un outil sans tranchant, qui ne fait point d'effet : sans la *négociation* la force est un instrument trop effilé et trop dur, qui se casse entre les mains de celui qui l'emploie.

Jusqu'ici la *négociation* publique a été d'une utilité très-équivoque pour le bonheur des hommes. La quantité de traités conclus sans interruption, au lieu d'assurer la tranquillité des peuples, ne semble être qu'une semence de nouvelles guerres, et les garanties inventées pour donner de la solidité aux traités sont plus propres encore à faire germer cette semence qu'à l'étouffer. Quels éloges, au contraire, ne mériteraient pas les souverains, qui voudraient destiner la *négociation* à faire réussir le dessein le plus sublime de la politique, celui de donner plus de consistance au système de l'Europe ! A côté de leur repos et de leur sûreté, ils gagneroient une gloire immortelle, et la douce satisfaction d'avoir fixé le bonheur d'une grande partie du genre humain.

DE L'USAGE DES HYPOTHÈSES

DANS

L'ART DE DÉCHIFFRER.

Traduit du latin,

DE 'S GRAVESANDE.

Il arrive souvent, lorsque nous examinons un sujet, que nous ne trouvons pas de route qui nous mène directement à la certitude. En ce cas, il faut chercher la probabilité, à laquelle même souvent nous ne saurions parvenir sans avoir recours aux hypothèses, qui nous conduisent quelquefois à une probabilité que nous pouvons confondre avec la certitude (1).

Je vais marquer comment il faut se conduire dans de pareilles occasions, afin qu'on ne confonde pas l'usage des hypothèses avec leur abus.

Nous entendons par hypothèses une fiction par le moyen de laquelle on répond à une question proposée.

Il faut raisonner sur cette fiction, tout comme si c'était la vérité même, et diriger nos raisonnemens de manière que nous en tirions occasion de connaître si la solution que nous avons inventée est vraie; car nous ne devons l'adopter comme conforme à la vérité que quand nous avons lieu d'être convaincu de cette conformité.

Cette manière de raisonner peut être de grande utilité ; mais les hommes en abusent étrangement la plupart du temps.

PREMIÈRE RÈGLE. *Il faut examiner exactement le sujet sur lequel roule la question, et il est même nécessaire d'en avoir une connaissance assez étendue* (2).

---

(1) La probabilité peut être augmentée au point de ne pouvoir plus être distinguée de la certitude.

(2) La méthode dont il s'agit est d'usage quand nous cherchons la cause de ce que nous découvrons dans un sujet qui ne nous est pas pleinement

SECONDE RÈGLE. *Il faut choisir parmi les circonstances, c'est-à-dire parmi les particularités que nous connaissons, touchant le sujet que nous examinons, celles qui ont quelque chose de plus remarquable que les autres* (3).

TROISIÈME RÈGLE. *Entre ces circonstances principales, il en faut choisir une, et chercher, ou plutôt imaginer par quels moyens il pourrait se faire que cette particularité eût lieu* (4).

QUATRIÈME RÈGLE. *Il faut examiner si parmi ces causes il n'y en a pas quelqu'une dont les autres circonstances, mises à part, suivant la seconde règle, soient une suite; et s'il s'en trouve une telle, c'est à elle qu'il faudra s'attacher: elle forme l'hypothèse qu'il faut examiner* (5).

CINQUIÈME RÈGLE. *On examine une hypothèse en l'appliquant à toutes les autres particularités qu'on a observées, afin de savoir si elle est propre à rendre raison de toutes les particularités connues* (6).

---

connu. Ces cas sont très-fréquens en physique; ils ont lieu aussi quand on recherche les motifs qui ont poussé quelqu'un à agir, ou quand on veut pénétrer dans ses desseins.

Tout ce que nous découvrons par le moyen de quelque hypothèse n'est que probable, et la grandeur de la probabilité dépend du nombre des circonstances qui peuvent être connues, ce qui fait qu'à moins qu'on n'en connaisse plusieurs, la probabilité ne saurait être fort grande, et il en faut un nombre considérable pour qu'il ne reste aucun doute. (V. la *note* précédente.)

(3) Ce choix se fait pour examiner d'abord ce qui paraît le plus important.

(4) C'est-à-dire qu'il faut chercher quelque cause dont on puisse déduire cette particularité qu'on examine. Et si l'on peut trouver plusieurs causes qui satisfassent au même but, il faudra les marquer toutes.

(5) Il arrive souvent qu'entre les causes dont nous avons entrepris l'examen, il ne s'en trouve aucune qui rende raison des autres particularités qui ont été mises à part; en ce cas, il faut chercher d'autres causes et même successivement toutes celles que chaque particularité qu'on a remarquée peut fournir jusqu'à ce qu'on en trouve une qui satisfasse à toutes les circonstances qu'on a choisies d'abord. Cette même sagacité qu'il faut pour découvrir des idées moyennes, est aussi nécessaire ici, quoiqu'un heureux hasard vienne quelquefois nous offrir ce que nous cherchons.

(6) Si après cette application faite il se trouve que l'hypothèse ne satisfait pas à tout, il faut la rejeter.

Que si elle satisfait, c'est du nombre des circonstances dont elle rend

SIXIÈME RÈGLE. *Il faut examiner l'hypothèse même, en déduire des conséquences, afin de découvrir de nouveaux phénomènes, et voir ensuite si ces phénomènes ont réellement lieu* (7).

Ces règles sont d'un usage tout particulier pour déchiffrer des lettres.

---

raison que doit dépendre le jugement que nous en porterons. Si le nombre en est petit, il y aura lieu de soupçonner qu'il peut y avoir une autre hypothèse qui explique également bien les phénomènes ; mais à mesure que ce nombre devient plus considérable, le soupçon diminue et il peut enfin s'évanouir. C'est alors qu'il faut acquiescer, et que nous devons tenir pour bien prouvé ce qui n'était auparavant qu'une simple conjecture dénuée de preuves.

Si le nombre des circonstances dont l'hypothèse rend raison est peu considérable, il faudra avoir recours à la règle sixième.

(7) Quand le nombre des phénomènes ne saurait être assez augmenté, même par le secours de la cinquième règle, pour ôter tout sujet de doute, il faut regarder l'hypothèse comme incertaine, ou vraisemblable, suivant que la probabilité en est plus ou moins grande, ce qui dépend de la nature et du nombre des phénomènes qu'on explique.

Nous avons vu qu'un raisonnement hypothétique peut conduire à la certitude, et que ceux qui prétendent que de pareils raisonnemens ne sont jamais que probables se trompent certainement.

Mais ceux-là se trompent encore davantage, qui donnent le nom d'hypothèse à un raisonnement déduit immédiatement de l'observation des phénomènes, et qui ne l'envisagent que comme probable.

C'est dans cette erreur que tombent ceux qui, en parlant de l'explication que Newton a donnée des mouvemens célestes, donnent à cette explication le nom d'hypothèse, quoique ce grand homme n'ait rien posé qui ne fût déduit mathématiquement des observations mêmes, et cela sans avoir eu recours à la moindre hypothèse.

L'art de raisonner par hypothèses a principalement lieu quand nous entreprenons d'expliquer ce qui se passe dans l'esprit des autres, et ce qui les pousse à agir.

Cependant il est bon d'observer, à cet égard, qu'une pareille entreprise ne convient point à celui qui a toujours vécu dans la retraite, ou qui n'a jamais eu d'affaires à discuter avec personne, quoiqu'il puisse avoir employé toute sa vie à lire ce qui a été écrit sur les mœurs et sur le caractère des hommes.

Il faut prendre garde aussi de ne raisonner jamais que d'après des circonstances sur lesquelles on n'est point en doute, et il faut savoir aussi que les moindres circonstances fournissent quelquefois les plus grandes lumières.

J'ai cru obliger mes lecteurs en entrant dans quelque détail des règles d'un art qui offre plus d'un exemple pour découvrir la vérité en raisonnant d'abord sur des principes incertains, mais qui ne laissent pas de nous mener à la certitude à l'aide des hypothèses qu'on se trouve obligé d'imaginer et de changer souvent plusieurs fois.

Aux règles prescrites il faut ajouter celle-ci :

Il faut, avant toutes choses, faire une liste des caractères employés dans les chiffres, et y marquer combien de fois chaque caractère se trouve répété.

A la vérité, on ne tire quelquefois pas grande lumière de l'observation de cette règle ; mais, dans toute entreprise difficile, il ne faut rien négliger de ce qui pourrait être utile.

Pour satisfaire à la première règle, il faut 1° qu'on sache la langue dans laquelle est composé l'écrit qu'on veut déchiffrer ; car j'ose assurer qu'il est absolument impossible qu'on lise un écrit, s'il est composé dans une langue que nous ne savons pas, quoiqu'on ait assuré que Viéte possédait cet art.

Il faut encore que la plupart des caractères de l'écrit y soient répétés plusieurs fois ; car c'est de leur arrangement seul que nous pouvons tirer quelque lumière.

On pourra bien déchiffrer un petit écrit si chaque lettre n'y est exprimée que par un seul caractère, principalement si les mots sont séparés ; mais quand les caractères sont en plus grand nombre, quand deux ou trois expriment la même lettre, et que les lettres doubles ou qui se trouvent souvent réunies sont aussi désignées par un caractère particulier, ce qu'on peut aussi appliquer à des mots entiers, alors il faut que l'écrit soit plus long, et d'autant plus long que le nombre des caractères est plus grand, afin qu'il ne reste aucun doute sur la signification de chaque caractère.

L'application de la seconde règle se fait en observant ce qu'il y a de particulier dans l'arrangement des caractères, en remarquant si plusieurs caractères se trouvent dans le même ordre, ou si, dans l'arrangement des divers caractères, il se trouve certains traits de conformité.

Pour faire mieux sentir l'usage de cette seconde règle, je proposerai un exemple qui n'est pas des plus faciles, quoique assez simple. Il est en latin, et a été écrit en changeant la signification des lettres.

Il est indifférent que l'on emploie des lettres, des nombres ou quelques autres caractères : la méthode de raisonner est toujours la même pour le déchiffrement.

a b c d e f g h i k f l m k g n e k d g e i h e k f b
e e e f i c l a h f e g f g o i n e b h f b h i e e i
k f f m f p i m f h i a b c q i b c b i e i e a c g h
f b c b g p i g b g r b k d g h i k f s m k h i t e f
m.

Je commence d'abord par faire la liste des caractères; je marque combien de fois chacun d'entre eux est répété, et je mets les premiers ceux qui reviennent le plus souvent.

f 14. i 14. b 12. e 11. g 10. c 9. h 8. k 8. m 5.
a 4. d. 3. l 2. n 2. p 2. o 1. q 1. r 1. s 1.
t 1.

J'observe qu'il n'y a que dix-neuf caractères, entre lesquels il y en a cinq qui ne se trouvent qu'une fois; d'où je conclus qu'un seul caractère est employé pour chaque lettre.

Pour qu'on entende plus facilement ce qui suit, je vais mettre des lettres capitales au-dessus de quelques endroits dont il sera parlé dans la suite.

$$\frac{\text{A}}{\text{abcdef}}\ \frac{\text{B}}{\text{ghikf}}\ :\ \text{lmkgnekdgei}\ \frac{\text{C}}{\text{hekf}}\ :\ \text{beeeficlah}$$

$$\frac{\text{D}}{\text{fegfg}}\,\text{oineb}\ \frac{\text{E}}{\text{hfbhiee}}\ \frac{\text{F}}{\text{ikf}}\ :\ \frac{\text{G}}{\text{fmf}}\ \frac{\text{H}}{\text{pimfhi}}\,\text{abc}\,\frac{\text{I}}{\text{qibcbieie}}$$

$$\text{ac}\,\frac{\text{K}}{\text{gbfbcbg}}\ \text{pi}\ \frac{\text{L}}{\text{gbgrbk}}\,\text{d}\,\frac{\text{M}}{\text{ghikf}}\ :\ \text{smkhitefm.}$$

Je cherche à présent un petit nombre d'endroits plus remarquables que les autres, et je découvre que les cinq lettres g h i k f se trouvent deux fois dans le même ordre (B. M.), que dans un autre endroit les lettres i k f (F) se trouvent répétées; enfin je m'aperçois que h e k f (C) a de la relation avec h i k f (B. M.).

Je marque ces endroits, et je conclus qu'il est probable que des mots se terminent en ces quatre endroits, ce qu'il faut indiquer en mettant des points.

Les trois dernières règles doivent être appliquées indistinctement; et c'est en comparant l'arrangement des mêmes caractères, en différens endroits de l'écrit proposé, avec l'ordre des lettres dans les mots latins, qu'il faut former des hypothèses dont chacune doit être examinée en l'appliquant aux autres endroits de l'écrit dont il s'agit. Je marquerai à présent de quels raisonnemens je me suis servi autrefois pour déchiffrer l'écrit en question, en me bornant à indiquer les raisonnemens qui m'ont donné quelque lumière sans faire mention des autres.

Je compare h i k f (B. M.) avec h e k f (C) ; quelques mots se terminent en ces endroits : or, rien n'est plus ordinaire dans la langue latine que de trouver des terminaisons dans lesquelles, entre les quatre dernières lettres, il n'y a de différence que dans les seules pénultièmes, lesquelles en ce cas sont ordinairement des voyelles. Cette conjecture que *i* et *e* sont des voyelles est confirmée parce que ces caractères sont du nombre de ceux qui reviennent le plus souvent.

Par conséquent *i* et *e* sont probablement des voyelles.

Voici le commencement d'un mot f m f (G). Par conséquent *m* ou *f* est une voyelle; mais *m* ne se trouve que cinq fois et *f* quatorze fois, donc il y a une plus forte probabilité pour cette dernière.

Ainsi *f* est probablement une voyelle et *m* est une consonne.

J'examine l'endroit g b f b c b g (K) ; *f* est une voyelle, donc *b* est une consonne, c'est pourquoi *c* doit aussi être une voyelle.

Je marque donc que *c* est probablement une voyelle et *b* une consonne.

Dans g b g r b (L), il y a trois consonnes, savoir : *b b* et *r*, à cause que cette lettre ne se trouve qu'une seule fois dans l'écrit.

Donc *g* est probablement une voyelle.

Je ne donne toutes ces conclusions que pour probables,

quoique les dernières découlent manifestement des prémisses ; mais le fondement de toutes n'est que probable.

Dans fcgfg (D), nous avons cinq voyelles; mais les voyelles ne se trouvent jamais dans cet ordre, quand même nous supposerions que les lettres *v* et *u*, aussi bien que *j* et *i*, sont indiquées par les mêmes caractères, ce que le nombre des caractères donne lieu de conclure. Ainsi le principe dont il a été déduit que *fcg* étaient des voyelles est faux, et nous affirmons que *f* n'est point une voyelle, mais que *m* en est une; et c'est de quoi nous ne doutons plus à présent.

Ainsi nous posons comme certain que *m* est une voyelle et *f* une consonne.

De là il suit que *b* est une voyelle.

Dans gbfbcbg (K), nous avons un endroit remarquable dans lequel la même voyelle est répétée trois fois, et n'est séparée chaque fois que par l'interposition d'une seule lettre. Voici donc comment j'écris les voyelles :

. a . a . a .
. e . e . e .
. i . i . i .
. o . o . o .
. u . u . u .

Et en suppléant les consonnes, je cherche si je puis découvrir quelque chose qui ait du rapport avec la langue latine : d'abord les mots *legere*, *edere*, *emere*, etc., s'offrent à mon esprit, et je découvre aussi *amara*, *si tibi*... : j'en trouverais peut-être d'autres, mais je n'en cherche pas encore, à cause que je m'aperçois que la voyelle *e* est celle qui se trouve le plus souvent répétée ainsi trois fois.

Donc *b* est probablement *e*.

Et par la même raison, *c* est probablement *r*.

e r e

J'écris qibcbicic (I), en mettant au-dessus des caractères connus leur signification. Outre cela, *i* et *c* sont des voyelles; mais elles ne sauraient être disposées comme elles le sont, si l'une des deux n'était pas employée pour une consonne, c'est-à-dire n'était pas *j* ou *v*.

En supposant que c'est *j*, je ne découvre rien ; mais en supposant que c'est *v*, j'ai d'abord *revivi*.

Donc *i* est probablement *v*.

Et *e* probablement *i*.

Cela étant, j'écris le même endroit avec ce qui précède et ce qui suit :

u er uerevivi
iabcqibebieicac

et je lis *uterque revivit*.

Donc, *a* est *t*, et *q* est *q*.

Je marque alors dans cet endroit la signification des caractères connus.

e urin
hfbhiceikf (E. F.).

et je lis *esuriunt*.

Donc *h* est *s*, *k* est *n*, et *f* est *t*.

Mais nous avons déjà vu que *a* était *t*; ainsi il s'agit de déterminer de quel côté est la plus grande probabilité. Dans l'écrit, on trouve quatre fois *a*, et quatre fois *f*; parmi les consonnes, *t* est une de celles dont on fait le plus fréquent usage dans la langue latine : outre cela *ikf* se trouvent trois fois, (B. F. M.), et *unt* est une terminaison latine très-ordinaire.

Donc *f* sera *t*, et il faudra de nouveau chercher la signification de *a*, comme aussi celle de *q*; cependant, sans nous arrêter à cet incident, nous pourrons continuer notre recherche.

Nous avons déjà vu que *m* était une voyelle, et *e i u* des consonnes.

Par conséquent *m* est *a*, ou *o*.

C'est pourquoi j'écris ainsi les endroits, G et H.

tat . uatsu
tot . uotsu
fmf p imfhi

Il est clair qu'il faut lire :

Tot quot su —

Donc *m* est *o*, et *p* est *q*.

J'ajoute l'endroit examiné dans l'article après avoir rejeté les significations trouvées en cet endroit ; et j'ai

Tot quot su . cr . uere vivi ,

Et je lis : *tot quot superfuere vivi p.*

Je corrige à présent les erreurs que j'ai découvertes, et je m'aperçois que *a* est *p*, et que *q* est *f*.

Le commencement de l'écrit est :

p e r . i t . s u n t
a b c d e f g h i k f

Et il est clair qu'il faut lire, *perdita sunt.*

Donc *d* est *d*, et *g* est *a*.

Comme je n'ai aucune raison de douter de la vérité de ce que j'ai découvert, et que j'ai eu soin de marquer dans un endroit à part la signification de chaque caractère à mesure que je parvenais à la connaître, je mets ici cette liste :

a = *p.*	e = *i.*	i = *u.*	n	r.
b = *e.*	f = *t.*	k = *n.*	o	s.
c = *r.*	g = *a.*	l	p = *q.*	t.
d = *d.*	h = *s.*	m = *o.*	q = *f.*	

Il ne sera pas difficile de suppléer ce qui manque, pourvu qu'on mette au-dessus de chaque ligne de l'écrit la signification connue de chaque caractère.

P e r d i t a s u n t . o n a . i n d a i u s i n t e r i i t u r . p s t r a t a
a b c d e f g h i k f l m k g n e k d g e i h e k f b c e e f i c l a h f c g f g
. u . i e s t e s u r i u n t t o t q u o t s u p e r f u e r e v i v i p r a e -
o i n e b h f b h i c e i k f f m f p i m f h i a b e q i b e b i e i e a e g h
t e r e a q u a e a . e n d a s u n t . o n s u . i t o .
f b c b g p i g h g r b k d g h i k f s m k h i t e f m.

Il est clair qu'il faut lire, *perdita sunt bona :* donc *l* est *b*.

Par conséquent en mettant *b* pour *l* dans l'autre endroit, où cette dernière lettre se trouve, nous avons *urbp*, au lieu qu'il aurait dû y avoir *urbs.*

Il est facile de s'apercevoir que dans l'endroit où il y a *strata u. i. est*, il faut lire, *strata humi est.*

Donc *n* est *m*, et le nom propre dans la première ligne est *Mindaius*, qui devait être *Mindarus.*

Il ne reste à présent que *r*, *s*, *t*; mais on peut les trouver sans difficulté, et l'écrit se trouve déchiffré de la manière suivante:

Perdita sunt bona. Mindarus interiit. Urbs strata humi est. Esuriunt tot quot superfuere vivi. Præterea quæ agenda sunt consulito.

J'ai marqué exactement la route que j'ai suivie moi-même pour déchiffrer cet écrit, sans parler des fausses routes où souvent je suis entré avant de trouver la véritable. Ces fausses routes sont inévitables, parce qu'il arrive rarement qu'on tombe d'abord sur un endroit qui puisse nous fournir de nouvelles lumières en raisonnant sur ce que nous connaissons déjà.

Je n'ai pas indiqué non plus toutes les choses qui ont rapport aux examens particuliers où j'ai été obligé d'entrer. Par exemple, quand j'ai dit que jamais cinq voyelles ne sont disposées dans cet ordre *ʃ c g ʃ g*, je n'en ai point donné de démonstrations; c'est ce que je vais faire à présent.

Les trois premières lettres déterminent les deux dernières; mais parmi les cinq voyelles, on en peut choisir trois de dix manières, et dans chaque manière les lettres choisies peuvent être rangées dans un ordre différent, de dix façons.

Donc, il n'y a que soixante arrangemens de voyelles qui répondent à cet arrangement de lettres *ʃ c g ʃ g*. Or, après avoir parcouru ces soixante arrangemens, ce qui n'est point difficile, il paraîtra que les trois caractères dont il s'agit ici ne sont pas tous des voyelles.

Souvent nous devons avoir recours à de pareils changemens d'ordre; c'est pourquoi il est nécessaire de savoir ce que les mathématiciens ont écrit sur ce sujet.

Nous avons dit qu'on multiplie quelquefois les caractères; en ce cas, la difficulté qui se trouve à déchiffrer l'écriture devient plus grande, surtout si le nombre des caractères différens, par le moyen desquels on désigne les lettres qui reviennent le plus fréquemment, est considérable. On peut encore employer d'autres moyens pour augmenter la difficulté; mais il n'est guère possible que dans un écrit un peu long on ne puisse découvrir la signification de quelques caractères en comparant ensemble plusieurs endroits, et la plupart du temps la moindre lumière suffit pour éclaircir tout le mystère.

Dans le troisième volume des OEuvres de Wallis, nous trouvons des exemples de pareils écrits; mais la méthode que l'auteur a suivie pour les déchiffrer ne s'y trouve pas, et, pour dire le vrai, il n'est presque pas possible, quand il s'agit d'un écrit difficile, d'expliquer la route qu'on a suivie en le déchiffrant.

L'art de déchiffrer des lettres peut avoir son usage particulier, puisque la pratique en conduit au but que j'ai déjà indiqué, et qui m'a fait recommander l'étude de l'algèbre; et c'est à peu près la seule utilité qu'on puisse en tirer à présent, puisqu'on a plusieurs manières d'écrire qui sont absolument indéchiffrables, quand on n'en a pas la clef.

QUELQUES CONSEILS

A

UN JEUNE VOYAGEUR,

PAR

LE COMTE D'HAUTERIVE [*].

> Magnum iter ascendo; sed dat mihi gloria vires.
> Non juvat ex facili lecta corona jugo.
>
> Prop., lib. IV, el. X.

Paris, le 14 avril 1826.

J'avais des conseils à donner à un des jeunes élèves du ministère, qui vient d'être chargé d'une mission temporaire pour le Brésil. J'ai demandé à celui d'entre eux qui préside aux tra-

[*] Ce travail, de même que les *Conseils à un élève*, dont nous avons fait plusieurs fois mention, n'a été imprimé que par épreuves, et n'était pas destiné à être rendu public. Les jeunes gens pour qui il a été fait étaient priés de s'en réserver exclusivement l'usage, et surtout de ne pas le communiquer à des personnes qui fussent étrangères ou indifférentes au service. Chaque épreuve portait un numéro qui était inscrit sur un registre avec le nom de la personne à qui cette épreuve était confiée.

— La remarque que nous avons dû faire sur le premier article de cet *Appendice* (p. 347) s'applique plus particulièrement encore à celui-ci, que l'*auteur* dont nous avons parlé a défiguré pour se l'approprier, et cela, comme on peut le penser, sans faire le moins du monde mention du comte d'Hauterive.

Ces *Conseils à un jeune voyageur*, que nous reproduisons avec toute l'exactitude que l'on est en droit d'attendre de nous, les *Conseils à un élève*, et les *Conseils à des surnuméraires*, qui n'ont pas eu plus de publicité, seront publiés, avec les augmentations que l'honorable auteur y a faites, dans la collection de ses *Œuvres politiques et diplomatiques*, que nous préparons de concert avec M. le comte Auguste d'Hauterive.

vaux de tous (le vicomte de Carné) des instructions telles qu'il se les ferait à lui-même s'il avait été l'objet du choix du ministre pour remplir cette mission ; il a écrit rapidement huit ou dix pages qu'il m'a remises. Ce travail est bien ; il présente des vues ingénieuses et justes ; mais ses recommandations ne sont pas à l'usage de tout le monde ; il faudrait, à celui qui aurait à les suivre, l'avide curiosité, l'activité d'esprit et l'essor d'imagination de celui qui les a conçues, et cette réunion de qualités est peu commune. Heureusement pour les affaires, elle n'est pas un besoin.

J'attends du voyage du jeune élève à qui j'adresse les miennes des résultats plus substantiels et plus faciles à recueillir. Ce ne sont pas des émotions vives et de poétiques descriptions que je lui demande. Je le laisse aller à Rochefort, s'embarquer, passer la mer et débarquer. Je crois bien qu'il ne pourra rien faire de mieux, dans cet intervalle de temps, que d'écrire un journal où, se laissant aller à ses premières impressions, il se rende compte à lui-même de toutes celles qu'il aura reçues des objets qui attireront son attention, et des situations fort diverses où il se trouvera successivement placé en courant sur les grands chemins, ou en visitant les ports, les chantiers, les arsenaux d'une ville maritime, et en naviguant sur la haute mer. A l'égard de tous ces sujets d'observation, je ne puis que lui conseiller de s'astreindre à écrire tous les jours quelques pages, et de suivre dans ce travail les indications qu'il trouvera dans les instructions de son ami.

C'est à Rio-Janeiro que commencent les miennes : là, ce que je lui recommande d'observer, ce n'est pas la nature si belle, si nouvelle pour lui, si riche en merveilleux effets de perspective, et dont le premier aspect excitera d'abord et long-temps en lui un premier sentiment d'admiration et de surprise. C'est pour les hommes que je veux qu'il réserve tout son intérêt ; pour les hommes uniquement, pour leurs mœurs et pour les différences, surtout, qui existent entre ces mœurs et celles de l'Europe. Je veux enfin qu'il s'attache particulièrement à trouver dans la recherche, l'étude attentive et le discernement de toutes ces différences, la raison de celles qui, sous le rapport de l'état moral, social, religieux et politique, distinguent de tous les autres peuples celui qu'il va se trouver en position d'observer.

Il y a pour les nations, sous quelque climat et sous quelque forme de gouvernement qu'elles vivent, des mœurs domestiques, des mœurs sociales et des mœurs politiques. Les premières diffèrent peu d'un peuple à l'autre : les grandes différences se font remarquer parmi eux dans les secondes, et quant aux troisièmes, le plus grand nombre des peuples n'en a point. Notre jeune voyageur ne doit jamais perdre de vue ces données de fait, dans ses observations sur les mœurs des diverses classes des Brésiliens.

Ces classes, non-seulement au Brésil, mais encore dans tous les pays dont se forme la vaste étendue de la partie méridionale du Nouveau-Monde, sont plus distinctes qu'en Europe. L'attention que le voyageur est toujours disposé à donner à ce qui lui semble nouveau, y est, sur ce point, incessamment et fortement attirée par des contrastes. Les distances qui séparent les classes, le caractère moral de chacune d'elles, leur ignorance ou leurs lumières comparatives, et ce qui résulte de toutes ces inégalités relativement à l'empire, à l'ascendant des classes élevées ou à la condition excessivement subordonnée des classes inférieures, sont les sujets d'observation qui doivent le plus occuper le jeune voyageur. Ce n'est qu'en recueillant sur tous ces points des informations exactes, détaillées et complètes, qu'il pourra se voir en mesure de se faire, au terme de sa mission, une idée exacte de la position actuelle de ce pays, et de former des conjectures plausibles sur l'avenir que la Providence lui destine.

Après ce sujet d'observation, celui qui doit être le premier, le principal et je dirai presque l'unique objet de toute son attention, c'est l'administration publique, c'est-à-dire l'ensemble des rapports de tout genre que toutes les classes des sujets ont avec le pouvoir, et le lien qui, dans la combinaison régulière de ces rapports, unit l'intérêt public avec tous les intérêts privés. Ce sujet est grave, élevé, et on ne peut se flatter d'en embrasser l'ensemble d'une manière étendue, et d'en connaître les détails dans un voyage de courte durée ; mais à l'aide d'une bonne méthode on peut espérer de recueillir des notions utiles, instructives, et qui, plus tard, vérifiées et enrichies par de bonnes lectures, peuvent remplir le but que tout voyageur réfléchi doit avoir en vue. Je recommande particulièrement à celui pour qui j'ai rédigé ces instructions, d'interroger les personnes qui lui seront indiquées comme les plus propres à lui donner des renseignemens certains sur les diverses branches de l'administration du pays. Je vais les passer successivement en revue et indiquer brièvement les sujets des questions qui doivent leur être proposées.

1° *Le système financier*, qui comprend les recettes annuelles, leurs variétés, les modes de prélèvement, de répartition, leur somme totale ; les dépenses, leurs espèces diverses, les sommes de chacune, les accroissemens, les décroissemens d'une année aux autres, leur cause, et enfin la règle et le contrôle de ces recettes et de ces dépenses.

2° *Le système judiciaire*, qui comprend la législation, les tribunaux, les degrés de juridiction, le personnel et sa hiérarchie, la marche plus ou moins lente et plus ou moins dispendieuse de l'administration de la justice, le crédit des cours dans l'opinion de toutes les classes des justiciables, le nombre des procès et celui des peines dans toute leur diversité, et la proportion de ces nombres avec celui des justiciables ; les prisons, nombre moyen des détenus, administration actuelle, améliorations espérées ; police, ses magistrats, ses agens, sa force armée, le bien, le mal qu'elle produit ou peut produire.

3° *Le système militaire* de terre et de mer, qui comprend la législation de cette importante branche de l'administration publique ; la composition des corps des diverses armes, leur nombre, leur force, le recrutement, la milice ; le caractère moral de l'officier, du soldat, sous le rapport, surtout, de l'instruction, du courage, de la discipline et de l'honneur ; les écoles pour l'admission, les règles pour l'avancement et pour la retraite ; les asiles pour la vétérance ; le matériel, les arsenaux, les magasins, les chantiers, les ports, les rades, les forteresses, les projectiles, les approvisionnemens, les vaisseaux armés de tout rang ; enfin la navigation marchande de cabotage et d'expéditions lointaines, premier élément de la navigation armée.

4° *Le système de l'administration intérieure*, qui comprend le régime municipal, les privilèges, les rapports de tout genre entre les classes; le bien, le mal qui en résultent; le caractère propre de l'esclavage, de la domination, des conditions moyennes, de l'aristocratie; les améliorations à tenter, à espérer, les dangers à craindre; l'instruction publique, l'état de l'agriculture, du commerce; les mines, les fabriques, la pêche, la navigation intérieure, les routes; les hospices, les hôpitaux, la mendicité; les productions principales du pays, celles qui excèdent les besoins, celles dont la somme leur est inférieure; débouchés des premières, moyens d'échange pour la valeur des importations, prix des objets de consommation, prix des journées des ouvriers dans toutes les professions.

Je suis à regret forcé de passer à la hâte sur cette foule d'objets si divers, si importans, si utiles à bien connaître, et je prie le jeune voyageur de bien peser les expressions des quatre paragraphes qui précèdent, et des deux paragraphes qui vont suivre. Ce n'est pas un livre que j'ai prétendu faire pour lui, mais bien plutôt une table de chapitres, et c'est à lui qu'il appartient de les remplir : je veux donc lui dire, avant de suivre le cours de ces indications, que, dans ces paragraphes, il ne trouvera pas une expression qui ne puisse, qui ne doive être le sujet d'un grand nombre d'observations; elles sont, dans le fait, prises isolément, le titre réduit d'autant de chapitres dont chacun lui offrira le texte de cent interrogations diverses, et des réponses qui doivent l'éclairer sur l'objet de chacune d'elles. Je reviens à mon énumération.

5° *Le système religieux*. La religion de l'État, les cultes, le clergé, ses classes en haut clergé et clergé du second ordre, en clergé séculier et régulier, établissemens de chaque classe sous le rapport des moyens d'existence; influence des unes sur les autres, influence de chacune sur le gouvernement, sur l'opinion; leurs droits politiques, le degré, le caractère de leur dépendance de la cour de Rome; moralité, instruction, dispositions actuelles à l'égard des changemens survenus et des changemens à survenir; séminaires, églises, paroisses, évêchés, chapelles, etc.

6° *Tableau de la population*. Répartition de la richesse

publique sur ses classes ; ses rapports avec l'étendue du territoire ; différences de caractère, de mœurs, de langage, dans les villes, dans les campagnes, selon les professions, selon les origines et selon les âges ; ses différences dans les diverses provinces de l'immense territoire ; mésintelligences et sympathies ; accord ou opposition de droits et d'intérêts ; classes qui sont dans un cours de décadence ; classes qui sont dans un cours de progression ascendante ; émigrations, immigrations passées, présentes et futures ; le point de départ des unes, le but des autres ; les plus utiles, les plus fâcheuses, les plus nombreuses, leur influence probable sur le présent, sur l'avenir.

Sur cette partie du sujet des observations, et même sur toutes les autres, j'ai maintenant à prévenir le jeune voyageur contre le danger d'un écueil sur lequel le plus grand nombre de ses devanciers, non-seulement en Amérique, mais dans les autres parties du monde, dès le début même de leur carrière, n'ont jamais manqué d'échouer. Partout un voyageur est et sera toujours un objet d'inquiétude et de défiance, ne fût-ce que par les motifs qu'on suppose à sa curiosité ; le moindre inconvénient qui en résulte est une froideur qui repousse, ou une dissimulation qui échappe à la pénétration de l'observateur, et qui, sur toutes choses, lui fait commettre les plus graves méprises. Le moyen le plus sûr de se prémunir contre ce danger, c'est de modérer et surtout de voiler le désir de savoir, de n'exprimer, sur rien de ce qu'on voit, ni désapprobation ni surprise, de paraître toujours confiant, satisfait et reconnaissant, d'être sobre en interrogations, et surtout enfin de bien choisir les personnes de qui on attend de sincères et vraiment instructives informations.

Il reste un dernier sujet d'information ; c'est celui de la notoriété, qui, dans les diverses classes de la population, fait ressortir des masses les personnes à qui leurs talens, leur caractère, leurs services assurent toujours un degré proportionné de crédit sur la classe à laquelle elles appartiennent, et quelquefois sur toutes les autres. Ce que le jeune voyageur doit se dire, c'est qu'il ne pourra rien offrir de plus curieux au ministère, au terme de sa mission, qu'une biographie du Brésil, dans laquelle doit figurer, en première ligne, le souverain régnant, le feu roi, leur famille; viennent ensuite les ministres du souverain, ses entours et les leurs. De cette région élevée, il doit, autant que les occasions et le temps lui en donneront les moyens, descendre, parcourir tous les degrés de l'échelle sociale, et s'arrêter sur tous les points où il trouvera le compte à rendre d'une renommée qui s'élève, ou d'une renommée acquise, et des titres sur lesquels elles se fondent. Le Brésil, tout le monde le sait et le voit, est loin d'être dans une position stationnaire; et dans les perspectives d'un avenir plus ou moins éloigné, les notoriétés les plus subordonnées peuvent prendre, à la faveur des circonstances, une importance et un éclat qui, aux yeux du ministère, doivent un jour donner le plus grand prix aux informations que ses agens lui auront antérieurement transmises.

Il y a des pays qui sont habités par des nations sans avenir, et qui ne laissent rien à prévoir : le voyageur les observe sans intérêt, les quitte sans regret, et dit, en s'éloignant, qu'elles sont historiquement finies; il y en a qui n'ont point de passé, qui n'éveillent aucun souvenir, mais qui offrent un grand avenir à la prévoyance. Ces pays forment proprement le domaine des observations du voyageur qui aspire à s'engager dans la carrière de la politique; car ceux qui cultivent cette science n'étudient le temps qui est passé, et n'observent celui qui passe, que pour apprendre à lire dans les temps qui doivent venir.

Ce temps, qui s'écoule si rapidement, me manque pour donner à ces instructions l'étendue, la précision, et peut-être la clarté que je voudrais leur avoir données; mais le jeune voyageur y suppléera par son intelligence et par son zèle. Je les terminerai par l'indication d'un moyen d'ordre dont j'ai fait l'épreuve dans mes voyages, qui est aussi facile à comprendre qu'à mettre en œuvre, et qui lui facilitera singulièrement l'observation des conseils que j'ai cru utile de tracer pour lui.

Il faut couper un grand nombre de feuillets de papier tellière en quatre parties, et les destiner à recevoir des notes écrites sur tout sujet donné et à tout moment opportun. Quand on a une observation à consigner, on prend son crayon, on met en tête du carré de papier, à droite et en majuscules, le nom du sujet, c'est-à-dire, soit *finances*, soit *justice*, soit *guerre* ou *marine*, soit *intérieur*, soit *rapports politiques*, soit *relations commerciales*, soit *population*, soit enfin *biographie*, et, en tête de gauche, l'espèce particulière du sujet d'observation, c'est-à-dire, en parallèle du timbre *finances*, soit *impôt indirect*, soit *mode de perception*, soit *règle de répartition*, soit *dépense*, soit *règle* ou *contrôle de la dépense*, et ainsi de suite pour les timbres de justice, d'intérieur, de biographie, etc. Il faut avoir soin de mettre la date entre les deux timbres. Je joins à ces instructions quelques exemples de ces notes indicatives, et l'une d'elles indiquera de quelle manière elles peuvent être remplies.

Ces feuillets, ainsi marqués, peuvent, quand ils ont été remplis selon les indications des timbres, se jeter pêle-mêle dans un portefeuille, et, au départ du pays, il ne s'agit plus que de rassembler les mêmes timbres d'espèce, les mêmes timbres de genre, et de les ranger par ordre de date. On prend à part un sujet ; à l'aide des notes on recueille tous les souvenirs qui se rattachent à ce sujet ; on médite, on prend la plume, et on fait un chapitre ; on prend les matériaux d'un autre chapitre ; on les passe ainsi tous en revue pour mettre de la même manière tous les matériaux en œuvre ; et c'est ainsi qu'on arrive au but de composer méthodiquement un mémoire utile, instructif et complet du voyage qu'on vient de faire.

Telles sont les instructions que je crois devoir donner au jeune élève. En remontant, dans l'histoire de notre administration, à une très-ancienne date, j'y trouve deux mémorables exemples, le grand Colbert et Seignelay, le premier donnant des instructions au second, à l'occasion de son premier voyage ; et le second se faisant à lui-même ses propres instructions pour un autre voyage : j'en joins ici une copie. Nous n'avons ni l'un ni l'autre la présomption de suivre de telles traces, mais les grands exemples sont des préceptes, et toute déférence leur est due : en les imitant on ne prétend pas ressembler, mais obéir.

Ces instructions sont faites pour le voyage du Brésil. Je les soumettrai à l'examen de celui qui doit les juger, et s'il en trouvait les conseils, les vues et les recommandations utiles et applicables à d'autres voyageurs et à d'autres pays, il leur donnerait, par son approbation, un crédit qui ne peut venir de moi.

Copie de la Note approbative écrite sur l'original.

C'est un véritable service rendu par M. le comte d'Hauterive au ministère, que ces instructions à MM. les attachés; elles conviennent également à tous les pays : je les approuve donc entièrement. J'espère que M. le comte d'Hauterive voudra bien y ajouter les développemens que son expérience ne peut manquer de lui suggérer.

Signé, Le baron de DAMAS.

POST-SCRIPTUM.

Ce suffrage m'honore et me récompense de mes soins. L'approbation qui est ici donnée à mes conseils est accompagnée de la recommandation d'y joindre quelques développemens. J'ai effectivement en vue de donner un jour une forme plus étendue et plus complète à ce travail; mais, dans son état actuel, je crois qu'il suffit au but que j'ai dû me proposer, et j'aime mieux attendre les résultats prochains de l'épreuve que les jeunes gens à qui je le destine doivent en même temps faire de leur intelligence, de leur zèle, et de la pratique de mes règles. L'expérience du passé est sans doute fort instructive; mais pour des méthodes qui sont en quelque sorte spéculatives, n'ayant pas encore été tentées, l'expérience de l'avenir est plus propre à faire découvrir tout ce qui peut leur manquer, afin de produire, sans perte de temps et sans méprise, tout le bien qu'on attend d'elles.

Il y a une autre considération que j'ai déjà indiquée dans le post-scriptum de mes *Conseils à un élève*; je crois devoir la reproduire ici. Aujourd'hui plus que jamais les instructions qu'on fait pour les jeunes gens doivent plutôt leur être données comme des ébauches de celles qu'il leur importe de se faire eux-mêmes, que comme des règles qui leur soient rigoureusement et définitivement imposées; d'abord, parce qu'en principe général on ne sait et on ne retient jamais aussi bien ce qui a été doctoralement enseigné par un maître que ce qu'on a eu le mérite de s'enseigner à soi-même; et, ensuite, parce que le temps présent et tant d'événemens étranges, inattendus, prodigieux même, où la présomption et la témérité ont si souvent triomphé de la raison et de la prudence, ont généralement disposé tous les hommes, et surtout ceux du premier âge, à penser assez favorablement d'eux-mêmes pour préférer en toutes choses leurs propres inspirations aux suggestions de la sagesse d'autrui. Je pense donc que quand on se trouve en position de donner des conseils, il faut laisser quelque chose à faire à la raison de ceux qui doivent les suivre; et c'est d'après cette considération que, dans le dessein que j'ai conçu d'établir un système de recherches à l'usage des jeunes gens qui veulent ou doivent vouloir trouver dans leurs voyages des moyens de s'instruire de tout ce qu'il leur importe de savoir, je veux laisser une large part à leur coopération pour l'achèvement qui, dans ce but, pourra être fait plus tard de cet utile travail.

Toutefois, j'ajouterai ici une recommandation nouvelle à celles qui précèdent; elle est prise dans le motif même de la dernière considération que je viens d'exposer, et je crois devoir lui donner quelque étendue.

Ces conseils ont été faits pour un voyage au Brésil, et pour une mission de courte durée; mais l'approbation qu'ils ont reçue m'autorise à penser que les règles qui y sont tracées sont applicables à d'autres pays et à de plus longues absences. Toute mission, quels qu'en soient le but et le point de départ, me paraît donc pouvoir offrir un sujet pratique d'application de ces règles à celui qui en sera chargé; et, en effet, à quelque classe du ministère qu'il appartienne, après l'acquit de ses devoirs, il lui restera toujours une assez grande marge de temps pour qu'en sa qualité de voyageur il en puisse utilement disposer à son gré, et dans l'unique but de s'instruire : il en est ainsi, même des secrétaires de légation et d'ambassade; il en est ainsi encore des diverses classes d'agens consulaires qui, pendant leur séjour en pays étrangers, peuvent s'y regarder comme des voyageurs sédentaires, et je me persuade qu'eux aussi pourront agréer ces instructions, et s'en approprier les règles dans l'emploi qu'à coutitre ils voudront faire de leur temps.

Dès-lors l'objet de ce travail me semblerait pouvoir prendre une étendue pour ainsi dire indéfinie. Il embrasse réellement tout ce qui peut être un objet d'étude dans des pays où une foule d'objets de toute nature offrent aux recherches d'un observateur attentif des rapports plus ou moins importans à découvrir, à apprécier, à définir, soit avec le système général de la politique et du commerce, soit avec le système particulier de la politique et du commerce de la France. Sur tous ces points si étendus et si divers, je le sens, il faut qu'un voyageur se restreigne à des objets de choix, et ces objets seront probablement ceux qui offriront plus d'attraits à sa curiosité, ou sur lesquels des connaissances antérieurement acquises lui auront donné plus d'aptitude pour en acquérir de nouvelles dans un intervalle de temps plus ou moins limité.

J'ai dit plus haut que les meilleures instructions étaient celles qu'un voyageur s'attachait à se faire pour lui-même. Voici, je crois, quelle est la manière la plus facile et la plus sûre de procéder avec quelque espérance de succès à ce genre assez difficile de travail.

Je ferai moi-même le choix d'un sujet, et je supposerai que le voyageur est disposé, par des goûts et une aptitude qui lui sont propres, à recueillir des données de faits étendues et précises sur *la population d'un pays,* et qu'il lui est donné d'y faire un assez long séjour pour atteindre, sur ce point, le but qu'il se sera proposé dans ce genre de recherches.

Il doit d'abord se présenter son sujet sous toutes les faces, et, en premier lieu, il faut qu'il porte son attention sur *la population générale du pays.* Cet aspect la fait voir en masse; il n'y a point encore de détails, de variétés d'inégalités à observer. Mais cette population doit être observée à diverses époques : les recherches qu'il doit faire dans ce but donnent lieu à un certain nombre de questions, et elles doivent être tracées d'avance. Un bon cadre de questions sur tous les aspects sous lesquels un sujet peut être envisagé, est, à mon gré, la meilleure méthode d'observations qu'un voyageur puisse se tracer. Chacune de ces questions étant inscrite sur des feuillets tels que j'en ai précédemment indiqué la forme, et avec les timbres qui sont propres à leur objet, seront ensuite remplies, soit à la suite des interrogations qu'il aura adressées aux personnes les plus capables de l'instruire, soit à la suite des lectures qu'il aura faites dans le même dessein.

Les questions à faire d'avance sur ce premier point de vue du sujet ne sont pas nombreuses.

1° Y a-t-il jamais eu un cens qui ait été fait par l'ordre du gouvernement? Sous quelle direction, dans quel système? et les résultats ont-ils obtenu, doivent-ils obtenir quelque créance?

2° Y a-t-il eu un tel cens qui ait été renouvelé à plusieurs époques? Quels résultats présente leur comparaison? A quelles causes doivent être attribuées les différences?

Le second aspect de la population me semble devoir être *le rapport du nombre avec l'étendue du territoire :* ce point de vue ne donne encore lieu qu'à un petit nombre de questions.

Quel est le nombre des habitans de toute classe par provinces et par leurs subdivisions, par lieue carrée, en déterminant la mesure de la lieue et en retranchant le nombre des militaires absens qui ne doivent pas être compris dans le rapport?

Si la population a été estimée à diverses époques, quelles sont les différences qui résultent de la comparaison, sous le rapport du nombre à l'étendue, et quelles sont les causes de ces différences?

Le troisième aspect du sujet présente *la division de la population par familles*, leur nombre, les communes urbaines, les communes rurales, lois municipales.

Cet aspect du sujet fournit matière à un grand nombre de questions. J'indiquerai désormais les objets par voie de simple énumération et sans leur donner la forme interrogatoire; le voyageur y suppléera sans peine. Ainsi, le nombre des familles formant la population totale au terme moyen de cinq individus par famille; les communes de cinq cents habitans et au-dessous ; de cinq cents à mille ; de mille et au-dessus, et par une mesure progressive quelconque jusqu'à celle de la population de la ville la plus peuplée ; maisons éparses d'habitation, de propriétaires exploitans ou fermiers, ou métayers ou ouvriers ; maisons d'agrément ; rapport de la population rurale à la population urbaine, de la population agricole à la population industrielle, de la population laborieuse à la population oisive ; différences observées dans les progrès du temps et par suite du développement du système commercial, du perfectionnement de l'agriculture et de l'accroissement des fortunes mobiliaires ; influence de ces changemens sur le système fiscal, et, par induction, sur la fortune publique.

Le quatrième aspect du sujet est le *mouvement de la population*. Ici se présentent encore les objets divers et curieux d'un grand nombre de questions. Recensement des naissances et des morts ; rapports entre elles et avec la population ; augmentation ou diminution des unes et des autres aux divers mois de l'année : causes alléguées et plausibles des variations ; naissances illégitimes, rapports ; nombre des morts et des naissances par sexe ; décès par âges : moyennes de tous les rapports qui peuvent être comparés. Mariages, rapport avec la population, avec les naissances, avec les décès ; variations, leurs causes, leurs effets. Age moyen des mariages, secondes noces ; divorces, dans le pays où cet immoral usage est admis ; variation dans les nombres à diverses époques ; causes et effets sous le rapport des mœurs, de l'ordre social et de la richesse publique.

Le cinquième aspect du sujet est *la division de la population par les sexes :* les questions relatives à ce point de vue du sujet sont importantes ; leur but est de faire connaître le nombre des hommes, des femmes, et, dans ces nombres, les mariages, les veufs, les veuves, les célibataires au-dessous ou au-dessus de quarante ans, les enfans, les militaires, les absens. Comparaison de tous ces nombres sur deux années.

Le sixième aspect du sujet est *la division de la population par les âges de ceux qui vivent et de ceux qui meurent dans l'année*. Les questions de ce titre ont pour but de connaître les nombres sur toutes les personnes de cinq en cinq ans, depuis zéro jusqu'à cent. Différences observées dans la comparaison de deux années; causes présumées.

Le septième aspect du sujet est *la division de la population sous le rapport des situations sociales.* Les recherches à faire sur ce titre tirent tout leur intérêt de la comparaison qu'il importe de faire entre leurs résultats recueillis à différentes époques. Les questions doivent en embrasser au moins deux, et s'il se peut à dix ou quinze années d'intervalle l'une de l'autre. Les diverses parties du système social, les longues guerres de la fin d'un siècle et du commencement d'un autre, le mouvement extraordinaire qui a été imprimé aux esprits par les événemens, tout a concouru à produire des changemens dont les populations se sont partout ressenties, et ces changemens ont particulièrement porté sur les moyens d'existence des classes dont elles se composent. Les questions doivent avoir pour objet de connaître, quant aux nombres, les familles des propriétaires d'immeubles, et parmi elles celles qui vivent uniquement du revenu des biens-fonds, celles qui vivent des travaux du fermage, celles dont le revenu se compose de ces deux sortes de produits, celles qui joignent à l'une ou à l'autre de cette nature de produits ou à toutes les deux un revenu en argent. Les questions vont ensuite rechercher le nombre des rentiers, des employés qui sont payés par l'État, des commerçans, des chefs d'ateliers; et parmi ces familles, celles qui joignent au fruit de leur industrie un revenu en immeuble ou en argent; les familles d'ouvriers, de manouvriers, de journaliers et de domestiques des deux sexes; et enfin les mendians, hommes et femmes, vivant dans les dépôts ou errans.

Ce titre est, de tous ceux qui appartiennent au sujet, celui qui donne lieu aux rapprochemens les plus instructifs et qui doit procurer au voyageur les plus nombreux et les plus utiles renseignemens. Ici, dans la comparaison des diverses époques, il n'y a pas une différence dont les causes, s'il a le mérite de les découvrir, ne lui fassent connaître les influences que la politique générale, le système général du commerce et celui des pays qu'il observe, exercent sur l'état des peuples et sur la condition des diverses classes dont ils se composent. Il doit donc observer avec soin toutes ces différences et s'étudier surtout à en connaître les causes. Les recherches qu'il fera dans ce but lui fourniront le texte d'une foule de curieuses questions; il me suffit ici de lui en avoir indiqué le but et l'objet.

Enfin le huitième aspect du sujet est *le tableau de la constitution physique* et celui de la *constitution morale des habitans du pays.*

Le premier de ces deux tableaux comprend, entre autres objets des questions à poser, la stature, les formes, la force des habitans des villes et de la campagne; les différences d'un sexe à l'autre et de chacune des grandes divisions du pays à toutes les autres; l'époque de la nubilité, le tempérament dominant, la fécondité moyenne des mariages; celles des professions industrielles aux travaux desquelles les femmes et les enfans participent; l'âge auquel ceux-ci commencent à se rendre utiles; la durée de la vie laborieuse des hommes et des femmes; la vie moyenne; les exemples de longévité; les maladies, celles qui sont les plus fréquentes, les saisons où elles se multiplient, les causes; les épidémies, la petite vérole, la vaccine.

Le second tableau comprend l'éducation des enfans, les mœurs générales, celles de chaque classe; le caractère religieux du peuple, de ses diverses classes; les changemens survenus. Viennent ensuite les usages, les fêtes, les amusemens publics, les théâtres; les costumes des habitans des campagnes, des villes; le régime diététique, les repas, les habitations, le luxe; enfin la langue, son origine, ses changemens, son état actuel, le langage populaire; l'état des sciences et des arts.

Je ne porterai pas plus loin cette énumération; elle pourrait être plus détaillée, plus étendue et plus complète; mais mon but n'a été que de présenter un exemple et d'indiquer un mode technique d'investigation, facilement applicable à tous les sujets d'observation et d'étude qui peuvent attirer et fixer l'attention d'un voyageur. Ce que je viens d'essayer sur la population d'un pays et sur tous les aspects sous lesquels elle peut être envisagée par celui qui a un intérêt de curiosité ou d'instruction à la bien connaître, peut tout aussi facilement être fait à l'égard de tout autre objet local d'observation et d'étude, soit qu'il s'agisse des finances du pays, de son agriculture, de son commerce, de son industrie, de ses institutions politiques, civiles, administratives et militaires. Chacun de ces sujets, d'après cette méthode, doit fournir un thème à un nombre indéterminé de questions. Ces questions doivent être inscrites en tête d'autant de feuillets datés et timbrés du nom générique de leur objet et de l'espèce particulière qui distingue celui auquel la question se rapporte; et on conçoit facilement que, si ces questions, lorsqu'elles sont suivies des réponses desirées, présentent l'ensemble de tous les objets qui peuvent intéresser un voyageur, les mille notes indicatives qu'il aura journellement recueillies, pouvant facilement, à l'aide des timbres, être comparées, combinées et bien classées, devront, au terme de son voyage, le mettre en mesure de se rendre compte des observations les plus légères qu'il aura pu faire à tous les momens du jour, et d'en faire ensuite le sujet d'un ouvrage méthodique et véritablement instructif sur le pays qu'il pourra enfin se flatter d'avoir vu et observé en véritable voyageur.

Il me reste encore une observation à faire, et c'est par elle que je terminerai ce travail. Les *Conseils à un élève* ont eu pour objet de diriger les études que les jeunes gens, admis aux archives dans ce dessein, peuvent y faire sur les matériaux si abondans et si divers dont les correspondances diplomatiques et commerciales des agences françaises ont enrichi, pendant près de trois siècles, le dépôt du ministère, et qu'on y conserve parfaitement classées par ordre de matières, de dates, de puissances et de personnes, pour qu'on puisse trouver, au besoin, en point de droit et en point de fait, dans les documens du temps passé, les exemples et les précédens dont on a besoin dans la discussion des affaires présentes. Eh bien, il est arrivé qu'au dehors et loin du dépôt, et là même où une telle masse de matériaux ne peut pas se trouver, et où l'on n'en trouve aucun, ces conseils ont pu être de quelque secours à des élèves intelligens, appliqués et pleins du désir de s'instruire : il en est ainsi des

Conseils aux surnuméraires ; ils ont eu pour objet de tracer pour eux une méthode de travail, à l'aide de laquelle tout ce qui passe journellement sous leurs yeux, et les lettres les plus insignifiantes qu'on leur donne souvent à copier ou à faire, deviennent pour eux autant de moyens pratiques de l'enseignement méthodique qu'ils se font à eux-mêmes et qui, au terme d'une période de temps plus ou moins longue, et lorsque toutes les affaires qui se traitent annuellement dans les bureaux sont successivement venues à leur connaissance, les met en mesure d'établir à leur usage la théorie générale d'après laquelle, quand les difficultés qui sont propres à chaque affaire ont été judicieusement examinées et débattues, on parvient à connaître la véritable source du droit où se trouve la règle de solution qui doit terminer le débat.

Eh bien, il est encore arrivé que les juges de cette méthode ont pensé que l'usage des *Conseils aux surnuméraires* ne devait pas être borné au service des bureaux du ministère, et que la méthode appliquée à celui des agences du dehors ne serait pas moins utile à l'instruction des jeunes gens qui font leur apprentissage dans les bureaux de ces agences.

J'ose espérer qu'il en sera ainsi des *Conseils à un jeune voyageur*. Primitivement destinés à un seul voyageur et à un voyage déterminé, l'arbitre naturel, et qui, à toute sorte de titres, est le juge compétent de nos travaux, s'est convaincu, en les lisant, qu'ils pouvaient servir à la direction des études et des recherches de tous les voyageurs qui reçoivent des missions du ministère. Je m'en remets à son jugement, et je réclame, pour mes règles, la seule épreuve qui puisse constater si elles sont véritablement utiles et praticables, celle de l'expérience ; elle sera faite, je ne puis sur ce point concevoir aucun doute, dans des intentions sincères et avec le désir d'en retirer tous les avantages que j'en attends. Le premier à mon gré, et celui auquel j'attache le plus de prix, est un préservatif certain contre le danger de toutes les occasions qui tentent le voyageur à dissiper son attention, et lui font perdre la trace de l'impression qu'a faite sur lui un objet nouveau qui ne l'a frappé momentanément que pour le livrer immédiatement après à l'attrait d'un nouvel objet, sans qu'il reste aucun souvenir de cette succession d'impressions fugitives. L'habitude de tout observer, pour tout retenir, lui fera d'abord un trésor d'observations de ce qui, sans cette habitude, n'aurait été qu'un vain et stérile emploi du temps; ensuite cet assujettissement sera pour lui un moyen d'acquérir peu à peu la faculté de concevoir rapidement et d'exprimer facilement ses idées : cette faculté a, dans le service, un prix incalculable. Un autre avantage est celui qui doit résulter de l'usage de se faire, sur tous les sujets qu'on a intérêt à bien connaître, des questions qui embrassent tous les points de vue sous lesquels ce sujet doit être envisagé. Une question bien posée est, pour ainsi dire, à moitié résolue. Une série de questions bien faites, sur quelque nature d'objets d'étude que ce soit, sur une science, un art, une doctrine, un établissement, est comme une collection complète des germes de tout ce qu'il importe de savoir : les réponses qui doivent les féconder sont quelquefois aussi instructives pour celui qui les donne que pour celui qui les reçoit; c'est particulièrement dans ce but que je recommande au jeune voyageur de se faire d'avance autant de séries de questions qu'il le pourra sur ce qu'il désire d'apprendre, et surtout de les ordonner d'après une méthode qui lui donne quelque assurance qu'elles auront été aussi précises que complètes. De toutes les facultés de l'esprit humain, la curiosité est celle qui est la plus féconde ou la plus stérile en résultats effectifs, selon qu'elle est bien ou mal dirigée.

J'ose concevoir l'espérance que la méthode que je propose pourra produire le bon effet de faire sentir aux jeunes gens qui en feront l'essai de quelle importance il est pour eux de bien régler l'usage de cette faculté, et qu'ils y trouveront un moyen certain de retirer de l'application exacte et constante de ses règles tous les avantages qu'ils peuvent en attendre. Il y a, dans la pratique de cette méthode, deux genres principaux d'exercice qui seront pour eux d'une grande utilité présente, en ce qu'ils leur assureront un moyen facile et sûr de conserver la trace de toutes les impressions fugitives qu'ils auront momentanément reçues, et dont le souvenir serait à jamais perdu sans l'usage de cette méthode, et d'une utilité réelle d'avenir, en ce qu'ils leur feront contracter à la fois l'habitude d'écrire beaucoup, celle d'écrire facilement, et celle d'écrire vite, habitudes qui, je leur en donne l'assurance, ne peuvent manquer de leur faire acquérir le talent de bien écrire, ou qui tout au moins feront parvenir à son plus haut point de développement ce talent, dans toute la mesure où il leur a été donné de l'étendre. Je ne sais si je me trompe, mais je pense que la facilité et la rapidité sont, en même temps, et les meilleurs moyens et les meilleurs indices d'une bonne rédaction. J'ai vu beaucoup écrire, j'ai donné beaucoup à écrire, j'ai moi-même beaucoup écrit, et il m'a toujours semblé que les personnes qui, dans ce genre de travail, remplissaient mal la tâche qui leur était donnée, avaient plus de peine, et mettaient plus de temps à mal écrire, que ceux qui avaient acquis, par une longue habitude, la facilité de bien remplir la leur. Je ne peux donc qu'engager nos jeunes voyageurs à toujours avoir les yeux ouverts, à tout observer et tout voir, à multiplier leurs remarques, et à remplir leurs notes de tout ce qui aura fait naître des idées ou excité des souvenirs dans leur esprit. Je leur recommande surtout de ne s'inquiéter ni du choix des expressions, ni de la nature et de l'importance des objets de leurs observations habituelles. L'exercice des yeux, de la main, de l'attention, de la mémoire, de la réflexion, sont ici un premier avantage dont le prix est tout à fait indépendant des effets qu'il doit produire. Les notes inutiles ou mal faites ne sont pas une surcharge bien incommode dans le portefeuille d'un voyageur, et il en sera fait justice au terme du voyage, par le triage sévère qui devra en précéder la classification finale par ordre de dates, d'objets, et du genre et de l'espèce de ces objets. Je crois pouvoir garantir à nos jeunes observateurs, qu'après seulement trois ou quatre mois d'une pratique intelligente et assidue de cette méthode, ils s'apercevront que leur manière d'écrire est en même temps plus naturelle, plus facile, plus élégante et plus correcte qu'elle ne l'était avant qu'ils l'eussent et connue et adoptée.

Les formes qui suivent sont celles que j'ai annoncées aux pages 399 et 400, et où j'ai indiqué pour quel motif et dans quel but je les présentais comme exemple à suivre à l'égard des notes que les voyageurs auront à consigner sur tous les objets de leurs observations.

Forme des Notes indicatives à remplir.

GENRE.	DATE.	ESPÈCE.

Ici se placent les observations de fait qui doivent remplir l'objet des indications marquées en tête du feuillet. Le *genre* désigne une des grandes divisions du système de classification que le voyageur a cru devoir adopter. Ce sera, s'il veut, le mien, celui de M. H[e]., ou tel autre qu'il lui conviendra de choisir. Ce genre sera donc ou *finances*, ou *guerre*, ou *administration intérieure, etc., etc., etc.*, et *l'espèce* sera une des parties du genre indiqué. Ainsi le *genre* est-il *finances*, l'*espèce* indiquera que l'objet propre de la note inscrite est ou *le revenu public*, ou *la dépense de l'État*, ou telle partie du *revenu*, ou telle partie de la *dépense*, ou la *dette*, etc. La *date* servira à marquer l'ordre des informations successives sur un même sujet. Mais pour que le voyageur puisse se rendre compte des différences, il me paraît nécessaire qu'à la fin de sa note il indique la source de ses informations, de qui il les tient, dans quel document il les a recueillies, dans quel livre il les a lues.

A ce sujet, j'ai encore deux recommandations à faire au voyageur : la première est de rechercher, avant le départ, tous les ouvrages qui ont traité du pays qu'il se propose de voir, de faire un choix des meilleurs, de les lire, et, s'il ne le peut, de les emporter. Je n'ai pas besoin d'ajouter que cette lecture doit être faite la plume à la main, ni d'indiquer le genre d'extraits et de notes qui doivent marquer les choses et les personnes dont il fera plus particulièrement l'objet de ses recherches et de son étude dans le cours de son voyage.

Ma seconde recommandation est de s'astreindre à s'informer, dans tous les lieux où il s'arrêtera, ne fût-ce que quelques heures, s'il y a un libraire et un marché. S'il y a un libraire, il doit aller voir s'il peut s'y procurer une carte, un plan, un annuaire, un almanach du pays ou quelque ouvrage qui en traite. S'il y a un marché et qu'il arrive au jour et à l'heure où il se tient, il doit regarder cette occasion comme une bonne fortune. Les productions qu'on y étale, les animaux, les vêtemens, les outils, instrumens et ustensiles qu'on y vend, les personnes des deux sexes et de tout âge qui achètent ou qui vendent, sont les objets les plus curieux, les plus intéressans et les plus instructifs qui puissent s'offrir à ses observations dans tout le cours de son voyage.

Forme des Notes indicatives remplie.

GENRE.	DATE.	ESPÈCE.
Population.	18 mars 181...	Classes.

La population, au Brésil, se compose d'une foule d'élémens divers : Portugais d'Europe ou *Filhos do Reino*, Portugais créoles ou *Brasileiros*, nègres d'Afrique ou *molcques*, métis de blancs et de nègres ou *mulatos*, métis de blancs et d'Indiens *mamalucos*, Indiens purs sous plus de vingt dénominations, de peuplades différentes, ou *Indios*; Indiens civilisés ou *Caboclos*, Indiens sauvages ou *Gentios tapuyas*, ou *Bugres*; Indiens de province littorale ou *Mansos*.

Les Portugais d'Europe et créoles, et leurs esclaves nègres, font la population de Rio-Janeiro; les Indiens y viennent, mais n'y séjournent pas. Avant l'arrivée du roi Jean VI, cette ville n'avait que trente mille âmes : elle en a aujourd'hui plus de cent dix mille. L'esclavage des nègres y est moins absolu qu'en aucun lieu du monde : il est modéré par les lois, la religion et les mœurs. Le sort des esclaves au Brésil est aussi doux que celui de la domesticité d'Europe. L'affranchissement est facile à acquérir, et le nègre affranchi jouit de tous les droits civils des blancs. Il y a des nègres dans tous les ordres du clergé et dans tous les grades de l'armée ; il y en a qui sont commandeurs des ordres de chevalerie, etc.

Toutes ces classes formaient, en 1708, une population de trois millions d'individus; elle en comptait, en 1812, quatre millions, dont un million cinq cent mille nègres, sur un territoire qui s'étend du troisième degré de latitude nord jusqu'au trente-cinquième de latitude sud, et du trente-septième au soixante-quinzième de longitude occidentale du méridien de Paris, c'est-à-dire, qui a plus de mille lieues de longueur et huit cents de largeur; cette population est fort clair-semée. Ce pays pourrait en admettre une supérieure en nombre à celle de toute l'Europe. (*Sources* : Les derniers voyageurs qui ont rendu compte du Brésil.)

Forme des Notes indicatives remplie.

GENRE.	DATE.	ESPÈCE.
Administrat. intérieure.	20 juillet 182...	Mines.

Le Brésil est riche en mines de diamans, de pierres précieuses et d'or : ces dernières ne sont que d'alluvion ; elles sont si abondantes, qu'on n'a pas encore senti, comme au Pérou, la nécessité de creuser la terre pour extraire l'or. Le produit annuel est de 30,000 marcs 4,360,000 piastres ou 22,800,000 francs. L'Amérique entière ne donne pas le double de ce produit.

L'exploitation des mines ne date, au Brésil, que du règne de Pierre III, la dernière moitié du XVIIe siècle. Depuis cette époque jusqu'en 1755, la somme exportée s'est élevée à 480 millions ; entre cette date et 1803, à 204,544,000 fr., et l'or non enregistré à produit 171 millions. Le total de ce produit a donné, en trois cent vingt-six ans, 4,401,375,000 francs.

On évalue à 120 millions de francs l'or et l'argent monnayés qui circulent au Brésil, et la portion de ces deux métaux qui est employée aux ouvrages de luxe : mais ce qu'on en exporte et ce qui reste sont loin de contribuer à la richesse du pays. Les provinces aurifères et celles qui produisent les pierres précieuses offrent de toute part le spectacle d'une population indolente ou dont le travail est mal rétribué : toute culture y est inconnue. Jusqu'au règne de dom Pédro Ier, les monopoles, les prohibitions, les exactions l'avaient rendue impossible. Ce prince semble avoir d'autres vues. Jusqu'au siècle présent, le Brésil était un pays où un étranger pouvait à peine aborder : pour lui l'intérieur du pays, les provinces surtout où se trouvent les mines, étaient une Tauride. Les voyages, aujourd'hui, y sont non-seulement tolérés, mais encouragés et même récompensés. Un ingénieur allemand, M. Deschwegue, a mesuré la haute chaîne des montagnes de l'impénétrable province des *minas geraes* et en a visité toutes les parties. M. Mawe a non-seulement obtenu de visiter cette contrée en minéralogiste, mais il lui a été permis de tout observer, et de publier en Europe les résultats de ses observations. (*Sources* : Humboldt, Mawe et la correspondance du ministère.)

GENRE.	DATE.	ESPÈCE.
Biographie.	19 juillet.	L'empereur.

Le souverain régnant, dom Pédro Ier, alors vice-roi, s'était arrêté sous les fenêtres d'un Européen et causait familièrement avec lui, quand une lettre qui lui fut remise l'informa que des mouvemens s'étaient manifestés dans une province voisine et pouvaient se propager rapidement au dehors. Les espaces sont grands au Brésil, et les villes sont voisines à soixante lieues de distance. Le prince monte à cheval, suivi d'un seul domestique, part, change de cheval quand il peut, arrive, appelle à lui les rebelles, accorde ce qui peut être accordé, refuse ce qui ne doit pas l'être, et au terme d'une semaine il se retrouve au sein de sa capitale, où de lui seul on apprit et le motif et le résultat de ce singulier voyage. Il y a du *Pierre-le-Grand de Russie* dans ce trait et dans ce caractère. (*Source :* Correspondance particulière.)

GENRE.	DATE.	ESPÈCE.
Administrat. intérieure.	20 Juillet.	Gouvernement.

Jusqu'en 1806, le Brésil a été une colonie portugaise, gouvernée par un vice-roi. Cette même année, au moment de l'invasion des Français en Portugal, la famille royale, pour se dérober au danger qui la menaçait, se retira au Brésil et établit le siége du gouvernement à Rio-Janeiro, qui continua pendant quatorze ans d'être la capitale des possessions portugaises dans les deux hémisphères. Depuis le départ du roi, la prince Dom Pédro a administré le Brésil, d'abord comme prince régent, et depuis le 12 octobre 1823, comme empereur.

Le 17 décembre 1823, l'empereur présenta au sénat un projet de constitution qui fut agréé, et, le 9 janvier 1824, il prêta solennellement serment à cette constitution. Des événemens subséquens ont placé ce pays, son gouvernement et ses rapports extérieurs, dans une position d'attente. C'est cette position surtout, que le voyageur doit mettre tous ses soins à bien observer, pour se voir en mesure, autant qu'il sera en lui, d'asseoir son jugement sur les causes probables des événemens de l'avenir. (*Sources* : Papiers publics.)

Observations sur la forme des Notes qui précèdent, et des Cadres qui suivent.

Je répète ici que ces formes de notes, ces timbres et ces informations sont loin de pouvoir être donnés comme des modèles ou des règles ; je ne les propose que pour exemples. Les informations inscrites sont très-évidemment insignifiantes et hasardées. Je ne reviens pas du Brésil, et j'espère que notre jeune voyageur nous en offrira à son retour qui seront plus instructives et plus sûres. J'espère encore que dans le nombre de ceux qui, après lui, recevront ces conseils, il y en aura qui trouveront de meilleures formes à proposer : elles remplaceront les miennes. Il ne faut pas perdre de vue que ces notes doivent uniquement servir à recueillir et à conserver les premiers matériaux du véritable travail du voyageur. L'objet final de ce travail est un compte rendu du pays, c'est-à-dire, un mémoire qui fasse connaître avec étendue, précision et clarté, tout ce qui aura été vu, observé, constaté, apprécié. J'ai essayé de tracer le plan de la classification des divers objets d'information qui doivent figurer dans ce compte, et l'ordre dans lequel ils doivent y être relativement placés : je déclare qu'à cet égard mes instructions ne proposent encore que des exemples. J'ai beaucoup voyagé, et avec un grand désir de m'instruire ; mais parmi ceux qui liront ces pages, il s'en trouvera qui retireront de leurs voyages beaucoup plus de fruit que je n'en ai retiré des miens. Leurs travaux, si, comme moi, ils veulent les faire servir à l'instruction de leurs successeurs, seront mis à la place de mes conseils, et je saurai me contenter du plaisir de les avoir excités et encouragés à les faire. En preuve de ma sincérité, relativement à cette promesse, je vais essayer d'anticiper, dès à présent, sur l'emploi de ce moyen de perfectionnement, en donnant d'avance, sur mon système de classification des objets de recherche, une variante qui m'a été présentée par un de mes jeunes collaborateurs dans le bureau de la chancellerie (M. Henrichs), à qui j'avais donné à lire ces instructions. Je lui connais beaucoup de zèle et d'intelligence, et je l'ai engagé à réduire, en forme de tableaux, les diverses parties de mon système de classification; le sien n'est pas tout-à-fait le même, mais il est méthodique, et, en le produisant à la suite de ce travail, j'espère mieux persuader ceux qui le liront, de tout le désir que j'ai d'adopter, pour les conseils que j'aurai à donner à l'avenir, tous les perfectionnemens qui pourront m'être successivement adressés par les voyageurs qui auront bien voulu faire l'épreuve de ceux-ci.

CLASSIFICATION,

PAR TABLEAUX,

DES OBJETS D'INFORMATIONS ET DE RECHERCHES

DONT IL A ÉTÉ FAIT UNE ÉNUMÉRATION A LA PAGE 396

ET SUIVANTES.

Nota. Les formes qui suivent sont des cadres vides qui doivent être remplis par les voyageurs d'après l'indication de chaque colonne, et voici comment ces exemples doivent être entendus :

Il y a quatorze formes, depuis une jusqu'à quatorze : ce nombre comprend tout le système d'information. Il ne faut mettre qu'une seule forme sur chaque feuillet, et elle doit être imprimée ou lithographiée sur le *recto* avec ses colonnes et les termes indicateurs qui sont en tête des colonnes ; et l'espace blanc qui est en dehors du cadre, ainsi que la page entière du *verso*, sont la place vide qui est destinée à recevoir les observations et les informations du voyageur.

Les voyageurs doivent, avant leur départ, se faire une ample provision de ces formes ; ils ne sauraient en avoir un trop grand nombre.

[N° 1.]

DIVISION DU TERRITOIRE.		
LIMITES.	DIVISION.	SUBDIVISIONS.

OBSERVATIONS.

[N° 2.]

CONSTITUTION.	ORGANISATION DU SYSTÈME ADMINISTRATIF ET POUVOIR PUBLIC.				ESPRIT PUBLIC.
	Exécutif suprême.	Législatif.	Judiciaire.	Administratif et municipal.	

OBSERVATIONS.

[N° 3.]

POLITIQUE.	TRAITÉS DE PAIX, D'ALLIANCE, DE PARTAGE, DE CESSION, D'ÉCHANGE, etc.

[N° 4.]

POPULATION.								RAPPORTS sociaux.
HOMMES.	FEMMES.	ENFANS		TOTAL.	PAR CLASSES.			
		mâles.	femelles.		1re.	2e.	3e.	

[N° 5.]

ARMÉE DE TERRE.						
ORGANISATION et ordonnances y relatives.	COMPOSITION par armes.	EFFECTIF		FORTERESSES.		MATÉRIEL, ARSENAUX, MAGASINS.
		de paix.	de guerre.	Position.	Garnison.	

[N° 6.]

ARMÉE DE MER.						
ORGANISATION et ordonnances y relatives.	EFFECTIF DES BATIMENS.				EFFECTIF des marins.	CHANTIERS.
	Leur classe.	Leur force.	En mer.	Désarmés et en construction.		

[N° 7.]

MORAL ET COURAGE				PRISONS.	
DU SOLDAT.	DU MARIN.	DES OFFICIERS.	DU BOURGEOIS.	NOMBRE.	CRIMINELS.

[N° 8.]

RICHESSES TERRITORIALES.								
ÉTENDUE du territoire en lieues carrées.	DIVISION DU SOL.						Poissons.	Animaux sauvages.
	Cultivé.	Non cultivé.	Eaux.	Forêts.	Mines.	Habitations.		

[N° 9.]

AGRICULTURE.			
PRODUITS NATURELS et diverses cultures.	ÉDUCATION des bestiaux.	NOMBRE des agriculteurs.	OBSERVATIONS sur l'esprit agricole des habitans.

[N° 10.]

INDUSTRIE.				
PRINCIPALES fabriques et manufactures.	NOMBRE des manufacturiers, fabricans, artisans.	ESPRIT INDUSTRIEL du pays.	PRIX de la matière première.	PRODUIT de l'objet manufacturé

[N° 11.]

I. COMMERCE.

PRINCIPAUX OBJETS de commerce.		PORTS ET PLACES commerçantes.	NOMBRE ET TONNAGE des bâtimens dans chaque port.		VALEUR de		BALANCE.
Produits naturels.	Produits industriels.		Nombre.	Tonnage.	l'importation.	l'exportation.	

[N° 12.]

II. COMMERCE.		
POIDS, MESURES, MONNAIES avec évaluation française.	ÉTABLISSEMENS ET INSTITUTIONS relatifs au commerce.	TRAITÉS, LOIS, ORDONNANCES, relatifs au commerce.

[N° 13.]

FINANCES.					
REVENUS.			DÉPENSES.		DETTE DE L'ÉTAT.
Leur nature et mode de prélèvement.	Produit brut.	Produit net.	Leur nature.	Leur quotité.	

[N° 14.]

INSTRUCTION PUBLIQUE.						
ACADÉMIES, colléges, écoles, etc.	ÉLÈVES qui les fréquentent.	BIBLIOTHÈQUES.	RELIGION de l'État et ses ministres.	AUTRES cultes tolérés.	NOMBRE des ecclésiastiques.	NOMBRE des séminaires, églises, etc.

J'ai annoncé, page 400, que je donnerais à la suite de ces conseils une copie des instructions du grand Colbert à son fils, et de celui-ci à lui-même avant les deux premiers voyages que ce dernier fit par l'ordre de son père, pour se préparer à bien remplir la haute vocation à laquelle il venait d'être appelé. On va voir de quel prix était, aux yeux de ce grand ministre, une bonne suite d'indications tracées d'avance sur les sujets d'informations qu'il pensait que son fils avait le plus grand intérêt à bien étudier pour les bien connaître ; et si l'on veut se reporter à cette époque mémorable où Colbert était occupé du hardi projet de faire de la France une puissance navale capable de lutter contre la prépondérance de l'Angleterre et de la Hollande ; si l'on considère que peu d'années après le voyage de son fils, en 1676, celui-ci fut seul chargé, comme ministre en titre, d'entretenir et d'étendre les grands établissemens maritimes que Colbert avait fondés, et enfin, qu'en 1681, la marine française comptait cent quatre-vingt-dix-huit bâtimens de guerre et cent soixante-six mille hommes de mer commandés par des hommes tels que d'Estrées, Duquesne, Forbin, Jean Bart, Château-Renaud et Tourville, on saura ce que ce voyage, et ces instructions, et les recherches, et les études, et les informations qui en furent le fruit, ont produit d'avantages à la France et de gloire aux deux ministres qui l'ont alors si heureusement et si honorablement servie.

Le marquis de Torcy, petit-neveu du grand Colbert, parcourut en observateur, pendant plusieurs années, tous les États de l'Europe avant de s'engager dans les affaires. On ne peut douter qu'il n'ait religieusement observé, dans ses voyages, les règles que le fondateur de la haute fortune de sa famille avait imposées à son fils. M. de Torcy tient, dans la liste des ministres des affaires étrangères, le même rang élevé que M. de Seignelay s'est fait dans celle des ministres de la marine ; et je cite ce nouvel exemple, parce qu'en ajoutant une nouvelle force à toutes mes recommandations, il me semble singulièrement propre à faire comprendre tout le bien que le service du Roi pourra retirer de ses agens, si, se considérant dans leurs résidences comme des voyageurs sédentaires, ils se prévalent des avantages de leur position pour tout voir, tout observer, tout étudier, et surtout si, dans leurs observations et leurs études, ils veulent s'astreindre à suivre une méthode telle ou meilleure que celle que je me permets de leur proposer.

INSTRUCTIONS DE M. DE COLBERT, ÉCRITES DE SA MAIN.

Mémoire pour mon fils, sur ce qu'il doit observer pendant le voyage qu'il va faire à Rochefort.

« Étant persuadé, comme je le suis, qu'il a pris une bonne et ferme résolution de se rendre autant honnête homme qu'il a besoin de l'être, pour soutenir dignement, avec estime et réputation, mes emplois, il est surtout nécessaire qu'il fasse toujours réflexion et s'applique avec soin au réglement de ses mœurs, et surtout qu'il considère que la principale et seule partie d'un honnête homme est de faire toujours bien son devoir à l'égard de Dieu, d'autant que ce premier devoir tire nécessairement tous les autres après soi, et qu'il est impossible qu'il s'acquitte de tous les autres s'il manque à ce premier. Je crois lui avoir assez parlé sur ce sujet en diverses occasions, pour croire qu'il n'est pas nécessaire que je m'y étende davantage; il doit seulement faire réflexion que je lui ai, ci-devant, bien fait connaître que ce premier devoir envers Dieu se pouvait accommoder fort bien avec les plaisirs et les divertissemens d'un honnête homme en sa jeunesse.

« Après ce premier devoir, je désire qu'il fasse souvent réflexion à ses obligations envers moi, non-seulement pour sa naissance, qui m'est commune avec tous les pères, et qui est le sensible lien de la société humaine, mais même par l'élévation dans laquelle je l'ai mis, et par la peine et le travail que j'ai pris et que je prends tous les jours pour son éducation, et qu'il pense que le seul moyen de s'acquitter de ce qu'il me doit est de m'aider à parvenir à la fin que je souhaite, c'est-à-dire qu'il devienne autant et plus honnête homme que moi, s'il est possible, et qu'en y travaillant comme je le souhaite, il satisfasse à tous les devoirs envers Dieu, envers moi et envers tout le monde, et se donne en même temps les moyens sûrs et infaillibles de passer une vie douce et commode, ce qui ne se peut jamais qu'avec estime, réputation et réglement de mœurs.

« Après ces deux premiers points, et pour descendre aux détails de ce qu'il doit faire pendant son voyage, je désire qu'il commence incessamment la lecture des ordonnances de marine qu'il trouvera dans Fontanon, *Conférence des ordonnances*, et *ordonnan-*

ces de 1620; qu'il emporte avec lui les traités de Clairac, et lise promptement celui des termes maritimes; et que, dans le voyage, il s'instruise toujours de la marine avec M. de Terron, afin qu'il ne soit pas tout-à-fait neuf en cette matière, lorsqu'il arrivera à Rochefort; et je désire que, pendant le séjour qu'il y fera, il emploie toujours trois heures du matin à l'étude, c'est-à-dire à la lecture, dans son cabinet, de tout ce qui concerne la marine, et même quelquefois, pour changer de matière, qu'il poursuive la lecture des traités que je lui ai fait faire sur toutes les plus importantes et plus agréables matières de l'État.

« Aussitôt qu'il sera arrivé, il doit faire une visite générale de tous les vaisseaux et de tous les bâtimens de l'arsenal; qu'il voie et s'instruise soigneusement de l'ordre général qui s'observe pour faire mouvoir une si grande machine.

« Qu'il interroge avec application sur tout ce qu'il verra, afin qu'il puisse acquérir les connaissances générales, pour descendre ensuite aux particulières.

« Qu'il se fasse montrer le plan général de toute l'étendue de l'arsenal, tant des ouvrages faits que de ceux qui sont à faire, et sache la destination de chaque pièce différente, en voie la forme et la figure, et en sache donner les raisons; qu'il écrive de sa main les noms de tous les vaisseaux bâtis, de ceux qui sont encore sur les chantiers, et l'état en lequel il les trouvera, et en même temps une description de tout l'arsenal, contenant le nombre des différentes pièces et leur usage particulier.

« Ensuite il fera la liste de tous les officiers qui servent dans le port, depuis l'intendant jusqu'au moindre officier, et s'en fera expliquer les principales fonctions, dont il fera le mémoire.

« Après avoir pris ces connaissances générales, il descendra au particulier. Pour cet effet, il commencera la visite du magasin général, laquelle il fera avec le garde-magasin et le contrôleur; verra l'inventaire général et en fera, s'il est possible, le récolement, c'est-à-dire qu'il se fera représenter toutes les marchandises et munitions qui y sont contenues, pour voir si elles sont en la quantité et de la qualité nécessaires pour mettre en mer un vaisseau.

« Ensuite il visitera tous les ateliers des cordages, de l'estuve, des voiles, des charpenteries, des tonnelleries, des calfateries, la fonderie, le magasin à poudre, et généralement tous les ouvrages qui servent aux constructions, agrès et apparaux des vaisseaux; examinera de quelle sorte se font tous ces ouvrages, et les différences des bonnes ou mauvaises manufactures, et ce qui est à observer sur chacune pour les rendre bonnes et en état de bien servir.

« Dans le magasin général sont compris toute l'artillerie tant de fonte que de fer, les armes, les mousquets, piques et autres de toutes sortes, ensemble toutes les munitions de guerre.

« Il examinera ensuite les fonctions de tous les officiers du port, verra leurs instructions, et fera, de sa main, un mémoire de tout ce que chaque officier doit faire pour se bien acquitter de son devoir, et prendra le soin de les voir et de les faire agir chacun selon sa fonction, pendant tout le temps qu'il séjournera audit lieu de Rochefort.

« Il s'appliquera ensuite à voir et examiner la construction d'un vaisseau, en verra toutes les pièces depuis la quille jusqu'au dernier bâton du pavillon; en écrira lui-même les noms, et fera faire un petit modèle de vaisseau, qu'il m'enverra avec les noms de toutes les pièces écrites de sa main.

« Après avoir vu et examiné la construction entière d'un vaisseau et avoir su les noms de toutes ses parties, il examinera encore l'économie entière de tout le dedans, et l'usage de toutes les pièces qui y sont pratiquées.

« Il verra placer toutes les denrées, marchandises, armes, artillerie, agrès et apparaux nécessaires pour mettre un vaisseau en mer, en fera lui-même le détail, l'écrira de sa main, et prendra le soin de le faire charger et le mettre en cet état; et, pour cet effet, s'il arrive assez à temps, il pourra prendre un des vaisseaux que M. le vice-amiral doit commander; sinon il prendra *le Breton*, qui doit être préparé pour le voyage des grandes Indes.

« Et en même temps qu'il s'appliquera à connaître les noms de toutes les parties qui servent à la construction d'un vaisseau, et de toutes celles qui sont nécessaires pour le mettre en mer, il se fera informer de l'usage de chaque pièce, et de toute la manœuvre d'un vaisseau, et de tout ce qui sert au commandement et à ladite manœuvre. Pour cet effet, il pourra la faire faire devant lui, soit dans le port, soit en montant sur les vaisseaux, et allant deux ou trois lieues en mer pour voir le tout; et en un mot, fera en sorte, par son application, qu'il puisse savoir le métier de tous les officiers de marine, tant en mer qu'à terre, pendant le séjour qu'il fera audit lieu de Rochefort; en sorte que non-seulement il puisse en bien parler, mais même qu'il puisse s'en souvenir pendant toute sa vie, et apprendre à donner bien ces ordres à tous les officiers qui auront à agir.

« Pour parvenir à cette fin, il ne se faut pas contenter de voir et d'examiner une seule fois tout ce que je viens de dire ; mais il faut le répéter et faire souvent la même chose, parce qu'il n'y a que cette répétition fréquente, même avec une grande application, qui puisse imprimer les espèces dans l'esprit et dans la mémoire, en sorte qu'elle les représente fidèlement toutes les fois que l'on en a besoin.

« Il doit encore s'informer et savoir parfaitement toutes les fonctions des officiers d'un vaisseau lorsqu'il est en mer, savoir : du capitaine, du lieutenant, de l'enseigne, du maître, du contre-maître, pilote, maître charpentier, maître voilier, maître calfat, et maître canonnier, et combien d'hommes chacun d'eux commande, et quelles sont leurs fonctions ; et généralement tout ce qui s'observe pour la conduite d'un vaisseau, soit dans un voyage, soit dans un combat.

« Il lira avec soin tous les réglemens et ordonnances qui ont été faites et données dans la marine depuis que j'y travaille, ensemble mes lettres et les réponses, afin qu'il tire, par tous ces moyens, la connaissance parfaite et profonde qu'il est nécessaire d'avoir pour se bien acquitter de sa charge, et pour le faire avec la satisfaction du Roi et le bien et l'avantage du royaume.

« Il sera en même temps nécessaire qu'il apprenne l'hydrographie et le pilotage, afin qu'il sache les moyens de dresser la route d'un vaisseau, et qu'il étudie aussi la carte marine.

« Après avoir dit tout ce que je crois nécessaire qu'il fasse pour son instruction, je finirai par deux points. Le premier est que toutes les peines que je me donne sont inutiles si la volonté de mon fils n'est échauffée, et qu'elle ne se porte d'elle-même à prendre plaisir à faire son devoir : c'est ce qui le rendra lui-même capable de faire ses instructions, parce que c'est la volonté qui donne le plaisir à tout ce que l'on doit faire, et c'est le plaisir qui donne l'application. Il sait que c'est ce que je cherche depuis si long-temps. J'espère qu'à la fin je le trouverai, et qu'il me le donnera, ou, pour mieux dire, qu'il se le donnera à lui-même, pour se donner du plaisir et de la satisfaction toute sa vie, et me payer avec usure de toute l'amitié que j'ai pour lui, et dont je lui donne tant de marques.

« L'autre point est qu'il s'applique, sur toutes choses, à se faire aimer dans tous les lieux où il se trouvera, et par toutes les personnes avec lesquelles il agira, soit supérieures, égales ou inférieures ; qu'il agisse avec beaucoup de civilité et de douceur avec tout le monde, et qu'il fasse en sorte que ce voyage lui concilie l'estime et l'amitié de tout ce qu'il y a de gens de mer, en sorte que, pendant toute sa vie, ils se souviennent avec plaisir du voyage qu'il aura fait, et exécutent avec amour et respect les ordres qu'il leur donnera dans toutes les fonctions de sa charge.

« Je désire que toutes les semaines il m'envoie, écrit de sa main, le mémoire de toutes les connaissances qu'il aura prises sur chacun des points contenus en cette instruction. »

Peut-on mieux rendre compte des progrès que fit M. le marquis de Seignelay, qu'en transcrivant ici l'instruction qu'il se donna à lui-même lorsqu'il partit pour l'Angleterre et la Hollande ?

Instruction pour le Voyage de Hollande et d'Angleterre.

« Quoique le voyage que je viens de faire soit assurément fort utile, et qu'il m'ait donné des connaissances que je pourrai mettre en pratique selon les occasions, je dois considérer le voyage d'Angleterre et de Hollande d'une tout autre manière : je verrai les deux puissances de mer d'Europe qui ont le plus de réputation; ainsi, examinant bien tout ce qu'elles observent et tout ce qui les a fait réussir dans leurs entreprises, je prendrai des connaissances fort considérables et qui me donneront de grandes lumières pour la charge que je dois faire; ainsi il faut donc que je travaille avec application, non-seulement à connaître en général ce qui fait mouvoir toute leur marine, mais aussi je dois descendre dans le détail, et tirer de ceux que je trouverai sur les lieux, ou de leurs officiers, s'il se peut, toutes les instructions que je pourrai, pour mettre après en pratique, dans la marine du Roi, ce que je trouverai qu'ils feront mieux que nous, et ce que la longue et continuelle expérience qu'ils ont à la mer leur a appris.

« Je considèrerai combien il est important que je m'applique extraordinairement pendant ce voyage, puisque j'aurai pendant toute ma vie affaire de ce que j'y apprendrai, et que je pourrai, par ce moyen, me mettre en état de bien servir le Roi, et de lui paraître très-bien informé dans les rencontres où j'aurai à lui parler de la marine.

« Pour cet effet, je m'informerai soigneusement, et ferai des mémoires de ma main :

« Du nombre des vaisseaux de guerre qu'ils ont dans leurs ports et à la mer;

« De leurs noms;

« Leur port et la quantité de canons ; s'ils mettent leurs sabords aussi ou plus proches l'un de l'autre que nous ;

« La manière dont ils les disposent ;

« Combien de canons de fer ils mettent sur chaque bord ; combien de canons de fonte ;

« D'où ils prennent les canons de fer ;

« Le gabarit de leurs vaisseaux ;

« La manière de leurs constructions ;

« La différence qu'il y a entre leurs vaisseaux et les nôtres, afin de remarquer les défauts pour les éviter, et chercher ce qu'ils ont de meilleur pour le suivre ; tâcher d'avoir un devis exact de toute la construction du vaisseau, et de toutes les pièces qui y entrent, depuis la quille jusqu'au bâton du pavillon ; voir de quelle manière ils chevillent les bordages ; en quels lieux ils mettent du fer ou du bois ; de quel bois ils se servent ;

« Tâcher de savoir les raisons qu'ils ont pour la construction de leurs vaisseaux, quels avantages ils tirent de les faire plus à plates varangues que nous, et quels désavantages il y a ; les inconvéniens qui nous arriveraient, en cas de guerre, d'avoir des vaisseaux plus taillés qu'eux, et qui, par conséquent, prennent plus d'eau ;

« Examiner s'ils se servent de galeries, ou non, et les raisons qu'ils ont pour ne s'en point servir ;

« Voir si leurs vaisseaux sont plus chargés d'œuvres mortes et plus envolumés que les nôtres, ou s'ils sont plus frégatés ;

« Savoir l'opinion qu'ils ont de la marine de France ; en tirer leurs sentimens, tant sur les forces du Roi que sur les manières de constructions ; sur la bonté des officiers et des équipages, et généralement sur tout ce qui regarde notre marine ;

« Savoir le nombre des équipages qu'ils mettent sur chaque vaisseau ;

« Combien de matelots ;

« Combien de soldats ;

« Combien d'officiers mariniers ;

« Leurs noms ;

« Combien de hauts officiers.

« Si je pouvais trouver quelque habile capitaine ou bas-officier, il faudrait tirer de lui,

« Les noms de tous les capitaines, lieutenans, etc. ;

« Leur mérite particulier et l'estime qu'ils ont dans leur corps ;

« Leur fonction, tant en guerre qu'en paix, en gros temps et en calme ;

« Les fonctions des officiers mariniers, et comment ils sont disposés sur chaque bord, tant en gros temps qu'en calme ;

« Ce qu'ils observent pour la manœuvre du canon et du pilotage, et pour toutes les autres manœuvres du vaisseau ;

« Quels officiers ils ont pour cela ;

« Les fonctions des grands-officiers, comme amiraux, vice-amiraux et chefs d'escadre, s'ils en ont ; enfin, savoir généralement toutes les fonctions desdits officiers, depuis l'amiral jusqu'aux mousses de chaque vaisseau ;

« Savoir tout ce qu'ils observent depuis que la tronche du vaisseau est achevée, pour le mâter, le gréer, l'armer et le lester, le sortir des ports, le mettre en rade, le gouverner dans le calme et dans le gros temps, et dans le temps de combat ;

« Savoir s'ils ont des majors et des aides-majors, et quelle est leur fonction ;

« Examiner et faire une description exacte de toutes les différentes sortes de bâtimens dont ils se servent dans des ports et dans la navigation, tant pour la marchandise que pour la guerre ;

« Observer et faire dessiner les machines dont ils se servent pour le curement de leurs ports ;

« L'ordre qu'ils tiennent pour le délestage, et les lieux destinés pour jeter ledit lest ;

« Tous les ouvrages et digues pour garantir leur pays des inondations, ensemble tous les ouvrages qui se font pour leurs ports ;

« La manière dont ils ont bâti leurs môles ;

« Comment ils ont mis leurs vaisseaux à couvert du vent ; faire faire des dessins et la description, et voir les effets que chaque ouvrage a produits.

« Comme la propreté d'un vaisseau et le soin qu'on prend de le nettoyer sont extrêmement considérables et capables de conserver ledit vaisseau beaucoup plus long-temps, il faut observer ce qu'ils font pour tenir leurs vaisseaux propres et en bon état ; combien de fois ils le grattent et le goudronnent ; combien de fois et comment ils le calfatent ;

« La manière dont ils carènent, et s'ils ont des formes ou non ;

« Examiner avec une fort grande application tout ce qui se passe dans leurs magasins ; l'ordre qu'ils tiennent pour l'entrée et la sortie des marchandises, et la manière dont elles sont rangées ;

« Tout ce qui se fait pour les constructions et radoubs des vaisseaux, depuis que la quille est posée jusqu'à ce que le vaisseau soit à la mer ; comment ils achètent leur bois, les lieux d'où ils le font venir ; combien ils en ont dans leurs magasins, comment ils sont rangés ; toutes les machines qu'ils ont pour la facilité de leur construction et de leur radoub.

« Savoir s'ils font leurs constructions à prix fait ou à journées ;

« Si à prix fait, combien ils donnent de chaque vaisseau, soit en fournissant le bois par eux, soit par le charpentier ;

« Si à journées, examiner bien particulièrement de quelle sorte les ouvriers travaillent, à quelle heure ils entrent et sortent de leurs ateliers ; qui en tient les rôles ; qui les paie ; le prix de leur journée, et généralement tout ce qui se pratique pour la bonne police, l'économie et le bon ménage.

« Examiner les quantité et qualité des marchandises qui sont dans les magasins, comme fer, ancres, chanvres, goudron, mâts, canons de fer et de fonte ; en savoir les prix au juste ; savoir d'où et de quelle manière ils les font venir pour les avoir à bon compte ; et généralement tout ce qui se pratique pour avoir le tout bon et à bon prix.

« Il faut savoir aussi de quel fer ils se servent dans leurs forges, et d'où ils le font venir ;

« Comment ils font travailler à leurs ancres ou à journées, ou à prix fait ;

« Savoir les prix faits et les marchés ;

« S'ils les font faire à journées, de combien d'hommes ils se servent pour fabriquer une ancre ; de quatre, cinq, six ouvriers, et combien de jours on y emploie ; observant l'état auquel sont les pièces desdites ancres ; si les pattes, verges et bras sont en état qu'il n'y ait plus qu'à les joindre ; combien ils paient les ouvriers qui font les mêmes ferremens ;

« Pour la corderie, savoir d'où ils prennent les chanvres, et comment ils le peignent, le filent et le commettent ; si à journées ou à prix fait ;

« De quelle manière ils le goudronnent, en fil de carret ou en cordage.

« L'utilité qu'on retire de le goudronner en fil de caret est que le goudron pénètre davantage : il se fait au Hâvre de cette manière ; mais, d'un autre côté, il ne sue pas, et il est dangereux que, l'humidité restant, il ne pourrisse ledit cordage ;

« Observer s'ils ont des prix faits, savoir : les prix faits avec les poulieurs, menuisiers, sculpteurs, lanterniers et autres, ou s'ils travaillent à journées ;

« Examiner ce qui concerne la fonderie des canons ;

« Observer enfin en détail tout ce qui se pratique dans tous les arsenaux de marine, dans toutes les fonctions et métiers qui en dépendent, pour profiter, dans notre marine, de leur longue expérience, et de tous les moyens qu'ils pratiquent pour la diligence, la bonté et l'économie ;

« Savoir comment ils lèvent et paient les équipages de chaque vaisseau : si c'est devant ou après ; de quelle manière les décomptes se font aux équipages ; combien on donne à chaque matelot, à chaque soldat et à chaque officier marinier ;

« La solde des officiers, pour en faire le rapport avec celles du Roi, et en connaître les différences ;

« Savoir, pour cela, les différences de leurs monnaies aux nôtres ;

« Examiner avec soin de quelle manière les vivres sont fournis, si par un munitionnaire ou par les capitaines ;

« Le prix de chaque sorte de victuailles ; de quelle sorte la distribution en est faite, et la manière dont toutes les marchandises sont disposées ;

« Savoir combien de gardiens ils mettent à bord dans le port, et la police qui s'observe pour la place desdits vaisseaux et pour leur nettoiement. »

Les deux pièces qu'on vient de lire ne donnent encore qu'une idée imparfaite de l'importance que Colbert attacha, pendant tout le cours de son ministère, aux informations qu'il s'était fait un besoin constant de recueillir sur tout ce que le ministre d'un grand État a intérêt de connaître, c'est-à-dire sur toutes choses.

Je viens dans le moment même de découvrir une minute de la circulaire qui fut adressée en son nom et par ordre du Roi, en 1664, à tous les intendans du royaume : elle contient un système tout-à-fait complet de recherches sur tous les objets que j'ai passés trop rapidement en revue dans mes conseils. Ce système présente, dans de bien plus minutieux détails, les rapports de toutes les administrations du royaume avec toutes les classes des sujets et tous les individus de ces classes. Les objets d'informations y sont classés d'une manière admirable ; rien n'y est omis : produits, échanges, rangs, mœurs, usages ; divisions géographique, administrative, ecclésiastique, militaire; ordre judiciaire; finances; et toutes les parties de chacune des administrations de l'État y sont proposées à l'examen, à l'étude de l'observateur officiel, pour qu'il y remarque le bien, le mal, le moyen d'améliorer ou le remède, et qu'il rende successivement compte de ses observations. Les actes de l'autorité sont tous nominativement mis en regard des droits et des besoins des peuples, et le ministre exprime sur chaque point la sollicitude du souverain sur des abus qu'il ignore, qu'il veut connaître, et qu'il est dans sa royale intention de prévenir et de réformer. On a généralement attribué aux illustres instituteurs du duc de Bourgogne l'honneur de la mesure si prévoyante et si sage qui fut prise en 1698, de faire faire par tous les intendans des provinces un mémoire destiné à présenter au jeune prince, dans une suite de tableaux rédigés avec le plus grand soin, tous les moyens de richesse et de puissance du royaume qu'il était un jour appelé à gouverner. Ces tableaux, et les observations et les recherches qui servaient à les former, n'étaient pas alors un travail nouveau ou inconnu. Ce travail datait, en France, des premières années du ministère de Colbert.

Au temps où la circulaire de 1698 fut faite, d'Aguesseau, le père du grand-chancelier, bien plus réellement grand administrateur, quoique moins célèbre que lui, et qui, comme intendant, avait reçu la circulaire de 1664 et en avait exécuté toutes les dispositions, jouissait d'un grand crédit. Il méditait alors le plan de ce conseil de commerce, qui vient d'être heureusement rétabli de notre temps. Il avait été l'élève, l'ami de Colbert; il fut un des promoteurs les plus actifs de cette utile et judicieuse mesure, et c'est à Colbert qu'en appartient le premier honneur. Du reste, la France ne recueillit pas des travaux qui, à cette époque, furent, il faut le dire, généralement assez bien exécutés, tout le fruit qu'elle avait retiré de ceux qui s'étaient faits vingt-quatre ans auparavant sous la direction de Colbert. Les documens transmis successivement par les intendances arrivèrent dans un temps où les besoins, les dangers, les malheurs d'une guerre ruineuse et interminable absorbaient toute l'attention du gouvernement du Roi; les désordres de la Régence firent ensuite perdre aux esprits et l'idée de toute direction et l'espoir de toute amélioration ; et ces documens restent aujourd'hui épars et ensevelis dans divers dépôts, où le hasard seul m'a donné l'occasion d'en prendre connaissance. Quant aux recherches qui furent la suite de la circulaire de Colbert, un seul rapprochement suffira pour en faire apprécier les résultats.

Dans les derniers mois du ministère de Mazarin, le Roi n'avait pas de quoi payer la dépense de sa maison, et souvent il dînait par nécessité chez son ministre. A la mort de ce ministre, qui laissait à sa famille un immense héritage, l'État obéré succombait sous le poids de ses charges ; ses revenus étaient absorbés d'avance par des anticipations ; une affreuse vénalité avait approprié tous les droits du fisc à d'avides traitans, et des emprunts faits à 20, à 30, à 40 p. 0/0, rendaient impraticable toute mesure réparatrice qu'on aurait tenté de fonder sur le crédit. Ce fut alors que le jeune prince, prenant en main les rênes de son gouvernement, sentit en lui le principe de cette volonté courageuse, persévérante, inébranlable, qui devait faire de lui un grand roi. Il donna sa confiance à Colbert ; et quelle fut la suite de ce choix ? Huit ans après cette époque de son véritable avénement, celui qui avait été le plus pauvre, le plus ignoré et le plus indolent des princes, se vit le plus riche, le plus puissant, le plus magnifique souverain de son temps ; et quelles furent les causes d'un si grand et si rapide changement de fortune? Toutes les règles d'une sage, d'une vigoureuse administration sont exposées dans la circulaire de 1664, et c'est de son exécution bien dirigée et toujours surveillée que la postérité doit apprendre tout ce qu'un État, après de grandes fautes et de longs malheurs, peut espérer de la sagesse d'un habile ministre, quand elle est protégée par le caractère d'un grand Roi. *Quod faustum felixque sit.... omen.* Sel. ex vet.

BIBLIOGRAPHIE
DIPLOMATIQUE
CHOISIE.

Nota. On pourra se procurer, au besoin,
la plupart des ouvrages mentionnés dans cette Bibliographie spéciale
à la *Librairie diplomatique*, française et étrangère,
de M. J.-P. Aillaud,
Quai Voltaire, 11, à Paris.

Malgré les soins particuliers que nous avons consacrés à l'arrangement et à la correction de cette Bibliographie, il est impossible que nous n'ayons pas omis bien des ouvrages qui auraient dû y trouver place et qu'il n'y ait même bien des articles défectueux, déplacés ou étrangers à notre but. Pour remédier autant que possible à ces inconvéniens, nous nous sommes proposé de mentionner où il convient dans la *Table des Auteurs et des ouvrages anonymes*, qui est à la fin, les bons ouvrages que nous avons pu oublier et d'y rectifier les erreurs qui ont échappé à notre attention.

Ainsi cette Table aura le triple avantage de suppléer aux omissions involontaires, de redresser les inexactitudes et de faciliter les recherches.

TABLE DES DIVISIONS

ET DES SOUS-DIVISIONS DE LA BIBLIOGRAPHIE.

SECTION 1re.

DU DROIT DE LA NATURE ET DES GENS EN GÉNÉRAL. Pages.

§ 1. Partie historique 1*
2. Littérature et bibliographie. 2
3. Biographie 3
4. Sciences connexes et subsidiaires. . . . . —

SECTION 2e.

Traités didactiques et systématiques sur le Droit de la Nature et des Gens. 4-8

SECTION 3e.

DROIT DES GENS MARITIME.

§ 1. Partie historique 8
2. Traités didactiques et systématiques. 9
3. Liberté des mers et neutralité maritime. 10
4. Lois maritimes (recueils de) 11
5. Navigation fluviale. *Rhin.* . 12

SECTION 4e.

SUR LES DROITS, LES PRIVILÉGES ET LES FONCTIONS DES ENVOYÉS ET DES MINISTRES PUBLICS EN GÉNÉRAL.

§ 1. Traités spéciaux 13
2. Sur les ambassadeurs, les envoyés et les négociations. 14
3. Sur les consuls 15

SECTION 5e.

DROIT PUBLIC UNIVERSEL.

§ 1. Traités principaux. 16

Droit public privé des divers États de l'Europe et des deux Amériques.

§ 2. Recueils généraux 17
3. — spéciaux 18-21

SECTION 6e.

TRAITÉS PUBLICS.

§ 1. Sources 22
2. Tables alphabétiques et chronologiques des Traités . . —

Pages.

§ 3. Recueils généraux 23
4. Extraits 25
5. Recueils spéciaux. . . . .
6. — particuliers (des divers États de l'Europe) 26-37

SECTION 7e.

RECUEILS D'ACTES PUBLICS ET D'OFFICES DIPLOMATIQUES.

§ 1. Collections embrassant des périodes déterminées des négociations les plus récentes 38-41
2. Collections relatives aux affaires qui ont été traitées en Congrès ou en Conférences 44-45

SECTION 8e.

Collections d'ouvrages sur divers sujets. 45

SECTION 9e.

Monographies ou dissertations et brochures 47

SECTION 10e.

DÉDUCTIONS ET CONSULTATIONS DE JURISCONSULTES.

§ 1. Déductions 48
2. Consultations. . . . . . .

SECTION 11e.

Ouvrages lexicographiques. . . 49

SECTION 12e.

Ouvrages relatifs à l'histoire et à l'interprétation des Traités publics . . . . —

SECTION 13e.

MÉMOIRES HISTORIQUES (particulièrement relatifs aux négociations). 51-63

SECTION 14e.

HISTOIRE MILITAIRE DE L'EUROPE (depuis la Révolution française).

§ 1. Ouvrages généraux. . . . 63

* Ces nombres correspondent à la pagination inférieure de la Bibliographie.

Pages.
§ 2. Histoire militaire par Campagne. 63-68

SECTION 15e.

HISTOIRE.

§ 1. Ouvrages spéciaux (Dictionnaires historiques ou Biographies) 69

I. *Histoire universelle.*

2. Ouvrages généraux. . . . 71-73

II. *Histoire générale de l'Europe.*

Histoire générale et politique de l'Europe moderne, avec l'histoire particulière de certaines époques. 74-79

III. *Histoire particulière des États de l'Europe.*

§ 1. Allemagne (en général) . 80-84
2. Danemark. 84
3. Espagne. . . . . —
4. France 87
5. Grande-Bretagne et Irlande. 92-95
6. Grèce (royaume de) . . . 95
7. Italie (en général) . . . 96-102
8. Norvége. 102
9. Pays-Bas. . . . . —
10. Pologne 105
11. Portugal. 107
12. Russie. 108
13. Suède 111
14. Suisse (en général). . . . 112
15. Turquie (y compris les principautés). 113

IV. *Histoire particulière des États hors de l'Europe.*

§ 1. Asie. 115
2. Afrique. 117
3. Amérique. 119

SECTION 16e.

CHRONOLOGIE ET GÉNÉALOGIE.

§ 1. Chronologie technique et historique 122
2. Généalogie 123

SECTION 17e.

GÉOGRAPHIE ET STATISTIQUE.

I. *Géographie et statistique universelles.*

§ 1. Dictionnaires et traités généraux 126

II. *Géographie et statistique spéciales des États de l'Europe.*

§ 1. Allemagne (en général). 130-132
2. Danemark. 132

Pages.
§ 3. Espagne. 133
4. France. 134
5. Grande-Bretagne et Irlande. 135
6. Grèce (royaume de) . . . 137
7. Italie (en général). . . 138-139
8. Norvége. 139
9. Pays-Bas. . . . . —
10. Pologne 141
11. Portugal. . . . . —
12. Russie. . . . . —
13. Suède. 143
14. Suisse (en général) . . . 144
15. Turquie. . . . . —

III. *Géographie et statistique générales des États hors de l'Europe.*

§ 1. Asie. 146
2. Afrique 147
3. Amérique. 148

SECTION 18.

Politique positive, politique spéculative et économie politique 150-157

SECTION 19e.

RECUEILS PÉRIODIQUES.

Ouvrages périodiques relatifs à l'Histoire et aux événemens politiques du temps. 158-162

SECTION 20e.

LINGUISTIQUE.

Grammaires et Dictionnaires des langues modernes, rangées d'après leur degré d'utilité relative.

§ 1. Langue Française. 163
2. — Anglaise 164
3. — Allemande 166
4. — Italienne 171
5. — Espagnole 173
6. — Portugaise 174
7. — Hollandaise ou Néerlandaise. 176
8. — Danoise, etc. . . . 177
9. — Suédoise, etc. . . 179
10. — Russe. 180
11. — Polonaise. 182
12. — Bohême, hongroise, servienne, etc. 183
13. — Grecque (vulgaire) 185
14. — Turque. 186
15. — Arabe. 187
16. — Persane. 188
Appendice . . . . —
Table des Auteurs et des ouvrages anonymes. 189

BIBLIOGRAPHIE
DIPLOMATIQUE
CHOISIE.

SECTION PREMIÈRE.

DU DROIT DE LA NATURE ET DES GENS EN GÉNÉRAL.

§ 1. *Partie historique.*

1. G. C. GEBAUER, Nova Juris naturalis historia. Edidit E. C. KLEVESAHL. *Wetzlar*, 1774, in-8.

2. Robert WARD, Enquiry into the foundation and history of the law of Nation in Europe, from the time of the Greeks and Romans to the age of Grotius. *London*, 1795, 2 vols. 8vo.

3. C. H. L. POELITZ, Comment. litteraria de Mutationibus quas systema Juris Naturæ ac Gentium a Grotii temporibus hujusque expertum fuerit. *Witembergæ*, 1805, in-4.

4. A. F. GLAFEY, Vollständige Geschichte des Rechts der Vernunft, etc., nebst einer « Bibliotheca Juris Nat. et Gent. » *Lips.*, 1723, 1732 et 1739, in-4.

5. (G. St. WIESAND), Kurzer Entwurf einer Historie des Natur-und Völkerrechts. *Leipzig*, 1759, in-8.

6. (Mart. HÜBNER), Essai sur l'histoire du Droit naturel. *Londres*, 1757, 2 vol. in-8.

7. MARIN, Historia del Derecho natural y de gentes. *Madrid*, 1806, 2 vol. in-8.

8. J. BARBEYRAC, — La Préface qu'il a mise en tête de sa traduction du « Droit de la Nature et des Gens, de S. PUFENDORF (30). »

9. J. J. BURLAMAQUI,—L'Introduction historique et critique au Droit naturel, qui se trouve en tête de ses « Principes du

Droit de la Nature et des Gens, » édition du professeur FÉLICE, réimprimée à *Paris*, en 1820, sous les auspices de M. DUPIN aîné, qui y a ajouté une excellente Table analytique des matières [5 vol in-8] (42).

§ 2. *Littérature et Bibliographie.*

10. C. F. G. MEISTERI, Bibliotheca Juris Naturæ et Gentium. *Gœttingæ*, 1749-1757, 3 vol. pet. in-8.

11. D. H. L. Frhrn. v. OMPTEDA, Literatur des gesammten, sowohl natürlichen als positiven Völkerrechts. *Regensb.*, 1785, 2 Thle in-8. — Avec un volume de continuation sous ce titre :

12. C. A. v. KAMPTZ, Neue Literatur des Völkerrechts seit dem Jahre 1784; als Ergänzung u. Fortsetzung des Werks des Gesandten v. OMPTEDA. *Berlin*, 1817, in-8.

13. C. D. VOSS, Einleitung in die Geschichte u. Literatur der allgemeinen Staatswissenschaft. *Leipz.*, 1800-1802, 2 Thle in-8. — Cette Introduction forme aussi les 5e et 6e vol. de l'ouvrage intitulé : « Handbuch der allgemeinen Staatswissenschaft, von C. D. Voss. »

14. J. S. ERSCH, Literatur der Jurisprudenz und Politik, seit der Mitte des 18ten Jahrhunderts. Neue Ausgabe, bearbeitet von CH. KOPPE. *Leipz.*, 1823, in-8.—Cet ouvrage porte aussi le titre de : « Handbuch der teutschen Literatur, seit der Mitte der 18ten Jahrhunderts, 2r Bd., 1e Abthl. » (19, 22).

15. G. DE RÉAL, Examen des principaux ouvrages composés sur des matières de gouvernement : — formant le T. VIIIe de la 2e édition de la « Science du gouvernement (publiée par l'abbé DE BURLE). » *Paris*, 1761-1764, 8 vol. in-4.

16. G. PEIGNOT, Répertoire bibliographique universel, contenant la notice raisonnée des Bibliographies spéciales publiées jusqu'à ce jour (revu par A. A. RENOUARD). *Paris*, 1812, in-8.

17. J. Ch. BRUNET, Manuel du Libraire et de l'Amateur de Livres, etc. *Paris*, 1820, 3e édit., 4 vol. in-8. — Consulter surtout la Table méthodique qui forme le 4e vol.

18. Les diverses Revues bibliographiques, françaises et étrangères, mais particulièrement la Bibliographie de la France, rédigée depuis sa création, en 1811, par M. BEUCHOT.

§ 3. *Biographie.*

19. Les ouvrages de JENICHEN, JUGLER, WEIDLICH et autres, indiqués dans PÜTTER's Literatur des teutschen Staatsrechts (*Gœttingæ*, 1776-1783, 3 Thle in-8), T. I, p. 20 et s.; et dans J. E. HELLBACH, Entwurf einer Bibliothek für Rechtsgelehrte. (*Erfurt*, 1787-1794, 2 Thle in-8). T. I, p. 13 et s.—Les Notices qui se trouvent dans H. J. O. KÖNIG, Lehrbuch, d. jurist. Literat. (*Halle*, 1785, 2 Thle in-8). T. I, p. 59-195.

20. Biographie universelle, ancienne et moderne, rédigée par une société de gens de lettres et de savans. *Paris*, 1811-1828, 52 vol. in-8. — Il paraît un supplément.

21. Le général BEAUVAIS (et autres), Biographie universelle classique, ou Dictionnaire historique portatif, par une société de gens de lettres. *Paris*, 1829, 3 gros vol. gr. in-8.

22. Les parties biographiques et bibliographiques sont aussi traitées dans J. G. MEUSEL's Lexicon der von 1750-1800 verstorb. teutschen Schriftsteller. (*Leipzig*, 1802-1816, 15 Bde. in-8), et dans les diverses éditions du « Conversations-Lexicon (361). »

23. On fera bien de consulter aussi : « The general biographical Dictionary, by Alexandre CHALMERS, » ; et, pour les hommes qui ont marqué à la fin du siècle dernier et dans la première période de celui-ci, les diverses biographies des contemporains; mais particulièrement le recueil intitulé : « Zeitgenossen, ein biographisches Magazin für die Geschichte unserer Zeit, » rédigé par M. Fr. Chr. Aug. HASSE, et qui se publie à *Leipzig*.

§ 4. *Sciences connexes et subsidiaires.*

24. Des ouvrages appartenant à cette classe sont indiqués dans PÜTTER's Literatur (19), T. II, p. 370, 376, 382 et s., et dans J. L. KLÜBER, Neue Literatur des teutschen Staatsrechts (*Erlangen*, 1791, in-8), §§ 660-669, 673 et s.

25. J. E. FABRI, Encyclopädie der historichen Hauptwissenschaften und ihrer Hülfs-Doctrinen, *Erlang.*, 1808, in-8.

26. C. H. L. PÖLITZ, Encyclopädisch-scientifische Literatur. Zweites Heft, die Encyclopädisch-historische Literatur enthaltend. *Leipz.* u. *Züllichau*, 1813, in-8.

27. L. Wachler, Geschichte der historischen Forschung und Kunst, seit der Wiederherstellung der literärischen Cultur *Göttingen*, 1812-1813, 1 Bd. in-8, in 2 Abthl.

28. J. S. Ersch, Literatur der Geschichte und deren Hülfswissenschaften, seit der Mitte des XVIII ten Jahrhunderts. Neue Ausg. *Leipzig*, 1827, in-8.—Cet ouvrage, de même que celui indiqué ci-devant (14), porte aussi le titre de: « Handbuch der teutschen Literatur, seit der Mitte der XVIII ten Jahrhunderts, 4e Bd., 1e Abthl.

SECTION DEUXIÈME.

TRAITÉS DIDACTIQUES ET SYSTÉMATIQUES SUR LE DROIT DE LA NATURE ET DES GENS.

I. *Ouvrages en latin.*

29. Hug. Grotii, de Jure belli ac pacis (le Droit de la guerre et de la paix, traduit en français et annoté par J. Barbeyrac). — v. Ompteda (11), [T. II, p. 392 et s.], indique quarante-cinq éditions différentes de cet ouvrage, dont il existe des traductions dans toutes les langues.

30. Sam. Puffendorfii, de Jure Naturæ et Gentium (le Droit de la Nature et des Gens, traduit en français, annoté et augmenté de deux discours, par J. Barbeyrac). — Ouvrage souvent réimprimé et traduit dans presque toutes les langues. *V.* J. G. Meusel, Historisch-literarisch-biographisches Magazin, P. II, p. 39 et s.

31. Christ. Wolfii, Jus Naturæ methodo scientifica pertractatum. *Hal.*, 1740-1748, Pars I-VIII in-4. — Cet ouvrage est le plus important et le plus étendu que l'on ait sur le Droit naturel; Formey en a donné un bon extrait en français, sous le titre de: « Principes du Droit de la Nature et des Gens, » *Amsterdam*, 1758, 3 vol. in-8 ou 1 vol. in-4. — Emer de Vattel a publié des « Questions de Droit naturel, et Observations sur le Traité du Droit de la Nature de M. le baron de Wolff. » *Berne*, 1762, 1 vol. in-12.

32. Christ. Wolfii, Institutiones Juris Naturæ et Gentium. *Hal.*, 1750, in-8, ou 1754, mais seulement avec un nouveau titre. — Des traductions allemande et française de ce résumé du grand ouvrage de Wolff ont paru sous les titres suivans :

a. Chr. Frhrn. v. Wolff, Grundsätze des Natur-und Völkerrechts. *Halle*, 1754, in-8. Neue Aufl. 1769.

b. Institutions du Droit de la Nature et des Gens. Traduit du latin de M. Wolff, par M..., avec des notes (par Élie Luzac). *Leyde*, 1772, 2 vol. in-4. — Réimprimé avec l'original, en 6 vol. in-8.

33. Henr. Koeleri, Juris socialis et Gentium ad Jus Naturæ revocati Specim. VII. *Jenæ*, 1736, in-4.

34. J. A. Ickstatt, Elementa Juris Gentium. *Wirceburgi*, 1740, in-4.

35. F. L. Schrodt, Systema Juris Gentium. *Bamberg.*, 1780, in-8.

36. C. U. D. de Eggers, Institutiones Juris civitatis publici et Gentium universalis. 1796, in-8.

37. G. F. de Martens, Primæ lineæ Juris Gentium Europæarum practici. *Gottingæ*, 1796, in-8.

38. Tractatus de Jure generis humani, vel divisi in gentes vel in unam civitatem, scilicet hunc orbem, conjuncti, seu de Jure gentium et cosmopolitico. *Stuttgardiæ*, 1811, in-8.

II. *Ouvrages en français.*

39. Fr. H. Strube (de Piermont), Recherche nouvelle de l'origine et des fondemens du Droit de la Nature (suivie d'une Dissertation sur la raison de guerre et de bienséance). *Saint-Pétersbourg* (*de l'imprimerie de l'Académie des Sciences*), 1740, in-8.

40. Emer de Vattel, Le Droit des Gens, ou Principes de la loi naturelle appliqués à la conduite et aux affaires des nations et des souverains. Nouvelle édition, revue et corrigée d'après les textes originaux, augmentée de quelques remarques nouvelles et d'une Bibliographie choisie et systématique du Droit de la Nature et des Gens, par M. de Hoffmanns; précédée d'un Discours sur l'Étude du Droit de la Nature et des

Gens, par sir James MACKINTOSH, traduit en français par M. P. ROYER-COLLARD. *Paris*, 1835, 2 vol. in-8 (66).

41. J. J. BURLAMAQUI, Principe du Droit de la Nature et des Gens, avec la suite du Droit de la Nature qui n'avait pas encore paru ; le tout considérablement augmenté, par le professeur DE FÉLICE. Nouvelle édition, revue, corrigée et augmentée d'une table générale et analytique des matières, par M. DUPIN aîné. *Paris*, 1820-1821, 5 vol. in-8.

42. ———— Principes et élémens de Droit naturel. Nouvelle édition. *Paris*, 1830, 2 vol. in-12.

43. FÉLICE (DE), Leçons de Droit de la Nature et des Gens. Nouvelle édition. *Paris*, 1830, 2 vol. in-8.

44. G. F. DE MARTENS, Précis du Droit des Gens moderne de l'Europe, fondé sur les traités en usage, pour servir d'introduction à un Cours politique et diplomatique (560). Nouvelle édition, revue et annotée par M. S. PINHEIRO-FERREIRA, ancien ministre des Affaires étrangères en Portugal. *Paris*, 1831, 2 vol. in-8 (61) *.—Les notes aussi judicieuses qu'instructives, dont M. PINHEIRO a enrichi cet ouvrage, rendent cette édition, comme nous l'avons déjà dit, bien préférable à celles publiées antérieurement en Allemagne.

45. J. L. KLÜBER, Droit des Gens moderne de l'Europe, avec un supplément contenant une Bibliothèque choisie du Droit des Gens. *Stuttgart*, 1819, et *Paris*, 1831, 2 vol. in-8.

46. P. J. NEYRON, Principes du Droit des Gens européen, conventionnel et coutumier. *Brunswick*, 1783, pet. in-8.—La continuation de cet ouvrage, d'ailleurs médiocre, devait traiter « du Droit des Gens en temps de guerre, » mais elle n'a pas été publiée.

47. GÉRARD DE RAYNEVAL, Institutions du Droit de la Nature et des Gens. Nouvelle édition (publiée par M. DE RAYNEVAL fils, mort ambassadeur de France en Espagne, en 1836). *Paris*, 1832, 2 vol. in-8. — Il en existe une traduction en espagnol.

48. Chr. DE SCHLÖZER, Table des matières de la science

* La 1re édit. publiée à *Gottingue*, en 1789, a été traduite en anglais par W. COBBET, *Philadelphie*, 1795, in-8.

du Droit des Gens moderne de l'Europe. *Dorpat*, 1804, in-8.

49. De Portets, Cours de Droit naturel, de Droit des Gens, etc., fait à la Faculté de Droit de Paris, pendant les années 1820-1821, 1 vol. in-8. — Cet ouvrage fait partie du « Journal des Cours publics, » rédigé par une société d'avocats.

Traités spéciaux.

50. J. B Courvoisier, Élémens du Droit politique. *Paris*, 1791, in-8, ou 1792, avec un nouveau titre.

51. J. J. B. Gondon, du Droit public et du Droit des Gens, ou Principe d'association civile et politique, suivis d'un projet de paix générale et perpétuelle. *Paris*, 1808, 3 vol. in-8.

52. C. L. S. Michel, Considérations nouvelles sur le Droit en général, et particulièrement sur le Droit de la Nature et des Gens. *Paris*, 1813, in-12.

53. Bouchaud, Théorie des Traités de Commerce entre les Nations, complétée par M. de Hoffmanns (197).

III. *Ouvrages en allemand et en hollandais.*

54. A. F. Glafey, Vernunfft-und Völkerrecht nebst einer Historie des vernünfftigen Rechts. *Leipzig*, 1739, in-4 (4).

55. J. J. Moser, Grundsätze des jetzt üblichen europäischen Völkerrechts in Friedenszeiten. *Nürnberg*, 1777, in-8.

56. ——— Erste Grundlehren des jetzigen europäischen Völkerrechts. *Nürnb.*, 1778, in-8.

57. ——— Versuch des neuesten europäischen Völkerrechts, in Frieden-und Kriegszeiten, vornehmlich aus Staatshandlungen seit 1740. *Frankfurt*, 1777-1780. 12 Bde. in-8.

58. P. T. Köhler, Einleitung in das practische europäische Völkerrecht. *Mainz*, 1790, in-8.

59. C. G. Günther Europäisches Völkerrecht in Friedenszeiten, nach Vernunft, Verträgen, Herkommen, und Analogie. *Altenburg*, 1787-1792, 2 Bde. in-8.

60. G. F. v. Martens, Einleitung in das positive europäische Völkerrecht, auf Verträge, Herkommen und Analogie gegründet. *Göttingen*, 1796, in-8 (45).

61. C. U. D. v. Eggers, Natürliches Staats-und Völkerrecht. *Wien*, 1809-1810, 2 Bde. in-8.

62. Th. SCHMALZ, Europäisches Völkerrecht. *Berlin*, 1817, in-8. — Trad. en franç. par le comte Léop. DE BOHM. *Paris*, 1823, in-8.

63. ——— Die Wissenschaft des natürl. Rechts. *Berlin*, 1831, in-8.

64. Jul. SCHMELZING, Systematischer Grundriss des europäischen Völkerrechts. *Rudolstadt*, 1818-1820, 2 Bde. in-8.

65. J. L. KLÜBER, Europäisches Völkerrecht. *Stuttgart*, 1821, 2 Bde in-8 (45).

66. G. DE WAL, Inleiding tot de wetenschap van het Volkenregt. Uitgegeven door C. STAR NUMAN. *Groningen*, 1835, in-8.

IV. *Ouvrages en anglais et en espagnol.*

67. James MACKINTOSH, Discourse on the study of the Law of Nature and Nations. *London*, 1799, 8vo. (40).

68. T. RUTHERFORTH, Institutes of natural Laws, being the substance of a course of lectures on GROTIUS *de Jure Belli et Pacis*. *London*, 1754, 8vo.

69. An essay of the Laws of Nations as a Test of Manners. *London*, 1790, 8vo.

70. Elementos de Derecho publico de la Paz y de la Guerra, illustrados con noticias historicas, leyes y doctrinas del Derecho español. *Madrid*, 1793, 2 vol. in-8.

SECTION TROISIÈME.

DROIT DES GENS MARITIME.

§ 1. — *Partie historique.*

71. D. A. AZUNI, Origine et progrès du Droit et de la Législation maritime, avec des observations sur le Consulat de la mer. *Paris*, 1810, in-8.

72. John REEVES, History of the law of shipping and navigation. *London*, 1807, 8vo.

73. ARNOULD, Système maritime et politique des Européens pendant le dix-huitième siècle, fondé sur leurs traités de paix, de commerce et de navigation. *Paris*, 1797, in-8.

§ 2. — *Traités didactiques et systématiques.*

74. D. A. AZUNI, Droit maritime de l'Europe. *Paris*, 1805, 2 vol. in-8. — Traduction faite et publiée par l'auteur pendant son séjour en France ; aussi est-ce la meilleure édition de cet ouvrage.

75. G. F. DE MARTENS, Essai concernant les armateurs, les prises, et surtout les reprises, d'après les lois, les traités et les usages des puissances maritimes de l'Europe. *Göttingue*, 1795, in-8.

76. J. JOUFFROY, le Droit des Gens maritime universel, ou Essai d'un système général des obligations réciproques de toutes les puissances, relativement à la navigation et au commerce maritime. *Berlin*, 1806, in-8 *.

77. T. Hartwel HORNE, A compendium of the court of Admiralty relative the ships of war, privateers, prizes, recaptures and prize-money, with notes and precedents. *London*, 1803, 12mo.

78. H. WHEATON, A digest of the law of maritime captures and prizes. *New-York*, 1815, 8vo.

79. Fr. Lud. v. CANCRIN, Abhandlungen von dem Wasserrechte, sowohl dem natürlichen, als positiven, vornehmlich aber dem deutschen. *Halle*, 1789-1800, 4 Bde. in-4.

80. G. F. v. MARTENS, Grundriss des Handelsrechts, insbesondere des Wechsel-und Seerechts. *Göttingen*, 1798. 2te Ausgabe, 1805, in-8.

81. J. L. HOLST, Versuch einer kritischen Uebersicht der Völkerseerechte. Aus der Geschichte, der Staatslehre und der Philosophie in Hinsicht auf ihre Streitigkeiten bearbeitet. *Hamburg*, 1802, 2 Thle. in-8.

82. Fr. J. JACOBSEN, Handbuch über das praktische Seerecht der Engländer und Franzosen, in Hinsicht auf das von ihnen in Kriegszeiten angehaltene neutrale Eigenthum, mit

* Système fondé sur les seuls principes du Droit Naturel et abstraction faite des traités existans ou des usages établis; on y a joint un projet de Traité tendant à concilier les droits du commerce neutre avec ceux d'une nation en guerre, d'après les principes développés par l'auteur dans ce système.

Rücksicht auf die englischen Assecuranzgrundsätze. *Hamburg*, 1804-1805, 2 Thle. in-8.

83. Fr. J. Jacobsen, Seerecht des Friedens und des Krieges, in Bezug auf die Kauffahrteischiffahrt. *Altona*, 1815, in-8.

84. M. Hübner, de la Saisie des bâtimens neutres, ou du droit qu'ont les nations belligérantes d'arrêter les navires des peuples amis. *La Haye*, 1759, 2 vol. in-8 (86).

85. J. F. W. Schlegel, Examen de la sentence prononcée par le tribunal de l'Amirauté anglaise, le 11 juin 1799, dans l'affaire du convoi suédois; traduit du danois par M. de Juge. *Copenhague*, 1800, in-8 (86,307).

86. Rob. Ward, Esq., A treatise on the relative rights and duties of belligerent and neutral powers in maritime affairs, in which the principles of armed neutralities and the opinions of Hübner (84) and Schlegel (85) are fully discuted. *London*, 1801, in-8 (307).

§ 3. — *Liberté des mers et neutralité maritime.*

87. Le comte de Goertz, Mémoire sur la neutralité armée maritime, pour la liberté des mers et la sûreté du commerce, suivi de pièces justificatives. *Bâle*, 1801, ou *Paris*, avec une substitution de titre, 1805, br. in-8. — Ce mémoire avait déjà été publié à l'insu de l'auteur, en français, et en anglais sous ce titre : « The secret history of the armed neutrality, written originally in french, by a German nobleman. *London*, 1792. »

Le comte de Goertz se trouvant à Saint-Pétersbourg, en qualité de ministre de Frédéric II, dans le temps où la neutralité armée de 1780 fut conçue par le comte Nikita de Panin, avec lequel il était en rapports personnels assez intimes, on peut croire avec confiance à la fidélité de son récit et à l'exactitude de tout ce qu'il rapporte de cette mémorable confédération maritime des puissances continentales contre les prétentions de l'Angleterre.

88. J. M. Lampredi, du Commerce des neutres en temps de guerre; traduit de l'italien, par J. Peuchet. *Paris*, 1802, in-8. —L'ouvrage original parut à Florence en 1782, en 2 vol. in-8.

89. J. N. Tetens, Considérations sur les droits réciproques des puissances belligérantes et des puissances neutres sur mer,

avec les principes du droit de guerre en général. *Copenhague*, 1805, in-8.

90. Gérard de Rayneval, de la Liberté des mers. *Paris*, 1811, 2 vol. in-8. — Le second volume sert de supplément au premier : il contient une analyse critique de l'ouvrage de Selden, *Mare Clausum;* le « Discours de M. Jenkinson (qui fut depuis comte de Liverpool), sur la conduite du gouvernement Britannique à l'égard des neutres, » que M. de Rayneval discute avec énergie dans les notes qu'il y a ajoutées; un « Précis du Discours tenu par le chevalier York dans la conférence du 2 novembre 1778, avec les députés des États-Généraux des Provinces-Unies des Pays-Bas; le « Mémoire officiel » qu'il remit auxdits États, le 22 juillet 1779; le « Manifeste du roi Georges, du 19 décembre 1780, portant déclaration de guerre contre les Hollandais » et le « Contre-manifeste des États-Généraux, du 12 mars 1781. »

91. C. F. v. Schmidt (Phiseldeck), Versuch einer Darstellung des dänischen Neutralitätssystems, während des letzten Seekrieges, mit Aktenstücken. *Kopenhagen*, 1802-1804, 4 Hfte. in-4.

92. (Le comte d'Hauterive), Mémoire sur les principes et les lois de la neutralité maritime, accompagné de pièces officielles justificatives. *Paris (de l'imprimerie impériale)*, 1812, in-8.

93. (M. André d'Arbelles), Mémoire sur la conduite de la France et de l'Angleterre à l'égard des neutres. *Paris (de l'imprimerie impériale)*, 1810, in-8.

§ 4. — *Lois maritimes.*

94. Biblioteca di gius nautico contenente le Leggi delle più culte nazioni ed i migliori trattati moderni sopra le materie maritime, illustrati con note interessanti : il tutto tradutto in lingua italiana. 1785, *Firenze*, 2 tomes en 1 vol., in-4.

95. P. B. Boucher, le Consulat de la mer, ou Pandectes du droit commercial et maritime, faisant loi en Espagne, en Italie, à Marseille et en Angleterre, et consulté partout ailleurs comme raison écrite. Traduit du catalan en français, d'après l'édition originale, publiée à Barcelone en 1494. *Paris*, 1808, 2 vol. in-8.

96. J. A. Engelbrecht, *Corpus juris nautici* oder Sammlung aller Seerechte der bekanntesten handelnden Nationen alter und neuer Zeiten, nebst den Assecuranz-, Havarey und andern zu den Seerechten gehörenden Ordnungen, zusammengetragen und ins Deutsche übersetzt. *Lübeck*, 1790, in-4.

97. M. J. M. Pardessus, Collection des lois maritimes antérieures au dix-huitième siècle. *Paris* (*de l'imprimerie royale*), 1828-1833, 3 vol. in-4. — Cette publication doit être continuée.

98. G. F. de Martens, Lois et ordonnances des diverses puissances européennes, concernant le commerce, la navigation et les assurances, depuis le milieu du dix-septième siècle; accompagnées d'observations. *Göttingue*, 1802, in-8.

§ 5. *Navigation fluviale.*

RHIN.

99. M. Eichhof, ancien directeur-général de l'octroi de navigation du Rhin, fit distribuer aux membres du congrès de Vienne un Mémoire intitulé : « Topographisch-Statistische Darstellung des Rheines, etc. (Exposé topographique et statistique du Rhin.) » Ce mémoire contenait quatre dissertations; il était destiné à fournir aux hommes d'État et aux collaborateurs du grand œuvre de la régénération politique de l'Europe, des matériaux utiles et dignes d'être pris en considération. M. J. L. Klüber, Acten des Wiener Congresses (cahier 11, p. 366), en a fait une critique amère.

100. Neue Organisation der Schiffahrt und Handels-Verhältnisse auf dem Rheinstrome. 1822, in-8.

101. S. Op den Hoof, Iets over de vaardt op den Rijn. *Amsterdam*, 1826, in-8.

Peu après sa publication, cet ouvrage a été traduit en français sous le titre de : « Coup d'œil sur la navigation du Rhin. »

102. Ueber die Handels-Schiffahrt auf dem Rheinstrome. *Heilbron*, 1827, in-8. — Réfutation anonyme du travail de M. S. Op den Hoof. Il en a été publiée une traduction en français, intitulée :

« De la Navigation du Rhin, considérée dans ses rapports avec le royaume des Pays-Bas. *Cologne* (sic), 1827. »

103. v. Nau (alors délégué du roi de Bavière à la commission centrale pour la navigation du Rhin à Mayence), Beyträge zur Kenntniss und Beförderung des Handels und der Schifffahrt, etc. *Maynz*, 1818-1825, 5 Bde. in-8.

SECTION QUATRIÈME.

SUR LES DROITS, LES PRIVILÉGES ET LES FONCTIONS DES ENVOYÉS ET DES MINISTRES PUBLICS EN GÉNÉRAL.

§ 1. — *Traités spéciaux.*

104. Nous ne mentionnerons ici ni le « Manuel diplomatique » publié simultanément à *Paris* et à *Leipzig*, en 1822, par M. Ch. de Martens, ni l'édition du « Guide diplomatique » de 1832, dans laquelle le Manuel a été refondu, parce que notre édition a rendu ces livres en quelque sorte inutiles; mais nous ne pouvons passer sous silence deux productions qui leur servent de correctif et qui par cela même sont indispensables aux personnes qui ont étudié la science des relations extérieures dans ces premiers ouvrages :

105. Le commandeur S. Pinheiro-Ferreira (ministre d'État de S. M. T. F.), Observations sur quelques passages du Manuel diplomatique de M. le baron Charles de Martens. *Paris*, 1825 ou 1828, br. in-8.

106. ——— Observations sur le Guide diplomatique de M. le baron Charles de Martens. *Paris*, 1833, in-8.

107. (Le comte d'Hauterive), Conseils à un élève du ministère des relations extérieures. — Imprimés par *épreuves* et pour le seul usage du service des archives. — (*Paris, de l'imprimerie impériale*, 1811), in-8. — Il n'a été tiré que 90 exemplaires numérotés de ce travail.

108. ——— Conseils à des surnuméraires. (*Paris, de l'imprimerie royale*, 1825), in-8.

— Voyez ci-devant, p. 393, les « Conseils à un jeune voyageur, du même publiciste, et la note qui s'y rapporte.

109. Hellmuth Winter (le professeur), Système de la Diplomatie, rédigé préalablement en ébauche pour servir de base et de guide aux Cours de diplomatie théorique et pratique. *Berlin* et *Paris*, 1830, br. in-8. — Les p. I-LXXI contiennent le *Discours préliminaire* de l'auteur, et les p. 1-69 la classification sommaire de son *système*.

M. le professeur H. Winter a annoncé un « Manuel lexique de la diplomatie » et les développemens de son système, en allemand et en français; nous ignorons s'il les a publiés.

110. (Le comte de Garden), Traité complet de diplomatie, ou théorie générale des relations extérieures des puissances de l'Europe, par un ancien ministre (*résident*). *Paris*, 1833, 3 vol. in-8. — Le titre de cet ouvrage n'est pas en harmonie avec le contenu.

111. H. Meisel, Cours de style diplomatique (rédigé d'après les cahiers de feu M. d'Apples). *Dresde*, 1824, et *Paris*, 1826, 2 vol. in-8.

§ 2.—*Sur les Ambassadeurs, les Envoyés et les Négociations.*

112. A. de Wicquefort, L'Ambassadeur et ses fonctions, 2 vol. in-4. — L'édition de 1723, de même que celle de 1746 (qui est la cinquième et la dernière), renferme le « Traité du juge compétent des ambassadeurs, de Bijnkershoek, traduit du latin par J. Barbeyrac »; et les « Mémoires sur les rangs des souverains et de leurs ministres, par Rousset. »

113. Don Antonio de Vera et de Cuniga, Le Parfait Ambassadeur, composé en espagnol (et) traduit en français (par Lancelot). *Leyde*, 1709, 2 part. pet. in-8.

114. J. G. Ulich, Les Droits des ambassadeurs et autres ministres publics..... *Leipzig*, 1731, in-4.

115. J. de la Sarra du Franquesnay, Le Ministre public dans les cours étrangères, ses fonctions et ses prérogatives. *Amsterdam*, 1742, in-12.

116. Snouckaert van Schauburg (le baron C. A.), Essai sur les ministres publics. *La Haye*, 1833, in-8.

117. C. F. de Moser, l'Ambassadrice et ses droits. *Frankfort*, 1757. — C'est la troisième édition.

118. (C. A. LESCALOPIER DE NOURAR), Le Ministère du Négociateur. *Paris*, 1763, in-8.

119. (PECQUET), Discours sur l'art de négocier. *Paris*, 1738, in-8.

120. DE CALLIÈRES, De la manière de négocier avec les souverains. Nouvelle édition, considérablement augmentée (d'un volume), par M***. *Londres* (Paris), 1750, 2 vol. in-12. — Il en existe des traductions en anglais, en italien, en allemand, etc.

121. G. F. v. MARTENS, Erzählungen merkwürdiger Fälle des neueren europ. Völkerrechts (355).

122. C. H. v. RÖMER, Versuch einer Einleitung in die rechtlichen, moralischen und politischen Grundsätze über die Gesandtschaften, etc. *Gotha*, 1788, in-8.

123. F. X. v. MOSHAM, Europäisches Gesandtschaftsrecht. *Landshut*, 1805, gr. in-8.

124. Ch. DE MARTENS, Causes célèbres du Droit des Gens. *Leipzig*, 1827 et ann. suiv., 3 vol. in-8.

§ 3. — *Sur les Consuls.*

125. D. WARDEN, A Treatise of the nature, the progress and the influence of the establishemens of the Consuls. *Paris*, 1814, in-8.—Traduit en français par M. BERNARD-BARRÈRE DE MORLAIX. *Paris*, 1815, in-8.

126. M. Fr. BOREL, De l'origine et des fonctions des consuls. *Leipzig*, 1833, in-8. — Réimpression de la 1re éd. publ. à *Saint-Pétersbourg* en 1808.

127. J. H. MEISSLER, Ébauche d'un discours sur les consuls. *Hambourg*, 1751, in-4.

128. J. Chr. W. DE STECK, Essai sur les consuls. *Berlin*, 1790, in-8 (330-339).

129. LAGET DE PODIO (le chevalier), De la juridiction des consuls de France à l'étranger, et des devoirs qu'ont à remplir ces fonctionnaires, ainsi que les armateurs, négocians, etc. *Paris*, 1826, in-8.

NOTA. Un diplomate prussien, M. le baron DE MILTITZ, prépare à Berlin un traité général sur les Consulats, qui, à en juger par les soins qu'il y consacre, ne laissera rien à désirer.

SECTION CINQUIÈME.

DROIT PUBLIC UNIVERSEL.

§ 1. — *Traités principaux.*

Le droit public se divise comme le droit civil, c'est-à-dire qu'il traite des *personnes* et des *choses*. Les *personnes* sont les *souverains*, dont le droit public détermine les classes, les conditions, les dépendances, les prérogatives, les droits et leurs limites. Les *choses* sont les *États*, dont la propriété politique, comme toutes les propriétés, a un caractère qui la constate, des modes qui la varient, des règles qui fixent tous les moyens consacrés de la transmettre. (V. les *Considérations générales*, p. 8.)

Les principaux ouvrages de droit public moderne sont :

130. S. Pinheiro-Ferreira (le commandeur), Cours de Droit public externe et interne. *Paris*, 1830, 2 vol. in-8. Il doit paraître un 3e vol. — L'honorable et savant auteur a publié un « Précis de ce Cours, » qui a paru en même temps que l'ouvrage principal.

131. ———— Principes de droit public constitutionnel, administratif et des gens, ou Manuel du citoyen sous un gouvernement représentatif. *Paris*, 1834, 3 vol. in-12. — Ouvrage rédigé par *demandes* et *réponses*, quant aux deux premiers volumes. — Le tome 1er traite du « Droit constitutionnel, » le tome 2e du « Droit administratif et des gens, » le 3e est un « Projet de Code général des lois fondamentales et constitutives d'une monarchie représentative. »

132. Ch. Fritot, Science du publiciste, ou Traité des principes élémentaires du Droit, considéré dans ses principales divisions, avec des notes et des citations tirées des auteurs les plus célèbres. *Paris*, 1819-1823, 11 vol. in-8. — On peut considérer l'ouvrage suivant du même auteur comme le résumé de ce grand travail :

133. ———— Cours de Droit naturel, public, politique et constitutionnel. *Paris*, 1827, 4 vol. in-18.

134. MACAREL (le conseiller d'État), Élémens du droit politique. *Paris*, 1833, in-12. — Ouvrage d'une lucidité remarquable, mais circonscrit à la Charte française (150, 152, 153, 154.)

135. M. J. L. E. ORTOLAN, Cours public d'histoire du Droit politique et constitutionnel. — Constitutions de l'Europe au moyen âge. — Vie constitutionnelle de l'Europe jusqu'à nos jours. *Paris*, 1831-1836, 2 vol. in-8. — Il doit paraître un 3e vol. dans lequel il sera traité de la « Vie constitutionnelle en Amérique. »

DROIT PUBLIC PRIVÉ DES DIVERS ÉTATS DE L'EUROPE ET DES DEUX AMÉRIQUES.

§ 2. — *Recueils généraux.*

136. MM. DUFAU, DUVERGIER et GUADET, Collection des Constitutions, Chartes et Lois fondamentales des peuples de l'Europe et des deux Amériques. *Paris*, 1823-1825, 6 vol. in-8.

137. M. F. A. ISAMBERT, Manuel du Publiciste et de l'homme d'État, contenant les Chartes et les Lois fondamentales, les Traités, Conventions et Notes diplomatiques, les Proclamations, Actes publics et autres documens officiels relatifs aux constitutions politiques et aux intérêts généraux des États de l'ancien et du nouveau monde, etc., précédé d'une dissertation sur le Droit public et le Droit des gens au XIXe siècle. *Paris*, 1820-1823, 4 vol. in-8, ou 1826 avec de nouveaux titres. — Ouvrage défectueux et incomplet.

138. (C. H. L. PÖLITZ), Die Constitutionen der europ. Staaten, seit den letzten 25 Jahren. *Leipzig*, 1817-1825, 4 vol. in-8.

§ 3. — *Recueils spéciaux.*

(D'après l'ordre alphabétique des États.)

ALLEMAGNE.

139. J. S. PÜTTER, Institutiones juris publici germ. *Gotting.*, 1802, in-8. *Trad. en allem.* par le comte DE HOHENTHAL.

140. K. F. Haeberlin. Handbuch des deutschen Staatsrechts zum gemeinnütz. Gebrauch der gebildeten Stände in Deutschland, nach Pütter's System. *Berlin*, 1797, 3 Thle. in-8.

141. J. K. v. Roth, Abhandlung aus d. deutschen Staats- und Völkerrecht verschiedener Gegenstände u. Fälle, zur Erläuterung der Tractate d. Rastädter Friedenscongresses 1797 u. 98, u. des Lüneviller Friedens 1801. *Bamberg*, 1804, in-8.

142. J. L. Klüber, Oeffentliches Recht des deutschen Bundes und der Bundesstaaten. *Frankf.*, 1831, 3te sehr vermehrte und verbesserte Aufl. 2 Abthl. in-8.

143. L. v. Dresch, Oeffentliches Recht des deutschen Bundes, nebst Forts., die Schlussacte der über Ausbildung u. Befestigung des deutschen Bundes in Wien gehaltenen ministerialconferenzen, in ihrem Verhältnisse zur Bundesacte. *Tübingen*, 1820-1821, in-8.

144. M. E. F. W. Grævell, Die Quellen des allgemeinen deutschen Staatsrechts, *Leipzig*, 1820, 1 ste Thl. in-8.

145. J. L. Klüber, Quellen des öffentlichen Rechts der deutschen Bundesstaaten, 2te Aufl. *Frankf.*, 1830, in-8.

146. (Le baron C. H. de Schwarzkopf), Exposé du Droit public de l'Allemagne. *Genève* et *Paris*, 1821, in-8.

Danemark.

147. Sarauw, Staatsrecht des Königr. Dänemark, und der Herzogthümer Schleswig, Holstein und Lauenburg, von Schlegel. Aus dem Dänischen übersetzt. *Schleswig*, 1829, in-8.

Espagne.

148. V. Vizi Perez, Compendio de derecho publico y comun de España ó de los leyes de los siete partidas, colocado en orden. *Madrid*, 1784, 4 vol. in-8.

149. Die spaniche Constitution der Cortes u. die provisor. Constitution der vereinigten Provinzen von Süd-America. *Leipzig*, 1819, in-8.

150. Jérémie Bentham, — Consulter le *premier* et le *troisième* de ses « Essais sur la situation politique de l'Espagne et du Portugal, en 1821 (traduits par M. Ph. Chasles).

FRANCE.

151. J. B. PAILLIET, Droit public français, ou Histoire des institutions des Gaulois et des Français. *Paris*, 1822, in-8.

152. E. V. FOUCART, Élémens du Droit public et administratif, ou Exposition méthodique des Principes du Droit public positif. *Paris*, 1834-1835, 2 vol. in-8.

153. Le comte LANJUINAIS, Constitutions de la nation française; avec un Essai ou Traité historique sur la Charte, etc. *Paris*, 1819, 2 vol. in-8.

154. Le command. S. PINHEIRO-FERREIRA, Observations sur la Charte constitutionnelle de France. *Paris*, 1833, in-8 ou in-12.

GRANDE-BRETAGNE.

155. BLACKSTONE, Commentaire sur les lois anglaises, avec notes de M. Edm. CHRISTIAN; *trad. de l'angl.* sur la 15e édit., par M. CHOMPRÉ. *Paris*, 1823, 6 vol. in-8.

156. J. L. DE LOLME, A parallel between the english government, with notes by Ch. COOTE. *London*, 1807, in-8.

157. ———— Constitution d'Angleterre, avec des notes de COOTE. Nouv. édit. *Paris*, 1822, 2 vol. in-8; *trad. en allem.* par M. DAHLMANN.

158. Tableau de la constitution du royaume d'Angleterre, par G. CUSTANCE; trad. de l'angl. par C. LOYSON (et J. J. GUIZOT), 3e édit. *Paris*, 1822, in-8.

HONGRIE.

159. C. A. BECK, Jus publicum Hungariæ. *Pesth*, 1796, in-8.

160. A. St. ROSEMANN, Staatsrecht des Königr. Ungarn, nach der heutigen Verfassung dieses Reichs, bearbeitet. *Wien*, 1792, in-8.

161. A. W. GUSTERMANN, Ungarisches Staatsrecht. *Wien*, 1818, in-8.

PAYS-BAS.

162. Loi fondamentale du royaume des Pays-Bas avec le Rapport de la commission d'examen. — Il a été fait une infinité d'éditions en français et en hollandais de cette Constitution modèle (314).

Pologne.

163. G. Lengnich, Jus publicum regni Poloniæ, *Danzig*, 1765-66, 2 vol. in-8.

Portugal.

164. Visconde de Santarem, Quadro elementar das relações politicas e diplomaticas de Portugal, com as diversas potencias do mundo, desde o principio da monarchia portugueza até aos nossos dias. 1829, in-8.

165. J. L. F. Carvalho, Essai historique et politique sur la monarchie et la constitution portugaise, *trad. du portugais* par M. F. S. C. (Constancio). *Paris*, 1830, in-8.

166. P. A. Falcao, De l'état actuel de la monarchie portugaise et des cinq causes de sa décadence. *Paris*, 1830, in-8.

167. Hyde de Neuville (comte de Bemposta), De la question portugaise (avec des Documens). *Paris*, 1830, gr. in-8.

168. S. Pinheiro-Ferreira, Observações sobre a carta constitucional do Reino de Portugal e constituição do Imperio do Brasil. *Paris*, 1831, in-8.

169. ——— Constituição do Brasil e Portugal comparadas. *Paris*, 1830, 1 vol. in-8.

170. ——— Projecto d'um systema de providencias para a convocação das cortes geraes e restabelecimento da carta constitucional. *Paris*, 1832, in-8.

171. ——— Mémoire sur les moyens de mettre un terme à la guerre civile en Portugal. *Paris*, 1833, in-8.—(150).

Une Histoire du Droit public de Portugal a été publiée par Pasc. Jozé de Mello, en latin.—On peut aussi consulter sur ce sujet : Monarchia Lusitana, por Bern. de Brito. — Historia genealogica da casa real, por Faria e Souza.—Decadas de João de Barros.

Parmi le grand nombre d'écrits détachés, publiés de nos jours, sur les affaires de Portugal, nous croyons devoir nous borner à citer les suivans :

Traduction des actes des Cortès de Lisbonne qui déclarent roi D. Miguel. *Paris*, 1828, in-8.

Mémoire pour l'histoire et la théorie des Cortès générales qui furent tenues en Portugal par les trois ordres du royaume, par le vicomte de Santarem. *Paris*, 1828, in-8.

Das wahre Interesse der europ. Mächte und des Kaisers von Brasilien, in Hinsicht auf die gegenwärt. Angelegenheiten Portugals. *Berlin*, 1829, in-8, *tr. en franç. Bruxelles*, 1830, in-8.

Lettres à sir James MACKINTOSH, sur sa motion relative aux affaires du Portugal, du 1er janvier 1829, par W. WALTON. *Paris*, 1829.

Légitimité portugaise. *Paris*, 1830.

RUSSIE.

172. Vollständige Sammlung der Gesetze des russischen Reichs, veranstaltet auf Befehl S. M. des Kaisers Nicolaus. Erste Sammlung vom J. 1649 *bis* 12ten Dec. 1825. *Petersb.*, 1830, 45 vol. in-4, à deux colonnes.

173. A. L. SCHLÖZER, Historische Untersuchung über Russlands Reichsgrundgesetze. *Gotha*, 1777, in-8.

174. B. v. CAMPENHAUSEN, Elemente des russischen Staatsrechts, oder Hauptzug der Grundverfassung des russ. Kaiserthums, in systemat. Ordnung. *Leipzig*, 1792, in-fol.

SUÈDE.

175. J. K. DÆHNERT, Die schwedischen Reichsgrundgesetze, zum Gebrauch bei seinen Vorlesungen darüber, aus dem schwed. übersetzt. *Rostock*, 1759; und *Acta publica*, die zu den Grundgesetzen des Schwed. Reichs gehören: *Sweriges Rikes-Grundlagar jemte serskelte deraf foranledde Institutiones.* Fahlum, 1827.

SUISSE.

176. L. MEISTER, Abriss des schweizer Staatsrechts überhaupt nebst dem besondern Staatsrechte jedes Cantons und Orts, *St-Gallen*, 1786, in-8.

177. P. USTERI, Handbuch des schweizerischen Staatsrechts, enth. die Urkunden des Bundesvertrags und die Verfassung der 22 Kantone der Sewheiz. *Aarau*, 1821, in-8.

178. HENKE (le professeur), Droit public de la Suisse; traduit de l'allemand par J. E. MASSÉ. *Genève* et *Paris*, 1825, 2 vol. in-8.

179. A. E. CHERBULLIEZ (juge à Genève), L'Alliance fédérative en général, et sur le nouveau projet d'acte fédéral. *Genève* et *Paris*, 1834, in-8.

VILLES LIBRES ANSÉATIQUES.

180. Constitutions des trois villes libres anséatiques, Lübeck, Brême et Hambourg, avec un Mémoire sur le rang que

doivent occuper ces villes dans l'organisation commerciale de l'Europe; avec une carte coloriée. *Leipzig*, 1814, in-8.

181. A. Müller, Einleitung zum Studium der Verfassungsgeschichte der vier freyen Städte des deutschen Bundes. *Hamburg*, 1825, in-8.

182. G. F. Buck, Handbuch der Hamburgischen Verfassung und Verwaltung, *Hamburg*, 1828, in-8.

SECTION SIXIÈME.

TRAITÉS PUBLICS.

§ 1. — *Sources.*

183. On trouve un Catalogue et une critique des divers Recueils de traités dans « Georges Chalmers, A Collection of Treaties (*London*, 1790, t. I and II, 8 vo. (231), p. IV-XI de la Préface; et dans le supplément au Recueil des principaux traités de G. F. de Martens, t. Ier, Discours préliminaire, p. I-LXXIII (192).

184. Comparez aussi v. Ompteda's Literatur (11), th. I, s. 311 ff. u. 429 ff.; et v. Kamptz neue Literatur (12), s. 68 ff. u. 281 ff.

§ 2. — *Tables alphabétiques et chronologiques des Traités.*

185. Chronologie des allgemeinen Staatsarchivs, worin die Friedensschlüsse sowohl in Europa als andern Theilen der Welt, von 1536 bis 1703, angezeigt werden. *Hamburg*, 1704, in-8°.

186. J. P. Georgisch, regesta chronologico-diplomatica (inde ab a. 314 usque ad a. 1730). *Hal.*, 1740-1744. 4 vol. in-8°.

187. C. F. Hempel, Allgemeines Staatsrechts-Lexicon, oder Repertorium aller, sonderlich in den 5 letzten Saeculis, bis auf den heutigen Tag zwischen den hohen Mächten in ganz Europa geschlossenen Friedens-, Allianz-, Freundschafts-, Commercien-u. a. Haupt-Tractaten, auch der eigenen Fundamental-Gesetze eines Staats, so unter ihre gehörige Titel,

und in alphab. Ordnung gebracht worden. *Frankf.* u. *Leipz.*, 1751-1758, 9 Th. in-4°. — La Préface contient une liste de mille huit cent soixante-dix-huit traités que l'auteur a consultés; il finit à l'article *Canstantin-Orden*; ainsi il s'en faut de beaucoup que son travail soit complet.

188. On trouve de bonnes tables chronologiques et alphabétiques des Traités et autres actes publics depuis 1761, dans les tomes V et VII du Recueil de G. F. de Martens, et dans le tome IV du Supplément (192). Ces Tables ont été continuées jusqu'en mai 1818, et augmentées des traités qui se trouvent dans les tomes V, VI et VII du Supplément; de ceux qui se trouvent dans la collection de F. A. G. Wenck (191), et dans la Table des traités entre la France et les puissances étrangères, etc., par Koch (*Bâle*, 1802, 2 vol. in-8 (225); dans son Abrégé de l'histoire des traités (196); dans les Recueils de pièces officielles, publiés par Fr. Schoell (270-281, 318), et dans les sept premiers volumes des Actes du congrès de Vienne, publiés par M. J. L. Klüber (319).

§ 3. — *Recueils généraux (particulièrement) des États européens.*

189. G. W. Leibnitz, Codex juris gentium diplomaticus. *Hanov.*, 1693, 1 vol. in-f°.—Mantissa ejusdem, *ibid.*, 1700. — Cum mantissa. *Guelpherb.* (Wolffenbuttel), 1747, 2 vol. in-folio.

190. La plupart des traités antérieurs au xviiie siècle ont été réimprimés dans :

a. J. Dumont, Corps universel diplomatique du Droit des Gens, contenant un recueil des traités d'alliance, de paix, de trève, de neutralité, de commerce, d'échange, de protection, de garantie, etc., faits en Europe depuis le règne de Charlemagne jusqu'à présent (de 800 à 1731), avec les capitulations impériales et royales....., et en général tous les titres qui peuvent servir à fonder, établir ou justifier les droits et les intérêts des princes et États de l'Europe, etc. *Amsterdam* et *La Haye*, 1726-1731, 8 t. in-f°. — Chaque tome contient deux ou trois parties qui forment autant de volumes distincts. *Voyez* G. F. de Martens, « Recherches sur la vie et les écrits de Jean du Mont, baron de Carelscroon, » p. lxxiv-xciv du Discours cité (183).

b. Cinq tomes in-folio complémentaires parurent à *Amsterdam* et à *La Haye*, en 1739. Les deux premiers renferment l'Histoire des anciens traités, depuis les temps les plus reculés jusqu'à Charlemagne (c'est-à-dire depuis l'an 1496 avant J.-C. jusqu'à l'an 813 de l'ère chrétienne), par J. Barbeyrac; le troisième tome sert de Supplément au Corps universel diplomatique, qu'il continue jusqu'à l'année 1738; les deux autres contiennent le Cérémonial diplomatique des Cours de l'Europe, par J. Rousset, auteur du supplément proprement dit.

c. On ajoute aussi au Corps universel diplomatique un ouvrage destiné par son auteur (Jean-Yves de Saint-Prest), à lui servir d'Introduction : c'est l'Histoire des traités de paix et autres négociations du xviie siècle, depuis la paix de Vervins jusqu'à celle de Nimègue, où l'on donne l'origine des prétentions de toutes les puissances de l'Europe. *Amsterdam* et *La Haye*, 1735, 2 vol. in-folio. — J.-Y. de Saint-Prest avait été secrétaire du marquis de Torcy.

d. Enfin on y joint encore les Négociations secrètes touchant la paix de Munster et d'Osnabrug, depuis 1642 jusqu'à 1648, avec les dépêches de M. de Vautorte; et autres pièces touchant le même traité (dit de Westphalie), jusqu'en 1654; ensemble un avertissement de J. Le Clerc, sur l'origine des Droits de la nature et des Gens, et Public. *La Haye*, 1724-1725, 4 vol. in-folio.

Tous ces ouvrages réunis forment ce qu'on appelle la collection complète du « Corps universel diplomatique du Droit des Gens, » et ce simple énoncé suffit sans doute pour en faire apprécier l'importance.

101. F. A. G. Wenck, Codex juris gentium recentissimi. *Leipz.*, 1781, 1786 et 1795, 3 vol. in-8°. — Cet ouvrage embrasse une période de trente-sept ans (de 1735 à 1772) : il a pour objet spécial de continuer le Corps universel diplomatique; il peut aussi être considéré comme le recueil intermédiaire entre cette vaste collection et la suivante :

102. G. F. de Martens, Recueil des principaux traités

d'alliance, de paix, de trève, de neutralité, de commerce, de limites, d'échanges, etc., depuis 1761 jusqu'en 1819. *Gottingue*, 1791 à 1820, 15 vol. in-8°, qui ont été publiés de 1791 à 1801, 7 vol.; de 1802 à 1808, 4 vol. de supplément avec la continuation jusqu'en 1807 (on trouve dans ce supplément des traités antérieurs à l'année 1761, qui ne sont point dans les Recueils qui ont précédé celui de G. F. Martens), et de 1817 à 1820, 4 autres vol., qui portent le titre de Nouveau Recueil, etc., comprenant les traités depuis 1808 jusqu'à la fin de 1819. — Il paraît deux Supplémens différens depuis la mort de l'auteur, décédé en 1819, l'un publié par M. Saalfeld et l'autre par M. de Martens, neveu.

193. Le meilleur des recueils manuels a été long-temps celui de J. J. Schmauss, Corpus juris gentium academicum. *Leipz.* 1730-1731, 2 vol. in-8°. — Avant Schmauss on ne faisait pas de l'étude des traités la base de l'éducation de l'homme d'État (203).

§ 4. — *Extraits.*

194. On trouve des extraits de traités (depuis 1315 jusqu'à 1788) dans « l'Économie politique et diplomatique » de l'Encyclopédie méthodique. *Paris*, 1784-1788, 4 vol. in-4°.

195. La Maillardière (le vicomte C. F. de), Abrégé des principaux traités conclus depuis le commencement du xive siècle jusqu'à présent, entre les différentes puissances de l'Europe, disposés par ordre chronologique. *Paris*, 1778, 1 vol. in-12, 2e édit., 1783.

196. C.-G. Koch, Abrégé de l'histoire des traités de paix entre les puissances de l'Europe, depuis la paix de Westphalie. *Bâle*, 1796-1797, 4 vol. in-8°. — Nouvelle édition, entièrement refondue et continuée jusqu'au congrès de Vienne et aux traités de Paris (de 1815), par Fr. Schoell. *Paris*, 1817-1818, 15 vol. in-8. — Le continuateur n'a imité ni la modération ni l'esprit d'équité de son modèle.

§ 5. — *Recueils spéciaux.*

197. Le comte Auguste d'Hauterive et le chevalier de Cussy, Recueil des traités de commerce et de navigation de la

France avec les puissances étrangères, depuis la paix de Westphalie, suivi du Recueil des principaux traités de même nature, conclus par les puissances étrangères entre elles, depuis la même époque (jusqu'à présent), et terminé par la Théorie des traités de commerce entre les nations, par BOUCHAUD; revue et considérablement augmentée par M. DE HOFFMANNS et M. le comte D'HAUTERIVE. *Paris*, 1833-1836, 10 vol. in-8.

Ce Recueil est fait à l'instar de celui publié en Angleterre, par M. Lewis HERTSLET, conservateur des manuscrits au Foreign-Office (234), mais qui ne comprend que les Conventions de commerce et de navigation *actuellement en vigueur* entre la Grande-Bretagne et les puissances étrangères.

§ 6. — *Recueils particuliers.*

198. Nous avons indiqué (183,184) les sources à consulter pour les diverses collections particulières de traités. Quelques États de l'Allemagne (199-209) et de l'Italie (235-238), le Danemark (210-212), la Monarchie Espagnole (213-217), la France (197, 218-226), la Grande-Bretagne (227-234), les Pays-Bas (239-242), la Pologne (avant le partage et la réunion de la couronne à celle de Russie) (243-247), la Porte-Ottomane (248), le Portugal (249,250), la Prusse (251), la Russie (252,253), la Suède (254-256), la Suisse (257-260), les États-Unis d'Amérique, etc., ont des Recueils particuliers imprimés, plus ou moins complets, et, comme presque tous les actes et traités qu'ils contiennent se trouvent dans les Recueils généraux mentionnés (189-193), les seuls qui soient pour ainsi dire habituellement consultés, nous aurions pu nous abstenir de les rappeler ici; mais ç'eut peut-être été une lacune, bien que pour les connaître, à défaut du premier vol. du supplément du Recueil de G. F. DE MARTENS (192), on puisse recourir aux notes de l'introduction du « Précis du Droit des Gens », du même publiciste, p. 64 et suiv., de l'édition revue et annotée par M. le commandeur S. PINHEIRO-FERREIRA, ancien ministre des relations extérieures de S. M. T. F. (45).

RECUEILS PARTICULIERS.

(D'après l'ordre alphabétique des États.)

ALLEMAGNE.

199. J. C. LUNIG, Teutsches Reichs-Archiv. *Leipzig*, 1710-1722, 24 Bde. in-fol.

200. ——— Codex Germaniæ diplomaticus. *Lips.* 1732-1733, 2 vol. in-fol.

201. J. J. SCHMAUSS, Corpus juris publici academicum. *Lips.* 1722, edit. nov. ibid, et auct. a R. HOMMEL 1794. in-8. — Cette dernière édition est la 7e ou la 8e.

202. A. FABER (Leonh. LEUCHT), Europäische Staatscanzlei. *Nürnb.* 1697-1760, 115 Bde u. 9 Bde. Haupt-Register, 1761-1772, in-8.

203. ——— Neue europäische Staatscanzlei. *Ulm*, 1761-1772, 30 Bde. in-8, und 2 Bde. Haupt-Register.

204. ——— Fortgesetzte neue europ. Staatscanzlei. *Ulm*, 1772-1782, 25 Bde. in-8 (avec une table alphabétique de matières pour les 10 premiers vol.). — Ces 25 vol. de continuation forment les tomes 31-55 de la collection (203).

205. J. A. REUSS, Teutsche Staatscanzlei. *Ulm*, 1793 — 1803, 39 Bde. in-8.

206. G. A. WINKOPP, Der Rheinische Bund. *Frankfurt*, 1806—1812, 20 Bde. od. 60 Hefte in-8.

Les tomes 1-3 de ce recueil ont aussi paru *en français* sous le titre de « Collection des actes, réglemens, etc., relatifs à la confédération du Rhin. *Paris*, 1808, in-8. » — L'ouvrage allemand a été continué sous le titre suivant :

207. G. A. WINKOPP, Allgemeine Correspondenz. *Offenbach*, 1812—1813, 2 Bde. od. 6 Hefte in-8.

208. Protocolle der deutschen Bundesversammlung. *Frankf.*, 1814-1827, 17 vol. in-4. — Cette publication se continue.

209. G. v. MEYER, Repertorium zu den Verhandlungen der deutschen Bundesversammlung in einer systematischen Uebersicht. *Frankfurt*, 1820—1822, 4 Abth. in-8.

Danemark.

210. H. F. C. Clausen, Recueil de tous les traités, conventions, mémoires et notes conclus et publiés par la couronne de Danemark, depuis l'année 1766 jusqu'en 1794, inclusivement. *Berlin*, 1796, in-8. — Ce recueil a été publié sous les auspices du comte de Bernstorff.

211. Ivaro Quistgaardi, Index chronologicus, sistens fœdera Pacis, defensionis, navigationis, commerciorum, subsidiorum et alia Regibus a Daniæ et Norvegiæ ac Comitibus Holsatiæ inita cum gentibus intra et extra Europam; nec non capitulationes, litteras et mercaturæ privilegia ab anno 1700 usque ad annum 1789. *Göttingæ*, 1792, in-8. — Le Danemark est riche en ouvrages parsemés d'actes publics.

212. Les *Konigl. allergnaadigste Ferordninger* (Recueil des ordonnances du roi qui se publient tous les ans, depuis 1700), contiennent aussi les traités publics conclus par le Danemark avec d'autres puissances, et principalement les traités de commerce.

Espagne.

213. (Jean-Jacques Chifflet), Recueil des traités de paix, trèves et neutralité entre les couronnes d'Espagne et de France, depuis 1526 jusqu'à 1611. *Amiens*, 1645, in-12. — Continué jusqu'à la paix de 1659. *Anvers* et *Amsterdam*, 1664, in-12.

214. D. Jos. Ant. de Abreu y Bertodano, Coleccion de los tratados de Paz, Alianza, Neutralidad, Garantia, proteccion, tregua, mediacion, accesion, reglamento de limites, comercio, navegacion, etc., hechos por los pueblos, reyes y principes de España con los pueblos, reyes, principes, republicas y demas potencias de Europa y otras partes del mundo, etc. *Madrid*, 1740-1752, 12 vol. in-fol. — Ce recueil embrasse l'époque de 1598-1700.

215. Coleccion de los tratados de Paz, Alianza, Comercio, etc., ajustados por la corona de España con las potencias estrangeras desde el reynado del señor don Felipe quinto hasta el presente. Publicada por disposicion del Ex. señor Principe de la Paz. *Madrid*, 1796, 1800, 1801, 3 vol. in-fol.

— Ce recueil sert de continuation à celui de d'Abreu, dont le suivant est l'abrégé :

216. Prontuario de los tratados de Paz, etc. *Madrid*, 1749, et années suivantes, 8 vol. in-8.

217. A de Capmany y de Montpalau, Antiguos Tratados de Paz y Alianza entre varios Reyes de Aragon y diferentes principes infidèles de Asia y Africa, desde el Siglo XIII hasta XV. *Madrid*, 1786, in-4.

France.

218. F. de Brequigny et F. la Porte du Theil, Diplomata chartæ, epistolæ et alia documenta ad res francicas spectantia, ex diversis regni exterarumque regionum archives, etc. (de 475-721). *Paris*, 1791, 3 vol. in-fol. — Cette publication n'a pas été continuée.

219. Jean Dutillet, Recueil des Guerres et des Traités de paix, de trève, d'alliance, entre les rois de France et d'Angleterre, depuis Philippe Ier, roi de France, jusqu'à Henri II (ensemble avec le « Traité des Rois de France », du même). *Paris*, 1577, ou 1588, in-fol., ou 1607, et 1618, in-4 (213).

220. Jean de Saint-Gelais, Traités de paix et d'alliance entre Louis XII et autres princes (de 1498-1508), imprimés à la suite de l'histoire de ce roi. *Paris*, 1622, in-4.

221. Fréd. Léonard, Recueil des traités de paix, de trève, de neutralité et de confédération, d'alliance, et de commerce, etc., faits par les rois de France avec tous les princes et potentats de l'Europe et autres, depuis trois siècles. *Paris*, 1693, et années suivantes, 6 vol. in-4. — Ce Recueil contient environ neuf cents traités, indépendamment de quelques pièces, telles que les Arrêts de la Chambre de Metz, que l'on a cru convenable d'y ajouter ; les « Préliminaires des Traités faits entre les rois de France et les princes de l'Europe, depuis le règne de Charles VII, par Amelot de la Houssaye », publiés à *Paris*, en 1692, in-8, leur servent d'introduction (362).

222. Deval (secrétaire-interprète du roi, et son premier drogman à la cour ottomane, 1761), Capitulations, ou Traités anciens et nouveaux entre la cour de France et la Porte ottomane, renouvelés et augmentés l'an de J.-C. 1740, et de

l'égire 1153. Traduits à Constantinople. *Paris* (*de l'imprimerie royale*), 1770, in-4.

[Comparez l'ouvrage de WENK, *Codex juris gent.* (191), t. 1, p. 538.]

223. J. DE SCHWARZKOPF, Recueil de traités de paix, d'amitié, etc., conclus entre la république française et les différentes puissances de l'Europe, depuis 1792 jusqu'à la paix générale; avec plusieurs autres pièces qui pourront servir d'éclaircissement au moderne droit des gens reconnu dans l'Europe. *Gottingue*, 1795-1796, 2 vol. in-8.

224. A. G. (GEBHARDT), Recueil des Traités de paix, d'amitié, d'alliance, de neutralité, etc., conclus entre la république française et les différentes puissances de l'Europe, depuis 1792 jusqu'à la paix générale (1792-1802). *Hambourg*, 1803, 4 vol. in-8. — Les tomes 1 et 2 avaient paru à *Gottingue*, en 1796-1797.

225. Chr. Guil. KOCH, Table des traités entre la France et les puissances étrangères, depuis la paix de Westphalie jusqu'à nos jours, suivie d'un recueil de traités et actes diplomatiques qui n'ont pas encore vu le jour. *Bâle*, 1802, 2 vol. in-8.

226. Recueil des Traités et Conventions entre la France et les puissances alliées, en 1814 et 1815, suivi de l'acte du congrès de Vienne, et terminé par une table alphabétique des lieux et des personnes contenus dans les actes composant ce recueil. *Paris* (*de l'imprimerie royale*), 1815, in-8 (197).

GRANDE-BRETAGNE.

227. Thomæ RYMERI Fœdera, conventiones, litteræ et cujuscunque generis acta publica, inter reges Angliæ et alios quosvis imperatores, reges, pontifices, principes vel communitates, ab ineunte sæculo duodecimo, viz. ab anno 1101, ad nostra usque tempora, habita aut tractata. *Londini*, 1704-1735. 20 vols. folio *. — RYMER ne publia que les quinze premiers volumes de cette vaste et savante collection; les cinq autres sont l'ouvrage de Robert SANDERSON, ju-

* Une nouvelle édition, continuée jusqu'au règne de George III, par Joh. CALEY et Fréd. HOLBROOKE, et dont il n'y a encore que quelques volumes de paru, a été commencée en 1816.

dicieux collaborateur, que le grand âge de RYMER avait engagé, en 1707, le gouvernement à lui adjoindre. RYMER étant mort en 1713, R. SANDERSON resta seul chargé de l'achèvement de l'ouvrage. C'est lui qui rédigea les Tables (tome 17e) des seize premiers volumes, travail qu'il fit avec un soin et une exactitude qu'on ne saurait trop louer.

228. A general Collection of treaties, declarations of war, manifestos and other public papers, etc. (de 1648–1731). *London*, 1710–1732, 4 vols. 8vo.

229. Collection of all the treaties of peace, alliance and commerce, between Great-Britain and other powers, from 1648 till 1771. *London*, 1772, 2 vols. 8vo.

Un *supplément*, contenant quelques traités anciens, a paru sous ce titre : *Supplement to the collection of treaties*. London, 1781, in-8. Une nouvelle édition, augmentée du supplément, a été intitulée :

230. Charles JENKINSON (depuis lord Hawkesbury, comte de Liverpool), Collection of all the treaties of peace, alliance and commerce between Great-Britain and other Powers; from the treaty signed at Münster in 1648, to the treaties signed at Paris in 1783. To which is prefixed a discourse on the conduct of the government of Great-Britain in respect to neutral nations. *London*, 1785, 3 vols. 8vo. — Quoique le nom de M. JENKINSON soit imprimé sur le titre de chaque volume, il ne se rapporte cependant qu'à son « Discours » (90) placé en tête du premier volume : car ce publiciste n'a pris aucune part à la rédaction du Recueil même. Les Anglais le citent sous le simple titre de « Treaties 1785 », pour le distinguer de l'édition antérieure (229) et du Manuel général de 1732 (228); mais aucune de ces collections ne saurait être comparée à la suivante, qui pourrait servir de modèle à toutes celles du même genre :

231. George CHALMERS, Esq., A collection of treaties between Great-Britain and other Powers. *London*, 1790, 2 vols. 8vo. — L'auteur a séparé les Relations de la Grande-Bretagne avec chacun des principaux États étrangers, en rangeant sous chaque relation, non pas tous les traités, mais ceux qu'avec beaucoup de discernement il a jugé être encore les plus importants, en se contentant de placer en tête de chaque relation une liste détaillée des traités qu'il n'a point donnés (183).

232. (G. Gosseling), A complete collection of maritime treaties of Great-Britain. *London*, 1779, 8vo. — On cite communément cette collection sous le titre de : Gosseling's *treaties*.

233. Extracts from the several treaties subsisting between Great-Britain and other kingdoms and States. *London*, 1741, in-4. — Une nouvelle édition, bien différente de la précédente, parut à *Londres*, en 1758, 4to

234. Lewis Hertslet, Esq. (librarian, and Keeper of the papers, Foreign-Office), A complete Collection of the Treaties and Conventions, and reciprocal regulations, *at present subsisting* between Great-Britain and foreign powers (including those with the several South American governments), and of the laws, decrees, and orders in council, relating to commerce and navigation, to the repression and abolition of the slave trade, and to the privileges and interests of the subjects of the high contracting parties. Compiled from authentic Documents. *London*, 1827-1835, 4 vols. 8vo. (197).

Italie.

235. Lünig, Codex Italiæ diplomaticus. *Francof.* et *Lips.* 1725-1735, 4 vol. in-fol. — Ce Recueil contient beaucoup plus de diplômes que de traités.

236. Joh. de Johanne, Codex diplomaticus Siciliæ. *Panormi*, 1743, in-fol. — L'ouvrage devait se composer de cinq volumes, mais il n'en a été publié qu'un seul.

237. Seb. Paolo, Codice diplomatico del sacro militare ordine Gerosolimitano, etc. *Lucca*, 1733-1734, 2 vol. in-f°.

238. On trouve quelques traités anciens, mais en petit nombre, dans « F. del Borgo, Raccolta di scelti diplomi Pisani, » publié à *Pise*, en 1765; on en trouve aussi quelques-uns dans le « Codice della Toscana legislazione (*Fierenza*, t. I-XXIII, in-8); mais ce qu'on peut y puiser est loin d'égaler les matériaux épars dans nombre d'ouvrages historiques, et surtout dans ceux de Muratori, dont les rédacteurs du « Corps universel diplomatique (190) » n'ont pu consulter qu'une très-petite partie.

Pays-Bas.

(Provinces-Unies des Pays-Bas, république Batave, royaume de Hollande, principauté souveraine des Pays-Bas-Unis, royaume des Pays-Bas.)

Il y a peu de pays en Europe, qui, eu égard à son étendue et à sa population, soit plus riche en Recueils d'actes publics de tout genre, que les provinces septentrionales des Pays-Bas; aucun où le goût pour ces sortes de collections soit plus grand et plus général; aucun où les publications de documens historiques, les plus longues et les plus difficiles, aient été faites avec plus de succès.

239. Groot Placaet-Boek inhoudende de Placaeten, Ordonnantien en de Edicten van de H. M. Heeren Staeten-Generael der Vereenigde Nederlanden, en van de Staeten van Holland, etc. *'s Gravenhage*, 1658-1796, 9 vol. in-fol. — Ce vaste Recueil embrasse toute la période historique des Provinces-Unies (de 1576-1794); les diplômes y sont rangés d'après l'ordre des matières, par livres et chapitres; la classification des deux premiers volumes est assez défectueuse; mais à partir du troisième, le célèbre jurisconsulte Simon Van Leuwen, s'étant chargé de la rédaction, établit un ordre systématique des matières si parfait, que l'on ne crut pouvoir mieux faire que de le conserver fidèlement, après lui, pour les autres volumes. Chaque tome est d'ailleurs muni d'une table systématique et d'une table chronologique des actes qu'il contient; mais, indépendamment de ces derniers avantages, il a été publié depuis, un Registre général des matières, qui rend cette vaste collection aussi utile que facile à consulter. En y ajoutant les Recueils particuliers des Placards de Flandre et de Brabant (qui étaient compris dans la fédération, depuis la conquête, sous le nom de Pays de généralité) ceux des Provinces de Gueldre, Hollande, Zélande, Utrecht, Frise, Overyssel, Groningue et Drenthe, qui tous renferment plus ou moins de traités; le « Recueil van Placaeten betreffende de Admiraliteit en verdere Zeezaken », en 12 vol. petit in-fol., avec un volume de tables; et celui publié sous le titre de « Zaken en Staat van Oorlog », il ne restera à désirer sur la diplomatie de ce pays intéressant, que le temps nécessaire pour explorer d'aussi précieuses collections. On trouvera, au besoin, un guide aussi savant que sûr dans l'*Index* indiqué ci-après.

240. Adr. Kluit Index chronologicus sistens fœdera pacis, defensionis, navigationis, etc., sive proclomus ad primas lineas historiæ federum Belgii federati, etc. (1676—1789). *Lugd.-Bat.*, 1789, in-8.

Des extraits de traités se trouvent dans : « Adr. Kluit Historiæ fœderum Belgii fœderati primæ lineæ. *Lugd.-Bat.*, 1790-1791, 2 vol. in-8. »

241. Lulius en van der Linden, Groot Placaet-Boek van de Staeten vornoemd (239). *Amsterd.* 1795—97. 3 vol. in-fol. et registre, in-8.

242. Recueil van de Tractaaten gemackt en geslooten tusschen de Hoogh Mog. Heeren Staeten-Generael de vereenigde Nederlanden en de verscheyde Koningen, enz. *'s Gravenhage*, 1726. 2 vol. in-4.—La continuation de ce recueil va jusqu'en 1795, elle a pour titre : « *Vervolgh van het recueil van de Tractaaten, enz.* » 4 vol. in-4.

Le libraire J. Scheltus a réuni sous ces deux titres les traités qui jusqu'alors avaient été imprimés isolément et par autorité, aux époques où ils furent conclus.

Pologne.

243. Prawa Konstytucye y Przywileie Krolestwa Polskiego y Wielkiego Kiestwa Litewskiego y wszystkich Prowincyi (1347-1780). *Warschau*, 1732 — 1790, 8 vol. in-fol. —Plusieurs des traités de cette grande collection des « Constitutions de la Pologne » sont en latin ou en français, et d'autres en polonais seulement.

244. (Math. Dogiel), Codex diplomaticus regni Poloniæ et magni ducatus Lithuaniæ. *Vilnæ*, 1758, 1759, 1764, tomes 1, 5 et 4, in-fol. Les t. 2, 3, 6, 7 et 8 n'ont pas été publiés.

Le père Dogiel, piariste à Vilna, en a laissé deux exemplaires complets écrits de sa main, dont l'un a été transporté à Saint-Pétersbourg, et l'autre est conservé au couvent des piaristes dont il faisait partie. V. Schedius Zeitschrift von und für Ungern, 1804, p. 301.

245. Traktaty miedzy mocarstowami Europeyskiemi od Roku 1648 Zaszle do Roku 1763 Podlug lat Porzadku z przylaczona potrzebney Historyi wiadomoscia Opisane. *Warsch.* 1774. 3 vol. in-8. — La majeure partie de ce recueil consiste en extraits de traités en polonais; celui de 1686, entre la Po-

logne et la Russie, et quelques autres, s'y trouvent en entier.

246. J. W. Jezjersky, Traktaty Polskie z sasiedniemi mocartstwy zawarte od Roku 1618. *Warschau*, 1789, in-8.

Ce petit recueil renferme des extraits de traités depuis 1618 jusqu'à 1775.

247. (D. Gralath), Traktaty, Konvencye, Handlowe y Graniczne, Wszelkie publiczne umowy, miedzy Rzeczapospolita Polska y obcemi Panstwami od Roku 1764 dotad to jest do R. 1791 za Panowaria Stanislawa Augusta Zawarla swych Oryginal nich iezykach zebrane i ella wigody powszechny podane do drucka. *Warschau*, 1791, 2 vol. in-8. — Ce recueil embrasse l'époque de 1764-1791.

Porte Ottomane.

248. Deval, Capitulations, ou Traités anciens et nouveaux entre la cour de France et la Porte Ottomane, etc. (222).

Portugal.

249. D. Ant. Caetano de Sousa, — Le « Code diplomatique » qu'il a ajouté à sa vaste « Histoire généalogique de la Maison royale de Portugal », et publié à *Lisbonne*, en 1739-1748, 6 vol. in-4, renferme quelques traités, mais en si petit nombre, qu'on n'y trouve presque rien sur les relations extérieures de cet État avec les autres nations.

250. M. le vicomte de Santarem vient de publier une « Introduction au Tableau élémentaire des relations politiques et diplomatiques du Portugal avec les différentes puissances du monde, depuis le commencement de la monarchie Portugaise jusqu'à nos jours; mis en ordre et composé en portugais. *Paris*, 1836, br. in-8. de 51 pages. — Il serait difficile, sinon impossible, de réunir plus de documens que M. de Santarem en possède sur la monarchie Portugaise.

Prusse.

251. Le comte de Hertzberg, Recueil de déductions, manifestes, déclarations et autres actes et écrits publics, qui

ont été rédigés et publiés par la cour de Prusse, depuis 1756 jusqu'à 1790. *Berlin*, 1789-1791, 3 vol. in-8. — Il n'existe dans le public qu'un très-petit nombre d'exemplaires du tome troisième de cette édition, parce que la cour de Berlin en défendit la vente; pour obvier à ce petit désagrément, on le réimprima à *Hambourg*, en 1795.

Pour les traités antérieurs à 1756, il faut recourir aux recueils particuliers de quelques Provinces de la Monarchie, et aux ouvrages historiques de SOMMERBERG, pour la Silésie; RANGO, GERCKEN et quelques autres, pour le Brandebourg; BRUGGEMANN, pour la Poméranie, etc.; et aux Codes de Lois de GRUBEN, pour la Prusse; de MYLIUS, pour les États de Brandebourg, etc.

RUSSIE.

252. Sobranie gosoudarstvennikh gramot i dogoworof chranjaschtschüchsia w'gosoudarstvennoï kolegii inostrannich deł. Moskwa, 1813-1818, 2 vol. in-fol. — C.-à-d. Collection des actes publics et des traités qui se trouvent dans les archives du collége des affaires étrangères (publiée aux frais du chancelier de l'empire, comte Romanzof).

253. Michajlo TSCHULKOW, Istorischeskoe Opisanie Rossiiskoi Kommertzii, etc. (c'est-à-dire, Description historique du commerce de la Russie). *St-Pétersbourg* et *Moskwa*, 1781-1787, 21 tomes en 7 vol. in-8.

Les t. 1, 4 et 8, surtout, contiennent beaucoup de traités et d'actes publics. Comparez H. STORCH, *Historisch-statistisches Gemählde des russischen Reichs.*, Th. 4. (préface, p. XVII-XXIII.)

SUÈDE.

254. (G. R. MODÉE), Utdrag af de emellan Hans Konglige Majestaet och Cronan Swerige ä ena och Utrikes Magter ä andra sidan sedan 1718, slutna Alliance — Tractater, och Afhandlingar (1718—1753). *Stockholm*, 1761, in-4.

255. ——— Utdrag utur alle ifrån den 7 Dec. 1718 utkomme publique Handlingar, etc. (1718-1779). *Stockholm*, 1742-1783, 11 vol. in-4. — On y trouve quelques traités, mais en petit nombre.

256. J. C. DAEHNERT, Sammlung gemeiner und besonderer

Pommerscher und Rügischer Landes-Urkunden, Gesetze, Privilegien, Verträge, Constitutionen und Nachrichten zur Kenntniss der alten und neueren Verfassung insonderheit des Königlich Schwedischen Landes-Antheils. *Stralsund*, 1765-1769, 3 vol. in-fol., et 1782—1799, 3 vol. in-fol. de Supplémens.

Voyez encore : 1° C. F. GEORGII, progr. historia fœderum Sueciam inter et Russiam.....; 2° *Ejusd.* progr. I-VII, historia fœderum, præcipue recentiorum, Sueciam inter et Daniam....., 1658-1769, in-4; 3° E. M. FANT, diss. de primis Sueciæ fœderibus extra septentrionem. *Upsaliæ*, 1782, in-4.

Pour les traités de la NORWÈGE, voyez DANEMARK, p. (28).

SUISSE.

257. (Jo. Rud. HOLTZER), Sammlung der vornehmsten Bundnusse, Verträgen, Vereinigungen, etc., welche die Kron Frankrych mit löblicher Eydgenosschaft und dero Zugewandten insgesamt und insbesonders auffgerichtet. *Bern*, 1732, in-8.

258. ——— die Bundnusse und Verträge der helvetischen Nation, welche theils die unterschiedene Städte und Republiquen mit einander, theils alle insgesamt mit auswärtigen Potentaten haben, alles nach den wahren Originalien zum gemeinen Besten ans Licht gestellt. *Bern*, 1737, in-4. — Ce volume n'a que 240 pages. C'est assez dire qu'il ne saurait contenir tous les traités, comme son titre l'annonce. Plusieurs de ceux qui y manquent se trouvent dans H. J. LEU, Allgemeines Helvetisches, Eydgenosses oder Schweizerisches Lexicon. (*Zurich*, 1747-1765, 20 Thle. in-4). Continué par H. J. HOLZHALB (*Zurich*, 1786-1795 (R. S.), 6 Thle. in-4).

Il existe une collection des traités conclus par les Grisons, intitulée :

259. Andr. PFEFFER, Pündtnerische Tractata, enthaltend den Pundts-Brief gemeiner dreyer Pündten insgemein ; nach dem wahren Original alle Landesartikle, Satzungen und Reformen : ferner die Erbeinigung mitdem Durchl. Erzhaus von Oestereich, etc. Bündtnuss mit dem löblichen Stand Bern, mit der Durchl. Republik Venedig und mit dem löblichen canton Zürich : Sodann die Allianz mit I. H. M. d. Gen.

Staaten, etc., aufs neue zusammengetragen. *Chur,* 1728, in-8.

260. Offizielle Sammlung der das schweizerische Staatsrecht betreffenden Actenstücke der im Lande bestehenden eidgenossischen Beschlüsse, Verordnungen, Concordate, und der zwischen der Eidgenossenschaft und den benachbarten Staaten abgeschlossenen besonderen Verträge. *Zurich*, 1821, in-4.

Les capitulations conclues par le canton de Berne avec des puissances étrangères, ont été publiées à *Berne* en 1764, in-8.

Il faut consulter aussi le « Traité historique et politique des alliances entre la France et les treize cantons, depuis Charles VII jusqu'à présent, par M. V. G. J. D. G. S. (M. Vogel, grand-juge des gardes-suisses), *Paris*, 1733, in-8, et les « Privilèges des Suisses accordés aux villes impériales et anséatiques et aux habitans de Genève résidans en France, par le même ; — Ouvrage qui d'abord, publié à *Paris*, en 1731, a été supprimé, et ensuite réimprimé à *Yverdon*, 1770, in-4o; — C. E. Rosselet, Versuch einer Abhandlung von den schweizerischen Schutz-und Schirm-Bündnissen, 1757, in-4.; et J. H. Gleser, Specimen observationum circa Helvetiorum fœdera. *Basilea*, 1760, in-4.

SECTION SEPTIÈME.

RECUEILS D'ACTES PUBLICS ET D'OFFICES DIPLOMATIQUES.

§ 1. *Collection embrassant une période déterminée des négociations les plus récentes.*

I. *Ouvrages en français.*

261. Rousset, Recueil historique d'actes, négociations, mémoires et traités (de 1714 à 1748). *La Haye*, *Amsterdam* et *Leipsick*, 1728-1755, 21 vol. in-8.

262. Mémoire historique sur la négociation de la France et de l'Angleterre, depuis le 26 mars 1761 jusqu'au 20 septembre de la même année, avec les pièces justificatives. *Paris* (*de l'imprimerie royale*), 1761, in-12.

263. La Correspondance entre les cours d'Autriche et de Prusse en 1778 (dans les Œuvres posthumes de Frédéric II, *Berlin*, 1789, t. 5, p. 209-288.)

264. Hertzberg (le ministre d'État, comte de), Recueil de déductions (251).

265. Il a paru sur la révolution de Hollande, de 1787, une collection de mémoires et autres écrits, en 50 cahiers in-8.— Voyez aussi, sur le même sujet, un Mémoire de CAILLARD, dans la « Décade historique, ou Tableau politique de l'Europe, depuis 1786 jusqu'en 1796, par le comte DE SÉGUR, » (5ᵉ édit. *Paris*, 1828, 3 vol. in-8) (282).

266. Le baron D'ALBEDYL, Recueil de mémoires et autres pièces authentiques relatives aux affaires de l'Europe et particulièrement à celles du Nord, pendant la dernière partie du dix-huitième siècle. *Stockholm*, 1798, 1 vol. in-8.

267. J. DE SCHWARTZKOPF, Recueil des principaux actes publics sur les relations politiques de la France avec les États d'Italie, depuis l'année 1787 jusqu'au mois de mai 1796. *Francfort*, 1796.

Une table des actes concernant les rapports entre la France et l'Espagne s'y trouve annexée.

268. Recueil des actes diplomatiques concernant la négociation de lord Malmesbury avec le gouvernement de la république française à Paris, du 22 octobre au 20 décembre 1796, par l'auteur de la *Politique raisonnée*, etc. *Hambourg*, *La Haye*, *Londres* et *Paris*, in-8. — La Préface est datée d'U.....t (*Utrecht*), le 16 février 1797.

269. Correspondance complète de lord MALMESBURY, ou Recueil de toutes les pièces officielles relatives à la négociation de Lille. *Paris*, 1797, in-8.

270. Négociations de lord MALMESBURY, à Lille, en 1797. (Traduction de « List of papers, presented by His Majesty's Command », imprimé pour l'usage du Parlement. *Londres*, 1797, in-fol.) (291).

271. Copies authentiques des pièces relatives aux négociations de paix entre la France et l'Angleterre ; trad. de l'angl. *Paris*, 1800, in-8.

272. Pièces officielles relatives aux préliminaires de Londres et au traité d'Amiens. *Paris* (*de l'imprimerie de la République*) an XI, 1 vol. in-4.

273. Recueil de pièces officielles, ainsi que des pièces fugitives les plus intéressantes, publiées par les gouvernemens respectifs, ou avec leur assentiment, à dater des dernières

négociations en 18●6, entre la France, l'Angleterre et la Prusse. *Amsterdam*, 1807, in-8.

274. A. G. GEBHARDT, Actes et mémoires concernant les négociations qui ont eu lieu entre la France et les États-Unis de l'Amérique, depuis 1793 jusqu'à la conclusion de la convention du 30 septembre 1800. *Londres*, 1807, 3 vol. in-8.

Le même ouvrage a paru en anglais; voyez (292).

275. Papiers relatifs à la rupture avec l'Espagne, présentés au parlement, le 24 janvier, et 2, 4 et 6 février 1805; trad. de l'angl. *Londres* (1805) in-8 (293).

276. Mémoires et Actes authentiques relatifs aux négociations qui ont précédé le partage de la Pologne. Tirés du portefeuille d'un ancien ministre du XVIIIe siècle. *Paris*, 1810, in-8.

277. Traité et conventions conclus à Paris, le 20 novembre 1815, suivis du traité de 1814, imprimé conformément et à mi-marge. *Paris*, 1816, in-4 (226).

278. Pièces relatives au dernier traité des puissances alliées avec la France. *Francfort-sur-le-Mein*, 1816, in-8.

279. Fréd. SCHOELL, Recueil de pièces officielles destinées à détromper les Français sur les événemens qui se sont passés depuis quelques années. *Paris*, 1814-1816, 12 vol. in-8.

Les actes du congrès de Vienne (316) se trouvent dans les vol. 10, 11 et 12.

280. ——— Archives historiques, politiques et diplomatiques, ou Recueil de pièces officielles, mémoires et autres morceaux historiques, inédits ou peu connus, relatifs à l'histoire du dix-huitième et dix-neuvième siècle. *Paris*, 1818-1819, 3 vol. in-8.

281. ——— Précis des contestations qui ont eu lieu entre le S.-Siége et Napoléon *Buonaparte*, accompagné d'un grand nombre de pièces officielles. *Paris*, 1819, 3 vol. in-8.

Nous ne mentionnons les Recueils de F. SCHOELL que pour mémoire, car la plupart des pièces qu'ils contiennent sont fausses ou falsifiées.

L'Histoire du pontificat de Pie V[illegible] que vient de publier M. le ch. ARTAUD, met au néant tout ce qui avait été publié sur les relations politiques de la cour de Rome avec celle de France.

282. Louis Bonaparte (ex-roi de Hollande), Documens historiques sur le gouvernement de la Hollande. *Londres*, 1819, 3 vol. in-8. L'éd. de *Paris* (1820) a subi des suppressions (288).

283. C. A. Fischer, Collection générale et complète de lettres, proclamations, discours, messages, etc., de Napoléon le Grand. *Leipzig*, 1808-1813 (1812), 2 vol. in-8.

284. ——— Collection générale des pièces officielles qui servent à l'histoire diplomatique de la France, depuis 1792 jusqu'à 1812. *Tübingen*, 1815, in-8.

285. M. Bail, Correspondance de Bernadotte, prince-royal de Suède, avec Napoléon, depuis 1810 jusqu'en 1814. *Paris*, 1819, in-8.

286. (M. J. L. Klüber) Archives diplomatiques pour l'histoire du temps et des États. *Stuttgardt*, 1820-1835, in-8. [Publication semi-périodique (313).]

287. George M. Gibbes (citoyen des États-Unis), Traité du 4 juillet 1831 entre la France et les États-Unis. *Paris*, 1835, in-4.

Il a été imprimé sur le même traité, par ordre des Chambres, trois parties de « Documens » communiqués par le ministre secrétaire-d'État au département des affaires étrangères de France. *Paris* (*de l'impr. de la Ch. des Dép.*), 1835, in-4.

288. Keverberg (le baron de), du Royaume des Pays-Bas, sous le rapport de son origine, de son développement et de sa crise actuelle, suivi de pièces justificatives. *La Haye*, 1834, 3 part. gr. in-8 (314).

289. Portfolio (le), ou Collection de documens politiques relatifs à l'histoire contemporaine. Traduit de l'anglais. *Paris*, 1836, in-8. (Se publie par livraisons.) — Les *documens* que publie « le Portfolio » sont censés soustraits des archives de quelques cabinets du Nord, et publiés, comme on peut le penser, dans des intentions qui ne sont rien moins que bienveillantes. Quant au degré de confiance qu'ils méritent, les éditeurs ne se sont pas mis en peine de mettre le public à même de l'apprécier, en ce qu'ils prétendent que « le *texte même* porte avec *lui* les seules et les meilleures preuves qu'on en puisse exiger ». Nous ignorons de quel texte ils ont voulu parler, si c'est du texte primitif des documens ou de celui

qu'ils leur ont fait. Quoi qu'il en soit, aucune des pièces que « le Portfolio » a jetées dans le public n'étant reproduite dans la langue en laquelle elle doit avoir été écrite, il est permis de douter de leur exactitude, sinon de leur authenticité. Si, pour rendre fidèlement un écrit quelconque dans une autre langue, il faut qu'il y ait, pour ainsi dire, identité de pensées, communauté d'idées entre le traducteur et l'auteur, il est bien évident que des pièces telles que celles dont il s'agit, pour la plupart écrites primitivement en français, puis traduites en anglais pour être livrées à la publicité dans le but de nuire aux puissances qu'elles concernent, et retraduites ensuite de l'anglais en français, doivent indubitablement, dans ces transformations successives, perdre leur type caractéristique et péricliter singulièrement sous le rapport de l'exactitude; ce qui fait que les *documens* du « Portfolio » ne sont pas plus dignes de confiance que ceux des collections de Fr. SCHOELL (281).

II. *Ouvrages en anglais.*

290. A collection of state-papers relating to the war against France now carrying on by Great-Britain and the several other European powers. *London*, 1794-1796, 5 vols. 8vo.

291. List of papers presented by his majesty's command to both houses of parliament. *London*, 1797. [La négociation de lord Malmesbury à Lille, en 1797 (270).]

292. A. G. GEBHARDT (formerly secretary to the Saxon legation in London), State-papers, relating to the diplomatic transactions between the American and French governments, from the year 1793 to the conclusion of the 30th of September 1800. *London*, 1816, 3 vols. 8vo (274).

293. Papers relative to the negociations with France, presented by his majesty's command to both houses of parliament. *London*, 1806, 8vo (273).

294. Naval papers respecting Copenhagen, Portugal and the Dardanelles, presented to the parliament in the year 1808. *London*, 1809, 8vo.

295. Papers relative to the rupture with Spain, presented to the parliament the 24th of January and 2[d] and 6th of February 1805. *London*, 1805, 8vo (275).

296. A collection of correspondence relative to Spain and Portugal, presented to the parliament. *London*, 1810, 8vo.

297. A collection of papers relating to the expedition of the Scheldt, presented to the parliament. *London*, 1810, 8vo.

298. Papers relating to America, presented to the house of commons. *London*, 1809, 8vo.

299. Papers presented to the parliament in the years 1813 and 1814. *London*, 1815, 8vo.

Il faut joindre à ces diverses collections, publiées séparément, et dont nous n'avons pu indiquer qu'une partie, les divers documens diplomatiques qui se trouvent dans « l'*Annual Register* (320). »

III. *Ouvrages en allemand.*

300. Sammlung der neusten Staatsschriften zum Behuf der Historie des jetzigen Kriegs, auf das Jahr 1756. *Frankfurt* u. *Leipzig*, 1757, in-4.

301. Teutsche Kriegs-Canzellei auf die Jahre 1757-1763. *Frankf.* u. *Leipzig*, 1757-1763, 18 Thle. in-4. [Cet ouvrage est une continuation du précédent.]

302. Sammlung einiger Staatsschriften nach Carl VI Ableben (1741-1743), 4 Thle. in-8.—unter Carl VII (1744-1747), 3 Thle. in-8.—unter Franz I (1749-1754), 8 Thle. in-8.

303. C. G. Buder, Sammlung verschiedener, meist ungedruckter Schriften, Berichte, Urkunden, u. s. w., welche zur Erläuterung des Natur-und Völkerrechts dienen. *Frankf.*, 1735, in-8.

304. A. Hennings, Sammlung von Staatsschriften, die, während des Seekriegs von 1776 bis 1783, sowohl von den kriegführenden als auch von den neutralen Mächten öffentlich bekannt gemacht worden sind; in so weit solche die Freiheit des Handels und der Schiffahrt betreffen. *Hamburg*, 1784-1785, 2 Bde. in-8.

305. H. Frhrn. v. Münch v. Bellinghausen, Protocolle der Reichsfriedensdeputation zu Rastatt. 1798, 6 Thle. in-8.

306. J. V. Cammerèr, Hauptschluss der ausserordentlichen Reichsdeputation vom 25 Febr., 1803, nebst dem Reichsgutachten vom 14 März. u. dem Kaiserl. Ratificationsdecret vom 8 April, mit Anmerk., Inhaltsverzeichniss u. Register. *Frft.*, 1814, in-8.

307. C. U. D. v. EGGERS, Originale Actenstücke über die letzte Irrung zwischen Dänemark und England, und die neueste nordische Convention. *Copenhagen*, 1801, 1 Bd. in-8.

308. P. OESTERREICHER, Kriegs-Archiv des rheinischen Bundes. *Bamberg*, 1806-1808, in-4.

309. G. A. v. HALEM und C. L. RUNDE, Sammlung der wichtigsten Actenstücke zur neuesten Zeitgeschichte. 1ter *Jahrgang*, 1806.

310. K. G. DÜMGE. Allgemeines diplomatisches Archiv für die neueste Zeit schichte; enthaltend eine vollständige Sammlung aller Actenstücke seit Entsteh. d. gegenwärt. europ. Staatenbundes wider Frankreichs Uebermacht (1812-1813). *Heidelberg*, 1814, 1 Bd. (4 Hfte.), in-4.

311. J. L. KLÜBER, Uebersicht der diplomatischen Verhandlungen des Wiener Congresses. 3 Abth. *Frankf.*, 1816-1817, in-8 (317).

312. Lud. LÜDER, Diplomatisches Archiv für Europa, eine Urkundensammlung mit histor. Einleitungen. *Leipzig*, 1819-1822, 4 Bde. in-8.

313. Neueste Staatsakten und Urkunden. *Stuttgardt*, 1821-1835, in-8. [Cet ouvrage se continue. (286)]

IV. *Ouvrage en Hollandais.*

314. Gysbert Karel VAN HOGENDORP (Graaf), Bijdragen tot de Staatshuishoudkunde van het Koningrijk der Nederlanden. *'s Gravenhage* en *Amsterdam*, 1817 (et ann. suiv.), 10 deel. in-8.

§ 2. — *Collections relatives aux affaires qui ont été traitées en congrès et en conférences.*

315. Des collections de ce genre, depuis le congrès de Westphalie, 1642-1648, jusqu'à celui de Vienne, 1814-1815, sont indiquées, dans v. OMPTEDA's Literatur des Völkerrechts (11), Th. 2, s. 474-481, et dans v. KAMPTZ, Neue Literatur des Völkerrechts (12), s. 79-93.

316. Fréd. SCHOELL, Actes du congrès de Vienne, du 9 juin 1815, avec les pièces qui y sont annexées, publiés d'après un

des originaux déposé aux archives du département des affaires étrangères de S. M. le roi de Prusse. *Paris*, 1815, in-8.

317. J. L. Klüber, Acten des Wiener Congresses in d. Jahren 1814-15. *Erlangen*, 1815-1819, 8 Bde. in-8.

318. (M. de Flassan) Histoire du Congrès de Vienne. *Paris*, 1829, 3 vol. in-8.

319. Recueil de pièces diplomatiques (*de la Conférence de Londres*), relatives aux affaires de la Hollande et de la Belgique, depuis 1830 jusqu'à ce jour. *La Haye*, 1831-1833, 3 vol. in-8. — Excellente collection de documens, publiés sous les auspices de S. E. le baron Verstolk de Soelen, ministre des relations extérieures de S. M. le roi des Pays-Bas.

Pour connaître la suite des événemens politiques les plus récens, ainsi que les documens et les pièces officielles qui s'y rapportent, publiées par ordre ou sans la participation des gouvernemens qu'elles concernent, on peut consulter :

320. « The Annual Register or a View of the History, Politics and Literature, » dont il paraît, à Londres, un volume par an, depuis 1758, et

321. « L'Annuaire historique universel » (publié depuis 1818 jusqu'à 1831 inclusivement), par L. Lesur, et (depuis cette dernière époque) par Ulysse Tencé.

SECTION HUITIÈME.

COLLECTIONS D'OUVRAGES SUR DIVERS SUJETS.

322. C. Van Bijnkershoek, Quæstionum juris publici libri duo. *Lugd. Bat.*, 1737, in-4, edit. 2, *ibid.* 1752 ; et dans ses Oper. omn. (*Lugd. Bat.*, 1767, in-fol., t. II, p. 185-290).

323. J. J. Moser, Vermischte Abhandlungen aus dem europäischen Völkerrecht. *Hanau* (Nürnberg), 1750, 3 St., in-8.

324. ——— Beyträge zu dem neuesten europäischen

Völkerrecht in Friedenszeiten. *Stuttgardt*, 1778 - 1780, 5 Thle., in-8.

325. J. J. Moser, Beyträge zu dem neuesten europäischen Völkerrecht in Kriegszeiten. *Tübingen*, 1779-1781, 3 Thle., in-8.

326. ——— Beyträge zu dem neuesten europäischen Gesandtschaftsrecht. *Frankf.*, 1781, in-8.—Ces trois collections se rapportent à l'ouvrage de l'auteur, intitulé : « Versuch, etc. », déjà mentionné (58).

327. Chr. F. v. Moser's kleine Schriften zur Erläuterung des Staats-und Völkerrechts. *Frankf.*, 1751-1765, 12 Bde., in-8.

328. ——— Beyträge zu dem Staats-und Völkerrecht und der Geschichte. *Frankf.*, 1764-1765, 4 Bde., in-8.

329. A. F. Schott, Juristisches Wochenblatt. *Leipz.*, 1772-1775 (4 Jahrgang.), in-8.

330. J. Chr. W. de Steck, Essais sur divers sujets de politique et de jurisprudence. *Halle*, 1779, in-8.

331. ——— Versuche über Handlungs-und Schiffahrts-Verträge. *Halle*, 1782, in-8.

332. ——— Versuche über verschiedene Materien politischer und rechtlicher Kenntnisse. *Berlin*, u. *Stralsund*, 1783, in-8.

333. ——— Ausführungen einiger gemeinnützlichen Materien. *Halle*, 1784, in-8.

334. ——— Essais sur quelques sujets intéressans pour l'homme d'État et de lettres. *Halle*, 1784, in-8.

335. ——— Éclaircissemens sur quelques sujets intéressans pour l'homme d'État et de lettres. *Ingolstadt* (Berlin), 1785, in-8. — Traduit en allemand sous ce titre : « Erläuterungen verschiedener Gegenstände, etc., aus dem Französischen des Hrn. Geh. Raths v. St. zu B. ; ins Deutsche übers. von F. A. J. (John). *Schmalkalden*, 1786, in-4. »

336. ——— Abmüssigungen. *Halle*, 1787, in-8.

337. ——— Échantillon d'essais sur divers sujets inressans pour l'homme d'État et de lettres. *Halle*, 1789, in-8.

338. ——— Essais sur plusieurs matières intéressantes pour l'homme d'État et de lettres. *Halle*, 1790, in-8.

339. J. Chr. W. de Steck, Essais sur divers sujets relatifs à la navigation et au commerce pendant la guerre. *Berlin*, 1794, in-8.

340. Dan. Nettelblat, Erörterungen einiger einzelnen Lehren des teutschen Staatsrechts. *Halle*, 1773, in-8.

341. J. C. Siebenkees, Beyträge zum teutschen Recht. *Nürnb.* u. *Altorf*, 1786-1790, 6 Thle., in-8.

342. E. F. Hagemeister, Beyträge zu dem europäischen Völkerrecht, besonders bey Gelegenheit des gegenwärtigen nordischen Kriegs. *Stralsund*, 1790, 1 St., in-8.

343. Condorcet, Peyssonnel, le Chapelier, etc. Bibliothèque de l'homme public, ou Analyse raisonnée des principaux ouvrages français et étrangers, sur la politique en général..... et sur le droit naturel et public (rédigé par l'abbé Balestrier de Canilhac). *Paris*, 1790, T. I-XII; 1791, T. I-XII; 1792, T. I-IV, in-8.

344. J. B. Robinet (Castilhon, Sacy, Pommereul et autres), Dictionnaire universel des sciences morales, économiques, politiques et diplomatiques, ou Bibliothèque de l'homme d'État et du citoyen. *Londres* (Paris), 1777-1783, 31 vol. in-4 (359).

345. Mably (l'abbé), Collection complète de ses OEuvres (publiée par Arnoux). *Paris*, an III (1794-1795), 15 vol. in-8 (367).

346. J. C. L. Zechin, Abhandlungen über das europäische Völker-Kriegs-und Friedensrecht. *Halle*, 1793, in-8.

347. J. Theod. Roth's Archiv für das natürliche und positive Völkerrecht. *Nürnb.* u. *Altorf*, 1794, 1 Heft. in-8.

348. John. Richard v. Roth's Abhandlungen aus dem teutschen Staats-und Völkerrecht. *Bamberg*, 1804, in-8.

349. C. A. C. H. v. Kamptz, Beiträge zum Staats-und Völkerrecht. *Berlin*, 1815, 1 Bd., in-8.

SECTION NEUVIÈME.

MONOGRAPHIES OU DISSERTATIONS ET BROCHURES.

Les écrits appartenant à cette section sont indiqués dans les ouvrages qui composent le § 2 de la section première.

SECTION DIXIÈME.

DÉDUCTIONS ET CONSULTATIONS DE JURISCONSULTES.

§ 1. — *Déductions.*

On a publié des Catalogues des déductions imprimées, sous les titres suivans :

350. (C. S. v. Holzschuher), Deductions-Bibliothek von Deutschland. *Nürnb.*, 1778, Th. I; 1779, Th. II; 1781, Th. III; 1783, Th. IV, gr. in-8. — Les deux dernières parties ont été publiées, après la mort de l'auteur, par M. J. C. Siebenkees.

351. K. G. Gunther, dans la Préface du tome premier de son « Europäisch. Völkerrecht (60), » faisait espérer qu'il publierait un Catalogue des déductions et autres écrits publics des puissances de l'Europe.

352. J. A. Reuss, Deductions-u. Urkunden-Sammlung. *Ulm*, 1785-1799, 15 Bde., in-8.

353. Hertzberg (le comte de), Recueil des déductions, déclarations, mémoires, manifestes, et autres actes et écrits publics qui ont été rédigés et publiés pour la cour de Prusse (depuis 1756 jusqu'à 1790). *Berlin*, 1788-1789, et *Hambourg*, 1795, 3 vol. in-8 (251).

Plusieurs des ouvrages compris dans la section septième appartiennent aussi à cette classe.

§ 2. — *Consultations.*

354. Joh. Chr. Lunnig, Europäische Staats-Consilia,... seit dem Anfang des XVI Sæculi bis 1715. *Leipz.*, 1715, 2 Thle., in-fol.

355. G. F. v. Martens, Erzählungen merkwürdiger Fälle des neueren europäischen Völkerrechts, nebst einem Anhang von Gesetzen und Verordnungen, welche in einzelnen europäischen Staaten über die Vorrechte auswärtiger Gesandten ergangen sind. *Göttingen*, 1800-1802, 2 Bde. in-4.

SECTION ONZIÈME.

OUVRAGES LEXICOGRAPHIQUES.

356. C. F. Hempel, Allgemeines Staatsrechts-Lexicon (187).

357. F. L. Ant. Horschelsmann, Europäisches Staats-Kriegs-und Friedens-Lexicon (depuis le quinzième siècle). *Frankf.* u. *Leipz.*, 1765-1766, 2 Thle. gr. in-8.

358. Encyclopédie méthodique; la section d'Économie politique et diplomatique rédigée par Démeunier (194).

359. Robinet (et autres), Dictionnaire universel des sciences morales, économiques, politiques et diplomatiques (344).

360. H. G. Scheidemantel, Repertorium des teutschen Staats-und Lehnrechtes. *Leipz.*, 1782, Th. I (A-E); 1783, Th. II (F-R); von C. F. Haeberlin, 1793, Th. III (L-O); 1795, Th. IV (P-R), gr. in-4.

361. Les diverses Encyclopédies ou Dictionnaires encyclopédiques qui ont paru en France, en Allemagne et en Angleterre, mais particulièrement l' « Allgemeine Encyclopädie der Wissenschaften und Künste, » publiée par J. S. Ersch, J. G. Gruber (et autres). *Leipzig*, 1818 et années suivantes, grand in-4, avec cartes géographiques et gravures [l'ouvrage se continue]. A cette classe appartient aussi l' « Allgemeine teutsche Real-Encyclopädie, oder Conversations-Lexicon. 8e Auflage. *Leipzig*, 1834 (et ann. suiv.), 12 Bde. in-8.

SECTION DOUZIÈME.

OUVRAGES RELATIFS A L'HISTOIRE ET A L'INTERPRÉTATION DES TRAITÉS PUBLICS.

362. Préliminaires des traités faits entre les rois de France et tous les princes de l'Europe, depuis le règne de Charles VII, par Amelot de la Houssaye. *Paris*, 1692, in-8. — Ces Préli-

minaires servent aussi d'Introduction au Recueil des traités dits de Léonard. *Paris*, 1693 et ann. suiv., 6 vol. in-4 (221).

363. (J. Y. de Saint-Prest) Histoire des traités de paix et autres négociations du dix-septième siècle (100 c).

364. J. Barbeyrac, Histoire des anciens traités (190 b).

365. J. J. Schmauss, Einleitung zu der Staatswissenschaft und Erläuterung des von ihm herausgegebenen *Corporis juris gentium academici* und aller andern seit mehr als zwei Seculis geschlossenen Bündnisse, Friedens-und Commercien-Tractate. *Leipz.*, 1741, Th. I; 1747, Th. II (deuxième édition, 1760), gr. in-8. — Cet ouvrage embrasse la période de 1439-1740, et pour les États du nord, celle de 1700-1743 (193).

366. Kurse Untersuchung der vornehmsten, im XVII[ten] Jahrhundert geschlossenen Allianzen, Bündnisse und Verträge. *Berlin*, 1758, in-4.

367. Mably (l'abbé), Droit public de l'Europe fondé sur les traités; nouvelle édition, augmentée des principes des négociations, continuée jusqu'en 1773, avec des remarques de Rousset. *Amsterdam* et *Leipzig*, 1773. *Genève*, 1776 et 1792, 3 vol. in-8; ou dans les Œuvres complètes de l'auteur, édition de Lyon, 1792, T. I-II, in-8; et dans l'édition de Paris de 1794 (345), T. VI-VIII. — Traduit en allemand sous ce titre : « Das Staatsrecht von Europa. » *Frankf.*, 1794, in-8.

368. Arnould, Résultats des guerres, des négociations et des traités qui ont précédé et suivi la coalition contre la France, pour servir de supplément au « Droit public de l'Europe, de Mably. » *Paris*, 1803, in-8. — L'auteur embrasse la période de 1763 à 1795.

369. C. G. Koch, Abrégé de l'histoire des traités de paix entre les puissances de l'Europe, depuis la paix de Westphalie (196).

370. C. D. Voss, Geist der merkwürdigsten Bündnisse und Friedensschlüsse des XVIII[ten] Jahrhunderts. *Gera*, 1801-1802, 5 Thle., in-8. — Deux volumes de continuation (pour le XIXe siècle) ont paru sous le titre suivant :

371. ——— Geist der merkw. Bündnisse, etc., des XIX[ten] Jahrhunderts. *Leipzig* u. *Gera*, 1803-1804, 2 Thle.,

in-8. — Cette continuation forme les tomes VI et VII de l'ouvrage (370).

372. G. Fr. v. Martens, Grundriss einer diplomatischen Geschichte der europäischen Staatshändel und Friedensschlüsse, seit dem xv^ten Jahrh. bis zu dem Frieden von Amiens (1477—1802). *Berlin*, 1807, in-8.

372 *bis*. Reedtz (H. C. de), Répertoire historique et chronologique des traités conclus par la couronne de Danemark depuis Canut le Grand jusqu'à 1800. *Gottingue*, 1826, in-8.

Pour ce qui concerne les ouvrages ou écrits détachés qui traitent de l'histoire de certains traités publics ou de congrès, tels, par exemple, que ceux de Munster et Osnabruck (par le P. Bougeant), des Pyrénées (par Luc. de Courchetet), d'Oliva (par J. G. Boehme), de Nimègue (par St.-Disdier), de Ryswyck (par Dumont), d'Utrecht (par Casim. Freschot), de Rastadt et de Bade (1714), de Soissons (1728), de Belgrade (par l'abbé Laugier), d'Aix-la-Chapelle (1668 et 1748), de Vienne (1735-38), de Paris (1763), de Teschen (1779), de Paris (1783), de Bâle, de Campo-Formio, de Rastadt, de Lunéville, d'Amiens, de Presbourg, de Vienne (1809), de Paris (1814 et 1815), de Vienne (1814 et 1815), d'Aix-la-Chapelle (1818), de Carlsbad, de Troppau, de Laybach (1821), de Vérone (1822), etc., et dont il n'est point fait mention dans la présente Section et dans les §§ 1 et 2 de la Section septième, nous renvoyons aux mémoires et aux ouvrages historiques, mais particulièrement à ceux de MM. v. Omptéda et v. Kampiz (315), qui renferment une table très-complète des ouvrages et des écrits détachés publiés à la suite des traités publics les plus importans, jusqu'à l'année 1817.

SECTION TREIZIÈME.

MÉMOIRES HISTORIQUES

(Particulièrement relatifs aux négociations).

On comprend dans ces Mémoires tout ce qui se rattache à l'Histoire des négociations en général. Aucune nation ne possède un nombre aussi considérable d'écrits de ce genre que la nation française. Depuis le règne de Philippe-Auguste jusqu'à nos jours, chaque siècle, chaque époque a vu naître une foule de Mémoires particuliers qui expliquent les causes les plus cachées des événemens. « Ce sont, comme l'a fort bien dit La Harpe, des témoins qui nous apprennent les circonstances les plus secrètes ; mais si l'on veut s'assurer de la vérité, autant du moins qu'il est possible, il faut les confronter l'un à l'autre et comparer les dépositions. »

§ 1. — *Mémoires réunis en collections.*

373. Collection universelle des Mémoires particuliers relatifs à l'Histoire de France (recueillis par ROUCHER, Antoine PERRIN, DUSSIEUX et autres, publiés avec des observations par DUCHESNAY). *Londres et Paris,* 1785-1790, 67 vol. in-8. — Une grande partie de cette collection a été traduite en allemand dans la collection suivante :

374. FR. V. SCHILLER, Allgemeine Sammlung historischer Memoiren, vom XII Jahrhundert bis auf die neuesten Zeiten, durch mehrere Verfasser übersetzt und jedesmal mit einer universalhistorischen Uebersicht versehen. *Jena*, 1790-1805, I[te] Abtheilung, Bd. I-IV; II[te] Abtheilung, Bd. I-XXVI, in-8. — Cette collection s'arrête à la régence de Philippe d'Orléans.

SCHILLER ne traduisit guère lui-même que la moitié du premier volume; mais la publication fut continuée sous son nom par PAULUS et WOLTMANN, ses amis.

375. Collection des Mémoires relatifs à l'Histoire de France, depuis le règne de Philippe-Auguste jusqu'à la paix de Paris, conclue en 1763, avec des notices sur chaque auteur et des observations sur chaque ouvrage, par MM. PETITOT et M. DE MONMERQUÉ.

Cette collection, sans contredit la meilleure et la plus utile de toutes celles qui existent, est divisée en deux séries distinctes : la première comprend les Mémoires historiques depuis le règne de Philippe-Auguste jusqu'au commencement du dix-septième siècle, elle se compose de 52 vol. in-8 ; la seconde comprend les Mémoires historiques depuis l'avénement de Henri IV jusqu'à la paix conclue à Paris en 1763, elle se compose de 79 vol. in-8.

376. En réunissant à cette collection (375) celle d'anciens Mémoires publiée par M. GUIZOT (en 29 vol. in-8), et celle des Chroniques nationales françaises, du XIIIe au XVIe siècle,

publiées par M. J. A. Buchon (en 47 vol. in-8), on aurait en quelque sorte l'ensemble des annales de la monarchie française.

377. Les événemens de la fin du dix-huitième siècle et ceux de la première période de celui-ci ont été décrits dans une foule de Mémoires vrais et supposés, qui ne laissent que l'embarras du choix. Dans leur nombre il faut distinguer la Collection des Mémoires relatifs à la Révolution française, au Consulat, à l'Empire et à la Restauration (en 66 vol. in-8), publiée par MM. Berville et Barrière. Nous passons sous silence la collection de MM. C. Leber, J.-B. Salgues et J. Cohen, et quelques autres Collections qui n'entrent pas davantage dans notre plan (432).

§ 2. *Énumération des principaux Mémoires.*

I. *Ouvrages français.*

Notre intention n'était d'abord que d'indiquer les titres des Mémoires qui se rattachent exclusivement à des négociations; mais deux motifs nous ont engagé à donner un peu plus d'extension à cette nomenclature : le premier est la difficulté de tirer une ligne précise de démarcation entre les Mémoires de ce genre et les Mémoires purement historiques; le second, est la circonstance que feu M. Petitot et son collaborateur M. Monmerqué, en publiant leur Collection, ont rendu inutiles toutes les anciennes éditions détachées de ces Mémoires, par les travaux dont ils les ont enrichis. Nous croyons donc, d'une part, devoir nous borner à marquer d'un astérisque ceux des ouvrages détachés qui font partie de leur Collection, en ayant soin d'en indiquer la série et les numéros d'ordre; mais, d'une autre, parler aussi des Mémoires sur des négociations célèbres, que ces estimables éditeurs n'ont point fait entrer dans leur Collection, ainsi que de ceux qui, concernant d'autres pays, n'ont point été publiés en français.

378. * Angoulême (duc d', comte de Béthune et de Préaux-Châteauneuf), ses Ambassades à Vienne et dans d'autres cours d'Allemagne. *Paris*, 1667, in-fol. (Ire S. 44).

379. * Arnauld (Abbé de St.-Nicolas), Négociations à la cour de Rome et en différentes cours d'Italie (publiées par Burtin). *Amsterdam* (Paris), 1748, 5 vol. in-12 (IIe S. 34).

380. Avaux (comte d'), Négociations en Hollande (depuis 1679-1688), (publiées par l'abbé Edme Mallet). *Paris*, 1752-1753, 6 vol. in-12.

381. Avaux (comte d'). Lettres et Mémoires touchant les

négociations du traité de paix fait à Münster, 1648. *Cologne*, 1648, in-12.

382. * Bassompierre (maréchal et ministre de Louis XIII), ses Ambassades en Espagne, en Suisse et en Angleterre. *Cologne*, 1692, 2 vol. in-fol. ou 4 vol. in-12 (IIe S. 19-21).

383. ——— Mémoires (écrits par Claude de Malleville, son secrétaire). *Cologne*, 1665, 3 vol. in-12. *Amsterdam*, 1692. *Cologne* (Rouen), 1703, 2 vol. in-12. *Trévoux*, 1721, 4 vol. in-12.

384. ——— Nouveaux Mémoires, recueillis par le président Hénault (publiés par Serieys). *Paris*, 1802, in-8.

385. Bellièvre et Sillery (ministres d'Henri IV), Mémoires et négociations touchant la paix de Vervins en 1598, entre Henri IV, Philippe II et Charles-Emmanuel, duc de Savoie. *Paris*, 1660, 1677, 1700, et *La Haye*, 1696-1725. 2 vol. in-8.

386. * Béthune (*Voyez* Angoulême et Sully).

387. Boderie (Le Févre de la), ses Ambassades en Angleterre, sous le règne de Henri IV et pendant la minorité de Louis XIII (de 1606-1611) (publiées par Burtin). *Paris*, 1750, 5 vol. in-12.

388. * Brienne (comte, secr.-d'État de Louis XIII et XIV), Mémoires (ses), contenant les événemens les plus remarquables du siècle de Louis XIII et de celui de Louis XIV, jusqu'à la mort du cardinal Mazarin, avec des notes (par J. Fr. Bernard). *Amsterdam*, 1719, 3 vol. petit in-8 (IIe S. 35-36).

389. Chanut (ambassadeur de Louis XIV, en Suède), Lettres, mémoires et négociations, rédigées par Vauciennes, depuis 1645-1655. *Cologne*, 1667, 3 vol. in-8.

390. Chouppes (marquis de), Mémoires (de 1625-1663), (publiés par Duport du Tertre, père). *Paris*, 1753, 2 vol. in-12.

391. * Comines (Phil. de), Mémoires, publiés par Lenglet du Fresnoy. *Londres* et *Paris*, 1747, 4 vol. in-4 (Ire S. 11-13).

392. D'Éon de Beaumont (ministre de France à Londres), Lettres, mémoires et négociations. *Londres*, 1763-1764, 2 vol. in-8 ou 1 vol. in-4.

393. Dubois (cardinal et premier ministre sous la régence du duc d'Orléans), Mémoires secrets et correspondance inédite, recueillis, mis en ordre et augmentés d'un précis de la paix

d'Utrecht et de diverses notices historiques, par M. L. DE SEVELINGES. *Paris*, 1815, 2 vol. in-8.

394. ESTRADES (comte d'), Lettres, mémoires et négociations à Turin, à Londres, à La Haye et dans d'autres cours, depuis 1636 jusqu'à 1677, avec les lettres et négociations de Colbert, d'Avaux, de Guiche et autres ministres de Louis XIV, publiés par Pr. MARCHAND. *Londres* (La Haye), 1743, 10 vol. in-12.

395. ——— Supplément aux lettres de M. le comte D'ESTRADES. *Londres*, 1763, in-12.

396. FEUQUIÈRES (marquis de), Lettres, mémoires et négociations en Allemagne en 1633 et 1643 (publiés par l'abbé PÉRAU, avec la vie de l'auteur). *Amsterdam* (Paris), 1753, 3 vol. in-8.

397. GEORGEL (abbé, secrétaire de l'ambassade du cardinal de Rohan, puis chargé d'affaires de la cour de France à Vienne), Mémoires pour servir à l'histoire des événemens de la fin du dix-huitième siècle, depuis 1760-1810 (publiés par M. GEORGEL, avocat, neveu de l'auteur), 2e édit., revue et corrigée. *Paris*, 1820, 6 vol. in-8.

On prétend que le manuscrit de ces Mémoires a été retouché par plusieurs hommes de lettres avant et pendant l'impression. On attribue, par exemple, à feu M. PSAUME la notice et la plupart des notes; M. DESRENAUDES a, dit-on, refait l'article des *Girondins*, et M. BAUDOUIN père a fourni les autres notes et mitigé l'article *Raynal*.

398. GOERTZ (comte Eustache de, ministre de Frédéric II), Mémoire historique relatif aux négociations qui eurent lieu en 1778, pour la succession de la Bavière (publié par M. DE BARBÉ-MARBOIS). *Paris*, 1812, in-8.

399. HARRACH (comte de, ambassadeur de l'empereur Léopold Ier, à Madrid), Mémoires et négociations secrètes contenant ce qui s'est passé de plus secret et de plus remarquable sous le règne de Charles II (roi d'Espagne), depuis 1695 jusqu'au premier traité de partage; publiés par DE LA TORRE. *La Haye*, 1720 ou 1735, 2 vol. in-12.

400. HARDENBERG (le prince de). *Voyez* (410) Mémoires tirés des papiers d'un homme d'État.

401. * JEANNIN (président et min. d'Henri IV, en Hollande),

Négociations (publiées par l'abbé DE CASTILLE, son petit-fils). *Paris*, 1636, in-fol.; *Amsterdam*, 1659, 2 vol. in-12, ou 1695, 4 vol. in-12. (IIe S. 11-16).

Une nouvelle édition, publiée à *Paris* en 1819, 3 vol. in-8, et dédiée à feu madame la duchesse douairière d'Orléans, par un chevalier JEANNIN et un M. FONTAINE, est intitulé : « Négociations diplomatiques et politiques du président JEANNIN, ambassadeur et ministre de France sous François Ier, Henri IV et Louis XIII inclusivement. »

Les redondances, *diplomatiques et politiques*, ajoutées au titre, ne sont pas, comme on voit, les plus grandes bévues des *savans éditeurs* qui font le président Jeannin, né en 1540, ambassadeur et ministre de France sous François Ier, qui est mort en 1547. Dans la rapsodie d'assertions controuvées qu'ils ont mise en tête du tome Ier, sous le titre ambigu d'*Abrégé historique de la vie et des travaux politiques et privés* (sic) *du président Jeannin*, le prétendu descendant d'un homme mort sans laisser de postérité mâle, et son digne collaborateur, le font entrer au ministère sous François II ; c'est un peu différent, mais ce n'est pas plus exact.

L'édition donnée par MM. PETITOT et MONMERQUÉ dans leur collection (375), avec un Avertissement et une Notice, par M. LAURENT, est infiniment supérieure aux précédentes, mais elle laisse cependant encore à désirer.

402. LAMBERTY (Grison, sous-secrétaire de M. Gravel, ambassadeur en Suisse), Mémoires pour servir à l'histoire du dix-huitième siècle. *La Haye*, 1724-1740, 14 vol. in-4.

403. ——— Recueil de Mémoires, Traités et Négociations sur les affaires publiques, avec une narration historique pour lier les pièces. *La Haye*, 1725 et ann. suiv., 14 vol. in-12.

404. MAZARIN (cardinal et premier ministre de Louis XIV), Lettres où l'on voit le secret de la négociation de la paix des Pyrénées et ses conférences avec D. Louis de HARO, à Saint-Jean-de-Luz (en 1659). Nouvelle édit. (publiée par l'abbé SOULAS D'ALLAINVAL). *Amsterdam* (Paris), 1745, 2 vol. in-12.

405. Mémoire de la reine Christine de Suède, contenant différentes négociations faites par ses ministres avant son abdication. *Paris*, 1830, 2 vol. in-8.

406. (Le baron DE SPON), Mémoires pour servir à l'histoire de l'Europe, depuis 1740 jusqu'à la paix d'Aix-la-Chapelle, en 1748. *Amsterdam*, 1749 ou 1752, 3 vol. in-8.

407. Mémoires des commissaires du roi et de ceux de S. M. Britannique sur les possessions et les droits des deux couronnes en Amérique (par SILHOUETTE et LA GALISSONNIÈRE, et surtout par l'abbé DE LA VILLE). *Paris* (*de l'imprimerie royale*), 1755, 4 vol. in-4, ou 1756, 8 vol. in-12.

408. Mémoire historique sur la négociation de la France et de l'Angleterre, depuis le 26 mars 1761 jusqu'au 20 septembre de la même année, avec les pièces justificatives (262).

409. Mémoires et actes authentiques relatifs aux négociations qui ont précédé le partage de la Pologne, tirés du portefeuille d'un ancien ministre du dix-huitième siècle. *Paris*, 1810, in-8 (276).

410. Mémoires tirés des papiers d'un homme d'État sur les causes secrètes qui ont déterminé la politique des cabinets dans la guerre de la révolution, depuis 1792-1815. *Paris*, 1828-1834, 8 vol. in-8. — Les deux premiers volumes ont été attribués, lorsqu'ils parurent, au feu prince DE HARDENBERG, chancelier d'État de la monarchie prussienne.

411. MONTGON (abbé, et agent secret de Philippe V, roi d'Espagne, en France), Mémoires de ses différentes négociations dans les cours d'Espagne et de Portugal, depuis 1725 jusqu'en 1731. *Lausanne*, 1745-1753, 8 vol. in-12.

412. NOAILLES (MM. de), leurs Ambassades en Angleterre, rédigées par l'abbé DE VERTOT (et publiées par VILLARET). *Paris*, 1763, 5 vol. in-12.

413. * NOAILLES (le maréchal duc de), Mémoires politiques et militaires, pour servir à l'histoire de Louis XIV et de Louis XV (depuis la guerre de succession jusqu'à 1741), composés sur les pièces originales, par l'abbé MILLOT. *Paris*, 1777, 6 vol. in-12 (IIe S. 71-74).

414. OSSAT (cardinal d'), Lettres, mémoires et négociations à la cour de Rome, avec les notes d'AMELOT DE LA HOUSSAYE. *Paris*, 1697, 2 vol. in-4. — Les mêmes, augmentés de nouvelles notes. *Amsterdam*, 1732, 5 vol. in-12.

415. DU PERRON (Jacques DAVY, cardinal), Ambassades et

négociations, depuis 1590-1618, recueillies par C. de Ligny ; dernière édition. *Paris*, 1715, in-folio.

416. Pradt (M. de), Quelques-uns de ses nombreux écrits politiques.

417. Saint-Philippe (marquis de, ministre d'Espagne à Gênes et en Hollande), Mémoires touchant les guerres et négociations pour la succession de la monarchie espagnole. *Paris*, 1752, 4 vol. in-12.

418. Recueil de diverses relations remarquables des principales cours de l'Europe, écrites pour la plupart par des ambassadeurs qui ont résidé à ces cours. *Cologne*, 1681, in-12.

419. * Richelieu (cardinal, et premier ministre de Louis XIII), Lettres, mémoires et instructions secrètes. *Paris*, 1696, 2 vol. in-12 (IIe S. 21 *bis*, 22-30).

420. Rusdorf (de), Mémoires et négociations secrètes, rédigées par E. G. Cuhn. *Leipzig*, 1789, 1 vol. in-8.—*En allem.*, *ibid.*, 1789, 2 vol. in-8.—*En latin* (Consilia et negotia politica). *Francfort*, 1725, in-folio.

421. Saint-Simon (duc de), Mémoires complets et authentiques sur le siècle de Louis XIV et la régence, publiés pour la première fois sur l'original, écrit en entier de la main de l'auteur. *Paris*, 1828-1830, 21 vol. in-8.

422. Ségur (comte de), Mémoires ou Souvenirs et Anecdotes, 3e édit. *Paris*, 1827, 3 vol. in-8.

423. * Sully (Max. de Béthune, duc de, principal ministre d'Henri IV), Mémoires depuis l'an 1570 jusqu'en 1611. *Paris*, 1822, 6 vol. in-8 (IIe S. 1-9).

424. Temple (chevalier, ambassadeur d'Angleterre à la Haye), Lettres, mémoires et négociations. *Amsterdam*, 1707, 27, 29, 4 vol. in-12 (442).

425. * ——— Mémoires de ce qui s'est passé dans la chrétienté depuis le commencement de la guerre en 1672 jusqu'à la paix conclue en 1679, trad. de l'angl., 2e édit. *La Haye*, 1692 (IIe S. 64) (443).

426. * Torcy (marquis de, et premier secrétaire d'État de Louis XIV), Mémoires pour servir à l'histoire des négociations depuis la paix de Ryswick jusqu'à celle d'Utrecht. *Lon-*

dres, 1757, 3 vol. in-12. *Paris* (La Haye) et *Londres*, 1758, 4 vol. in-12 (IIe S. 67, 68).

427. TORRE (DE LA), Mémoires et négociations secrètes de diverses cours de l'Europe. *La Haye*, 1725, 5 vol. in-12.

428. VALORI (le comte H. de), Mémoires des négociations du marquis DE VALORI, ambassadeur de France à la cour de Berlin (de 1739 à 1756), précédés d'une Notice sur sa vie. *Paris*, 1820, 2 vol. in-8.

429. WALPOLE (Robert), Mémoires et rapports du comité secret touchant les négociations de la paix d'Utrecht. *Amsterdam*, 1815, 2 vol. in-12.

430. (Le marquis DE VILLENEUVE, ambassadeur de Louis XV, à Constantinople), Histoire des négociations pour la paix conclue à Belgrade le 18 septembre 1739, entre l'empereur, la Russie et la Porte-Ottomane, par la médiation et sous la garantie de la France. Par l'abbé LAUGIER. *Paris*, 1768, 2 vol. in-12.

431. WITT (Jean de, grand-pensionnaire de Hollande), Lettres, mémoires et négociations. *Amsterdam*, 1725, 5 vol. in-12.

II. *Ouvrages anglais.*

432. Collection de Mémoires relatifs à la révolution d'Angleterre, accompagnés de notices et d'éclaircissemens historiques, par M. GUIZOT. *Paris*, 1824 et ann. suiv., 25 vol. in-8.

Cette Collection est ainsi composée :

Histoire du long parlement, convoqué par Charles Ier en 1640, par Th. MAY. 2 vol.

Mémoires de sir Philippe WARWICK. 1 vol.

Mémoires de John PRICE, chapelain de Monk, suivis des Mémoires de HUBERT et BERKLEY. 1 vol.

Mémoires de LUDLOW (434). 3 vol.

Mémoires de HOLLIS, HUNTINGTON et FAIRFAX. 1 vol.

Mémoires de mistriss HUTCHINSON. 2 vol.

Procès de CHARLES Ier; EIKON BAZILIKÉ, apologie attribuée à Charles Ier; Mémoires de CHARLES II. 1 vol.

Mémoires de lord CLARENDON. 4 vol.

Journal de H. CLARENDON. 1 vol.

Histoire de mon temps, par BURNET. 4 vol.

Mémoires de JACQUES II. 4 vol.

Mémoires de sir John RORESBY; Mémoires du duc de BUCKINGHAM. 1 vol.

433. A secret Collection of the affairs of Spain during the negociations between the courts of England and Madrid, from 1667-1678. *London*, 1720, 8vo.

434. Edm. LUDLOW, Memoirs; with a collection of original papers serving to confirm and illustrate many important passages contained in these Memoirs. *London*, 1708, 3d edit., 1771, 4to.

435. A. DALRYMPLE, a Collection of charts and memoirs. *London*, 1772, 4to.

436. Chr. COLE, Memoirs of affairs of State; containing letters written by ministers employed in foreign negociations, with treaties, memorials, and other transactions mentioned in the said letters, from the year 1697 to the latter end of 1708. *London*, 1723, fol.

437. J. KER OF KERSLAND, Memoirs containing his secret transactions in Scotland, England, the courts of Vienna, Hanover, etc., with an account of the rise and progress of the Ostend company in the Netherlands. *London*, 1726, 8vo.

438. BOLINGBROKE (SAINT-JOHN, Henry lord), Letters and Correspondence, public and private, during the time he was secretary of State to queen Anne, with State papers, explanatory notes, and a translation of the foreign letters, etc., by G. PAR[illegible] *London*, 1798, 4 vols. 8vo.

439. ——— Lettres historiques, politiques, philosophiques et particulières, depuis 1710 jusqu'en 1736; traduites de l'anglais (par le général GRIMOARD), et précédées d'un Essai historique sur la vie de BOLINGBROKE. *Paris*, 1808, 3 vols. in-8.

440. The complete Ambassador; or two treatises on the intended marriage of queen Elizabeth, comprised in letters of negociation of Sir Fr. WALSINGHAM, her resident in France, collected and published by DUDLEY DIGGES. *London*, 1655, fol. — *Trad. en fr.* (par L. BOULESTEIS DE LA CONTIE). *Amsterdam*, 1700, in-4, ou 4 vol. in-12.

441. ARLINGTON'S, Letters to Sir W. TEMPLE, from July 1665, being the first of his employments abroad, to Sept. 1670, wehn he was recalled. *London*, 1701 and 1715, 2 vols. 8vo.

442. W. Temple, Letters written by him and other ministers of State; containing an Account of the most important transactions that passed in Christendom from 1665 to 1672; and also his Letters to the king, the prince of Orange, etc. *London*, 1700, 3 vols. 8vo.

443. ——— Memoirs of wals past in Christendom from the war begun 1672, to the peace concluded 1679. *London*, 1692, 8vo. The same, *London*, 1700, 1709, 8vo (anonyme).

444. ——— His Life and Negociations, with an account of his writings. *London*, 1714, 8vo.

445. W. Coxe, Memoirs of the life and administration of Sir Robert Walpole, earl of Oxford, with original correspondence and authentic papers, never before published. *London*, 1798, 3 vols. 4to. — 3d edit. *London*, 1816, 4 vols. 8vo.

446. ——— Memoirs of Horatio lord Walpole, selected from his correspondence and papers, and connected with the history of the times from 1678 to 1757. *London*, 1802, 4to. Also in 2 vols. 8vo.

447. ——— Memoirs of John duke of Marlborough, with his original correspondence collected from the family records at Blenheim, and other authentic sources. *London*, 1818, 2 vols. 4to.

448. The Diary of lord Melcombe, from 1749-1761. *Salisbury*, 1774, 8vo.

449. Charleton (Sir Dudley), Memoirs for dispatches for political affairs, relating to Holland and England (published by the earl of Hardwicke). *London*, 1757, 4to. — *Trad. en français* (par G. J. Monod). *La Haye*, 1759, 3 vol. in-12.

450. ——— Letters from and to him, during his embassy in Holland, 1616-1620, edited by the earl of Hardwicke. 3d edit. *London*, 1780, 4to.

451. Dudley (Rob. baron Denbigh, and earl of Leicester), Secret Memoirs of the earl of Leicester. *London*, 1706, 8vo.

452. Hyde (Edw. earl of Clarendon), an Account of his own Life, from his birth to his banishment in 1667, written by himself. *Oxford*, 1759, fol. Also in 3 vols. 8vo.

453. ——— State papers, commencing from the year 1621 to 1647. *Oxford*, 1767-1786, 3 vols. fol.

454. The official Correspondence relative to the negociation for peace. *London*, 1767 (290-299).

455. The Diplomacy of the United-States, being an account of the foreign relations of the country from the first treaty with France, in 1788, to the treaty of Ghent in 1814 with Great-Britain. *Boston*, 1826, 8vo.

III. *Ouvrages allemands.*

456. Fr. v. Schiller, Allgemeine Sammlung historischer Memoiren, vom xii Jahrhundert bis auf die neuesten Zeiten durch mehrere Verfasser übersetzt, mit den nöthigen Anmerkungen und einer universal-historichen Uebersicht versehen. *Jena*, 1790-1805, 30 Bde. in-8 (374).

457. C. K. W. v. Dohm, Materialien zur Statistik der neuesten Staatengeschichte. *Lemgo*, 1777-1785, 5 Lieferungen in-8, mit Anhang.

458. ——— Denkwürdigkeiten meiner Zeit, oder Beyträge zur Geschichte des letzten Viertels des xviii^{ten} u. d. Anfangs d. xix^{ten} Jahrhunderts, von 1778-1806. *Lemgo* u. *Hann.* 1814-1819, 5 Bde. in-8.

459. E. F. Graf v. Hertzberg, Memoiren über das erste bis vierte Regierungsjahr König Friedrich Wilhelm II. *Berlin*, 1787-90, in-8.

Chaque année de ces Mémoires du comte de Hertzberg a été publiée séparément en français, l'auteur les ayant composés pour les séances annuelles, de 1787 à 1790, de l'Académie de Berlin, dont il était curateur.

460. Historische und politische Denkwürdigkeiten des königl. preuss. Staatsministers Grafen v. Goertz, aus dessen hinterlassenen Papieren entworfen. *Stuttgardt*, 1828-1829, 2 Bde. in-8.

461. Hinterlassene Staatsschriften u. andere Aufsätze vermischten Inhalts des Grafen R. F. zu Lynar. *Hamburg*, 1793-1797, 2 Bde. in-8. [Il en a paru une traduction française à *Leipzig*, en 1806.]

462. J. L. Klüber, Uebersicht der diplomatischen Verhandlungen des Wiener Congresses (311).

463. Zur Geschichte unserer Zeit. Eine Sammlung von

Denkwürdigkeiten über Ereignisse der letzten drey Decennien. *Darmstadt*, 1826-24, 8 Thle. in-8.

404. H. C. v. Gagern, Mein Antheil an der Politik; I. unter Napoleon's Herrschaft; II. nach Napoleon's Fall; der Congress zu Wien; III. der Bundestag. *Stuttgart*, 1823, 1826, 1830, 3 Bde. in-8.

IV. *Ouvrage hollandais.*

405. Brieven en negotiatien van M. L. P. van der Spiegel, als raadpensionaris van Holland, waar bygevoegd zyn veele authentique stucken strekende tot beter verstand van de zelve brieven. *Amsterdam*, 1803, 3 *deel.* in-8.

SECTION QUATORZIÈME.

HISTOIRE MILITAIRE DE L'EUROPE

(Depuis la révolution française).

§ 1. — Ouvrages généraux.

406. Jomini (le général), Histoire critique et militaire des guerres de la Révolution; précédée d'une Introduction présentant le Tableau succinct des mouvemens de la politique européenne, depuis Louis XIV jusqu'à la Révolution, et celui des principales causes et des principaux événemens de cette révolution. *Paris*, 1819-1824, 15 vol. in-8, et atlas in-4.

407. Dumas (le général Mathieu), Précis des événemens militaires, depuis le 1er mars 1799 jusqu'en 1814. *Paris*, 1817-1826, 19 vol. in-8., et 8 atlas in-folio oblong. — Les campagnes publiées vont jusqu'à 1807.

408. Beauvais (le général), Victoires, conquêtes, désastres, revers et guerres civiles des Français, de 1792-1815; par une société de militaires. *Paris*, 1817 et ann. suiv., 27 vol. in-8. — Le lieutenant-général Thiébault a participé à cette publication.

469. Voelderndorff (le baron de), Histoire des guerres de la Bavière, depuis 1789-1815. *Munich*, 1826, 4 vol. in-8 (*en allem.*).

470. Crossart (le général baron), Mémoires militaires et historiques pour servir à l'histoire des guerres depuis 1792-1815 inclusivement. *Paris*, 1829, 6 vol. in-8.

§ 2. — HISTOIRE MILITAIRE PAR CAMPAGNE.

I. *Campagnes d'Allemagne et d'Italie.* (1792-1799.)

471. Gouvion Saint-Cyr (le maréchal), Mémoires sur les campagnes des armées du Rhin et de Rhin-et-Moselle, de 1792 jusqu'à la paix de Campo-Formio (1797). *Paris*, 1829, 4 vol. in-8, avec un atlas.

472. Jourdan (le maréchal), Mémoires pour servir à l'histoire de la campagne de 1796; contenant les opérations de l'armée de Sambre-et-Meuse, sous les ordres du général en chef Jourdan. *Paris*, 1818, in-8.

473. Campagne des Austro-Russes en Italie, sous les ordres du maréchal Suwarow; contenant une Notice sur les armées russes, la Relation des batailles de Vérone, de Cassano, de la Trébia, de Novi et du siége de Mantoue; celle du passage du Saint-Gothard, et de la bataille de Zurich, avec un exposé de la seconde coalition, etc. *Paris*, 1812, in-8.

474. Charles (l'archiduc prince), Campagne de 1799, en Allemagne et en Suisse. *Vienne*, 1820, 2 vol. in-8, et atlas.

II. *Campagne d'Égypte.*

475. Histoire de l'expédition d'Égypte et de Syrie, revue, pour les détails stratégiques, par M. le général Beauvais. *Paris*, 1806, in-8.

476. R. T. Wilson, Expedition to Egypt under general Abercromby, in 1801, with some important facts. *London*, 1802, 4to. 4th edit. *London*, 1803, 2 vols. 8vo. Likevise in 3 vols. 8vo.

Voyez, pour la suite des campagnes de cette période, le grand ouvrage du général Mathieu Dumas (107).

III. *Campagnes de Prusse, de Pologne et d'Allemagne.* (1805-1809.)

477. M. de Plotho, Journal, écrit pendant la guerre entre la Russie, la Prusse et la France, de 1806-1807. *Berlin*, 1811, in-8 (*en allem.*).

478. R. T. Wilson, Account of the campaigns in Poland in 1806 and 7; with Remarks on the character and composition of the Russian army. 1811, 4to.

479. Le général de Bulow, La campagne de 1805, considérée sous les rapports militaires et politiques. *Berlin*, 1806, 2 vol. in-8 (*en allem.*).

480. M. de St.-Maurice, Histoire des campagnes d'Allemagne et de Prusse depuis 1802 jusqu'à 1807. *Paris*, in-8.

481. (Le général autrichien de Stutterheim), La bataille d'Austerlitz, avec des notes d'un officier français (Napoléon lui-même). *Paris*, 1806, in-12.

482. Bataille de Preussich-Eilau, gagnée par la grande armée, sur les armées combinées de Prusse et de Russie, le 8 février 1807. *Paris*, 1807, in-fol., avec 3 plans et 2 cartes.

483. Stutterheim, La guerre de 1809 entre l'Autriche et la France (*en allem.*), avec cartes et plans.

484. M. de Valentini, Essai d'une histoire de la campagne de 1809, près le Danube, 2e édition. *Berlin*, 1818; *Vienne*, 1811, 2 vol. in-8 (*en allem.*).

485. L'armée autrichienne sous les ordres de S. A. I. l'archiduc Jean, dans la guerre de 1809 (*en allem.*).

486. Pelet (le général), Mémoires sur la guerre de 1809 en Allemagne, avec les opérations particulières des Corps d'Italie, de Pologne, de Saxe, de Naples et de Walcheren. *Paris*, 1824, 4 vol. in-8.

IV. *Campagne d'Espagne et de Portugal.* (1807-1814.)

487. Napier (le colonel), Histoire de la guerre de la Péninsule et dans le midi de la France, depuis l'année 1807 jusqu'à l'année 1814; trad. de l'angl. (par M. ***), revue et enrichie

de notes, par M. le lieutenant-général comte Mathieu Dumas. *Paris*, 1828-1834, 6 vol. in-8.

488. Suchet (maréchal duc d'Albufera), ses Mémoires sur les campagnes en Espagne depuis 1808 jusqu'en 1814, 2e éd. *Paris*, 1834, 2 vol. in-8, avec atlas in-folio.

489. G. Laffaille (le colonel), Mémoires sur la campagne du corps d'armée des Pyrénées-Orientales, commandé par le général Duhesme, en 1808, suivis d'un Précis des campagnes de Catalogne de 1808 à 1814, et de notes historiques sur les siéges de Barcelone et de Gironne, sur l'expédition des Anglais contre Tarragone en 1813, les généraux Duhesme et Lacy, etc., avec une carte de Catalogne et un plan des environs de Barcelone. *Paris*, 1827, in-8.

490. Mémoires sur les opérations militaires des Français en Galice, en Portugal et dans la vallée du Tage, en 1809, sous le commandement du maréchal Soult. *Paris*, 1821, in-8, avec 6 grandes cartes.

491. Ed. Lapène, Campagne de 1813 et de 1814, sur l'Èbre, les Pyrénées et la Garonne, précédée de Considérations sur la dernière guerre d'Espagne. *Paris*, 1824, in-8, avec cartes.

492. John Jones, Histoire de la guerre d'Espagne et de Portugal, pendant les années 1807 à 1813; plus la campagne de 1814 dans le midi de la France; traduit de l'anglais, par Alph. de Beauchamp, avec des notes et commentaires. *Paris*, 1829, 2 vol.

493. M. de Staff, La guerre de l'indépendance des Catalans. *Breslau*, 1821, in-8 (*en allem.*).

494. Thiébault (le général), Relation de l'expédition du Portugal, faite en 1807 et 1808, par le premier Corps devenu Armée de Portugal; avec une carte du Portugal, un plan de la bataille de Wimeiro et du combat de la Rorissa. *Paris*, 1817, in-8.

495. Gouvion Saint-Cyr (le maréchal), Journal des opérations de l'armée de Catalogne, en 1808 et 1809, ou matériaux pour servir à l'histoire de la guerre d'Espagne. *Paris*, 1821, in-8, et atlas de 14 planches.

496. De Rocca (officier du 2e hussards), Mémoires sur la guerre des Français en Espagne, 3e édit. *Paris*, 1817, in-8.

497. Foy (le général comte), Histoire de la Guerre de la Péninsule sous Napoléon, précédée d'un Tableau politique et militaire des puissances belligérantes, publiée par madame la comtesse Foy, 3ᵉ édit. *Paris*, 1828, 4 vol. in-8, avec un atlas.

V. *Campagnes de Russie et d'Allemagne.* (1812-1814.)

498. M. de Boutourlin (aide de camp général de l'empereur de toutes les Russies), Histoire de la campagne de Russie en 1812. *Paris*, 1821, 2 vol. in-8, avec un atlas de 13 planches.

499. M. Ker-Porter, Histoire de la campagne de Russie pendant l'année 1812. *Paris*, 1817, 1 vol. in-8, avec deux cartes.

500. M. de Chambray, Histoire de l'expédition de Russie en 1812. *Paris*, 1825, 2ᵉ édition, 3 vol. in-8, avec un atlas et une vue du passage du Niemen, de la bataille de la Moscowa et du passage de la Bérézina.

501. Ségur (le général comte de), Histoire de Napoléon et de la grande armée, pendant l'année 1812, 10ᵉ édit. *Paris*, 1834, 2 vol. in-8, avec ou sans atlas.

502. Gourgaud (le général), Napoléon et la Grande Armée en Russie, ou Examen critique de l'ouvrage de M. le comte Ph. de Ségur, 3ᵉ édit. *Paris*, 1825, in-8.

503. Guillaume de Vaudoncourt (le général), Mémoires pour servir à l'histoire de la guerre entre la France et la Russie en 1812. *Londres*, 1815, 2 vol. in-4, dont un de planches.

504. ——— Histoire de la guerre soutenue par les Français en Allemagne, en 1813. *Paris*, 1819, 2 vol. in-4.

505. ——— Mémoires sur la campagne du Vice-Roi en Italie, en 1813 et 14. *Paris* (Munich), 1817, 2 vol. in-4, dont un de planches.

506. Campagne (dernière) du général Moreau, par un officier de son état-major; trad. de l'allem. *Paris*, 1814, in-8.

507. Odeleben (baron de), La campagne des Français en Saxe, en 1813; trad. de l'allem. par M. Aubert de Vitry. *Paris*, 1817, 2 vol.

508. (M. DE BOUTOURLIN), Tableau de la campagne d'automne de 1813 en Allemagne, depuis la rupture de l'armistice jusqu'au passage du Rhin par l'armée française, avec une carte topographique des environs de Leipzig; par un officier russe, revue par M. le baron JOMINI, 2ᵉ édit. *Paris*, 1817, in-8.

509. C. DE PLOTHO, La guerre en Allemagne et en France, en 1813 et 1814. *Berlin*, 1817, in-8 (*en allem.*).

510. Campagne (dernière) de l'armée franco-italienne, sous les ordres d'Eugène Beauharnais, en 1813 et 1814, par S. J. *Paris*, 1817, in-8.

VI. *Campagnes de France.* (1814-1815.)

511. KOCH (chef de bataillon d'état-major), Mémoires pour servir à l'histoire de la campagne de 1814. *Paris*, 1819, 3 vol. in-8, avec un atlas de 4 planches et 26 tableaux, représentant la situation par bataillons et escadrons des divers corps d'armée français et alliés, aux époques les plus intéressantes de la campagne.

512. G. DE VAUDONCOURT (le général), Histoire des campagnes de 1814 et 1815 en France. *Paris*, 1826, 5 vol. in-8.

513. (L'empereur NAPOLÉON), Mémoires pour servir à l'histoire de France en 1815, avec un plan de la bataille de Mont-Saint-Jean. *Paris*, 1820, in-8.

514. GOURGAUD (le général), Campagne de 1815, ou Relation des opérations militaires qui ont eu lieu en France et en Belgique, pendant les cent jours; écrite à Sainte-Hélène. *Londres*, ou *Paris*, 1818, in-8, avec un plan de bataille.

515. ——— et MONTHOLON (les généraux), Mémoires pour servir à l'histoire de France sous Napoléon, écrits à Sainte-Hélène, par les généraux qui ont partagé sa captivité, et publiés sur les manuscrits entièrement corrigés de la main de Napoléon. *Paris*, 1822 et ann. suiv., 8 vol. in-8.

516. MUFFLING (le général baron de), Histoire de la campagne des armées sous le commandement du duc de Wellington et du prince Blucher, pendant l'année 1815. *Stuttgardt* et *Tübingen*, 1817, gr. in-8 (*en allem.*).

SECTION QUINZIÈME.

HISTOIRE.

Comme nous l'avons dit ailleurs, il faut que le diplomate s'instruise et se pénètre fortement des grands principes du Droit Naturel et du Droit des Gens; mais il faut de plus qu'il apprenne à faire l'application de ces principes; il ne le peut que par l'expérience du passé. C'est donc ce passé qu'il faut qu'il sache, et c'est dans l'histoire qu'il l'apprend. Là, tout est instruction pour quiconque lit avec un cœur droit et un esprit juste.

§ I. — OUVRAGES SPÉCIAUX.

Dictionnaires historiques ou Biographies.

517. Le grand Dictionnaire historique, de L. MORÉRI; nouvelle édition, dans laquelle on a refondu les supplémens de l'abbé GOUJET; revue et augmentée (par DROUET). *Paris,* 1759, 10 vol. in-fol. — Ouvrage qui, malgré les nombreuses erreurs qui s'y trouvent, ne laisse pas que d'être encore fort utile.

La première édition de ce Dictionnaire, la seule qui ait été publiée du vivant de MORÉRI, parut en 1674, à Lyon, en un seul vol. in-folio. Celle que nous mentionnons ici est la vingtième et dernière. Les auteurs qui ont le plus coopéré à l'accroissement successif de ce grand ouvrage, sont: PAREYRA, l'abbé SAINT-USSAN, en 1680; J. LE CLERC, en 1691, 1702 et 1725; VAULTIER, aidé du P. ANGE, Augustin, en 1705 et 1707; DUPIN, en 1712 et 1718; Jacq. BERNARD, en 1716; L. Fr. Jos. DE LA BARRE, en 1725; l'abbé DU MASBARET, et l'abbé GOUJET, en 1732, 1735, 1749 et 1759; P. ROQUES, en 1731 et 1743; PLATEL, en 1740; DROUET, bibliothécaire de l'ordre des avocats, en 1759. — L'abbé GOUJET peut passer pour l'auteur de la moitié de l'édition de 1759.

518. CHAUDON et DELANDINE, Dictionnaire historique universel, critique et bibliographique, enrichi de notes et d'additions de l'abbé BROTTIER, SAINT-LÉGER, etc., 9e édit. *Paris,* 1810-11, 20 vol. in-8. — Il a été publié une nouvelle édition

de ce Dictionnaire historique avec des augmentations (par MM. Goigoux et Champagnac). *Paris*, 1823 et ann. suiv., 30 vol. in-8.

519. Biographie universelle. *Paris*, 1811-28, 52 vol. in-8. Il paraît un supplément (20).

520. Le général Beauvais, Biographie universelle classique (21).

521. A. Mahul, Annuaire nécrologique, etc. *Paris*, 1821-1827, 8 vol. in-8.

522. A. Chalmers, Biographical Dictionary. *Lond.*, 1812 et ann. suiv., 32 vol. in-8 (23).

523. Biographie des hommes vivans, ou Histoire par ordre alphabétique de la vie publique de tous les hommes qui se sont fait remarquer par leurs actions ou leurs écrits. Rédigée par une Société de gens de lettres et de savans. *Paris*, 1816-1819, 5 vol. in-8.

524. Galerie historique des contemporains, ou nouvelle Biographie, dans laquelle se trouvent réunis les hommes morts et vivans de toutes les nations qui se sont fait remarquer à la fin du XVIIIe siècle; par une Société de gens de lettres (mais principalement par M. de Jullian, pour la partie politique; M. Lesbroussart, pour la partie littéraire en général; M. Van Lennep, pour les littérateurs et les savans hollandais, et d'autres). *Bruxelles*, 1817-1819, 8 vol. in-8, et un ou deux volumes de supplément, publié plus tard.

525. A. V. Arnault, A. Jay, E. Jouy, J. Norvins, et autres, Biographie nouvelle des contemporains, ou Dictionnaire historique et raisonné de tous les hommes qui, depuis la révolution française, ont acquis de la célébrité par leurs actions, leurs écrits, leurs erreurs ou leurs crimes, soit en France, soit dans les pays étrangers. *Paris*, 1821-1825, 20 vol. in-8.

526. Biographie universelle et portative des contemporains, ou Dictionnaire historique des hommes vivans et des hommes morts depuis 1788 jusqu'à nos jours. Ouvrage entièrement neuf, publié sous la direction de M. Vieilh de Boisjolin (précédemment sous celle de M. A. Rabbe). *Paris*, 1830, 4 tomes in-8.

527. *Conversations-Lexicon*, oder Allgemeine teutsche

Real-Encyclopädie für gebildeten Stände, 8te Aufl. *Leipzig*, 1834, 12 Bde. in-8 (361).

HISTOIRE UNIVERSELLE.

§ 2. — OUVRAGES GÉNÉRAUX.

I. *Ouvrages en français.*

528. N. P. Chantreau, la Science de l'histoire, contenant le système général des connaissances à acquérir avant d'étudier l'histoire, et la méthode à suivre quand on se livre à ce genre d'étude. *Paris*, 1803, 3 vol. gr. in-4.

529. Bossuet, Discours sur l'histoire universelle, depuis le commencement du monde jusqu'à l'empire de Charlemagne.

530. Millot (l'abbé), Élémens d'histoire générale ancienne et moderne; nouv. édit., continuée depuis la paix de 1763 jusqu'à l'établissement du consulat en France; par de Lisle de Sales. *Paris*, 1809, 11 vol. in-12.

Une trad. allem., avec des augmentations, a paru à *Leipzig* et *Vienne*, 1777-1810, en 10 vol. in-8.

531. L. Anquetil, Précis de l'histoire universelle jusqu'à la fin du 18e siècle. *Paris*, 1818, 8 vol. in-8, ou 1823, 12 vol. in-12.

532. Histoire universelle, depuis le commencement du monde jusqu'à présent; traduite de l'anglais d'une Société de gens de lettres (Thomas Salmon; G. Sale, pour les peuples orientaux, et particulièrement les Arabes; J. Campbell, pour les Indes orientales et pour la Cosmogonie; J. Swinton, pour l'histoire des Carthaginois; Archibald Bower, pour l'histoire romaine..... et par de Joncourt, Chaufepié, Robinet, les frères de Sacy, Castillon, et autres, pour la traduction). *Amsterdam* et *Paris*, 1742-1792, 46 vol. in-4, y compris la Table des matières, publiée par l'abbé de Fontenay (*Paris*,

1802). On attribue la Préface générale au docteur CHANDLER (536).

533. FERRAND (le comte), l'Esprit de l'histoire; 6e édition, précédée d'une Notice biographique sur l'auteur (par M. HÉRICART DE THURY). *Paris*, 1826, 4 vol. in-8.

534. A. LE SAGE (comte de LAS-CASES), Atlas historique, chronologique et géographique, ou Tableau général de l'histoire universelle, présentant un moyen sûr et facile de classer avec fruit tout ce qui s'est passé depuis la création, etc.; nouv. édit. *Paris*, 1834, in-plano.

M. DE LAS-CASES n'ayant point consacré de tableau spécial à la Suisse, on peut ajouter à son Atlas le « Tableau chronologique de la Confédération suisse, par HUBER-SALADIN », sur le même plan et dans le même format, publié à Paris en 1830.

Une édition de l'atlas de A. LESAGE, avec des augmentations par J. MARESCHAL, a paru à Bruxelles en 1827 et 1828.

L'Atlas de M. DE LAS-CASES a été traduit en anglais, en espagnol et en allemand, par A. v. DUSCH. *Carlsruhe*, 1826-1830.

535. M. BURET DE LONGCHAMPS, les Fastes universels, ou Tableaux historiques, chronologiques et géographiques, contenant, siècle par siècle, et dans des colonnes distinctes, depuis les temps les plus reculés jusqu'à nos jours, 1° l'origine, les progrès, la gloire et la décadence de tous les peuples, leurs migrations, leurs colonies, l'ordre de la succession des princes, etc., etc.; 2° le précis des époques et des événemens politiques; 3° l'histoire générale des religions et de leurs différentes sectes; 4° celle de la philosophie et de la législation chez tous les peuples anciens et modernes; 5° les découvertes et les progrès dans les sciences et dans les arts; 6° et enfin une notice sur tous les hommes célèbres, rappelant leurs ouvrages ou leurs actions; précédés de trois grands tableaux synoptiques servant de sommaire à l'ouvrage, et suivis de deux tables alphabétiques comprenant, l'une les noms d'*hommes*, l'autre les noms des *choses*, et présentant toutes deux, par leur ensemble et par la manière dont elles sont conçues, un nouvel art de vérifier les dates. *Paris*, 1821, 1 vol. grand in-folio oblong.

Il a été fait différentes contrefaçons des « Fastes universels, » mais aucune d'elles n'est comparable à l'édition originale.

II. *Ouvrages en anglais.*

536. An Universal History, from the earliest account of time to the present. *London*, 1779-84, new edit., 60 vols. 8vo.

Il en a été publié une trad. franç. (par LETOURNEUR, D'USSIEUX, GOFFAUX, et autres). *Paris*, 1779-91, 120 vol. in-8 (532); et une trad. allem. (par BAUMGARTEN, SEMMLER, SCHLÖZER, GATTERER, RÜHS, et autres). *Halle*, 1740-1814, 66 tomes en 73 vol. in-4, dont 6 vol. d'éclaircissemens et d'augmentations.

537. W. GUTHRIE and GRAY, A general History of the World, from the creation to the present time. *London*, 1764-1767, 12 vols. 8vo.

Cet ouvrage, entièrement refait par les soins de C. G. HEYNE et J. A. ERNESTI, a été publié en allem. *Leipzig*, 1765-1808, 17 vol. in-8.

538. R. DOBBS, Summary of Universal History, from the creation to the present time. *London*, 1800, 9 vols. 8vo.

III. *Ouvrages en allemand.*

539. J. VON MÜLLER, XXIV Bücher allgemeiner Geschichte. 4e Aufl. *Stuttgart*, 1828, 3 Thle. in-8.

La 3e édit. a été trad. en franç. par J. G. HESS. *Genève*, 1814-1817, 4 vol. in-8; seconde édition, 1826, ou 1835 avec de nouveaux titres.

540. K. F. BECKER, Weltgeschichte. 6e Auflage, neu bearbeitet von J. W. LÖBEL, mit den Fortsetzungen von J. G. WOLTMANN und C. A. MENZEL. *Berlin*, 1828, 14 Bde. in-8.

Les tomes 12, 13 et 14 de cette 6e édition se vendent séparément sous ce titre : « C. A. MENZEL (Histoire de notre temps), Geschichte unserer Zeit, seit dem Tode Friedrichs II. » 3e verbess. Ausgabe. *Berlin*, 1829, 3 Thle. in-8.

541. Greg. WOLNY, Lehrbuch der allgemeinen Weltgeschichte. *Wien*, 1830, 2 Bde gr. in-8.

542. Carl v. ROTTECK, Allgemeine Geschichte, vom Anfange der historischen Kenntniss bis auf unsere Zeiten. 8e Aufl. *Freyburg im Breisgau*, 1834, 9 Bde. in-8.

543. K. H. L. POELITZ, Weltgeschichte. 6e Aufl. *Leipzig*, 1830, 4 Bde. in-8.

544. Jo. Gottfr. EICHHORN, Weltgeschichte. *Göttingen*, 1814-1817, 4 Thle in 5 Bden in-8 (*V.* les notes des nos 536 et 537).

HISTOIRE GÉNÉRALE DE L'EUROPE.

HISTOIRE GÉNÉRALE ET POLITIQUE DE L'EUROPE MODERNE, AVEC L'HISTOIRE PARTICULIÈRE DE CERTAINES ÉPOQUES.

I. *Ouvrages en italien et en latin.*

545. Vittor. Siri, Memorie recondite (1601-1640). — Publiées d'abord à *Ronco*, ensuite à *Paris* et à *Lyon* (de 1677 à 1679), 8 vol. in-4.

546. ——— Mercurio (1635-1655). *Casal, Genève, Lyon, Paris* et *Florence* (de 1644 à 1682), 15 tomes en 17 vol. in-4.

547. Jo. Christ. Lünigii Litteræ procerum Europæ, etc., ab a. 1552 usque ad a. 1712, lingua latina exaratæ. *Lipsiæ*, 1712, 3 vol. in-8.

548. ——— Sylloge publicorum negotiorum..... intra vicennium latina lingua tractatorum. *Francof.*, 1694, in-4. — Supplementum et continuatio Sylloges, etc., ab a. 1674 usque ad a. 1702. *Ibid.* 1702, in-4.

II. *Ouvrages en français.*

549. M. Guizot, Cours d'histoire moderne. *Paris*, 1829-1830, 6 vol. in-8.

550. Chr. G. Koch, Tableau des révolutions de l'Europe dans le moyen âge, jusqu'à l'an 1453. *Paris*, 1790, 3 vol. in-8.

551. ——— Tableau des révolutions de l'Europe, depuis le bouleversement de l'empire romain en Occident jusqu'à nos jours, etc. *Paris*, 1807, 3 vol. in-8. Augmenté d'un volume complémentaire en 1813.

L'édition de 1823, réduite par M. Fréd. Schoell, à 3 vol. in-8, a été continuée par lui jusqu'à 1815.

552. M. Michaud, Histoire des croisades, contenant la physionomie des croisades et des considérations sur leurs résultats. 4e édit. *Paris*, 1825-1829, 6 vol. in-8, avec cartes et plans, auxquels on ajoute : 1° Bibliothèque des croisades (en trois parties). *Paris*, 1829, 3 vol. in-8; 2° Chroniques arabes,

traduites et mises en ordre par M. REINAUD. *Paris*, 1829, in-8. En tout 10 vol.

553. David DURAND, Histoire du XVIe siècle. *Londres*, 1725-1729, 6 vol. in-8.

Un 7e volume a été publié à Londres, en 1732, avec la vie de DE THOU; les six premiers volumes ont été réimprimés à La Haye, 1734, en 4 vol. in-12.

554. Esprit de l'histoire générale de l'Europe, depuis l'an 1476 jusqu'à la paix de Westphalie. *Lond.*, 1783, in-8.

555. Le P. BOUGEANT, Histoire du Traité de Westphalie, ou des Négociations qui se firent à Munster et à Osnabruck, pour établir la paix entre toutes les puissances de l'Europe, composée principalement sur les Mémoires de la cour et des plénipotentiaires de France. *Paris*, 1751-1754, 3 vol. in-4, ou 6 vol. in-12.

Le premier volume de l'édition in-4, ou les deux premiers de l'édition in-12, renferment l'Histoire des guerres et des négociations qui précédèrent le Traité, et les suivans, l'Histoire du traité même.

556. A. MAILHER DE CHASSAT, Histoire de la guerre de trente ans, par SCHILLER, et de la paix de Westphalie, par C. L. DE WOLTMANN; ouvrages traduits de l'allemand, et accompagnés de notes. *Paris*, 1820, 2 vol. in-8.

557. L. P. ANQUETIL, Motifs des guerres et des traités de paix de la France, pendant les règnes de Louis XIV, Louis XV et Louis XVI (depuis 1648 jusqu'à 1783). *Paris*, 1798, in-8.

558. M. DE FLASSAN, Histoire générale et raisonnée de la diplomatie française, ou de la politique de la France, depuis la fondation de la monarchie jusqu'à la fin du règne de Louis XVI, avec des tables chronologiques de tous les traités conclus par la France. 2e édit. *Paris* et *Strasbourg*, 1811, 7 vol. in-8.

Il faut joindre à la première édition l'« Apologie de l'histoire de la diplomatie française, etc. » Brochure in-8, publiée par l'auteur en 1811.

Il a été publié, en allemand, un extrait de l'Histoire de la diplomatie française sous ce titre : « FLASSAN's Frankreichs Friedengeschichte unter der drey ersten Dynastien, nach dem Französischen bearbeitet von Ernest Gr. v. BENZEL-STERNAU. *Frankf.*, 1813-1815, 2 Bde, in-8.

559. Ferd. A. BAYARD, Tableau analytique de la diplomatie française, depuis la minorité de Louis XIII jusqu'à la paix d'Amiens. *Paris*, 1804-1805, 2 vol. in-8.

560. G. F. de Martens, Cours diplomatique, ou Tableau des relations extérieures des puissances de l'Europe, tant entre elles qu'avec d'autres états, dans les diverses parties du Globe. *Berlin*, 1801, 3 vol. in-8.

561. (M. de Bonald), du Traité de Westphalie et de celui de Campo-Formio, et de leurs rapports avec le système politique des puissances européennes, et particulièrement de la France. *Paris*, 1801, in-8.

562. Ségur (le comte de), Politique de tous les cabinets de l'Europe, pendant les règnes de Louis XV et de Louis XVI (rédigée par Fabvier, publiée par Roussel). *Paris*, 1793, 2 vol. in-8. — Réimprimé en 1801, en 3 vol. in-8, avec des notes du comte de Ségur; et, plus tard, dans les OEuvres de l'honorable éditeur.

563. ——— Décade historique, ou Tableau politique de l'Europe, depuis 1786 jusqu'en 1796. 5e édit. *Paris*, 1828, 3 vol. in-8 (265).

564. Paoli-Chagny (le comte), Histoire de la politique des puissances de l'Europe, depuis le commencement de la révolution française jusqu'au congrès de Vienne. *Paris*, 1817, 4 vol. in-8.

565. Fr. Schlegel, Tableau de l'Histoire moderne; trad. de l'allem. par M. J. Cherbulliez. *Paris*, 1831, 2 vol. in-8.

566. (Le comte Ferrand), Théorie des révolutions, rapprochée des principaux événemens qui en ont été l'origine, le développement ou la suite, par l'auteur de *l'Esprit de l'histoire*. *Paris*, 1817, 4 vol. in-8 (533).

567. J. Bigland, Précis de l'histoire politique et militaire de l'Europe depuis l'année 1783 jusqu'à l'année 1814; contenant le récit des troubles de la Hollande et du Brabant, des guerres entre la Russie et l'Autriche, la Porte-Ottomane et la Suède; du partage de la Pologne, de la révolution française et des événemens qui en ont été la suite; des révolutions d'Espagne, de Portugal et de Suède; de l'abdication de Napoléon et du rétablissement des Bourbons sur le trône de France, etc.; traduit de l'anglais, augmenté et continué jusqu'en 1819, par M. Mac-Carthy. *Paris*, 1819, 3 vol. in-8 (600). — Ouvrage au moins médiocre.

568. (M. DE FLASSAN), Histoire du congrès de Vienne, par l'auteur de l'Histoire générale de la diplomatie française. *Paris*, 1829, 3 vol. in-8 (320).

569. (M. le vicomte DE CARNÉ-MARSIN), Tableau de l'histoire générale de l'Europe, depuis 1814 jusqu'à 1830. *Paris*, 1834, 3 vol. in-8.

III. *Ouvrages en allemand.*

570. J. G. MEUSEL, Anleitung zur Kenntniss der europäischen Staatengeschichte. *Leipzig*, 1775, in-8.—4e édit., corrigée, augmentée et continuée. 1816, in-8.

571. Gottfr. ACHENWALL, Entwurf der allgemeinen europäischen Staatshändel des XVIIten und XVIIIten Jahrhunderts. *Göttingen*, 1756, in-8.

De nouv. édit. ont paru en 1761, 1767 et 1769, in-8.

572. Joh. Christoph ADELUNG, Pragmatische Staatsgeschichte Europens, von dem Ableben Kaiser Karl VI an. *Gotha*, 1762-1769, 9 Thle. in-4.

573. F. WILKEN, Geschichte der Kreuzzüge, nach den morgenländischen und abendländischen Berichten. *Leipzig*, 1808-1830, 6 vol. in-8.

574. L. T. SPITTLER, Entwurf der Geschichte der europäischen Staaten, fortgesetzt, von SARTORIUS. *Göttingen*, 1823, 3e édit. in-8.

575. Joh. Ge. BÜSCH, Grundriss der merkwürdigsten Welthändel neuerer Zeit (depuis 1440). *Hamburg*, 1781, in-8.

De nouv. édit. continuées ont paru en 1783 et 1796; la 4e édit. a été continuée depuis 1796 jusqu'en 1810, par G. G. BREDOW, in-8. Cette continuation se vend séparément sous le titre suivant :

576. G. G. BREDOW, Grundriss einer Geschichte der merkwürdigsten Welthändel, von 1796 bis 1810. *Hamburg*, 1810, in-8.

577. Jul. Aug. REMER, Handbuch der neuen Geschichte, von der Kirchenverbesserung bis auf das Jahr 1799. *Braunschweig*, 1799, in-8; — 5e édit. (continuée jusqu'au congrès d'Aix-la-Chapelle), 1819, 2 vol. in-8.

578. Leop. Ranke, Fürsten und Völker von Süd-Europa im xvi^ten und xvii^ten Jahrhundert. 1er Bd. *Hamburg*, 1827.

579. Jo. Gottfr. Eichhorn, Geschichte der drei letzten Jahrhunderte, nebst Register. 3e bis 1816 fortgesetzte Auflage. *Hannover*, 1817-1818, 6 Bde. in-8.

580. ——— Geschichte des xix^ten Jahrhunderts (pour compléter les deux premières édit. de l'ouvrage précédent). *Hannover*, 1817, in-8.

581. G. G. Bredow, Chronik des xix^ten Jahrhunderts, für die Jahre 1801-1825. *Altona*, 1808-1828, 22 Bde. in-8.

582. ——— Neue Folge, von Dr C. Venturini, für die Jahre 1826-1834. *Leipzig*, 1828-1834, 7 Bde. in-8.

583. K. H. L. Poelitz, Historisches Gemälde der drei letzten Jahrhunderte, bis zum Presburger Frieden. *Leipzig*, 1806-1810, in-8.

584. Jos. Frhrr. v. Hormayer, Allgemeine Geschichte der neuesten Zeit, vom Tode Friedrichs II-des grossen bis zum zweiten Pariser Frieden. *Wien*, 1817-1819, 3 Bde. in-8.

585. A. C. Wedekind, Chronologisches Handbuch der Welt-u. Völkergeschichte (von 1740-1807). *Lüneburg*, 1808-1816, 2 vol. in-8.

Une nouvelle édition, avec une continuation de 1815-1824, a paru à *Luneboury* en 1824.

586. C. A. Menzel, Geschichte unserer Zeit. 3e verbess. Ausg. *Berlin*, 1829, 3 Bde. in-8 (504).

587. C. D. Voss, Das Jahrhundert Napoleon I, nach seinen Hauptmomenten. *Leipzig*, 1811, in-8.

588. F. Ch. A. Hasse, Gestaltung Europens seit dem Ende des Mittelalters bis auf die neueste Zeit nach dem Wiener Congress. *Leipzig*, 1818, in-8.

589. Lucchesini, Historische Entwickelung der Ursachen und Wirkungen des Rheinbundes, aus dem Ital. übersetzt, von B. J. F. v. Halem. *Leipzig*, 1821-1825, 2 Bde. in-8.

590. C. W. Koch, Gemälde der Revolutionen in Europa; aus dem Franz. von Sonder. *Berlin*, 1807, 3 vol. in-8 (551).

591. A. H. L. Heeren, Handbuch der Geschichte des europäischen Staaten-Systems und seiner Colonien. 5e Auflage. *Göttingen*, 1830, 2 Bde. in-8. — Cette dernière édition a été

traduite en anglais. La seconde édition a été traduite, plus ou moins bien, en français, par feus MM. J. Guizot et Vincens-Saint-Laurent. *Paris*, 1820, 2 vol. in-8.

592. Gottl. Wahrmuth, Neueste Zeitgeschichte seit dem Frieden von Luneville (febr. 1801 bis dec. 1804). *Straubing*, 1807-1808, 2 vol. in-8.

593. F. v. Gentz, Authentische Darstellung der Verhältnisse zwischen England und Spanien. *Petersburg*, 1806, in-8.

594. ——— Fragmente aus der neuesten Geschichte des politischen Gleichgewichts in Europa. *Petersburg*, 1806, in-8.

595. Buchholz, Geschichte der europäischen Staaten seit dem Frieden von Wien. *Berlin*, 1828-1829, in-12.

Cet ouvrage forme aussi les 14e et 15e vol. de l'*Almanach historique* de l'auteur, dont il paraît un volume chaque année.

596. Leonh. v. Dresch, Uebersicht der allgemeinen politischen Geschichte, insbesondere Europens. 2e Auflage. *Weimar*, 1824, 3 Thle. in-8.

597. G. Ph. Schuppius, Handbuch der neueren Geschichte. *Hanau*, 1834, 2 Bde. in-8.

IV. *Ouvrages en anglais.*

598. H. Hallam, View of the state of Europe during the middle ages. *London*, 1818, 2 vols. 4to. Also 3 vols. 8vo. — Trad. en allem. par v. Halem. *Leipzig*, 1820, 4 vol. in-8; et en franç., par MM. Dudouit et Borghers. *Paris*, 1820-1822, 4 vol. in-8.

599. Gilb. Burnet, History of his own time, from the restauration of King Charles II. to the conclusion of the treaty of peace at Utrecht in the reign of Queen Anne, published after his death. *London*, 1724-1734, 2 vols. fol. — The best edition is that by Dr Flaxman, with notes, corrections and memoirs of the author. *London*, 1753, 6 vols. 8vo.

600. J. Bigland, Sketch of the history of Europe, from the peace of 1783 to the present time. *London*, 1815, 2 vols. 8vo (567).

HISTOIRE PARTICULIÈRE DES ÉTATS DE L'EUROPE.

(D'après l'ordre alphabétique des États.)

§ 1. ALLEMAGNE.

601. F. Dom. HÄBERLIN, Deutsche Reichsgeschichte. *Halle*, 1767-73, 12 Bde. in-8.

602. ——— Neueste deutsche Reichsgeschichte vom Anfang des schmalkaldischen Kriegs bis auf unsere Zeiten. *Halle* und *Frankf.*, 1774-1804, 28 Bde. in-8.

603. C. G. HEINRICH, Deutsche Reichsgeschichte. *Leipzig*, 1787-1805, 9 Bde. in-8.

604. Mich. Ign. SCHMIDT, Geschichte der Deutschen, fortgesetzt von Jos. MILBILLER und Leonh. v. DRESCH. *Ulm*, 1778-1830. 27 Bde. in-8. — Une partie de cette Histoire des Allemands a été traduite en français par J. Ch. LAVEAUX.

605. K. A. MENZEL, Geschichte der Deutschen. *Breslau*, 1815-1823. 8 Bde. in-4.

606. ——— Neuere Geschichte der Deutschen, von der Reformation bis zur deutschen Bundesacte. *Breslau*, 1826-1833, Ier-V^er^ Bd. in-8.

607. H. LUDEN, Geschichte des deutschen Volks, *Gotha*, 1825-1834, Ier-IX^er^ Bd. in-8. [Cet ouvrage se continue.]

608. Ch. Glo. HEINRICH, Handbuch der deutschen Reichsgeschichte, fortgesetzt bis zum J. 1819, von K. H. L. PÖLITZ. *Leipzig*, 1819, in-8.

609. C. F. PFEFFEL, Abrégé chronologique de l'Histoire et du Droit public (*ancien*) de l'Allemagne. 2e édit. *Manheim*, 1758, in-4, ou *Paris*, 1776, 2 vol. in-4, ou 1777, in-8.

I. *Autriche* (monarchie autrichienne).

610. (*Autriche.*) W. COXE, History of the house of Austria, from the foundation of the monarchy by Rodolph of Habsburgh to the death of Leopold II (1218-1792). *London*, 1807, 3 vol. in-4. — Trad. en franç. par HENRY. *Paris*, 1810,

5 vol. in-8 ; et en allem. par H. C. DIPPOLD et A. WAGNER. *Amsterdam*, 1810, ou *Leipzig*, 1814, 4 vol. in-8.

611. F. GENERSICH, Geschichte der österr. Monarchie, von den ältesten Zeiten bis auf den Frieden von Paris. *Wien*, 1815-1817, 8 Bde. in-8.

612. J. B. SCHELS, Militärisch polit. Geschichte der Länder des österr. Kaiserstaats. *Wien*, 1819-1826, 9 Bde. in-8.

613. (*Hongrie.*) C. W. VON WINDISCH, Kurzgefasste Geschichte der Ungarn, von den ältesten bis auf die jetzigen Zeiten 2te Auflage. *Presb.*, 1784, in-8.

614. Ig. A. FESSLER, Geschichten aus den alten Zeiten der Ungarn. *Breslau*, 1806-1808, 4 Bde. in-8.

615. ——— Geschichte der Ungarn und ihrer Landsassen. *Leipzig*, 1815-1825, 10 Bde. in-8.

616. J. MAIL'ATH, Geschichte der Magyaren. *Wien*, 1828, 5 Bde. in-8.

617. BRENNER (l'abbé), Histoire des révolutions de Hongrie (publiée par MARCHAND.) *La Haye*, 1739, 2 vol. in-4, ou 6 vol. in-12.

618. DE SACY, Histoire générale de Hongrie, depuis la première invasion des Huns. *Paris*, 1778, 2 vol. in-12.

619. (*Bohéme.*) PELZEL, Geschichte von Böhmen, von den ältesten bis auf die jetzigen Zeiten. 4te Ausg. *Prag.*, 1817, 2 Bde. in-8.

620. WOLTMANN, Inbegriff der Geschichte Böhmens. *Prag.*, 1820, 2 Bde. in-8.

621. ANDRÉ (l'abbé) Histoire générale et particulière de la Bohème. *Strasbourg*, 1784, 2 vol. in-8 (inachevée).

II. *Bade.*

622. J. Dan. SCHOEPFLIN, Historia Zaringo-Badensis. *Carlsruhe*, 1763-1766, 7 vol. in-4.

623. Aloys SCHREIBER, Badische Geschichte. *Carlsruhe*, 1817, in-8.

III. *Bavière.*

624. WESTENRIEDER, Geschichte von Bayern. *München*, 1785, 2 Bde. in-8.

625. H. Zschokke, Geschichte des baierischen Volks und seiner Fürsten. *Aarau*, 1821, 4 Bde. in-8.

626. Gemeiner, Geschichte der altbayrischen Länder. *Regensb.*, 1814, in-4.

Une continuation jusqu'en 1825, avec une chronologie de Ratisbonne, a paru en 4 vol. in-4.

627. K. Mannert, Geschichte Bayern 's. Aus den Quellen und andern vorzügl. Hülfsmitteln. *Leipzig*, 1827, 2 Thle. in-8.

Les différens ouvr. hist. dipl. et statist. de Stumpf, sur la Bavière, appartiennent aux productions les plus importantes des temps modernes.

IV. *Brunswick.*

628. (H. A. Koch), Versuch einer pragm. Geschichte des Hauses Braunschweig-Lüneburg. *Braunschweig*, 1764, in-8.

629. C. Venturini, Handbuch der vaterländischen (Braunschweig) Geschichte. *Braunschweig*, 1805-1810, 4 Bde. in-8.

630. (P. H. Mallet), Histoire de la maison de Brunswick. *Genève*, 1767, 2 tomes en 1 vol. in-8.

V. *Hanovre.*

631. L. Th. v. Spittler, Geschichte des Königreichs Hannover. *Göttingen*, 1786, 2 Bde. in-8.

632. A. Hüne, Geschichte des Königreichs Hannover und der Herzogth. Braunschweig, mit Vorrede von A. H. L. Heeren. *Hannover*, 1825-1830, 1r u. 2r Thl., 1 Abth. in-8 (628, 629 et 630).

VI. *Hesse* (électorale, grand-ducale, etc.).

633. H. B. Wenck, Hessische Landesgeschichte. *Darmstadt*, 1793-1803, 3 vol. in-4.

634. C. Rommel, Geschichte von Hessen. *Marburg* und *Cassel*, 1820-1827, 3 Thle. in-8.

635. (P. H. Mallet), Histoire de la maison de Hesse. *Paris* (Copenhague), 1767-1785, 4 vol. in-8.

VII. *Prusse* (monarchie prussienne).

636. D. C. Pauli, Allgemeine preussische Staats-Geschichte. *Halle*, 1760-1769, 8 Bde. in-4.

637. Gallus, Geschichte der Mark Brandenburg. *Züllichau*, 1802-1805, 6 Bde. in-8.

638. J. Voigt, Geschichte Preussens von den ältesten Zeiten bis zum Untergang der Herrschaft des deutschen Ordens. *Königsberg*, 1827-1834, Ier VIer Bd. in-8.

639. (J. C. F. Manso), Geschichte des preussischen Staates, vom Hubertsburger Frieden bis zur zweiten Pariser Abkunft. *Frankfurt*, 1819-1821, 3 Thle. in-8.

640. Frédéric II, Mémoires pour servir à l'histoire de Brandebourg. *Berlin*, 1751, in-4. — Réimprimés plusieurs fois.

641. ——— Histoire de mon temps [tomes I et II de ses OEuvres posthumes (publiées par J. Ch. Laveaux). *Berlin*, 1788, 15 vol., ou *Strasbourg*, 16 vol. in-8.]

642. L. Muller, Tableau des guerres de Frédéric-le-Grand, traduit de l'allemand (par J. Ch. Laveaux). *Potsdam*, 1785, in-8; *Strasbourg*, 1788, in-4.

643. Mirabeau, De la monarchie prussienne sous Frédéric-le-Grand, *Londres* (Paris), 1788, [illegible] vol. in-4, ou 8 vol. in-8, avec un atlas in-fol. — Ouvrage diffus et inexact, dont Mauvillon, major au service de Prusse, avait fourni le fonds, et à la composition duquel J. Ch. Laveaux ne fut pas étranger.

644. J. Ch. Laveaux, Vie de Frédéric II, roi de Prusse. *Strasbourg*, 1788, 7 vol. in-12 ou in-8.

645. L. P. de Ségur, Histoire des principaux événemens du règne de Frédéric-Guillaume II. *Paris*, 1800, 3 vol. in-8. — Réimprimé plusieurs fois depuis, sous le titre de « Décade historique (205 et 563). »

VIII. *Saxe* (royale, grand-ducale, etc.).

646. C. G. Heinrich, Geschichte von Sachsen. 2te Aufl. *Leipzig*, 1810, 2 Bde. in-8.

647. Chr. C. Weise, Geschichte der Chursächsischen Staaten. *Leipzig*, 1802-1811, 7 Bde. in-8.

648. C. H. L. Pölitz, Geschichte, Statistik und Erdbeschreibung des Königreichs Sachsens. *Leipzig*, 1809, 3 Bde. in-8.

649. ——— Die Regierung Friedrich-Augusts, Königs von Sachsen. *Leipzig*, 1830, 2 Thle. in-8.

IX. *Würtemberg.*

650. Sattler, Geschichte von Würtemberg. *Ulm*, 1757-1783, 19 Thle. in-4.

651. L. Th. Spittler, Geschichte Würtembergs, *Göttingen*, 1783, in-8.

§ 2. Danemark.

652. Pet. Fred. Suhm, Critiske Historie af Danmark i den hedenske Tid. *Kiöbenhaven*, 1774-1828, 14 Thle. in-4.

653. Holberg, Geschichte des Königreichs Dänemark (bis 1699). *Leipzig*, 1757, 3 Thle. in-4.

654. Gebhardi, Geschichte des Königreichs Dänemark und Norwegen. *Halle*, 1768, 2 Thle. in-4.

655. P. H. Mallet, Histoire de Danemark (depuis 714 jusqu'à 1699). *Copenhague*, 1758-1777, 3 vol. in-4. — Seconde édition, continuée jusqu'à l'année 1720. *Genève*, 1771-1777, 5 vol. in-8. — Troisième édition, continuée jusqu'à 1773. *Genève*, 1788, 9 vol. in-12.

656. J. P. Guill. Catteau-Calleville, Tableau des États danois, considérés sous le rapport du mécanisme social. *Paris*, 1802, 3 vol. in-8.

657. ——— Tableau de la mer Baltique, considérée sous les rapports physiques, géographiques et commerciaux. *Paris*, 1812, 2 vol. in-8 (372 bis).

§ 3. Espagne.

658. J. de Mariana, Historia general de España; illustrada por J. Saban y Blanco. Nueva edic. *Madrid*, 1817-1822, 20 vol. in-8. — L'édition de 1719 a été traduite en français,

avec des notes, par le P. J. N. CHARENTON (et augmentée d'une dissertation historique sur quelques monnaies anciennes d'Espagne (par MAHUDEL). *Paris*, 1725, 5 vol. in-4.

659. F. HERRERA, Historia general de España. *Madrid*, 1700-1726, 16 vol. in-4.

660. MORVAN DE BELLEGARDE (l'abbé), Histoire d'Espagne, tirée de MARIANA et des autres historiens espagnols. *Paris*, 1723-1726, 9 vol. in-12.

661. J. A. CONDE, Historia de la dominacion de los Arabes en España. *Madrid*, 1820-1821, 3 vol. in-8. — Traduite en français, par MARLÈS. *Paris*, 1825, 3 vol. in-8. Traduite en allemand, par RUTSCHMANN. *Carlsruhe*, 1825, 2 vol. in-8.

662. M. DEPPING, Histoire générale d'Espagne, depuis les temps les plus reculés jusqu'à la fin du XVIIIe siècle. *Paris*, 1811, 2 vol. in-8, et carte.

663. A. ADAM, History of Spain. *London*, 1793, 3 vols. 8vo. — Trad. en franç., par L. C. BRIAND. *Paris*, 1808, 4 vol. in-8.

664. J. BIGLAND, History of Spain, from the earliest period to the close of 1809. *London*, 1810, 2 vols. 8vo. — Trad. en français, et continuée jusqu'à l'année 1814, par le comte Mathieu DUMAS, avec une grande carte et une notice géographique par le colonel BORY DE SAINT-VINCENT. *Paris*, 1823, 3 vol. in-8.

665. (Le président HÉNAULT, LACOMBE et MACQUER), Abrégé chronologique de l'histoire d'Espagne et de Portugal. *Paris*, 1759 ou 1765, 2 vol. in-8.

666. Luigi BOSSI, Storia della Spagna antica e moderna; con carte geografiche e tavole incise in rame. *Milano*, 1821-1822, Tomi 8 in-12.

667. G. L. T. WAGENER, Uebersicht der Geschichte Spaniens. *Hamburg*, 1823, in-8.

668. ASCARGORTA, Précis de l'histoire d'Espagne, depuis les temps les plus reculés jusqu'au commencement de la révolution actuelle. Trad. de l'espagnol, par L. M. G*** (GUÉBHARD, banquier). *Paris*, 1823, 2 vol. in-8, avec carte.

669. W. COXE, Memoirs of the kings of Spain, of the house of Bourbon, from 1700 to 1788. 2d. edit. *London*, 1815.

5 vols. 8vo. — Trad. en franç., avec des notes et des addit., par Andrès Muriel. *Paris*, 1827, 4 vol. in-8.

670. Louville (Ch. Aug. d'Allonville, marquis de), Mémoires secrets sur l'établissement de la maison de Bourbon en Espagne (publiés par le comte Scipion du Roure). *Paris*, 1818, 2 vol. in-8.

671. Beawes, A civil, commercial, political history of Spain and Portugal. *London*, 1793, 2 vols. 8vo.

672. M. Sempéré, Considérations sur les causes de la grandeur et de la décadence de la monarchie espagnole. *Paris*, 1826, 2 vol. in-8.

673. Fessler, Die alten und neuen Spanier. *Berlin*, 1810, 2 vol. in-8.

674. D. Mig. Jos. de Azanza y D. Gonz. O'Farrill, Memoria sobre los hechos que justifican su conducta politica desde marzo de 1808 hasta april 1814. *Paris*, 1815, in-8. — Traduit en français, par Alex. Foudras.

675. J. Escoiquiz, Exposition sincère des raisons et des motifs qui engagèrent S. M. C. le roi Ferdinand VII à faire le voyage de Bayonne, en 1808; traduit en français, par D. J. M. Carnerero. *Toulouse*, 1814, in-8.

676. D. Pedro Cevallos, Exposicion de los hechos y maquinaciones que han preparado la usurpacion, etc. *Madrid*, 1808. — Trad. en français sous ce titre : « Exposé des moyens employés par l'empereur Napoléon pour usurper la couronne d'Espagne; traduit de l'espagnol, par M. Nettement, avec des notes historiques, etc. » *Paris*, 1814, in-8.

677. ———— Confédération des royaumes et provinces d'Espagne contre Bonaparte. *Madrid*, 1808.

678. D. P. Fr. Salazar, Restauracion politica, economica y militar de España. *Madrid*, 1811.

679. Ph. J. Rehfues, Spanien nach eigener Ansicht im Jahre 1808, und nach unbekannten Quellen bis auf die neueste Zeit. *Frankf.*, 1813, 4 vol. in-8. — Traduit en français sous ce titre (par M. Guizot) : « L'Espagne en 1808. Recherches sur l'état de l'administration, des sciences, des lettres, des arts, etc., etc., faites dans un voyage à Madrid en l'année 1808. *Paris*, 1811, 2 vol. in-8.

680. Nellerto (Llorente), Mémoires pour servir à l'histoire de la révolution d'Espagne, avec des pièces justificatives. *Paris*, 1815-1819, 3 vol. in-8.

681. Torreno (le comte), Aperçu historique du changement de gouvernement en Espagne. Trad. de l'esp. en allem. *Dresde*, 1822, in-8.

682. Frhrr. v. Hugel, Spanien und die Revolution. *Leipzig*, 1821.

683. (Sébastien Minano), Histoire de la révolution d'Espagne, de 1820 à 1823, par un Espagnol, témoin oculaire. *Paris*, 1824, 2 vol. in-8.

684. P. K. v. Schepeler, Geschichte der Revolution Spaniens und Portugals, und besonders des daraus entstandenen Krieges. *Berlin*, 1826-1827, 2 Bde. in-8 (150).

§ 4. France.

685. Le P. G. Daniel, Histoire de France, depuis l'établissement de la monarchie. Nouv. édit. *Paris*, 1755-1766, 17 vol. in-4, avec des plans, des cartes géographiques et des vignettes représentant les médailles, les monnaies, etc. — L'édit. d'*Amsterdam*, 1755-1758, 24 vol. in-12, contient une comparaison de l'Histoire de France de Mézeray avec celle du P. Daniel (par Lombard) et une table générale des matières.

686. ——— Histoire de la milice française et des changemens qui s'y sont faits, depuis l'établissement de la monarchie jusqu'à la fin du règne de Louis-le-Grand. *Paris*, 1721, 2 vol. in-4.

687. F. Eudes de Mézeray. Histoire de France (depuis Pharamond jusqu'à la mort de Louis XIII). *Paris*, 1830, 18 vol. in-8. — Édition assez médiocre, faite aux frais du gouvernement, pour occuper quelques imprimeurs, après les événemens de 1830.

688. ——— Abrégé chronologique de l'histoire de France; nouvelle édition, augmentée (et continuée par Limiers). *Amsterdam*, 1755, 14 vol. in-12. — Bon abrégé, dans lequel on trouve les passages supprimés de la première édition, publiée en 1688, en 3 vol. in-4.

689. Velly, Villaret et Garnier, Histoire de France. *Paris*, 1771-1799, 16 vol. in-4. — Le seizième volume, qui contient la Table générale, a été rédigé par M. Rondonneau.

690. Simonde de Sismondi, Histoire des Français. *Paris*, 1821-1835, 21 vol. in-8. [Cet ouvrage doit être continué.]

691. Anquetil, Histoire de France depuis les Gaulois jusqu'à la mort de Louis XVI; et depuis cette époque jusqu'au traité du 20 novembre 1815, par M. Gallais. Continuée depuis 1815 jusqu'à l'avénement de S. M. Charles X au trône, par M. D***; 3e édit., suivie des tables synchroniques, ou chronologie des princes et des États contemporains sous les périodes de la monarchie française, par M. de V*** (Vaublanc). *Paris*, 1828-1830, 13 vol. in-8. — Le treizième volume est consacré à la table des matières, qui a été rédigée par J. L. J. Brière.

692. L'abbé Millot, Élémens de l'histoire de France, enrichis des recherches de l'abbé Dubos, de l'abbé Mably et de Thouret, sur l'origine des divers peuples conquérans des Gaulois; repris et continués depuis le commencement du règne de Louis XV jusqu'à nos jours, par M. Buret de Longchamps. 12e édit. *Paris*, 1824, 5 vol. in-12.

693. Ségur père et fils (MM. les comtes de), Histoire de France. *Paris*, 1824 et ann. suiv., 20 vol. in-8.

694. Le président Hénault, Nouvel abrégé chronologique de l'histoire de France. Nouv. édit., corrigée, augmentée de notes supplémentaires et d'une notice biographique, par C. A. Walckenaer; suivie d'une nouvelle continuation, depuis Louis XVI jusqu'à 1821 (par M. Auguis). *Paris*, 1821-1822, 6 vol. in-8. — La continuation de Fantin-Desodoards remplit dans cette édition l'intervalle depuis la fin du règne de Louis XIV, où s'arrête le travail du président Hénault, jusqu'à 1789. M. Auguis n'était pas plus capable alors que Fantin-Desodoards de continuer le président Hénault.

Une nouvelle édition, continuée, depuis la mort de Louis XVI jusqu'en 1830, par une société de gens de lettres, revue par M. Michaud (de l'Académie française), se publie en ce moment par livraisons, qui, réunies, ne formeront qu'un gros volume grand in-8 à deux colonnes.

695. M. Bordes, Tableau synoptique de l'histoire de France,

depuis la naissance de Louis XIV jusqu'à la restauration de la monarchie, pour servir de suite à l'Abrégé chronologique du président HÉNAULT. *Paris*, 1819-1821, 3 vol. in-8.

696. PEYRONNET (le comte de), Histoire des Francs. *Paris*, 1835 et ann. suiv., 4 vol. in-8.

697. A. MONTEIL, Histoire des Français des divers états aux cinq derniers siècles. *Paris*, 1827 et ann. suiv., 10 vol. in-8.

698. Aug. THIERRY, Lettres sur l'histoire de France. 5e édit. *Paris*, 1836, in-8.

699. DAVILA, Istoria delle guerre civili di Francia. *Firenze*, 1823, 6 vol. gr. in-8.

700. J. Ch. LACRETELLE, Histoire de France pendant les guerres de la religion. *Paris*, 1822, 4 vol. in-8.

701. OEuvres de Louis XIV, accompagnées d'explications historiques, de notes, etc., par MM. GROUVELLE et GRIMOARD. *Paris*, 1806, 6 vol. in-8.

702. VOLTAIRE, Siècle de Louis XIV et de Louis XV.

703. J. Ch. LACRETELLE, Histoire de France pendant le XVIIIe siècle. 5e édit. *Paris*, 1830, 6 vol. in-8.

704. (L'abbé de MONTGAILLARD), Revue chronologique de l'histoire de France, depuis la première convocation des notables jusqu'au départ des troupes étrangères (1787-1818). *Paris*, 1820, in-8. — Seconde édition, revue et augmentée. 1823, in-8.

705. ———— Histoire de France, depuis la fin du règne de Louis XVI jusqu'à l'année 1825; précédée d'un Discours préliminaire et d'une Introduction historique sur la monarchie française et les causes qui ont amené la révolution. 7e édit. *Paris*, 1834, 9 vol. in-8.

706. (Le comte de MONTGAILLARD, frère du précédent), Histoire de France, pendant les années 1825, 26, 27 et le commencement de 1828, faisant suite à l'Histoire de France de l'abbé MONTGAILLARD. *Paris*, 1829, 2 vol. in-8. — Suite, du 5 janvier 1828 au 9 août 1830 (avec un Discours préliminaire). *Paris*, 1833, 2 vol. En tout, 4 vol. in-8.

707. F. E. TOULONGEON, Histoire de France depuis la révolution de 1789, écrite d'après les mémoires et manuscrits

contemporains, recueillis dans les dépôts civils et militaires. *Paris*, 1808, 3 vol. in-4, ou 7 vol. in-8, avec carte.

708. Ch. Lacretelle, Histoire de la révolution française [jusqu'au 18 et 19 brumaire an VIII], (8 et 9 novembre 1799). *Paris*, 1821-1826, 8 vol. in-8.

709. Le baron Bignon, Histoire de France, depuis le 18 brumaire (nov. 1799) jusqu'à la paix de Tilsitt (juillet 1807). *Paris*, 1829-1830, 6 vol. in-8. — L'ouvrage doit être continué jusqu'à la seconde abdication de Napoléon.

710. A. Thiers, Histoire de la révolution française. 4e édit. *Paris*, 1835, 10 vol. in-8. — Trad. en allem. par Mohl.

711. F. A. Mignet, Histoire de la révolution française, depuis 1789 jusqu'en 1814. 5e édit. *Paris*, 1833, 2 vol. in-8. — Trad. en allem. par A. Wagner.

712. MM. Buchez et Roux, Histoire parlementaire de la révolution française, ou Journal des Assemblées nationales (représentatives) depuis 1789 jusqu'en 1815. *Paris*, 1833 et ann. suiv., 40 vol. in-8.

713. A. C. Thibaudeau, Histoire générale de Napoléon Bonaparte, de sa vie privée et publique, de sa carrière politique et militaire, de son administration et de son gouvernement. *Paris*, 1827 et ann. suiv., 12 vol. in-8.

714. M. de Norvins, Histoire de Napoléon. 5e édit. *Paris*, 1834, 4 vol. in-8, avec figures et cartes.

Il a paru des « Observations de Louis-Bonaparte (M. le comte de Saint-Leu) sur l'Histoire de Napoléon par M. de Norvins. » *Paris*, 1831, br. in-8 de 34 pages.

715. Jomini (le général), Vie politique et militaire de Napoléon. *Paris*, 1827, 4 vol. in-8, avec un atlas.

716. Ch. Lacretelle, Histoire de la France depuis la restauration. *Paris*, 1829 et ann. suiv., 4 vol. in-8.

---

717. Parmi le grand nombre de Mémoires publiés de nos jours sur l'histoire de France, la grande révolution et le règne de Napoléon, nous nous bornerons à citer ou à rappeler les suivans :

a. Collection de mémoires relatifs à l'histoire de France (*première série*), depuis le règne de Philippe-Auguste jusqu'au commencement du XVIIe siècle; publiée par M. PETITOT. *Paris*, 1819-1826, 52 vol. in-8, avec une table générale (375).

*a*². Collection de mémoires relatifs à l'histoire de France (*deuxième série*), depuis l'avénement d'Henri IV jusqu'à la paix de Paris, en 1763; publiée par MM. PETITOT et MONMERQUÉ. *Paris*, 1820-1829, 78 vol. in-8, avec une table générale (375).

b. On vient de commencer une « Nouvelle collection de mémoires pour servir à l'histoire de France, depuis le XIIIe siècle jusqu'à la fin du XVIIIe, précédés de notices pour caractériser chaque auteur des mémoires et son époque, suivis de l'analyse des documens historiques qui s'y rapportent; par MM. MICHAUD et POUJOULAT. » — Cette collection doit former 25 vol. grand in-8 à deux colonnes, qui seront publiés en 50 livraisons.

c. Collection de mémoires relatifs à l'histoire de France, depuis la fondation de la monarchie jusqu'au XVe siècle, par M. GUIZOT. *Paris*, 1823-1830, 31 vol. in-8 (376).

d. Collection des chroniques nationales françaises, du XIIIe au XVIe siècle, par J. A. BUCHON. *Paris*, 1824 et ann. suiv., 47 vol. in-8 (376).

e. Collection de mémoires relatifs à la révolution française, au consulat, à l'empire et à la restauration, avec des notices sur leurs auteurs et des éclaircissemens historiques, par MM. BERVILLE et BARRIÈRE. *Paris*, 1821 et ann. suiv., 50 vol. in-8, ou 66 vol., avec les ouvrages ajoutés plus tard.

f. Mémoires pour servir à l'histoire de France sous le gouvernement de Napoléon Bonaparte, et pendant l'absence de la maison de Bourbon, par J. B. SALGUES. *Paris*, 1814-1826, 9 vol. in-8.

g. Mémoires pour servir à l'histoire de la vie privée, du retour et du règne de Napoléon en 1815; par M. FLEURY DE CHABOULON, nouv. édit. *Paris*, 1820, 4 vol. in-8.

h. Mémoires sur la convention et le directoire, par THIBAUDEAU. *Paris*, 1826, 2 vol. in-8 (715).

i. Mémoires pour servir à l'histoire de France sous Napoléon, écrits à Sainte-Hélène, par les généraux qui ont partagé sa captivité. *Paris*, 1822 et ann. suiv., 8 vol. in-8 (515).

j. Le baron FAIN, Manuscrit de l'an III, contenant les premières transactions de l'Europe avec la république française. *Paris*, 1828, in-8.

*j*². ——————— Manuscrit de 1812. *Paris*, 1827, 2 vol. in-8, avec carte et plan.

*j*³. ——————— Manuscrit de 1813. *Paris*, 1824-1825, 2 vol. in-8, avec cartes et *fac-simile*.

Voyez les « Réclamations du colonel D'ODELEBEN au sujet, 1° de la traduction qu'on a publiée de son ouvrage sur la campagne de 1813 (507); 2° de quelques passages contenus dans l'ouvrage de M. le baron FAIN : Manuscrit de 1813. *Paris*, 1825, in-8.

*j*⁴. ——————— Manuscrit de 1814. *Paris*, 1823, 24 et in-8, avec un *fac-simile*.

k. M. DE NORVINS, Portefeuille de 1813, ou Tableau politique et militaire, renfermant, avec le récit des événemens de cette époque, un choix de la correspondance inédite de l'empereur Napoléon et de celle de plusieurs personnages distingués, soit français, soit étrangers, pendant la première campagne de Saxe, l'armistice de Plesswitz, le congrès de Prague et la seconde campagne de Saxe. *Paris*, 1825, 2 vol. in-8.

l. Mémoires sur l'impératrice Joséphine, ses contemporains, la cour de Navarre et de Malmaison. *Paris*, 1828, 2 vol. in-8.

m. Mémoires sur les cent jours, avec des notes et documens inédits, par Benjamin Constant, nouv. édit. *Paris*, 1829, in-8.

n. Mémoires sur la révolution française, le consulat, l'empire, la restauration et les principaux événemens qui l'ont suivie, par le comte de Montlosier. *Paris*, 1829, 2 vol. in-8.

o. Mémoires de M. de Bourienne, sur Napoléon, le directoire, le consulat, l'empire et la restauration. *Paris*, 1829-30, 10 vol. in-8.

p. Mémorial de Sainte-Hélène, par M. de Las-Cases. Nouv. édit. *Paris*, 1828, 8 vol. in-8.

q. Napoléon en exil, ou l'Écho de Sainte-Hélène, par O'Meara. Traduit de l'anglais (par Mme Collet, et revu par M. de Saint-Aulaire). Nouvelle édition. *Paris*, 1825, 2 vol. in-8.

§ 5. Grande-Bretagne.

718. Reden (le baron de), Tableaux généalogiques et historiques de l'empire Britannique. *Hanovre*, 1832, 2 vol. in-f°.

719. Dav. Hume, History of England, with the continuation by Smollett and Adolphus, and finished by Aikin, etc. New edit. *London*, 1825, 20 vols. 8vo. — Traduite en français (par l'abbé Prévost et Mme Belot, pour Hume; Targe, pour Smollett; par MM. Desprès, Campenon et Mennechet, pour Adolphus, Aikin, etc.). Nouvelle édition, revue, corrigée et précédée d'un essai sur la vie et les écrits de Hume, par M. Campenon; terminée par une table (générale) des matières, rédigée par M. Quesné. *Paris*, 1824-1827, 21 vol. in-8.

Il a été publié une traduction nouvelle (revue par M. Langlois) de l'Histoire d'Angleterre, depuis l'invasion des Romains jusqu'à l'avénement de Georges IV, d'après Hume, Goldsmith et W. Jones. *Paris*, 1830 et ann. suiv., 18 vol. in-8.

720. Ol. Goldsmith, History of England, with a continuation of his history to the treaty of Amiens, by Ch. Coote. *London*, 1815, 4 vols. 8vo. — Trad. en franç. par Mme Alex. Aragon, avec une notice sur la vie et les ouvrages de Goldsmith, par M. Alb. Montémont. *Paris*, 1825, 6 vol. in-8.

721. R. Henry, History of Great-Britain. *Edinburgh*, 1771-

1785, 5 vols. 4to. — Traduite en français par M. Boulard (pour les 3 premiers volumes), et Cantwel (pour les 3 derniers). *Paris*, 1789-1796, 6 vol. in-4, avec fig.

722. Rapin-Thoyras, Histoire d'Angleterre, avec la continuation de D. Durand et Dupard. Nouv. édit. revue par de Saint-Marc, augmentée des notes de Tindal, de l'abrégé des actes publics d'Angl. de Th. Rymer (227), et des mémoires pour les vingt premières années du règne de Georges II. *La Haye*, 1749, 16 vol. in-4.

723. John Lingard, History of England, from the first invasion by the Romans. 4th edit. *Paris*, 1826-1830, 14 vols. 8vo. — Le même ouvrage, traduit de l'anglais sur la seconde édition, par le chevalier de Roujoux (pour les 12 premiers volumes), et M. Amédée Pichot (pour les 2 derniers). *Paris*, 1825-1831, 14 vol. in-8.

724. Ch. Coote, History of England, from the earliest dawn of record to the peace of 1783. *London*, 1791-1798, 9 vols. 8vo.

725. ———— History of England, from 1783-1802. *London*, 1803, 8vo.

726. ———— History of the union of the kingdoms of Great-Britain and Ireland. *London*, 1802, 8vo (746).

727. John Bigland, History of England, from the earliest period to the close of the war in 1814. *London*, 1815, 2 vols. 8vo.

728. Sharon Turner, The history of England, from the earliest period (1066) to the death of Elizabeth (1609). *London*, 1824, 12 vols. 8vo.

729. (Edw. Hyde, Earl of Clarendon), History of rebellion and civil wars in England, begun in the year 1641. *Oxford*, 1731-1732. — La dern. édit. est de 1807, 6 vol. in-8 (432).

730. ———— An Account of his own Life, from his birth to the Restoration in 1660, and a continuation of the same, and of his History of the Grand Rebellion, from the restoration to his banishment in 1667. Written by himself. *Oxford*, 1759, fol. Also in 3 vols. 8vo.

731. Gilb. Burnet, History of his own time, from the restoration of King Charles II. to the conclusion of the treaty of

peace at Utrecht, in the reign of Queen Anne, published after his death. *London*, 1753, 6 vols 8vo (599).

732. Macpherson, History of Great-Britain, from the restoration to the accession of the house of Hanover. *London*, 1775, 2 vols. 4to.

733. Adolphus, History of England from the accession of George III. to the peace of 1780. *London*, 1802-1805, 3 vols. 8vo. (719).

734. J. Aikin, Annales du règne de Georges III, roi d'Angleterre; traduites par M. Eyriès, et continuées par M. Thérémin. *Paris*, 1820, 3 vol. in-8.

735. M. Sauquaire-Souligné, Trois règnes de l'histoire d'Angleterre, précédés d'un précis sur la monarchie, depuis la conquête, et suivis d'un tableau abrégé de la constitution et de l'administration anglaises. *Paris*, 1819, 2 vol. in-8.

736. Armand Carrel, Histoire de la contre-révolution en Angleterre sous Charles II et Jacques II. *Paris*, 1827, in-8.

Voyez (132) la « Collection de mémoires relatifs à la révolution d'Angleterre, traduite de l'anglais, et accompagnée de notices et d'éclaircissemens historiques, par M. Guizot. »

737. James Mackintosh, History of the revolution in England, in 1688. *Paris*, 1834, 2 vols. 8vo. — Il en a été publié une traduction par A. J. B. Defauconpret, qui fait partie d'une « Histoire générale des iles Britanniques, par sir Walter Scott, sir James Mackintosh et Th. Moore, » que publie le même traducteur. *Paris*, 1832 et ann. suiv., 14 vol. in-8.

738. F. A. J. Mazure, Histoire de la révolution de 1688, en Angleterre. *Paris*, 1825, 3 vol. in-8.

L'auteur a eu le privilège de puiser, aux archives du ministère des affaires étrangères de France, des documens précieux, et dont la révélation répandit un jour nouveau sur cette politique ténébreuse qui fit chanceler le trône de Charles II et renversa celui de son frère.

739. Aug. de Stael-Holstein (le baron), Lettres sur l'Angleterre. Nouv. édit. *Paris*, 1829, in-8.

740. H. Hallam, The constitutional history of England, from the accession of Henry VII. to the death of George II. New. edit. *Paris*, 1827, 4 vols. 8vo. — Le même ouvrage, en français, traduction revue et publiée par M. Guizot. *Paris*, 1828-1829, 5 vol. in-8.

741. (*Écosse.*) W. Robertson, The history of Scotland during the reigns of queen Mary and of king James VI, till his accension to the crown of England. New edit. *London*, 1817, 3 vols. 8vo.—Trad. en franç. par M. Campenon, *Paris*, 1820.

742. Malcolm Laing, History of Scotland. *London*, 1800, 2 vols. 8vo.

743. A. Stuart, History of Scotland. *London*, 1772, 2 vols. 8vo. (1560–1587).

744. (*Irlande.*) Th. Leland, The history of Ireland, from the invasion of Henry II. *London*, 1773, 3 vols. 4to.

745. J. O'Driscol, The history of Ireland. *London*, 1827, 2 vols. 8vo.

746. J. Gordon, History of Ireland, from the earliest accounts to accomplishment of the union with Great-Britain, in 1801. *London*, 1806, 2 vols. 8vo.—Trad. en français par M. de la Montagne. *Paris*, 1808, 3 vol. in-8 (726).

§ 6. Grèce (Royaume de).

747. Joh. W. Zinkeisen, Geschichte Griechenlands, vom Anfange geschichtlicher Kunde bis auf unsere Tage. *Leipzig*, 1832, 1er Th. gr. in-8.

748. C. D. Raffenel, Histoire des Grecs modernes, depuis la prise de Constantinople par Mahomet II jusqu'à nos jours. *Paris*, 1820, 3 vol. in-8, avec une carte.

749. Edw. Blaquières, Histoire de la révolution actuelle de la Grèce, son origine, ses progrès, et détails sur la religion, les mœurs, etc. Traduit de l'anglais par F. Blaquières, *Paris*, 1823, in-8.

750. M. de Pouqueville, Histoire de la régénération de la Grèce, comprenant le précis des événemens arrivés dans la Grèce depuis l'année 1740 jusqu'en 1824. 2e édit. *Paris*, 1825, 4 vol. in-8, avec fig.

751. Ibrahim Manzour-Effendi, Mémoires sur la Grèce et l'Albanie, pendant le gouvernement d'Ali-Pacha; ouvrage pouvant servir de complément à celui de M. de Pouqueville. *Paris*, 1827, in-8 (750).

752. A. Soutzo, Histoire de la révolution grecque. *Paris*, 1829, in-8.

753. Jacovaky Rizo-Neroulos, Histoire moderne de la Grèce, depuis la chute de l'empire d'Orient. *Genève*, 1828, in-8.

754. Max. Raybaud, Mémoires sur la Grèce, pour servir à l'histoire de la guerre de l'indépendance, avec une introduction, ou esquisses des révolutions de la Grèce, depuis l'établissement de la domination romaine jusqu'à la chute du Bas-Empire, un tableau de la nation grecque sous les Turcs, et un précis de l'insurrection de la Valachie et de la Moldavie, par Alph. Rabbe. *Paris*, 1824-1825, 2 vol. in-8, avec plans.

755. Documens relatifs à la Grèce. *Paris*, 1826 et ann. suiv., 9 nos in-8. (Cette publication se continue.)

756. Lettres et documens officiels relatifs aux derniers événemens de la Grèce, qui ont précédé et suivi la mort du comte Capodistrias, publiés par plusieurs membres de l'ancien Comité grec de Paris. *Paris*, 1831, in-8.

Voyez Turquie, § 15.

§ 7. Italie (États italiens).

I. *États d'Italie en général.*

757. L. Ant. Muratori, Annali d'Italia, dal principio dell' era vulgare sino all' anno 1749. *Milano*, 1744-1749, 12 vol. in-4. Nuova ed. *Milano*, 1818-1821, 18 vol. in-8. (Classici italiani.)

758. Coppi, Annali d'Italia, dal 1750 sino al 1819. *Roma*, 1829, 6 vol. in-8.—Cet ouvrage fait suite aux Annales de Muratori (757).

759. L. Bossi, Della Storia antica e moderna d'Italia. *Milano*, 1820-1822, 19 vol. in-8.

760. Guicciardini, Storia d'Italia, con una prefazione di C. Botta. *Parigi*, 1832, 6 vol in-8.

761. C. Botta, Storia d'Italia, continuata da quella di Guicciardini sino al 1789. *Parigi*, 1832, 10 vol in-8 (on 15 vol. in-18.

762. ——— Storia d'Italia, dal 1789 sino al 1814. Nuova

ed. *Paris*, 1832, 4 vol. in-8. (779). — Trad. en français par Th. Licquet, *Paris*, 1824, 5 vol. in-8.

763. Ch. Botta, Histoire des peuples d'Italie. *Paris*, 1825, 3 vol. in-12, ou 1826, avec de nouveaux titres.

764. J. F. Le Bret, Geschichte von Italien. *Halle*, 1778-1787, 9 Thle. in-4.

765. Lefebvre de Saint-Marc, Abrégé chronologique de l'histoire générale de l'Italie, depuis la chute de l'empire d'Occident, c'est-à-dire depuis l'an 476 de l'ère chrétienne. *Paris*, 1761-1770, 6 vol. petit in-8.

766. (Patje), Abrégé historique et politique de l'Italie. *Yverdon*, 1781, 4 vol. in-12.

767. Ch. Denina, Rivoluzioni d'Italia. *Firenze*, 1820, 5 vol. in-8. — La première édition a été traduite en français par l'abbé Jardin. *Paris*, 1771-1775, 8 vol. in-12, et en allemand.

768. ——— Storia della Italia occidentale. *Torino*, 1809-1810, 6 vol. in-8.

769. ——— Tableau historique, statistique et moral de la Haute-Italie et des Alpes qui l'entourent. *Berlin*, 1805, in-8.

770. J. L. C. Simonde de Sismondi, Histoire des républiques italiennes du moyen âge. Nouv. édit., revue et corrigée. *Paris*, 1814-1826, 16 vol. in-8. — Trad. en allem. *Zürich*, 1815-1825, 15 Thle. in-8.

771. ——— Histoire de la renaissance de la liberté en Italie, de ses progrès, de sa décadence et de sa chute. *Paris*, 1832, 2 vol. in-8.

772. ——— Des espérances et des besoins de l'Italie. *Paris*, 1832, broch. in-8.

773. H. Leo, Geschichte der italienischen Staaten. *Hamburg*, 1829-1830, 5 Thle. in-8.

774. Gorani, Mémoires secrets et critiques des cours, des gouvernemens et des mœurs des principaux États d'Italie. *Paris*, 1793, 3 vol. in-8.

775. M. le chevalier Artaud, l'Italie. *Paris*, 1835, in-8, fig. (Cette production fait partie de l'*Univers Pittoresque*.)

776. Auger-Saint-Hippolyte, Essai historique sur la république de San-Marino. *Paris*, 1827, in-8,

II. *Naples et Sicile.*

777. P. Giannone, Storia civile del regno di Napoli. *Italia* (*Firenze*), 1821, 11 vol. in-8.

La première édition a été traduite en français (par Boddeville, de Genève), avec des remarques *La Haye* (Genève), 1742, 4 vol. in-8.

Cette histoire suscita à Giannone une suite de persécutions qui ne cessèrent qu'à sa mort.

Les passages les plus saillans contre la cour de Rome ont été publiés séparément (par Jacq. Vernet), sous le titre d' « Anecdotes ecclésiastiques, contenant la police et la discipline de l'Église chrétienne, depuis son établissement jusqu'au XIe siècle; les intrigues des évêques de Rome, et leurs usurpations sur le temporel des souverains. Tirées de l'Histoire du royaume de Naples de Giannone, brûlée à Rome en 1726. » *Amsterdam* (Sic), 1753, in-8.

778. d'Égly (Monthenault), Histoire des rois des Deux-Siciles de la maison de France. *Paris*, 1741, 4 vol. in-12.

779. De la Sicile, et de ses rapports avec l'Angleterre à l'époque de la constitution de 1812, ou Mémoires historiques sur les principaux événemens de ce temps, avec la réfutation de l'Histoire d'Italie, par M. Botta, pour les parties qui ont rapport à ces événemens; suivi d'un appendice de pièces justificatives, par un membre des différens parlemens de Sicile. *Paris*, 1827, in-8 (762).

780. Franceschetti (le général), Mémoires sur les événemens qui ont précédé la mort de Joachim Ier, roi des Deux-Siciles, suivis de la correspondance privée de ce général avec la reine, comtesse de Lipano. *Paris*, 1826, in-8.

781. Colletta (général napolitain), Cinq jours de l'histoire de Naples. *Paris*, 1820, brochure in-8.

782. ——— Histoire des six derniers mois de la vie de Joachim Murat; traduite de l'italien par L. Gallois. *Paris*, 1821, in-12.

783. Sur la catastrophe de l'ex-roi de Naples, Joachim Murat; trad. de l'italien par le même. *Paris*, 1823, in-8.

784. L. Gallois, Histoire de Joachim Murat. *Paris*, 1828, in-8.

785. (Le comte D....), Précis historique sur les révolutions de Naples et de Piémont, en 1820-1821; suivi de documens,

avec une carte pour servir à l'intelligence des opérations militaires. *Paris,* 1821, brochure in-8.

786. Pépé (le général), Relation des événemens politiques et militaires qui ont eu lieu à Naples en 1820 et 1821. *Paris*, 1822, in-8. — La même Relation a été publiée en italien, en anglais et en allemand.

III. *Rome* (États romains).

787. Alletz, Histoire abrégée des papes, depuis saint Pierre jusqu'à Clément XIV. *Paris*, 1776, 2 vol. in-12.

788. Vertot, Origine de la grandeur de la cour de Rome, etc. *La Haye*, 1737; *Lausanne*, 1745-1753; *Paris*, 1753, in-12. (Voyez le dernier alinéa de la note du n° 777.)

789. Sabbathier, Essai historique-critique sur l'origine de la puissance temporelle des papes. Ouvrage qui a remporté le prix de l'Académie royale de Prusse. *Châlons-sur-Marne*, 1765, in-8.

790. (M. Daunou), Essai historique sur la puissance temporelle des papes. 3ᵉ édit., corrigée et augmentée. *Paris* (*de l'imprim. impér.*), 1811, 2 vol. in-8. — Il y a des éditions subséquentes, mais elles sont bien moins voulues que celle-ci, qui a été presque détruite en totalité.

791. Llorente, Portraits politiques des papes, considérés comme princes temporels et comme chefs de l'Église, depuis l'établissement du St.-Siége à Rome jusqu'en 1822. *Paris*, 1822, 2 vol. in-8.

792. M. Villemain, Histoire de la Vie et du Pontificat de Grégoire VII. *Paris*, 1836, 2 vol. in-8.

793. Roscoe, The life and pontificate of Leo X. *London*, 1805, 4 vols. 4to. Also 6 vols. 8vo. — Trad. en franç. par Henry. 2ᵉ édit. *Paris*, 1816, 4 vol. in-8.

794. (J. F. Bourgoing), Mémoires historiques sur Pie VI et son pontificat, jusqu'à sa retraite en Toscane. *Paris*, an VII (1799), 2 vol. in-8. — Il en a été fait une seconde édition en 1800, mais elle est moins recherchée que la première.

795. Storia del pontificato di Papa Pio VII. *Venezia*, 1815, 2 vol. in-8.

796. M. le chevalier ARTAUD, Histoire du pape Pie VII (et de son pontificat.) *Paris*, 1836, 2 gros vol. in-8 (281).

IV. *Sardaigne, Savoie et Piémont.*

797. D. A. AZUNI, Histoire géographique, politique et naturelle de la Sardaigne. *Paris*, 1802, 2 vol. in-8.

798. D. Jos. MANNO, Storia di Sardegna. *Turino*, 1825, in-8.

799. M. COSTA BEAUREGARD, Mémoires historiques sur la maison royale de Savoie, et sur les pays qui furent soumis à sa domination, depuis le XIe siècle jusqu'en 1796. *Turin*, 1816, 3 vol. in-8.

800. A. DE SALUCES (le comte), Histoire militaire du Piémont. *Turin*, 1818, 5 vol. in-8 (768, 785).

V. *Milan.*

801. Carlo DI ROSMINI, Istoria di Milano. *Milano*, 1820, 4 vol. in-8.

VI. *Toscane.*

802. Lor. PIGNOTTI E GALDUZZI, Storia della Toscana sotto il governo della casa Medici. *Pisa*, 1820, 12 vol. in-12.

803. W. ROSCOE, Life of Lorenzo de Medici. *London*, 1795, 2 vols. 4to. Also 3 vols. 8vo. — Trad. en franç. par F. THUROT. *Paris*, an IV, 2 vol. in-8; en allemand, par K. SPRENGEL. *Berlin*, 1797, in-8; et en italien, avec des augmentations et des notes. *Pisa*, 1816, 6 vol. in-8.

804. B. VARCHI, Histoire des révolutions de Florence sous les Médicis; trad. du toscan, par RÉQUIER. *Paris*, 1765, 3 vol. in-12.

805. MACHIAVELLI, Storia di Firenze.

806. M. le chevalier ARTAUD, Machiavel, son génie et ses erreurs. *Paris*, 1833, 2 vol. gr. in-8.

VII. *Venise.*

807. L'abbé LAUGIER, Histoire de la république de Venise.

1752. —Traduite en allemand, et continuée par J. F. Le Bret. *Leipzig* et *Riga*, 1769, 3 vol. in-4.

808. Daru (le comte), Histoire de la république de Venise. 2e édit. *Paris*, 1822, 8 vol. in-8.

809. (L'abbé Dubos), Histoire de la ligue faite à Cambray, entre Jules II, pape, Maximilien Ier, empereur, Louis XII, roi de France, Ferdinand V, roi d'Aragon, et tous les princes d'Italie, contre la république de Venise. 5e édit. *Paris*, 1785, 2 vol. in-12.

810. Saint-Réal (l'abbé de), Conjuration des Espagnols contre la république de Venise.

811. Mémoires historiques et politiques sur la république de Venise (par Camillo Bern. Gritti, podestat de Vicence, en 1788) rédigés, en 1792, par Léopold Curti, revus et enrichis de notes par lui-même. *Paris*, 1802, 2 vol. in-8.

VIII. *Malte.*

812. L. de Boisgelin, Ancient and modern Malta. *London*, 1804, 3 vols. 4to. — Traduit en français par M. Fortia de Piles. *Paris*, 1805, 3 vol. in-8.

813. L'abbé Vertot, Histoire des chevaliers de Saint-Jean de Jérusalem. *Paris*, 1755, 7 vol. in-12.

814. Christophoro d'Avalos, Tableau historique et politique de Malte et de ses habitans, depuis les temps les plus reculés jusqu'à la réunion de cette île à la Grande-Bretagne. *Londres*, 1816, in-8. 2e édit. *Paris*, 1820, 2 vol. in-8.

815. Bosredon-Ransijat, Journal du siége et blocus de Malte, depuis le 16 fructidor an VI jusqu'au 22 fructidor an VIII. *Paris*, 1801, in-8.

IX. *Corse.*

816. De Pommereuil, Histoire de l'île de Corse. *Berne*, 1779, 2 vol. in-8.

817. A. R. Filippini, Istoria di Corsica. 2a edit. *Pisa*, 1827, in-8.

818. Germanès (l'abbé), Histoire des révolutions de l'île de Corse. *Paris*, 1771-1776, 3 vol. in-12.

819. J. F. Simonot, Lettres sur la Corse; ouvrage destiné à faire connaître la véritable situation de ce pays, et à rectifier les idées de ceux qui le jugent. D'après les Mémoires de Realier-Dumas. *Paris*, 1831, in-8.

820. Beaumont (le baron de), Observations sur la Corse. 2e édit. *Paris*, 1824, in-8.

X. *Iles Ioniennes.*

821. Bory de Saint-Vincent (le colonel), Histoire et description des îles Ioniennes, depuis les temps fabuleux et héroïques jusqu'à ce jour. *Paris*, 1823, 1 vol. in-8, avec un atlas in-4.

§ 8. Norvége.

822. J. P. G. Catteau-Calleville, Histoire des révolutions de Norvége. *Paris*, 1818, 2 vol. in-8.

Voyez Danemark, § 2, et Suède, § 13.

§ 9. Pays-Bas (méridionaux et septentrionaux).

823. J. Wagenaar, Vaderlandsche historie. *Amsterd.*, 1749-1760, 21 deel. in-8.

824. Vervolg van Wagenaar's Vaderlandsche historie. *Amsterd.*, 1795-1805, 8 vol. in-8.

825. And. Kluit, Historie der hollandsche staatsregering tot 1795. *Amsterdam*, 1802-1813, 5 deel. in-8 (246).

826. (Dujardin et Selius), Histoire générale des Provinces-Unies. *Paris*, 1757-1770, 8 vol. in-4.

827. L. G. F. Kerroux, Abrégé de l'histoire de la Hollande et des Provinces-Unies, depuis les temps les plus anciens jusqu'à nos jours. *Leyde*, 1778, 2 vol. in-4, ou 4 vol. in-8.

828. A. M. Cérisier, Tableau de l'histoire générale des Provinces-Unies. *Utrecht*, 1777-1784, 10 vol. in-12. — Trad. en hollandais (par P. Paulus et autres). *Amsterdam*, 1787, 10 vol. in-8.

829. Dewez, Histoire générale de la Belgique, 2e édit. *Bruxelles*, 1826-28, 7 vol. in-8. — L'auteur en a publié un « Abrégé » en 1 vol. in-8.

830. Le P. Ch. Wastelain, Description de la Gaule-Belgique selon les III âges de l'histoire, l'ancien, le moyen et le moderne. *Lille*, 1761, in-4, avec des cartes de géographie et de généalogie.

831. A. J. Panckoucke, Abrégé chronologique de l'histoire de Flandre, depuis Baudouin Ier jusqu'à Charles II, roi d'Espagne. *Dunkerque*, 1762, in-8.

832. P. C. Hooft, Nederland. Historien, van 1555-1585. *Leyd.* en *Utrecht*, 1703, 2 dn. in-fol.

833. Hugues Grotius, Annales et histoire des troubles des Pays-Bas. *Amsterdam*, 1662, in-fol.

834. L. J. J. van der Vynckt, Histoire des troubles des Pays-Bas (sous Philippe II), avec un discours préliminaire et des notes par F. B. D. R. (Frédéric, baron de Reiffenberg). *Bruxelles*, 1822, 3 vol. in-8.

M. Tarte cadet, avocat à Bruxelles, en publia, dans le même temps, une autre édition en 2 vol. in-8.

Cette histoire ayant été écrite, par ordre de l'impératrice Marie-Thérèse, pour l'instruction des archiducs et des hommes d'État appelés au gouvernement des Pays-Bas autrichiens, n'avait d'abord été imprimée qu'à cinq exemplaires (1 vol. in-4 de 912 pages, sans table). En 1774, le professeur Schloezer en publia une traduction à Göttingue sous ce titre : « Geschichte der Vereinigten Niederlande, etc., » 3 vol. in-8, qui furent réimprimés à Zurich, en 1793, en 3 vol. in-12.

835. Fr. v. Schiller, Histoire du soulèvement des Pays-Bas contre la domination espagnole; trad. de l'allemand par J. J. de Cloet. *Bruxelles*, 1821, in-8. — Nous croyons inutile de citer les autres traductions françaises de cet ouvrage.

La *France Littéraire*, de M. Quérard, a annoncé une traduction de l'« Histoire des guerres de la révolution des Pays-Bas, de Ch. Kurz, » par M. de Cloet, pour servir de complément à l'ouvrage de Schiller.

Les ouvrages de Strada et du cardinal Bentivoglio sur le même sujet méritent encore d'être consultés, de même que les historiens de Charles-Quint et de Philippe II.

836. J. Basnage, Annales des Provinces-Unies, contenant les choses les plus remarquables arrivées en Europe, et dans les autres parties du monde, depuis les négociations pour la paix de Munster jusqu'à la paix de Bréda (1646-1678). *La Haye*, 1719-1726, 2 vol. in-fol.

837. J. Le Clerq, Histoire des Provinces-Unies des Pays-Bas, depuis la naissance de la République jusqu'à la paix d'Utrecht, avec les principales médailles et leur explication. *Amsterdam*, 1728, 3 vol. in-fol.

838. (Le comte de Neny), Mémoires historiques et politiques des Pays-Bas autrichiens. *Bruxelles*, 1784, 2 vol. in-8.

839. (Le prince Ch. Fr. de Waldeck), Mémoires sur les campagnes des Pays-Bas en 1745-1747; publiés par A. H. L. Heeren. *Gottingen*, 1803, in-8.

840. J. H. Mandrillon, Mémoires pour servir à l'histoire de la révolution des Provinces-Unies en 1787. *Paris*, 1791, in-8.

On attribue au même auteur l'ouvrage intitulé : « Révolution des Provinces-Unies sous l'étendard des divers stadouders, suivie des anecdotes modernes, ou Tableau historique, topographique et politique des Provinces-Unies, de leur commerce et possessions d'outre-mer; les causes des crises que cet État éprouve, etc. » *Nimègue*, 1788, 3 vol. in-8 (265).

841. Louis Bonaparte (ex-roi de Hollande), Documens historiques et réflexions sur le gouvernement de la Hollande. *Paris*, 1820, 3 vol. in-8 (282).

842. G. W. Chad, A narrative of the late revolution in Holland. *London*, 1814, in-8.

843. Keverberg (le baron de), Du royaume des Pays-Bas sous le rapport de son origine, de son développement et de sa crise actuelle, suivi de pièces justificatives. *La Haye*, 1834, 3 part. gr. in-8 (238).

M. le baron de Mortemart-Boisse en a publié une esquisse dans la livraison de novembre 1835 de *la France littéraire*, qui a ensuite été imprimée à part sous ce titre : « Le royaume des Pays-Bas, depuis sa création jusqu'à sa séparation des provinces belges. *Paris*, 1836, brochure in-8.

844. G. K. grave van Hogendorp, Bydragen tot de Staatshuishoudkunde van het Koningryk der Nederlanden, verzameld ten dienste der Staaten-Generaal. *'s Gravenhage* en *Amsterdam*, 1817 (et ann. suiv.), 10 deel. in-8 (314).

845. Fr. H. Ungewitter, Geschichte der Niederland, von dem Zeitpunkte ihrer Entstehung an bis auf d. neuste Zeit; u. ausführl. Schilderung der Belgischen Revolution von ihrem

Ausbruche bis zum Ende d. Jahres 1831. *Leipzig*, 1832, 2 Abtheil. gr. in-8, mit e. chronolog. Tabelle.

846. E. H. Münch, Geschichte des Hauses Nassau-Oranien. *Leipzig*, 1831-1833, 3 Bde. gr. in-8.

847. M. Groen van Prinsterer, Archives ou Correspondance inédite de la maison d'Orange-Nassau. Recueil publié avec autorisation de S. M. le roi des Pays-Bas. *Leyde*, 1835-1836, 3 vol. in-8. — D'autres volumes ne tarderont pas à paraître.

Ces Archives se publient par séries; chaque série doit se composer d'un certain nombre de volumes, et se vendre séparément.

848. D. Hr. Leo, Zwölf Bücher niderländischer Geschichten. *Halle*, 1832, 1 Th. gr. in-8.

§ 10. Pologne.

849. Solignac (le chevalier de), Histoire générale de Pologne. *Amsterdam* (Paris), 1751, 6 vol. in-12.

850. (P. Massuet), Histoire des rois de Pologne et du gouvernement de ce royaume, où l'on trouve un détail très-circonstancié de tout ce qui s'est passé de plus remarquable sous le règne de Frédéric-Auguste, et pendant les deux derniers interrègnes. *Amsterdam*, 1733, 5 vol. in-8.

851. (Ant. G. Contant-d'Orville), Les Fastes de la Pologne et de la Russie. *Paris*, 1769, 2 vol. in-8 (895).

852. M. de Salvandy, Histoire de la Pologne avant et sous Jean Sobiesky. 2e édit. *Paris*, 1830, 3 vol. in-8.

853. M. Zielinski, Histoire de la Pologne. *Paris*, 1830, 2 vol. in-8.

854. (F. Monier), Histoire de Pologne depuis son origine jusqu'en 1795, époque du partage définitif de ce royaume entre la Russie, la Prusse et l'Autriche. *Paris*, 1807, 2 vol. in-8.

855. Mémoires sur la dernière révolution de Pologne, où l'on justifie le retour du roi Auguste. *Rotterdam*, 1770, in-8.

856. Rulhière, Histoire de l'anarchie de la Pologne et du démembrement de cette république, suivie des Anecdotes sur la révolution de Russie en 1762 (précédée d'une notice sur Rulhière par M. Daunou). *Paris*, 1807, 4 volumes in-8.

Nouvelle édition. *Paris*, 1819 (dans les OEuvres de l'auteur).

857. (Le comte FERRAND), Histoire des trois démembremens de la Pologne, pour faire suite à l' « Histoire de l'anarchie de Pologne, par RULHIÈRE. » *Paris*, 1820, 3 vol. in-8.

858. MALTE-BRUN, Tableau historique et physique de la Pologne ancienne et moderne, pour servir de complément à l' « Histoire de Pologne de RULHIÈRE. » *Paris*, 1807, in-8.

859. (Le général GRIMOARD), Lettres particulières du baron DE VIOMÉNIL sur les affaires de la Pologne en 1771 et 1772, précédées d'une notice historique sur les principaux agens français, notamment Dumouriez, et de souvenirs contenant des faits inconnus, tant sur ce général que sur le démembrement de la Pologne en 1772. *Paris*, 1808, in-8.

860. (LINDSEY), Les droits des trois puissances alliées sur plusieurs provinces de la république de Pologne, avec une préface de l'éditeur (trad. de l'anglais par GÉRARD). *Londres* (France), 1774, 2 vol. in-8.

861. (Le général ZAIACZECK), Histoire de la révolution de Pologne en 1794. *Paris*, an V (1797), in-8.

862. KOLLATAY, Observations sur un ouvrage intitulé: « Essai sur le droit de succession au trône de Pologne. » *Varsovie*, 1791, petit in-8.

863. Mich. OGINSKY, Mémoires sur la Pologne et les Polonais, depuis 1788 jusqu'à la fin de 1815 (publiés par M. Léon CHODZKO). *Paris*, 1826-1827, 4 vol. in-8.

864. (Le quartier-maître général DE PISTOR), Mémoires sur la révolution de la Pologne, trouvés à Berlin (avec un avertissement attribué par les uns à M. André D'ARBELLES, et par d'autres à M. LESUR). *Paris*, 1806, in-8 (276).

865. KOMARZEWSKI, Coup d'œil rapide sur les causes réelles de la décadence de la Pologne. *Paris*, 1807, in-8.

866. Mémoires et actes relatifs aux négociations qui ont précédé le partage de la Pologne. *Weimar*, 1810, in-8 (276).

867. Quelques observations sur la dernière révolution de Pologne. *Berlin*, 1831, br. in-8.

868. Mémoires officiels de la Pologne, ou Précis des négociations entre le maréchal PASKEWITSCH et le commandant en

chef de l'armée polonaise, après l'évacuation de Varsovie. *Leipzig*, 1832, in-8 (276).

869. F. A. v. WITZLEBEN, Die Geschichte Polens. *Leipzig*, 1831, in-8.

§ 11. PORTUGAL.

870. DE LA CLÈDE, Histoire générale du Portugal. *Paris*, 1735, 8 vol. in-12, ou 2 vol. in-4. — Traduit en portugais avec des notes. *Lisbonne*, 1797, 16 vol. in-8. — Il en a été publié une nouv. édit. en français, très-augmentée, sous ce titre :

871. ——— Histoire générale de Portugal, depuis l'origine des Lusitaniens jusqu'à la régence de Don Miguel ; par M. le marquis DE FORTÍA D'URBAN et M. MIELLE. *Paris*, 1828 et ann. suiv., 10 vol. in-8, avec portraits et cartes (665).

872. G. C. GEBAUER, Geschichte von Portugal. *Leipzig*, 1759, in-4 (684).

873. J. P. RIBEIRO, Dissertações chronologicas e criticas sobre a historia e jurisprudencia ecclesiastica e civil de Portugal. *Lisboa*, 1810-1819, 4 vol. in-4.

874. DAMIAÕ ANTONIO, Historia de Portugal. *Lisboa*, 1798 (et ann. suiv.), 20 vol. in-8.

875. VERTOT (l'abbé de), Histoire des révolutions de Portugal.

876. (Le chevalier DÉSOTEUX), L'administration de Sébastien-Joseph de CARVALHO et MÉLO, comte d'OEYRAS, marquis de POMBAL, secrétaire-d'État, et premier ministre du roi de Portugal JOSEPH Ier. *Amsterdam* (Paris), 1788, 4 vol. in-8.

877. JOS. A. DAS NEVES, Historia geral da invasaõ dos Francezes em Portugal e da restauraçaõ do reino. *Lisboa*, 1810-1811, 5 vol. in-8.

878. An historical view of the revolutions of Portugal, since the close of the peninsular war, by an eye-witness. *London*, 1827, in-8.

879. (FERRIAR), Lettres sur le gouvernement, les mœurs et les usages en Portugal, écrites par Arthur Will. COSTIGNAN à son frère, trad. de l'angl. (par BOURSIER). *Paris*, 1811, in-8.

880. Historia de Portugal, composta em inglez pôr huma so-

ciedade de litteratos, transladada em vulgar com as addições da versão franceza, e notas do traductor portuguez, Moraes Silva. *Lisboa*, 1828, 5 tom. en 4 vol. pet. in-8 (165-171, 250).

881. Adrien Balbi, Essai statistique sur le royaume de Portugal et d'Algarve, comparé aux autres États de l'Europe. *Paris*, 1822, in-8 (671).

§ 12. Russie.

882. N. G. Le Clerc, Histoire physique, morale, civile et politique de la Russie ancienne et moderne. *Paris*, 1783-1785, 6 vol. in-4, et atlas in-fol.

883. A. L. v. Schlözer, Handbuch d. Geschichte d. Kaiserthums Russland, vom Anfang d. Staats bis z. Tode Katharina II. *Göttingen*, 1802, in-8.

884. Ch. Lévesque, Histoire de Russie et des principales nations de l'Europe. 4e édition, continuée jusqu'à la mort de Paul Ier, et publiée avec des notes par Malte-Brun et Depping. *Paris*, 1812, 8 vol. in-8, avec un atlas de 60 planches.

885. L'abbé Périn, Abrégé de l'histoire de Russie depuis son origine jusqu'à nos jours, précédé d'une notice politique et géographique. *Paris*, 1804, 2 vol. in-12.

886. J. P. G. v. Ewers, Geschichte der Russen. Versuch e. Handbuchs. *Dorpat*, 1816, 1r Thl. in-8.

887. Wichmann, Chronologische Uebersicht der neuern Geschichte von Russland, von 1762-1820. *Leipzig*, 1821, 2 Bde. in-4.

888. Tooke, Histoire de l'empire de Russie sous le règne de Catherine II et à la fin du xviiie siècle; traduit de l'anglais sur la deuxième édit. par M. S. (revue par Le Clerc fils). *Paris*, 1801, 6 vol. in-8.

889. Karamsin, Histoire de l'empire de Russie; trad. du russe par MM. St.-Thomas, Jauffret et de Divoff. *Paris*, 1819-1826, 11 vol. in-8. — Trad. en allem. par Hauschild.

890. Voltaire, Histoire de l'empire de Russie sous Pierre-le-Grand.

891. Rulhière, Histoire ou anecdotes de la révolution de

Russie en 1762. *Paris*, 1797, in-8. — Réimprimées dans ses OEuvres. *Paris*, 1819, 6 vol. in-8.

892. P. N. CHANTREAU, Voyage philosophique, politique et littéraire fait en Russie, pendant les années 1788 et 1789; traduit du hollandais avec une augmentation considérable. *Paris*, 1794, 2 vol. in-8. — Traduction supposée.

893. (Ch. Fr. Philib. MASSON), Mémoires secrets sur la Russie, et particulièrement sur la fin du règne de Catherine II et le commencement de celui de Paul Ier, formant un tableau des mœurs de St.-Pétersbourg à la fin du XVIIIe siècle. *Amsterdam* (Paris), 1800-1802, 4 vol. in-8. Nouv. édit. *Paris*, 1804.

« L'année la plus remarquable de ma vie, d'Aug. DE KOTZEBUE, » trad. de l'allem. (par G. DE PROPRIAC et J. B. DUBOIS), est suivie d'une réfutation des « Mémoires secrets, qui a été réfutée elle-même par les « Lettres servant de réponse à KOTZEBUE et de supplément aux Mémoires secrets (par MASSON). » *Bâle*, 1802, in-8. La Réfutation et les Lettres ont été réimprimées dans l'édit. de 1804, qui est suivie d'un *mot* à l'auteur de l'« Examen de trois ouvrages sur la Russie (894), » dont la 1re édit. parut en 1802, 1 vol. in-12.

894. FORTIA DE PILES (le comte de), Examen de trois ouvrages sur la Russie, savoir : le Voyage de CHANTREAU; la Révolution de 1762, de RULHIÈRE, et les Mémoires secrets, de MASSON. — Seconde édition, augmentée d'un coup d'œil sur l'empire de Russie, depuis Pierre-le-Grand jusqu'à la fin de 1817. *Paris*, 1818, in-8.

895. (Ant. Guill. CONTANT D'ORVILLE), Les Fastes de la Pologne et de la Russie, contenant l'histoire de ces deux empires depuis leur établissement. *Paris*, 1769, 2 vol. in-8.

896. B. BERGMANN, Peter der Grosse, als Mensch und Regent. *Riga*, 1823-1826, 3 Thle. in-8.

897. SÉGUR (le général comte Ph. de), Histoire de Russie et de Pierre-le-Grand. *Paris*, 1829, in-8.

898. H. STORCH, Historisch-statistisches Gemälde des russischen Reichs, am Ende des XVIIIten Jahrhunderts. *Leipzig*, 1797-1803, 9 Thle. in-8. — Les deux premiers volumes ont été traduits en français. *Bâle*, 1801-1802, in-8 (253).

899. ——— Russland unter Alexander I.; eine historische Zeitschrift. *Leipzig*, 1809-1811, 27 Lieferungen in-8, mit Kupfern.

900. (C. L. Lesur), De la politique et des progrès de la puissance russe, depuis son origine jusqu'au commencement du XIXe siècle. *Paris*, 1807. — Seconde édition. *Paris* (*de l'imprimerie impériale*), 1812, in-8 (950).

901. C. Venturini, Russlands und Deutschlands Befreiungskriege von der französischen Herrschaft unter Napoleon Bonaparte, in den Jahren 1812-1815. *Leipzig*, 1816-1819, 4 Bde. in-8.

902. Castelnau (le marquis Gabr. de), Essai sur l'histoire ancienne et moderne de la nouvelle Russie. *Paris*, 1820, 3 vol. in-8, avec cartes, vues, plans, etc.

903. (Fischer), Recherches historiques sur les principales nations établies en Sibirie (Sibérie) et dans les pays adjacens, lors de la conquête des Russes; trad. du russe par M. Stollenwerck. *Paris*, (1799), in-8.

904. Alex. de Weydemeyer, Tableaux historiques, chronologiques, géographiques et statistiques de l'empire de Russie, avec une carte généalogique. *Pétersbourg*, 1828, 16 tableaux sur grand papier.

905. Documens pour servir à l'histoire des relations diplomatiques de la Russie avec les puissances occidentales de l'Europe, depuis la paix générale de 1814 jusqu'au congrès de Vienne en 1822; publiés par ordre du ministère des affaires étrangères. *Pétersbourg*, 1823-1825, 2 vol. in-8 (172, 252).

906. Conspiration de Russie. Rapport de la commission d'enquête de St.-Pétersbourg à S. M. l'Empereur. *Paris*, 1826, in-8.

907. La Russie pendant les guerres de l'empire (1805-1815). Souvenirs historiques de M. A. Domergue, l'un des quarante exilés par le comte Rostopchin, recueillis et publiés par M. Tiran, et précédés d'une introduction par M. Capefigue. *Paris*, 1835, 2 vol. in-8, avec carte.

908. Valentini (le lieutenant-général prussien baron de), Traité sur la guerre contre les Turcs. (Nouv. édit.) Trad. de l'allem. par L. Blesson. *Berlin* et *Paris*, 1830, in-8, avec cartes et plans.

L'auteur embrasse l'histoire et les causes politiques de toutes les guerres contre les Turcs, depuis le prince Eugène de Savoie jusqu'à nos jours, mais particulièrement celles des Russes, de 1809 à 1829 (947).

§ 13. Suède.

909. E. G. Geijer, Geschichte v. Schweden. Aus d. Schw. (von J. G. Bt. Engelhardt.) *Sulzbach*, 1826, 1r Thle. in-8.

910. F. Rühs, Geschichte von Schweden. *Halle*, 1808-1813, 4 Thle. in-8.

911. Vertot (l'abbé de), Histoire des révolutions de Suède.

912. J. W. v. Archenholz, Geschichte Gustav Wasa's, Königs von Schweden. *Tübingen*, 1801, 2 Bde. in-8.

913. Rancco, Gustav Adolf, König von Schweden, historisches Gemälde. *Leipzig*, 1824, in-8.

914. J. P. G. Catteau-Calleville, Histoire de Christine, reine de Suède, avec un Précis historique de la Suède depuis les anciens temps jusqu'à la mort de Gustave-Adolphe-le-Grand. *Paris*, 1815, 2 vol. in-8.

915. Voltaire, Histoire de Charles XII.

916. G. Norberg, Histoire de Charles XII; trad. du suédois (par Warmholtz). *La Haye*, 1748, 4 vol. in-4.

917. Geschichte der schwedischen Revolution bis zur Ankunft des Prinzen von Ponte-Corvo. *Kiel*, 1811, in-8.

918. Ch. Fr. Sheridan, Histoire de la dernière révolution de Suède; trad. de l'angl. (par Bruysset aîné). *Londres*, 1783, in-8.

919. Posselt, Geschichte Königs Gustav III. von Schweden. *Carlsruhe*, 1792, in-8. — Trad. en franç. par J. L. Manget. *Genève*, 1807, in-8.

920. C. J. E. H. d'Aguila, Histoire des événemens mémorables du règne de Gustave III. *Paris*, 1807 ou 1815, 2 vol. in-8.

921. J. Brown, Les cours du Nord, ou mémoires originaux sur les souverains de la Suède et du Danemark, depuis 1766; traduits de l'anglais par J. Cohen, augmentés de l'histoire de la révolution de Suède de 1772, et de la déposition de Gustave IV (Adolphe). *Paris*, 1819, 3 vol. in-8, avec fig.

922. Coupé de Saint-Donat et B. de Roquefort, Mémoires pour servir à l'histoire de Charles XIV (Jean), roi de Suède et de Norvége. *Paris*, 1820, 2 vol. in-8 (285).

923. J. P. G. Catteau-Calleville, Tableau général de la Suède. *Lausanne*, 1789, ou *Strasbourg*, 1790, 2 vol. in-8.

924. J. P. G. Catteau-Calleville, Histoire des révolutions de Norvége, suivie d'un tableau de l'état actuel de ce pays et de ses rapports avec la Suède. *Paris*, 1818, 2 vol. in-8 (657).

§ 14. Suisse.

925. A. L. de Watteville, Histoire de la confédération helvétique. *Berne*, 1757, 2 vol. in-8.

926. Em. May de Rainmotier, Histoire militaire de la Suisse, et celle des Suisses dans les différens services de l'Europe; composée et rédigée sur des ouvrages et pièces authentiques. *Lausanne*, 1788, 4 tomes en 8 vol. in-8. [*V.* aussi la note qui fait suite au n° 260.]

927. H. P. Mallet, Histoire des Suisses ou Helvétiens. *Genève*, 1803. 4 vol. in-8, avec carte.

928. Jos. Planta, History of the Helvetic confederacy. *London*, 1800, 3 vols. 8vo.

929. J. V. Müller, Glutz-Blozheim u. J. J. Hottinger, Geschichten Schweizerischer Eidgenossenschaft. *Leipzig* u. *Zurich*, 1826—1829, 7 Bde. in-8. — Il en est annoncé une traduction continuée jusqu'à nos jours, par MM. Monnard et Vulliemin, qui paraîtra en même temps à Genève et à Paris, en 16 vol. in-8.

930. H. Zschokke, Histoire de la nation suisse; traduite de l'allemand par le professeur Monnard, avec les changemens faits par l'auteur, depuis la publication de l'ouvrage original. *Arau*, 1836, in-12.

931. ——— Histoire de la révolution suisse et de la destruction des petits cantons; traduite de l'allemand (par Ad. Pictet). *Genève*, 1831, in-8.

La même traduction a aussi été publiée sous ce titre : « Histoire de la lutte et de la destruction des républiques démocratiques de Schwytz, Uri et Unterwalden. *Genève*, 1823, in-8. »

932. ——— Historische Denkwürdigkeiten der helvetischen Staatsumwälzung. *Winterthur*, 1803-1805, 3 Bde. in-8.

933. Raoul-Rochette, Histoire de la révolution helvétique de 1797-1803. *Paris*, 1823, in-8.

934. J. C. Vögelin, Geschichte der schweizerischen Eidgenossenschaft. *Zürich*, 1821-1825, 3 Thle. in-8.

I. *Principauté de Neuchâtel et Vallengin.*

935. (Le baron DE CHAMBRIER D'OLEIRES), Notices préliminaires sur des recherches historiques relatives à l'État de Neuchâtel et Vallengin. (*Parme*, Bodoni), 1789, grand in-8.

Ces Notices remarquables sont aussi supérieurement écrites qu'admirablement imprimées. Elles n'ont été tirées qu'à petit nombre, c'est assez dire qu'elles sont rares.

§ 15. TURQUIE.

936. DE LA CROIX, Abrégé chronologique de l'histoire ottomane. *Paris*, 1768, 2 vol. petit in-8. — Trad. en allem. avec des notes et des augmentations, par J. C. F. SCHULZ. *Leipzig*, 1769-1772, 3 vol. in-8.

937. M. SALABERRY, Histoire de l'empire ottoman depuis sa fondation jusqu'à la paix d'Yassi en 1792. *Paris*, 1813, 4 vol. in-8.

938. A. L. F. ALIX, Précis de l'histoire de l'empire ottoman depuis son origine jusqu'à nos jours, avec une introduction. *Paris*, 1823, 3 vol. in-8.

939. UPHAM, History of the Ottoman Empire, from its establishment to the year 1828. *Edinburgh*, 1829, 2 vols. 18mo.

940. J. v. HAMMER, Geschichte des Osmanischen Reiches, grösstentheils aus bisher noch unbekannten Handschriften und Archiven. *Pesth*, 1827, u. folg. Jahre, 10 Bde. in-8, mit 9 Karten.—2e verbessert Ausg. *Ibid.*, 1834-1835, in 4 Bänden. —Traduite en français par J. HELLERT. *Paris*, 1834 et ann. suiv., 20 vol. in-8, avec un atlas in-fol.

941. D'OHSSON (Mouradja) et M. le baron d'OHSSON (fils), Tableau général de l'empire ottoman. *Paris*, 1787, 1790 et 1820, 3 vol. gr. in-fol., avec un grand nombre de magnifiques gravures.

Les deux premiers vol. contiennent le *Code religieux*, le 3e les *Codes civil, politique* et *militaire.*

Le même ouvrage, sans les planches, a été publié en 7 vol. in-8, ornés de 6 portr. et d'un tableau. (*Paris*, 1787-1821.)

942. C. v. MARTENS, Allgemeine Geschichte der Türken-

kriege in Europa, von 1356-1812. *Stutt.*, 1829, 2 Bde. in-8.

943. E. v. Skork, Das Volk und Reich der Osmanen, nach den besten Quellen bearbeitet. *Leipzig*, 1828, in-8.

944. Laugier (l'abbé), Histoire des négociations pour la paix conclue à Belgrade le 18 septembre 1732. *Paris*, 1768, 2 vol. in-12, avec carte (430).

945. Tott (le baron de), Mémoire sur les Turcs et les Tartares. *Paris*, 1785, 2 vol. in-4.

Il faut lire sur ces Mémoires :

Peysonnel, Lettres contenant quelques observations relatives aux Mémoires qui ont paru sous le nom de M. le baron de Tott. *Amsterdam*, (Paris), 1785, br. in-8.

946. A. Juchereau de St.-Denis (colonel d'État-major), Révolutions de Constantinople en 1807 et 1808, précédées d'observations générales sur l'état actuel de l'empire ottoman. *Paris*, 1819, 2 vol. in-8.

947. Valentini (le lieutenant-général prussien baron de), Traité sur la guerre contre les Turcs. (Nouv. édit.) Trad. de l'allem. par L. Blesson. *Berlin* et *Paris*, 1830, in-8, avec cartes et plans. — La 1re édit., publiée en 1822, avait été trad. en franç. par M. Eug. de la Coste. *Paris*, 1825, in-8 (908).

948. M. Urquhart (premier secrétaire de l'ambassade britannique à Constantinople), La Turquie et ses ressources. *Paris*, 1836, 2 vol. in-8, avec carte.

Voyez Grèce, § 6.

I. *Moldavie et Valachie.*

949. (Carra), Histoire de la Moldavie et de la Valachie, avec une dissertation sur l'état actuel de ces deux principautés. *Jassy* (Paris), 1777, in-12. — Nouv. édit. augm. des « Mémoires historiques et géographiques sur la Valachie, publiés par M. de B*** (Bauer). *Neuchatel*, 1781, in-8. — Ces mémoires avaient d'abord paru séparément à *Francfort*, 1778, in-8.

950. W. Wilkinson, Tableau historique, géographique de la Moldavie ; trad. de l'angl. par M. (Dezos de La Roquette).

2ᵉ édit., à laquelle on a joint les principaux traités entre la Russie et la Porte ottomane, etc., etc., *Paris*, 1824, in-8.

951. Marc-Phil. Zalloni, Essai sur les Fanariotes, où l'on voit les causes primitives de leur élévation aux hospodariats de la Valachie et de la Moldavie, leur mode d'administration et les causes principales de leur chute, suivi de quelques réflexions sur l'état actuel de la Grèce. *Marseille*, 1824, in-8 (754).

HISTOIRE PARTICULIÈRE DES ÉTATS HORS DE L'EUROPE.

§ 1. Asie.

952. J. M. Tacoigne, Lettres sur la Perse et la Turquie d'Asie. *Paris*, 1818, 2 vol. in-8.

953. J. Klaproth, Tableau historique de l'Asie, depuis la monarchie de Cyrus jusqu'à nos jours. *Paris*, 1824, 1 vol. in-4, avec un atlas in-fol.

954. le P. de Moyria de Maillac, Histoire générale de la Chine, ou Annales de cet empire, traduite du Toung-Kian Kang-mou. *Paris*, 1777-1783, 12 vol. in-4.

Cette grande histoire a été publiée par l'abbé Grosier, Leroux, Deshauterayes et Colson. On y ajoute comme 13ᵉ vol. l'ouvrage suivant publié pour la première fois en 1786, in-4 :

955. Grosier (l'abbé J. G. A.), De la Chine, ou Description générale de cet empire, rédigée d'après les Mémoires de la mission de Pékin; ouvrage qui contient : 1° la description topographique des quinze provinces qui composent cet empire; celle de la Tartarie, des îles et des États tributaires qui en dépendent; le nombre de villes, etc.; 2° l'exposé de toutes les connaissances acquises et parvenues jusqu'à présent en Europe sur le gouvernement, la religion, les lois, les mœurs, les sciences et les arts des Chinois. 3ᵉ édit., revue et considérablement augm. *Paris*, 1818-1820, 7 vol. in-8, avec cartes.

956. E. Dow, History of Hindostan, from the earliest account of time to the death of Akbar, etc.; translated from the Persian F. Ferishta; with dissertations concerning the Hindoos, etc. *London*, .812, 3 vols. 8vo, plates.

957. Mark WILK, Historical Sketches of the South of India, in an attempt to trace the history of Mysore, from the origin of the Hindoo government of that state to the extinction of the mohamedan dynasty, in 1799. *London*, 1810-1817, 3 vols. 4to, map.

958. LACROIX DE MARLÈS, Histoire générale de l'Inde ancienne et moderne, depuis l'an 2000 avant J.-C. jusqu'à nos jours. *Paris*, 1828, 6 vol. in-8, avec cartes.

959. Sir John MALCOLM, Memoirs of central India, including Malwa and adjoining provinces; with an original Map, Tables of Revenue, Population, etc., etc. Third ed. *London*, 1832, 2 vols. 8vo.

960. ——— Political History of India, from the year 1784 to 1823. *London*, 1826, 2 vols. 8vo.

961. G. Th. RAYNAL, Histoire philosophique et politique des établissemens et du commerce des Européens dans les deux Indes. Nouv. édit. corrigée et augmentée d'après les Mss. de l'auteur, précédée d'une notice biographique et de considérations sur les écrits de RAYNAL, par J. A. JAY; et termin. par un vol. supplém. contenant la situation actuelle des colonies, par PEUCHET. *Paris*, 1821, 12 vol. in-8, et atlas in-4.

962. H. T. PRINSEP, Origine et progrès de la puissance des Sikhs dans le Penjab, et histoire du maha-radja Randjit-Singh, d'après le Ms. du cap. W. MURRAY; trad. de l'angl. par X. RAYMOND. *Paris*, 1836, in-8, avec carte.

963. D'OHSSON (le baron), Histoire des Mongols, depuis Tchinguiz-Khan jusqu'à Timour-Lanc. *La Haye*, 1834-1835, 4 vol. in-8, avec une carte de l'Asie au XIIIe siècle.

964. Sir John MALCOLM, History of Persia, from the most early period to the present time. *London*, 1829, 2 vols. 8vo.— La première éd., publiée en 1815, a été traduite en français par M. BENOIST et continuée jusqu'à 1820 par M. LENGLÈS. — L'éd. de 1829 a été traduite en all. par G. W. BECKER. *Leipzig*, 1830, 2 vol. in-8.

965. J. P. FALLMERAYER, Geschichte des Kaiserthums zu Trapezunt. *München*, 1827, in-4.

966. Description géographique, historique et commerciale

de Java et des autres îles de l'archipel Indien, par MM. RAFFLES et JOHN; trad. de l'angl. par MARCHAL. *Bruxelles*, 1824, in-4, fig.

967. CRAWFURD, History of the Indian Archipelago. *Edinburgh*, 1820, 3 vols. 8vo, with Maps and Plates.

On peut aussi consulter avec fruit *the Asiatic Journal*, and *the Monthly Register* for British and Foreign India, China, and Australasia (the old and new Series), and *the* (asiatic) *Annual Register*, or a View of the History of Hindustan, and of the politics, commerce and literature of Asia, from 1799 to 1810-11 inclusive. *London*, 1800, etc., 13 vols. 8vo. (Il en paraît une continuation à *Calcutta*.)

La Société Asiatique de Paris publie un journal mensuel à l'instar de celle de Londres.

§ 2. AFRIQUE.

968. John LEYDEN, Historical Account of Discoveries and Travels in Africa, from the earliest ages to the present time, enlarged and edited by Hugh MURRAY. *Edinburgh*, 1818, 2 vols. 8vo.

Cet ouvrage a été traduit en français sous ce titre : « Histoire complète des voyages et découvertes en Afrique, depuis les siècles les plus reculés jusqu'à nos jours; accompagnée d'un Précis géographique sur ce continent et les îles qui l'environnent; de Notices sur l'état physique, moral et politique des divers peuples qui l'habitent, et d'un tableau de son histoire naturelle; traduite de l'anglais, et augmentée de toutes les découvertes faites jusqu'à ce jour. Par M. C. S. du S. de F. (A. CUVILLIER, secrétaire du sceau de France). *Paris*, 1821, 4 vol. in-8, avec un atlas in-4. »

969. CARDONNE, Histoire de l'Afrique et de l'Espagne sous la domination des Arabes. *Paris*, 1765, 3 vol. in-12.

970. DE CHÉNIER (père), Recherches historiques sur les mœurs et histoire de l'empire de Maroc. *Paris*, 1787, 3 vol. in-8.

971. L'Afrique Hollandaise, ou Tableau historique et politique de l'état originaire de la colonie du Cap de Bonne-Espérance, comparé avec l'état actuel de cette colonie. *Hollande*, 1783, in-8.

972. PEUCHET, Histoire philosophique et politique des établissemens et du commerce des Européens dans l'Afrique; ouvrage posthume de G. T. RAYNAL, augm. d'un aperçu de l'état actuel de ces établissemens et des colonies formées dans les diverses parties du continent africain. *Paris*, 1823, 2 vol. in-8, avec une carte.

I. *Égypte.*

973. James Wilson, History of Egypt. *London*, 1805, 3 vols. 8vo.

974. J. J. Joly, L'Égypte sous Méhémed-Ali, ou Aperçu rapide de l'administration civile et militaire de ce pacha, publiée sur les Mss. de M. P. P. Thedenat Duvent. *Paris*, 1812, in-8.

975. Félix Mengin, Histoire de l'Égypte sous le gouvernement de Mohammed-Ali, ou récit des événemens politiques et militaires qui ont eu lieu depuis le départ des Français jusqu'en 1823; ouvrage enrichi de notes (par MM. Langlès et Jomard), et précédé d'une introduction historique par Agoub. *Paris*, 1823, 2 vol. in-8, avec atlas.

976. A. Sakakini, De l'Égypte et de l'intervention européenne dans les affaires d'Orient. *Paris*, 1833, br. in-8.

977. Ed. de Cadalvène, Histoire de la guerre de Méhémet-Ali contre la Porte Ottomane, en Syrie et en Asie-Mineure (1831-1832), ouvrage accompagné de pièces justificatives, de notes et de documens officiels, et enrichi de cartes et plans. *Paris*, 1836, in-8.

978. Ed. de Cadalvène et J. de Breuvery, L'Égypte et la Turquie, de 1819 à 1836; ouvrage orné de cartes et de planches. *Paris*, 1836, 4 vol. in-8.

Les tomes 1 et 2 contiennent l'*Égypte* et la *Nubie*, le tome 3e la *Syrie* et la *Palestine*, et le tome 4e l'*Asie-Mineure* et *Constantinople*.

Voyez Turquie, § 15.

II. *Alger.*

979. Aperçu historique, statistique et topographique sur l'État d'Alger, à l'usage de l'armée expéditionnaire d'Afrique, avec cartes, plans, vues et costumes; rédigé au dépôt général de la guerre, 2e édit. *Paris*, 1830, in-12 (et un atlas in-4 oblong).

980. Berthezène (le général), Dix-huit mois à Alger, ou récit des événemens qui s'y sont passés depuis le 14 juin 1830, jour du débarquement de l'armée française, jusqu'à la fin de décembre 1831. *Montpellier*, 1834, in-8.

981. Pichon (le baron), Alger sous la domination française; son état présent et son avenir. *Paris*, 1833, in-8.

982. Colonisation de la régence d'Alger, Documens officiels déposés sur le bureau de la chambre des députés: 1° Rapport sur la colonisation; 2° Extrait des rapports sur l'occupation militaire, les travaux publics, l'organisation judiciaire, les douanes, les domaines, les impôts, la marine, l'administration; 3° Rapport de la grande commission d'Afrique; 4° Discours de M. de la Pinsonnière à la chambre des députés, le 29 avril 1834. *Paris*, 1834, in-8, avec une carte de l'État d'Alger.

983. P. Genty de Bussy (ex-intendant-civil de la Régence), De l'établissement des Français dans la régence d'Alger et des moyens d'en assurer la prospérité, suivi d'un grand nombre de pièces justificatives. *Paris*, 1835, 2 vol. in-8.

984. E. Pellissier, Annales algériennes. *Paris*, 1836, 2 vol. in-8. — Il doit en paraître un volume par an.

Le premier des deux volumes publiés comprend les administrations des généraux Bourmont, Clauzel et Berthezène; le deuxième, celle des généraux Rovigo, Voirol et d'Erlon.

§ 3. Amérique.

985. M. J. A. Buchon, Atlas chronologique, historique, statistique et géographique des deux Amériques et des îles adjacentes, d'après le plan de celui de Lesage (le comte de Las-Cases), publié à *Philadelphie*, en 1822; trad. en franç. *Paris*, 1825, in-fol.

986. Robertson, History of America. *London*, 1822, 4 vols. 8vo. — Trad. en franç. par Suard et Morellet. 4ᵉ édit. publiée par M. de la Roquette. *Paris*, 1828, 4 vol. in-8.

987. Abr. Holmes, American annals, or a chronological History of America, from its discovery, in 1492, to 1806. 2d edit. *London*, 1813, 2 vols. 8vo.

988. L. Kufahl, Die Geschichte der vereinigten Staaten von Nordamerika. *Berlin*, 1832, 2 Bde. gr. in-8.

989. Dav. Ramsay, History of the American revolution. *London*, 1791, 2 vols. 8vo.

990. J. Graham, History of the rise and progress of the United-States of North-America, till the British revolution, in 1788. *London*, 1827.

991. C. Botta, Storia della guerra dell' independenza degli Stati Uniti d'America. *Milano*, 1819, 4 vol. in-8. — Trad. en franç. (d'après la 1re édit.) par M. de Sévelinges. *Paris*, 1812-1813, 4 vol. in-8, avec cartes et plans.

992. Brackenridge, Histoire de la guerre entre les États-Unis d'Amérique et l'Angleterre, pendant les années 1812-1815; trad. de l'angl. par M. Dalmas; 2e édit. *Paris*, 1822, 2 vol. in-8.

993. B. Edward, History of the British colonies in the West-Indies. *London*, 1793, 3 vols. 4to.

994. Thom. Southey, Chronological History of the West-Indies. *London*, 1827, 3 vols. 8vo.

995. Alph. de Beauchamp, Histoire de la conquête et des révolutions du Pérou. *Paris*, 1808, 2 vol. in-8.

996. ——— Histoire du Brésil, depuis sa découverte jusqu'à nos jours. *Paris*, 1815, 3 vol., avec cartes.

997. Alex. Humboldt (le baron), Essai politique sur l'île de Cuba, avec une carte et un supplément qui renferme des considérations sur la population, la richesse territoriale et le commerce de l'Archipel, des Antilles et de Colombia. *Paris*, 1826, 2 vol. in-8.

Cet Essai est extrait de la relation historique du voyage de MM. de Humboldt et Bonpland aux régions équinoxiales. (*Paris*, 1814 et ann. suiv., 4 vol. in-4.)

998. ——— Essai politique sur le royaume de la Nouvelle-Espagne, ouvrage présentant des recherches sur la géographie du Mexique, sur l'étendue de sa surface et sa division politique en intendances, sur l'aspect physique du sol, sur la population actuelle (de 1799-1804), l'état de l'agriculture, de l'industrie manufacturière et du commerce; sur les canaux qui pourraient réunir la mer des Antilles au Grand Océan, sur les revenus de la couronne, la quantité de métaux qui a reflué du Mexique en Europe et en Asie depuis la découverte de la Nouvelle-Espagne. *Paris*, 1811, 2 vol. in-4, ou 5 vol. in-8, avec un atlas in-fol.

Il a été publié une deuxième édition, en 1826, de ce second Essai qui forme la 3e partie du Voyage précité.

999. Bulloch, Le Mexique en 1823, ou Relation d'un voyage dans la Nouvelle-Espagne, contenant des notes exactes et peu connues sur la situation physique, morale et politique de ce pays; trad. de l'angl. *Paris*, 1824, 2 vol. in-8, avec un atlas de 22 planches.

1000. Ing. Nuñez, Esquisses historiques, politiques et statistiques de Buénos-Ayres, des autres Provinces-Unies du Rio de la Plata et de la république de Bolivia, avec un appendice sur l'usurpation de Monte-Video par les gouvernemens portugais et brésilien, et sur la guerre qui l'a suivie. Trad. de l'espagnol, avec des notes et des additions par M. Varaigne. *Paris*, 1826, in-8.

1001. C. N. Röding, Süd-Amerikanischer Freiheitskampf. *Hamburg*, 1830, in-8.

1002. ——— Amerika im Jahr 1830. *Hamburg*, 1832, 2 Bde, gr. in-8.

1003. A. Dalmas, Histoire de la révolution de St-Domingue, depuis le commencement des troubles jusqu'à la prise de Jérémie et du Môle-Saint-Nicolas par les Anglais. *Paris*, 1815, 2 vol. in-8.

1004. L. E. Moreau de Saint-Méry, Description topographique, physique, civile et politique de St-Domingue. *Philadelphie*, 1797-1798, 2 vol. in-4.

1005. James Barskett, Placide Justin, Histoire politique et statistique de l'île d'Haïti (Saint-Domingue), écrite sur des documens officiels et des notes communiquées. *Paris*, 1826, in-8.

1006. Lacroix (le général Pamphile de), Mémoires pour servir à l'histoire de la révolution de Saint-Domingue; avec une carte nouvelle de l'île et un plan topographique de la Crête-à-Pierrot. *Paris*, 1829, 2 vol. in-8.

1007. Eug. Edm. Boyer-Peyreleau, Les Antilles françaises, principalement la Guadeloupe, depuis leur découverte jusqu'en 1823. *Paris*, 1823, 3 vol. in-8.

SECTION SEIZIÈME.

CHRONOLOGIE ET GÉNÉALOGIE.

§ 1. CHRONOLOGIE TECHNIQUE ET HISTORIQUE.

1008. S. Fréd. SCHOELL, Élémens de chronologie historique. *Paris*, 1812, 2 vol. in-18 (665).

1009. LENGLET DU FRESNOY, Tablettes chronologiques de l'histoire universelle, sacrée et profane, ecclésiastique et civile, depuis la création du monde. Nouv. édit., revue, corrigée et augmentée jusqu'à l'an 1775 (par l'abbé LE MASCRIER et J.-L. BARBEAU DE LA BRUYÈRE.) *Paris*, 1777-1778, 2 vol. pet. in-8.

1010. J. PICOT, Tablettes chronologiques de l'histoire universelle. Ouvrage rédigé d'après celui de l'abbé LENGLET DU FRESNOY. *Genève* et *Paris*, 1808, 3 vol. in-8.

1011. G. G. BREDOW, Handbuch der alten Geschichte, Geographie und Chronologie. 5te, von J. G. KUNISCH besorgte Ausgabe. *Altona*, 1825, in-8.

1012. A. C. WEDEKIND, Chronologisches Handbuch der Welt-und Völkergeschichte. *Lüneburg*, 1824, 2 Thle. in-8.

1013. John BLAIR, The Chronology and History of the world, from the Creation to the year of Christ 1814. Illustrated in 69 Tables. *London*, in-fol (994).

N. P. CHANTREAU a publié en 1795 une traduction d'une édit. précédente des Tables de BLAIR, en 1 vol. in-4.

1014. L'Art de vérifier les dates, par les religieux Bénédictins de la congrégation de St-Maur, et continué par une société de savans et d'hommes de lettres. *Paris*, 1818-1829, 35 vol. in-8, ou 9 vol. in-4, ou in-fol.

Les savans Bénédictins avaient, dans trois éditions successives, amélioré leur travail au point d'en faire une véritable histoire universelle. Leurs manuscrits et les matériaux qu'ils avaient préparés pour une quatrième édition ont été mis à profit, et l'ensemble de leur ouvrage a été sensiblement perfectionné, et continué jusqu'à nos jours par les nouveaux éditeurs, qui l'ont divisé en trois parties distinctes, savoir :

a. L'art de vérifier les dates, avant l'ère chrétienne, imprimé sur le manuscrit de Dom CLÉMENT, *Paris*, 1819, 5 vol. in-8, ou 1 vol. in-4, ou in-fol.

b. L'art de vérifier les dates, depuis la naissance de Jésus-Christ jusqu'à l'année 1770. 3ᵉ édit., par M. VITON DE SAINT-ALLAIS. *Paris*, 1818 et ann. suiv., 18 vol. in-8, ou 5 vol. in-4, ou in-fol.

c. L'art de vérifier les dates, depuis 1770 jusqu'à nos jours, par le Chr DE COURCELLES. *Paris*, 1821-1829, 12 vol. in-8, ou 3 vol. in-4, ou in-fol.

1015. BURET DE LONGCHAMPS, Les Fastes universels. *Paris*, 1821, 1 vol. gr. in-fol. oblong (535).

1016. L. IDELER, Handbuch der Chronologie. *Berlin*, 1825-1826, 2 Bde. in-8.

1017. M. MANGOLD, Handbuch der Chronologie. *München*, 1829, 1 Bde. in-8.

1018. J. J. LITTROW, Kalendariographie. *Wien*, 1828, in-8.

1019. Chronologische Reihenfolge der römischen Päbste, von Petrus bis Gregorius XVI, aus dem röm. Staatskalender ins Deutsche übersetzt, und mit geschichtlichen Zusätzen vermehrt. 4te Aufl. *Würzburg*, 1830, in-8 (609).

1020. N. P. CHANTREAU, Science de l'Histoire. *Paris*, 1806, 3 vol. gr. in-4 (528).

1021. E. L. POSSELT, Chronologisches Register über die französische Revolution; vermehrt und fortgesetzt von K. JOCHMUS. *Tübingen*, 1808-1820, 3 Thle in-8 (704).

1022. (VITON DE SAINT-ALLAIS), La France législative, ministérielle, judiciaire et administrative, sous les quatre dynasties, contenant la chronologie historique, etc., etc. (de tous les grands dignitaires, de tous les magistrats, de tous les grands fonctionnaires, etc., depuis leur institution jusqu'à 1813). *Paris*, 1813, 4 vol. in-18 (688, 694).

§ 2. GÉNÉALOGIE.

1023. (C. G. KOCH), Tables généalogiques des maisons souveraines (de l'Occident et du Midi) de l'Europe. *Strasbourg*, 1782, gr. in-4.

1024. ———— Tables généalogiques des maisons souveraines (du Nord et de l'Est) de l'Europe, ouvrage posthume publié par S. Fréd. SCHOELL. *Paris*, 1814 et ann. suiv., in-4.

Le 3e et le 4e volume du Tableau des révolutions de l'Europe, depuis le bouleversement de l'Empire romain en Occident, du même auteur, renferment 154 tables généalogiques abrégées des maisons souveraines de l'Europe (551).

1025. Le P. Anselme de Sainte-Marie, Histoire généalogique et chronologique de la maison royale de France, des pairs, etc. (continuée par H. Caille du Fourny). 3e édit. *Paris*, 1726-1733, 9 vol. in-fol.

1026. Aubert de la Chenaye des Bois, Dictionnaire de la noblesse, contenant les généalogies, etc., des familles nobles de France, etc. *Paris*, 1770-1786, 15 vol. in-4.

Les tomes 13, 14 et 15 ont été publiés par Badier.

1027. Courcelles (le chevalier de), Nobiliaire universel de France, ou recueil général des généalogies historiques de maisons nobles de ce royaume, etc., faisant suite au Dictionnaire de la noblesse de France. *Paris*, 1820-1821, 2 vol. in-8.

1028. ——— Histoire généalogique et héraldique des pairs de France, des grands dignitaires de la couronne, des principales familles nobles du royaume, et des maisons princières de l'Europe, précédée de la généalogie de la maison de France. *Paris*, 1822—1828, 9 vol. in-4.

1029. Collins's Peerage of England, Genealogical, Biographical and Historical, greatly augmented, and continued to the present time, by Sir Samuel Egerton Brydges. *London*, 1812, 9 vols. 8vo.

1030. John Debrett, Peerage of England, Scotland and Ireland, 7th edit. *London*, 1809, 2 vols. 18mo.

1031. ——— New Baronetage of England, *London*, 1808, 2 vols. 18mo.

1032. Will. Dugdale, The Baronage of England; or an Historical Account of the Lives and Actions of the English Nobility in the Saxons' time to the Norman Conquest; and from thence to those who had their rise before the end of King Henry III.'s reign. *London*, 1675, 2 vols. fol.

1033. Reden (le Baron de), Tableaux généalogiques et historiques de l'empire britannique. *Hanovre*, 1832, 2 vol. in-fol. (718).

1034. Hi. Henninges, Theatrum genealogicum. *Magdebourg*, 1598, 7 Thle in-4, odin. 5 Bden.

1035. G. Lohmeyer, Histor. Stammtafeln der kais. kön. und fürstlichen Geschlechte, welche in den europ. Ländern regiert haben. 3te verm. Ausg. durch J. W. IMHOFF. *Frankf.* u. *Leipzig.*, 1701, in-fol.

1036. HARTARD v. u. zu HARTSTEIN, Die Hoheit d. deutschen Reichs-Adels. *Bamb.*, 1754, 3 Thle. in-fol., mit Supplm. u Kpf.

1037. G. A. v. BREITENBAUCH, Europäische Regententafel *Leipzig*, 1785, in-fol. fortgesetzt von SCHÖNEMANN. 1791.

1038. L. Alb. GEBHARDI, Genealog.-Geschichte d. erblichen Reichsstände in Deutschland. *Halle*, 1777-1785, 3 Bde. in-4.

1039. J. HÜBNER, Genealogische Tabellen, zur Erläuterung der polit. Historie und vom Ursprung der Geschlechter bis auf gegenwärtige Zeit, fortgesetzt von G. F. KREBEL. *Leipzig*, 1737-1766. in-fol. nebst d. dazu gehör. Frangen in 4 Thle. in-12.

Il a paru des Tables supplémentaires de l'ouvrage d'HÜBNER, publiées par la reine MARIE-SOPHIE-FRÉDÉRIQUE DE DANEMARK, sous le titre de

1040. Supplement-Tafeln zu J. HÜBNER's genealog. Tabellen. *Kopenhagen*, 1822-1824. 6 Liefer. in-fol.

1041. G. FR. KREBEL, Europäisches genealogisches Handbuch vom 1752-1792. (Vergl. Gli. SCHUMANN u. Ch. Fr. JACOBI.) *Leipzig*, gr. in-8.

1042. Genealog.-und Staats-Handbuch (depuis l'année 1742-1805). *Frankf.*, 1811, in-8.

1043. (J. L. KLÜBER), Neues genealogisches Staats-Handbuch. *Stuttgart*, 1827, in-8. (Continuation du précédent.)

1044. Allgemeines genealogisches und Staatshandbuch (herausgegeben von 1738-1804. 64 Jahrg.). *Frankfurt*, in-8. (Ce manuel est connu sous le nom de *Varrentrappe*).

1045. G. HASSEL, Allgemeines europ. Staats-und Adress-Handbuch. *Weimar*, 1816-1818, 2 Bde in-8.

1046. Traug. Goth. VOIGTEL, Genealog. Tabellen zur Erläuterung der europäischen Staatengeschichte. *Halle*, 1811-1829, 2 Thle. in-fol. (oblong).

1047. G. HASSEL (F. W. BENIKEN u. J. C. SCHMIDT), Almanach geneal.-histor.-statistischer. *Weimar*, 1836. [Il en paraît un vol. in-18 par an, depuis 1824.]

SECTION DIX-SEPTIÈME.

GÉOGRAPHIE ET STATISTIQUE.

I. GÉOGRAPHIE ET STATISTIQUE UNIVERSELLES.

Tous les gouvernemens, dit M. Gräberg de Hemsö (1071), ont senti l'importance de la statistique et en ont fait l'objet d'un soin particulier et constant; mais pour que les travaux de ceux qui s'occupent de cette science atteignent le degré d'utilité dont ils sont susceptibles, il faut que ces travaux soient attentivement réunis, vérifiés et comparés par l'autorité publique.

Cette vérité a été si bien reconnue en France que le gouvernement n'hésita point à donner à la Statistique un caractère officiel et à fixer sur elle l'attention générale.

DICTIONNAIRES ET TRAITÉS GÉNÉRAUX.

1048. Vosgien (l'abbé Ladvocat), Dictionnaire géographique portatif.

Depuis la publication de la 1re édit. de ce dictionnaire, vers le milieu du siècle dernier, il en a paru un si grand nombre de nouv. édit. revues et augm. par tant de personnes qu'il serait fort difficile d'en faire la bibliographie.

1049. H. Langlois, Dictionnaire classique et universel de géographie moderne, d'après un nouveau plan pour les généralités, ou grands articles décrits sous les deux grandes divisions de la géographie physique et politique, avec leurs subdivisions par ordre de matières; extrait des principales langues de l'Europe. *Paris*, 1827 et ann. suiv. 2 vol. en 4 parties gr. in-8 ou in-4, avec deux atlas.

1050. J. Mac-Carthy, Dictionnaire universel de géographie physique, politique, historique et commerciale. *Paris*, 1827 et ann. suiv. 2 gros vol. in-8, qui ont été publiés en 4 livraisons.

1051. J. G. Masselin, Dictionnaire universel des géographies physique, historique et politique du monde ancien, du moyen âge et des temps modernes, comparés. *Paris*, 1827, 2 vol. in-8, ou 1830 avec de nouveaux titres.

1052. Dictionnaire géographique universel, contenant la description de tous les lieux du globe intéressans sous le rapport de la géographie physique et politique, de l'histoire, de la statistique, du commerce, de l'industrie, etc.; par une société de Géographes. *Paris*, 1823-1833. 10 vol. in-8, qui ont été publiés en 20 livraisons.

1053. G. Hassel, Geograph. statistiches Handwörterbuch. *Weimar*, 1818, 2 Bde in-8.

1054. A. F. Büsching, Neue Erdbeschreibung. *Hamburg*, 1807, 13 Thle. in 22 Bde. in-8. — La 1re édit. a été trad. en franç. (par Gérard de Rayneval, Pfeffel et Bourgoing), et retouchée par J.-P. Bérenger. *Strasbourg*, 1785-1792, 14 tomes en 16 vol. in-8.

1055. W. Guthrie, Nouvelle géographie universelle, descriptive, historique, industrielle et commerciale des quatre parties du monde; trad. de l'angl. sur la 23e édit. (par MM. Noël, Soulès et Cantwell). 4e édit. franç., revue et augm. par l'auteur de l'Abrégé du même ouvrage (H. Langlois). *Paris*, 1809, 9 vol. in-8, avec un atlas in-fol.

1056. H. Langlois, Abrégé de la nouvelle géographie universelle, physique, politique et historique, d'après le plan de W. Guthrie. 11e édit. *Paris*, 1827, 3 vol. in-8, avec ou sans atlas in-4.

1057. J. Pinkerton, Abrégé de géographie moderne, ou description historique, politique, civile et naturelle des empires, royaumes, États et leurs colonies, avec celle des mers et des îles de toutes les parties du monde. Trad. de l'angl. et augm. par M. C.-A. Walckenaer et J.-B. Eyriès. Précédé d'une introduction à la Géographie mathématique, par S.-F. Lacroix; suivi d'un Précis de géographie ancienne, par J.-D. Barbié du Bocage. *Paris*, 1827, 2 vol. in-8, avec cartes intercalées.

1058. J. Playfair, A complete System of Geography ancient and modern. *Edinburgh*, 1808-1813, 6 vols. 4to. With maps.

1059. Malte-Brun, Précis de la géographie universelle, ou Description de toutes les parties du monde, sur un plan nouveau. Nouv. édit. augmentée par M. Huot. *Paris*, 1833 et ann. suiv., 10 vol. in-8, avec atlas.

1060. Adr. Balbi, Abrégé de géographie, rédigé sur un nouveau plan d'après les derniers traités de paix et les découvertes les plus récentes, précédé d'un examen raisonné de l'état actuel des connaissances géographiques et des difficultés qu'offre la description de la terre ; d'un aperçu sur la géographie astronomique, physique et politique ; des définitions les plus importantes, d'observations critiques sur la population actuelle du globe ; de la classification de ses habitans d'après les langues, les religions et la civilisation, etc., etc. *Paris*, 1836, 1 très-gros vol. in-8, avec ou sans atlas.

1061. E. Cortambert, Géographie universelle, ou Description générale de la terre, considérée sous les rapports astronomique, physique, politique et historique. *Paris*, 1826, in-8.

1062. F. Volger, Handbuch der Geographie. *Hannover*, 1830, 2 Bde. in-8.

1063. W. E. A. v. Schlieben, Lehrgebäude der Geographie mit naturhistorischen, statistischen u. geschichtlichen Andeutungen und einem Chartenatlasse. *Leipzig*, 1828, 3 Thle. in-8.

1064. C. Ritter, Die Erdkunde im Verhältniss zur Natur und zur Geschichte der Menschen, oder allgemein vergleichende Geographie. *Berlin*, 1820, 1r Thl. (2te Ausg), in-8. 2er und 3r Thle. erscheinen in neunen Auflagen.

1065. J. G. A. Galetti, Allgemeine Weltkunde, oder geograph. statist. Uebersicht aller Länder, etc. 7te Aufl. *Pesth*, 1831, in-8.

1066. J. G. B. Adolph, Lehrbuch der Militär-Geographie von Europa. *Mainz*, 1830-1831, 2 Bde. in-8.

1067. Malchus (K. A. Graf v. Marienrode), Handbuch d. Militär-Geographie v. Europa. *Heidelberg*, 1832, 2 Abthl. gr. in-8, mit 1 Karte.

1068. A. C. Gaspari, G. Hassel, J. G. Cannabich, J. C. Gutsmuths u. F. Ukert, Vollständiges Handbuch der neuesten Erdbeschreibung, *Weimar*, 1819-1830, 23 Bde. in-8.

1069. J. G. Meusel, Literatur der Statistik. 2e Aufl. *Leipzig*, 1806-1807, 2 Bde. gr. in-8.

1070. ———— Lehrbuch der Statistik. 4te Ausg. *Leipzig*, 1817, in-8.

1071. J. Gråberg de Hemsö, Théorie de la Statistique. *Gênes*, 1821, br. in-8.

Cette Théorie a été augmentée et traduite en portugais, par deux hommes d'État d'un rare mérite, M. Filippe Ferreira d'Araûjo e Castro et M. le commandeur Sylvestre Pinheiro-Ferreira.

1072. Malchus (Karl Aug. Graf v. Marienrode), Statistik u. Staatenkunde. Ein Beitrag z. Staatenkunde v. Europa. *Stuttg.*, 1826, gr. in-8.

1073. Adrien Balbi, Balance politique du globe en 1828, ou Essai sur la statistique de la terre, d'après les divisions politiques actuelles et les découvertes les plus récentes, etc. *Paris*, 1828, in-plano d'une feuille.

1074. K. Mannert, Compendium d. Statistik der europäischen Staaten. N. Ausg. *Frankfurt*, 1808, in-8.

1075. A.F.W. Crome, Allg. Ubersicht der Staatskräfte von d. sämmtl. Europ. Reichen u. Ländern. *Leipzig*, 1818, gr. in-8.

1076. Ch. K. André, Statistische Uebersicht der europ. und aussereurop. Staaten nach ihrem neuesten Zustande. *Prague*, 1821, in-4.

1077. G. Hassel, Lehrbuch der Statistik sämmtl. europ. Staaten. *Weimar*, 1822, in-8.

1078. ——— Statistischer Umriss der sämmtl. europ. und der vornehmsten aussereurop. Staaten in Hinsicht ihrer Entwickelung, Grösse, Volksmenge, Finanz u. Milit.-Verfassung, tabellarisch dargestellt. *Weimar*, 1823-1824, 3 Hfte, in-fol.

1079. Geo. Norb. Schnabel, General Statistik d. europ. Staaten, mit vorzügl. Berücksichtigung d. Kaiserthums Oesterreich. 2ᵉ neu bearb Ausg. *Wien*, 1833, 2 Thle gr. in-8, mit Karten.

1080. ——— Geograph.-statist. Tableau d. Staaten der Länder aller Welttheile, bestehend in 78 Tabellen und 5 Karten. *Prag.*, 1827, in-8.

1081. Adrien Balbi, Atlas Ethnographique du globe ou classification des peuples anciens et modernes. *Paris*, 1826, 1 vol. in-8 de texte avec un atlas composé de 47 tableaux.

II. GÉOGRAPHIE ET STATISTIQUE SPÉCIALES

DES ÉTATS DE L'EUROPE.

(D'après l'ordre alphabétique des États.)

§ 1. ALLEMAGNE.

1082. A. F. W. CROME, Geographisch-statistische Darstellung der Staatskräfte von den sämmtlichen zum deutschen Staaten-Bunde gehörigen Ländern. *Leipzig*, 1820-1828, 4 Thle in-8.

1083. J. D. A. HÖCK, Statistische Uebersicht sämmtlicher deutscher Staaten. *Darmstadt*, 1804, in-fol. — Trad. en franç. (par Ant.-Gilb. GRIFFET DE LA BAUME), et publié par Ad. DUQUESNOY.

1084. ——— Handbuch einer Statistik der deutschen Bundesstaaten. *Leipzig*, 1821, in-8.

I. *Autriche* (monarchie autrichienne).

1085. (*Autriche.*) — Ign. DE LUCA, Geographisches Handbuch von den österr. Staaten. *Wien*, 1790-1792, 6 Bde. in-8.

1086. Ch. K. ANDRÉ, Neueste geogr. statist. Beschreibung des Kaiserthums Oesterreich. *Weimar*, 1814, in-8, mit Karten.

1087. J. And. DEMIAN, Darstellung der österr. Monarchie, nach den neuesten statist. Beziehungen. *Wien*, 1804-1807, 6 Bde. in-8.

1088. ——— Statistik des österr. Kaiserthums. *Leipzig*, 1820, in-8.

1089. Jos BISSINGER, General Statistik des österr. Kaiserthums. *Wien*, 1807, in-8.

1090. M. J. Freyh. LIECHTENSTERN, Vollständiger Umriss der Statistik des österr. Kaiserthums, mit Rücksicht auf dessen neuesten Zustand, dargestellt. *Brunn*, 1820, in-8.

1091. (*Hongrie.*) — J. And. DEMIAN, Statistiche Darstellung des Königreichs Ungarn. *Wien*, 1805 (3r Bd v. N° 1087). MM. ROTH et RAYMOND en ont publié une traduction en français sous ce titre : « Tableau géographique et politique des royaumes de Hongrie, d'Esclavonie, de Croatie, et de la grande-principauté de Transylvanie. *Paris*, 1809, 2 vol. in-8.

1092. J. v. Csaplovics, Gemälde von Ungarn. *Pesth*, 1829, 2 Thle in-8, mit e. ethnograph. Karte.

1093. (*Bohème*.) — K. H. Kunigl, Geographie von Böhmen. *Prag*, 1821, in-8.

1094. J. E. Ponfickl, Vollständiger Umriss einer statist. Topograph. des Königr. Böhmen. *Prag*, 1824-1829, 4 Bde. in-8.

II. *Bade*.

1095. J. And. Demian, Geographie und Statistik des Grossherzogth. Baden, nach den neuesten Bestimmungen bis zum 1. März, 1820. *Heidelberg*, 1820, in-8, Nebst 1 Karte.

III. *Bavière*.

1096. Statistich-topographische Darstellung des Königr. Bayern. *Nürnberg*, 1822, 8 Tabellen in-fol.

1097. A. A. Kammerer, Das Königreich Bayern in seiner neuesten Gestalt. 6te vermehrte und verbess. Aufl., 1829, in-8.

IV. *Hanovre*.

1098. Ubbelonde, Statistisches Repertorium über das Königreich Hannover. *Hannover*, 1823, in-4.

1099. H. D. A. Sonne, Beschreibung des Königreiches Hannover. *München*, 1829-1831, 4 Buch. in-8.

V. *Hesse* (Électorale, Grand-Ducale, etc.)

1100. J. D. A. Höck, Statistik des Churfürstenthums Hessen. *Frankf.*, 1811, in-8.

1101. Statistik und Topographie des Churfürstenthums Hessen. *Frankf.*, 1822, in-8, mit Karte.

1102. A. F. W. Crome, Handbuch der Statistik des Grossherzogthums Hessen. *Darmstadt*, 1822, 1[r] Thl. in-8.

VI. *Prusse* (monarchie prussienne).

1103. Rumpf u. Sinnhold, Handbuch der Geographie und Statistik des preussischen Staats. *Berlin*, 1816, in-8.

1104. J. And. Demian, Statist. Darstell. d. Preuss. Monarchie. *Berlin*, 1817, in-8 (643).

1105. Frhrr L. v. Zedlitz, die Staatskräfte d. Preuss. Monarchie unter Friedrich Wilhelm III. *Berlin*, 1828-1830, 3 Bde. in-8.

1106. F. H. UNGEWITTER, Hand-u. Lehrbuch d. Geographie d. Königl. preuss. Staaten, oder geograph.-statist.-topograph., mit histor. Notizen einzelner Landestheile u. Oerter gepaarte Beschreib. d. Königr. Preussen. Nach den neuesten u. zuverläss. Quellen ausgearb. *Nordh.*, 1832, in-8.

VII. *Saxe* (Royale, Grand-Ducale, etc.).

1107. F. Gli. LEONHARDIT, Erdbeschreibung der Churfürstl. und Herzogl. sächsischen Lande. 3e umgearb. Ausg. *Leipzig*, 1802-1804, 4 Thle. in-8.

1108. C. A. ENGELHARDT, Handbuch der Erdbeschreibung des Königreichs Sachsen, 5e Aufl. *Dresden*, 1813, in-8.

1109. Dankeg. Imm. MERKEL, Erdbeschreibung von Chursachsen und den dazu gehörigen Ländern. 3e Ausg. umgearb. v. C. A. ENGELHARDT. *Dresden*, 1804-1811, 9 Bde. in-8.

1110. A. SCHUMANN, Staats- Post- und Zeitungslexicon von Sachsen. *Zwickau*, 1813-1836, 23 Thle in-8 (648).

VIII. *Würtemberg.*

1111. J. D. G. MEMMINGER, Geographie und Statistik des Königreichs Würtemberg. *Stuttgart*, 1820, in-8.

§ 2. DANEMARK.

1112. J. P. G. CATTEAU-CALLEVILLE, Tableau des États danois. *Paris*, 1800, 3 vol. in-8 (656).

1113. ———— Tableau de la mer Baltique, considérée sous les rapports physiques et commerciaux. *Paris*, 1812, 2 vol. in-8 (657).

1114. Fr. THARUP, Aperçu statistique de l'État danois au commencement de l'année 1825. *Copenhague*, 1825, 1 gros vol. avec 38 tableaux.

1115. COLLIN, Notices historiques et statistiques relatives surtout au Danemark. *Copenhague*, 1825, 2 vol. in-8. Ces deux derniers ouvrages sont en danois.

1116. (*Islande et Groenlande.*) — EGGEDE, Description et histoire naturelle de Groenlande; trad. par D. R. D. P. (J. B. DES ROCHES DE PARTHENAY). *Copenhague*, 1763, in-8.

1117. D. CRANZ, Historie von Grönland. 2e Ausg. *Barby*, 1770, in-8.

1118. T. GLIEMANN, geograph. Beschreibung von Island. *Altona*, 1824, in-8.

§ 3. ESPAGNE.

1119. Th. LOPEZ, Geografia histórica de España. *Madrid*, 1788, 2 vol. in-fol. fig.

1120. MIÑANO, Diccionario geogràfico estadistico de España y Portugal. *Madrid*, 1826-1828, 10 vol. petit in-4.

1121. LABORDE (le comte Alex. de), Itinéraire descriptif de l'Espagne, etc. 3e édit. revue et considérablement augm.; précédée d'une Notice sur la configuration de l'Espagne et sur son climat, par M. Alex. DE HUMBOLDT; d'un Aperçu sur la Géographie physique, par M. le colonel BORY DE SAINT-VINCENT, et d'un Abrégé historique de la monarchie espagnole et des invasions de la Péninsule jusqu'à nos jours; enrichie de vignettes, représentant les principaux monumens de l'Espagne, etc., etc. *Paris*, 1827 et ann. suiv., 6 vol. in-8, avec un atlas de 37 cartes et 4 plans.

1122. J. F. DE BOURGOING, Tableau de l'Espagne moderne, 3e édit. *Paris*, 1819, 3 vol. in-8, avec atlas.

1123. F. A. DE CHRISTOPHORO D'AVALOS, Essai sur le commerce et les intérêts de l'Espagne et de ses colonies. *Paris*, 1819.

1124. Ph. J. REHFUES, L'Espagne en 1808, (trad. par M. GUIZOT). *Paris*, 1811, 2 vol. in-8 (670).

1125. Ch. V. D'HAUTEFORT, Coup d'œil sur Lisbonne et Madrid en 1814, suivi d'un Mémoire politique concernant la constitution promulguée des cortès à Cadix, et d'une notice sur l'état moderne des sciences en Espagne. *Paris*, 1820, in-8.

1196. MOREAU DE JONNÈS, Statistique de l'Espagne, *Paris*, 1834, in-8.

§ 4. — France.

1127. (L. Prudhomme et autres), Dictionnaire universel géographique, statistique, historique et politique de la France. *Paris*, 1804-1805, 5 vol. in-4.

1128. Girault (de Saint-Fargeau), Dictionnaire géographique de la France et de ses colonies, terminé par l'Itinéraire général des routes et relais de poste. *Paris*, 1827, 1 vol. gr. in-8.

1129. (Peuchet, Sonnini, Herbin, et autres), Statistique générale et particulière de la France et de ses colonies, avec une description topographique, agricole, politique, industrielle et commerciale de cet État. *Paris*, 1804, 7 vol. in-8, avec un atlas in-4, composé de 19 tableaux et de 9 grandes cartes.

Sous le Consulat et sous l'Empire, les préfets furent chargés de faire rédiger des statistiques de leurs départemens respectifs, d'après des plans systématiques que les ministres de l'Intérieur, qui se succédèrent depuis Lucien Bonaparte jusqu'à M. Nompère de Champagny, leur envoyèrent; mais ni ces plans, ni les essais qu'ils firent éclore, dit M. Gräberg de Hemsö, n'étaient assez méthodiques. Comme on ne considérait alors la statistique que comme une partie matérielle de l'économie politique, on voulut, qu'étrangère à toute espèce de conception, elle se réduisit à de purs calculs. De là cette confusion de détails hétérogènes, ce défaut d'uniformité et d'ensemble et cette aridité de faits et de calculs qui règnent dans les mémoires, d'ailleurs estimables, et dans les annuaires des départemens fournis par les préfets ou rédigés par les secrétaires généraux.

1130. Peuchet et Chanlaire et autres), Description topographique et statistique de la France, contenant, avec la carte de chaque département, la notice historique de son ancien état, etc., etc. *Paris*, 1810-1811, 2 vol. in-4.

Il n'a été publié de cette Description que quarante-six départemens, dont plusieurs ont cessé de faire partie de la France, depuis 1814.

1131. Girault (de Saint-Fargeau), Aperçu statistique de la France. 2e édit. *Paris*, 1836, in-8.

1132. L. B. de Lespin, Géographie de la France. *Paris*, 1825, in-8.

1133. J. Ch. Bailleul, Situation de la France, considérée sous les rapports politiques, religieux, financiers, administratifs, commerciaux, etc. *Paris*, 1819, in-8.

1134. H. Langlois, Précis de géographie et de topographie

de la France, divisé en trois parties, extrait de la 1re édit. de l'Abrégé de géographie universelle, rédigé d'après le plan de W. Guthrie (1055, 1056). *Paris*, in-8, avec une gr. carte.

1135. Ch. Dupin (le baron), Forces productives et commerciales de la France. *Paris*, 1827, 2 vol. in-4.

1136. Adrien Balbi, La monarchie française comparée aux principaux États du monde, ou Essai sur la statistique de la France considérée sous les rapports géographique, moral, et politique, offrant, dans un seul tableau, le *maximum*, le *minimum* et le terme moyen de sa population, de la richesse, de l'industrie, du commerce, de l'instruction et de la moralité de ses habitans, comparés à leurs corrélatifs dans plusieurs pays de l'Ancien et du Nouveau monde. *Paris*, 1828, in-plano d'une feuille.

1137. Girault (de Saint-Fargeau), Histoire nationale, ou Dictionnaire de toutes les communes de France, formant pour chaque département un ouvrage complet (*et distinct*). *Paris*, 1828 et ann. suiv., 86 vol. in-8, avec cartes, vues, plans, costumes, etc.

1138. M. Loriol, La France départementale. Description géographique, statistique et topographique, présentant l'état actuel physique, moral, politique, militaire, administratif, judiciaire, religieux, financier, agricole, industriel, commercial, scientifique et littéraire des départemens de la France et de ses colonies; avec une carte et un dictionnaire topographique, biographique et bibliographique de chaque département. *Paris*, 1834 et ann. suiv., par livraisons in-8; chaque livraison contient un département avec une carte.

§ 5. — Grande-Bretagne.

1139. (*Angleterre.*) — W. Camden's Britannia, translated into English and continued to the present time, by Mr. Gough. *London*, 1789, 2 vols. fol.

1140. Nic. Carlisle, Topographical Dictionary of England, exhibiting the Names of the several cities, etc., and Division of the country, to which they respectively belong, etc. *London*, 1808, 2 vols. 4to.

1141. J. Adolphus, The Political State of the British Empire. *London*, 1818, 4 vols. 8vo.

1142. Rob. Hamilton, Inquiry into the Rise and Progress, the Redemption and Present State of Management of the National Debt of Great-Britain. *London*, 1813, and *Edinb.*, 1814, 8vo. — Trad. en franç., par J. N. Lasalle. *Paris*, 1817, in-8.

1143. J. Colquhoun, A Treatise on the Wealth, Power and Resources of the British Empire, in every quarter of the World, including the East-Indies; etc. 2d edit. *London*, 1815, royal 4to.

1144. M. de Montvéran, Histoire critique et raisonnée de la situation de l'Angleterre au 1er janvier 1816, sous les rapports de ses finances, de son agriculture, de ses manufactures, de son commerce, de sa constitution, de ses lois et de sa politique extérieure. *Paris*, 1819-1820, 8 vol. in-8.

1145. Th. B. Clarke, Coup d'œil sur la force, l'opulence et la population de la Grande-Bretagne; trad. de l'angl. par Jos. Marchena. *Paris*, 1802, in-8.

On trouve dans ce « Coup d'œil, » outre une préface critique du traducteur, une correspondance jusqu'alors inédite du doct. Tucker et David Hume avec lord Kaims, au sujet du commerce.

1146. Frédéric Gentz, Essai sur l'administration des finances et la richesse nationale de la Grande-Bretagne. *Londres*, *Hambourg* et *Paris*, 1800, in-8.

1147. Vinke (le baron de), Tableau de l'administration intérieure de la Grande-Bretagne; et exposé de son système de contributions, par M. de Raumer; trad. de l'allemand (par M. Thérémin, qui y a ajouté une Dissertation d'Édouard Christian, sur l'origine des deux chambres du parlement britannique, trad. de l'angl., par M. A. T. Barbier). *Paris*, 1819, in-8.

1148. Adrien Balbi, The World compared with the British Empire. *Paris*, 1830, in-plano d'une feuille.

1149. Ch. Dupin (le baron), Voyage dans la Grande-Bretagne entrepris relativement aux services publics de la guerre, de la marine et des ponts-et-chaussées, en 1816, 1817, 1818, 1819, 1820 et 1821, présentant le tableau des institutions et des établissemens qui se rapportent à la force militaire, la force navale, aux travaux civils des ports de commerce, des routes, des ponts et des canaux, et à la force productive, etc. *Paris*, 1820-1825, 6 vol. in-4, avec 3 atlas in-fol.

1150. Sir Henri PARNELL, De la réforme financière en Angleterre; trad. de l'angl. sur la 4e édit., par Benjamin LA ROCHE. *Paris*, 1832, in-8.

1151. Pablo PEBRER, Histoire financière et statistique générale de l'empire britannique; trad. de l'angl. par J. M. JACOBI. *Paris*, 1834, 2 vol. in-8.

1152. (*Écosse.*)—Nic. CARLISLE, A topographical Dictionary of Scotland. *London*, 1813, 2 vols. 4to.

1153. James PLAYFAIR, A geographical and statistical Description of Scotland. *Edinburgh*, 1819, 2 vols. 8vo.

1154. (*Irlande.*)—Th. B. CLARKE, Political, commercial and civil State of Ireland. *London*, 1799, 8vo.

1155. Nic. CARLISLE, A topographical Dictionary of Ireland. *London*, 1810, 4to.

1156. E. WAKEFIELD, An Account of Ireland, statistical and political. *London*, 1812, 2 vols. 4to.

§ 6. GRÈCE (Royaume de).

1157. M. DE BEAUJOUR, Tableau du commerce de la Grèce. *Paris*, 1800, 2 vol. in-8 (1233).

1158. Ed. DODWELL, A classical and topographical tour in Greece, during the years 1801, 1805 and 1806. *London*, 1818, 2 vols. 4to. With Plates.

1159. CHOISEUL-GOUFFIER (le comte de), Voyage pittoresque de la Grèce. *Paris*, 1782-1824, 3 vol. in-fol. avec un grand nombre de gravures, cartes, vues, etc.

1160. SAVARY, Lettres sur la Grèce. *Paris*, 1798, in-8.

1161. A. L. CASTELLAN, Lettres sur la Morée, l'Hellespont et Constantinople. 2e édit. *Paris*, 1820, 3 vol. in-8, fig.

Cette nouvelle édit. se compose des deux ouvrages publiés antérieurement par l'auteur, savoir : « Lettres sur la Morée et les îles de Cérigo, Hydra et Zante. » (*Paris*, 1808, 2 vol. in-8), et « Lettres sur la Grèce, l'Hellespont et Constantinople. » *Paris*, 1811, in-8 (1232).

1162. POUQUEVILLE, Voyage de la Grèce. 2e édit. *Paris*, 1826-1827, 6 vol. in-8, avec vues, cartes particulières et la carte générale de la Grèce (1165).

1163. Spiridion Balbi (de Missolonghi), La Grèce régénérée, ou Description topographique du nouvel État indépendant de la Grèce, et des frontières qui lui conviennent, suivie de notes justificatives et historiques. *Paris*, 1833, br. in-8.

§ 7. Italie (États Italiens).

I. *États d'Italie en général.*

1164. D'Anville, Analyse géographique de l'Italie. *Paris*, 1744, in-4, avec 2 cartes.

1165. J. N. Bellin, Description géographique et historique du golfe de Venise et de la Morée. *Paris*, 1771, in-4, avec cartes et plans.

1166. Dizionario della Italia, opera della Società corografica. *Bologna*, 1785, 6 vol. in-8.

1167. Richard (l'abbé), Description historique de l'Italie. *Paris*, 1766-1770, 6 vol. in-12.

1168. Ch. Denina, Tableau historique, statistique et moral de la Haute-Italie. *Berlin*, 1805, in-8 (768).

1169. C. A. Barbiellini, Nuova Descrizione geografica d'Italia antica e moderna. *Milano*, 1806, 2 vol. in-8.

1170. J. Barzilay, Dictionnaire géographique et descriptif de l'Italie. *Paris*, 1822, in-8.

II. *Naples et Sicile.*

1171. Jos. M. Galanti, Nuova descrizione storica e geografica delle Sicilie. *Napoli*, 1787-1793, 5 vol. in-8.

1172. Descrizione geografica e politica delle Sicilie. *Napoli*, 1792, 2 vol. in-8.

III. *Sardaigne, Savoie et Piémont.*

1173. Azuni, Histoire géographique, politique et naturelle de la Sardaigne. *Paris*, 1802, 2 vol. in-8 (797).

1174. M. Mimaut, Histoire de la Sardaigne, ou la Sardaigne ancienne et moderne considérée sous ses lois, sa topographie, ses mœurs, etc. *Paris*, 1825, 2 vol. in-8, avec carte.

1175. F. Hoerschelmann, Geschichte, Geographie und Statistik der Insel Sardinien. *Berlin*, 1828, in-8.

1176. J. L. Grillet, Dictionnaire historique, littéraire et statistique des départemens du Mont-Blanc et du Léman, contenant l'histoire ancienne et moderne de la Savoie. *Chambéry*, 1807, 3 vol. in-8.

1177. J. F. Alb. Beaumont, Description des Alpes grecques et cottiennes, ou Tableau historique et statistique de la Savoie, etc. *Paris*, 1802-1806, 4 vol. in-4, avec un atlas in-fol.

IV. *Corse*.

1178. J. N. Bellin, Description géographique et historique de l'île de Corse. *Paris*, 1769, in-4.

V. *Malte*.

1179. E. de Boisgelin, Ancient and modern Malta. *London*, 1804, 3 vols. 4to (812 et 814).

§ 8. Norvége.

1180. Catteau-Calleville, Histoire des révolutions de Norvége, suivie du tableau de l'état actuel de ce pays et ses rapports avec la Suède. *Paris*, 1818, 2 vol. in-8 (656, 657 et 924).

§ 9. Pays-Bas (*Méridionaux et Septentrionaux*).

1181. (F. Christyn), Les Délices des Pays-Bas, ou Description des XVII provinces belgiques (par F. et P. Foppens et le P. Griffet), avec un Dictionnaire historique pour servir de supplément. *Paris* (*Anvers*), 1786, 7 vol. in-12.

Il y a des exemplaires de ces « Délices » qui portent le titre d' « Histoire générale des Pays-Bas, contenant la description, etc., etc. »

1182. (Might), La Richesse de la Hollande. Nouv. édit. revue et augm. (par Élie Luzac et Bernard). *Londres* (*Leyde*), 1778, 5 vol. in-12.

1183. Ch. Oudiette, Dictionnaire géographique et topographique des treize départemens qui composaient les Pays-Bas Autrichiens, etc., etc. *Paris*, 1804, 2 vol. in-8, avec cartes.

Ce Dictionnaire est aussi exact que bien fait.

1184. Dictionnaires géographiques spéciaux des provinces de la Belgique, basés sur les matériaux les plus nouveaux et coordonnés d'après un plan neuf adapté aux deux grandes divisions physique et politique, avec leurs subdivisions par ordre de matières; précédés d'un coup d'œil général sur chaque province. *Bruxelles*, 1832 et ann. suiv., 9 gr. vol. in-8.

Chaque province fait l'objet d'un Dictionnaire spécial.

1185. Dewez, Dictionnaire géographique du royaume des Pays-Bas, ou Description physique, historique et politique des provinces, villes et endroits remarquables de ce royaume, sous le rapport de leur état, tant ancien que moderne. *Bruxelles*, 1819, in-8.

1186. ——— Géographie du royaume des Pays-Bas et de ses colonies asiatiques, etc. 3e édit. *Bruxelles*, 1825, in-12.

1187. J. J. De Cloet, Géographie historique, physique et statistique du royaume des Pays-Bas et de ses colonies, rédigée d'après le plan adopté pour la Géographie de la France. *Bruxelles*, 1822, 2 parties en 1 vol. in-8.

1188. J. J. Gosselin, Alphabetische naamlijst der gemeenten en derzelver onderhoorigheden uitmakende het Koningrijk der Nederlanden. *Amsterdam*, 1826, 2 gedeelt. in-8.

1189. Adr. Balbi, Essai historique, géographique et statistique sur le royaume des Pays-Bas. *Paris*, 1831, 1 tableau in-plano.

La partie historique de cet Essai a été rédigée par M. de la Roquette.

1190. Hogendorp (le comte Gysbert Karel van), Opinion émise le 17 avril 1816, en suite de la réunion de la Hollande et de la Belgique. *Amsterdam*, 1831, in-8 (844).

1191. Exposé historique des finances du royaume des Pays-Bas, depuis 1813; par l'auteur de l'Examen de la question sur la liberté du commerce et sur le système de prohibition dans les Pays-Bas, etc. Trad. de l'allem. *Amsterdam* et *Bruxelles*, 1829, in-8 (843).

§ 10. Pologne.

1192. Malte-Brun, Tableau de la Pologne ancienne et moderne, ou Histoire générale et particulière de ce pays sous les rapports géographique, statistique, politique, historique, etc. Nouv. édit., entièrement refondue, augmentée et continuée jusqu'à nos jours, par Léonh. Chodzko. *Paris*, 1830, 2 vol. in-8.

§ 11. Portugal.

1193. Adr. Balbi, Essai statistique sur le royaume de Portugal et d'Algarve, comparé aux autres États de l'Europe; suivi d'un coup d'œil sur l'état actuel des sciences et des beaux-arts parmi les Portugais des deux hémisphères. *Paris*, 1822, 2 vol. in-8, avec 2 tableaux.

1194. ——— Variétés politico-statistiques sur la monarchie portugaise. *Paris*, 1822, in-8, avec 7 tableaux (879, 1120 et 1125).

§ 12. Russie.

1195. C. Meiners, Vergleichung des ältern und neueren Russlands, etc. *Leipzig*, 1798, 2 Bde. in-8.

1196. H. Storch, Historisch-statistisches Gemälde des russischen Reichs, am Ende des xviiiten Jahrh. *Leipzig*, 1797-1803, 9 Thle. in-8, avec cartes et plans (898).

Une édit. française de cette Statistique avait été commencée à *Bâle*, 1801; mais elle fut interrompue au 2e vol.

1197. J. Hassel, Statistischer Abriss des russischen Kaiserthums. *Nürnberg*, 1807, in-8.

1198. ——— Erdbeschreibung des europäischen Russlands nebst der Beschreibung von Polen. *Weimar*, 1821, in-8.

Ce volume forme le tome 11 de l'ouvrage de MM. Gaspari, Hassel, Cannabiche, etc. intitulé: *Vollständiges Handb. der neuesten Erdbeschreibung* (1068).

1199. B. H. v. Wichmann, Darstellung des russischen Monarchie nach ihren wichtigsten statistisch-politischen Beziehungen. *Riga*, 1813, 2 Thle in-4 (avec 25 tableaux de supplément).

1200. Jefdokim Ziaflofska, Description statistique de l'empire de Russie. *St-Pétersbourg*, 1832, 2 vol. in-8. (En russe.)

1201. Damaze de Raymond, Tableau historique, géographique, militaire et moral de l'empire de Russie. *Paris*, 1812, 2 vol. in-8, avec cartes et plans.

1202. K. M. v. Brömsen, Russland u. d. russ. Reich, ein geograph. Handbuch. *Berlin*, 1819. 2 Bde in-8.

1203. Géographie abrégée de l'empire de Russie, du royaume de Pologne et de la grande-principauté de Finlande. *St-Pétersbourg*, 1827, in-8. (En russe.)

1204. N. S. Vsévolojsky, Dictionnaire géographique-historique de l'empire de Russie. 2e édit. *Moscou*, 1823, 2 vol. in-8.

1205. Adr. Balbi, L'Empire russe comparé aux principaux États du monde, ou Essai sur la statistique de la Russie considérée sous les rapports géographique, moral et politique, précédé de la chronologie de ses souverains, de ses agrandissemens, etc. *Paris*, 1829, in-plano d'une feuille.

1206. M. Arsénief, Élémens de la statistique de l'empire de Russie. (En russe.)

1207. J. H. Schnitzler, Statistique et itinéraire de la Russie. Ire Partie, Essai d'une statistique générale de l'empire de Russie. *Paris* et *St-Pétersbourg*, 1829, in-8.

1208. M. Gabr. de Castelnau, Essai sur l'histoire ancienne et moderne de la Nouvelle-Russie. Statistique des provinces qui la composent; fondation d'Odessa; ses progrès, son état actuel; détails sur son commerce. Voyage en Crimée, dans l'intérêt de l'agriculture et du commerce, avec cartes, vues, plans, etc. *Paris*, 1820, 3 vol. in-8.

Cet ouvrage a été dédié à l'empereur Alexandre.

1209. P. S. Pallas, Voyages en différentes provinces de l'empire de Russie et dans l'Asie septentrionale; trad. de l'allemand par Gauthier de la Peyronie. Nouv. édit. revue et enrichie de notes de MM. Lamarck, Langlès et Billecoq. *Paris*, an II (1794), 8 vol. in-8, avec un atlas.

1210. ——— Nouveaux voyages entrepris dans les gouvernemens méridionaux de l'empire de Russie, dans les ann. 1793-1794; trad. de l'allem. par Tonnelier et de La Boullaye-Marillac. *Paris*, 1805, 2 vol. in-4, avec un atlas, ou 1811, 4 vol. in-8, avec vign. et un atlas in-fol.

1211. Ed. D. Clarke, Voyages en Russie, en Tartarie et en Turquie. Trad. de l'angl. (par le comte de l'Aubespin, et augm. de notes par le comte d'Hauterive). *Paris* (*de l'Imprimerie impériale*), 1812, 2 vol. in-8, avec cartes.

1212. Rob. Lyall, Essai historique sur le système de colonisation militaire de la Russie; trad. de l'angl., de l'ouvrage ayant pour titre: « Sur l'organisation, l'administration et l'état actuel des colonies militaires nouvellement établies en Russie. *Londres*, 1824. »Suivi d'un Appendice de 14 pièces relatives à la Russie. (Publ. par M. de Montvéran). *Paris*, 1825, in-8.

Il en a paru la même année une autre traduction sous ce titre: « Notice sur l'organisation, l'administration et l'état présent des colonies militaires de la Russie, avec un Appendice contenant diverses notions statistiques; trad. de l'angl., et suivie d'observations sur les résultats probables de l'établissement de ses colonies, par G.-J. Ferry. *Paris*, 1825, in-8.

1213. Joseph Tański, Tableau statistique, politique et moral du système militaire de la Russie. *Paris*, 1833, in-8.

Nous ne pouvons terminer cet article sans recommander particulièrement le dernier ouvrage de M. le lieutenant-général wurtembergeois comte de Bismark, *sur les Forces militaires de l'empire de Russie en* 1835.

§ 13. Suède.

1214. Rühs, Geographie und Statistik des Königreichs Schweden. *Stockholm*, 1807, in-8. [C'est un extrait de la Géogr. de Büsching.]

1215. J. G. Canzler, Mémoires pour servir à la connaissance des affaires du royaume de Suède. *Dresde*, 1777, 2 vol. in-4.

1216. A. Graberg, Statistik von Schweden. 1820, 2 Thle in-8.

1217. (Drevon, officier hollandais), Voyage en Suède, contenant un état détaillé de sa population, de son agriculture, de son commerce et de ses finances; suivi de l'Histoire abrégée de ce royaume et de ses différentes formes de gouvernement, depuis Gustave Ier, en 1553, jusqu'en 1786, etc., et de quelques particularités relatives à l'histoire de Danemark. *La Haye*, 1789, in-8.

1218. Alexandre Daumont, Voyage en Suède, contenant des notions étendues sur le commerce, l'industrie, l'agriculture, les mines, les sciences, les arts et la littérature de ce royaume; les mœurs, les coutumes et les usages de ses habitans; l'histoire de son gouvernement, de ses finances, de sa marine marchande, de ses forces de terre et de mer, de ses ressources; la description complète de son territoire, considéré tant sous le rapport de la géographie physique que sous celui de la géologie et de l'histoire naturelle, suivies de détails sur le gouvernement de Charles XIV, Jean, et sur les causes qui amenèrent son élévation au trône. *Paris*, 1834, 2 vol. in-8, avec un atlas in-4.

§ 14. Suisse.

1219. (Tscharner et Amédée-Emmanuel de Haller), Dictionnaire historique, politique et géographique de la Suisse. Nouv. édit. augm. (par P. H. Mallet). *Genève*, 1788, 3 vol. in-8.

1220. J. G. Ebel, Anleitung auf die nützlichste und genussvollste Art die Schweiz zu bereisen. 3e Aufl. *Zürich*, 1810, 4 Thle in-8.

1221. Durand, Statistique élémentaire, ou Essai sur l'état géographique, physique et politique de la Suisse. *Lausanne*, 1795, 4 vol. in-8.

1222. J. Picot, Statistique de la Suisse, ou État de ce pays et des vingt-deux cantons dont il se compose, sous le rapport de leur situation, de leur étendue, de leur climat, de leur population, etc., etc. 2e édit. *Genève*, 1830, in-12.

1223. M. Lutz, Vollständige Beschreibung des Schweizerlandes. 2e Aufl. *Aarau*, 1827-1828, 4 Thle in-8.

1224. ———— Abrégé élémentaire de la Géographie statistique de la Suisse; traduite par G. de Vaudoncourt fils. *Genève* et *Paris*, 1829, in-12.

1225. Stef. Franscini, Statistica della Suizzera. *Lugano*, 1827, in-8. — Traduit en allem. par G. Hagnauer. *Aarau*, 1829.

§ 15. Turquie.

1226. C. W. Lüdecke, Beschreibung des ottomanischen Reichs. *Leipzig*, 1771, 2 Thle. in-8.

1227. Mouradja-d'Ohsson, Tableau de l'Empire ottoman. *Paris*, 1787-1824, 7 vol. in-8 (941).

1228. Th. THORNTON, Present State of Turkey; or a Description of the Constitution, Government and Laws of the Ottoman Empire, etc. *London*, 1807, 2 vols. 4to. — Trad. en franç. par M. de S. (SÉVELINGES). *Paris*, 1812, 2 vol. in-8.

1229. R. WALPOLE, Mémoirs relating to European and Asiatic Turkey. *London*, 1817, in-4.

1230. A. J. ANTHOINE (baron de ST-JOSEPH), Essai historique sur le commerce et la navigation de la mer Noire. (Nouv. édit.). *Paris*, 1820, in-8.

1231. R. WALSH, Voyage en Turquie et à Constantinople; trad. de l'angl. par H. VILMAIN et RIVES. *Paris*, 1828, in-8.

1232. Ch. MAC-TARLANE, Constantinople et la Turquie en 1828; trad. de l'angl. par NETTEMENT. *Paris*, 1829, 2 vol. in-8.

1233. BEAUJOUR (le baron Félix de), Voyage dans l'Empire ottoman, ou Description de ses frontières, soit naturelles, soit artificielles. *Paris*, 1830, 2 vol. in-8, avec atlas.

L'auteur a divisé son ouvrage en dix livres; il décrit dans le 1er la Morée et ses différentes régions; dans le 2e, le littoral égéen de la Grèce, depuis Athènes jusqu'à Constantinople, ou la Grèce orientale; dans le 3e, le littoral ionien de la Grèce, ou la Grèce occidentale; dans le 4e, les frontières septentrionales de la Turquie européenne; dans le 5e, les frontières qui bordent la mer Noire depuis le Danube jusqu'au Caucase; dans le 6e, les frontières de la Turquie asiatique ou les lignes du Caucase, celles du Kour et de l'Araxe, celles du Tigre et de l'Euphrate, les pays situés entre ces deux fleuves, l'Arménie, la Mésopotamie, la Babylonie, et ceux qui les bordent à l'est et à l'ouest, ainsi que les différentes routes qui les traversent; dans le 7e, la Syrie et ses villes les plus célèbres; dans le 8e, l'Égypte, la vallée du Nil et Le Kaire, le Delta et Alexandrie; dans le 9e, les frontières maritimes de la Turquie, les îles Cyclades et les Sporades, l'Hellespont et la côte de Troie, le Bosphore et Constantinople; enfin dans le 10e livre, la circonscription militaire de la Turquie en général, et la manière la plus avantageuse de l'attaquer et de la défendre (1157-1162).

1234. D. URQUHART (Secrétaire de l'ambassade britannique à Constantinople), La Turquie; ses ressources, son organisation municipale, son commerce, suivis de considérations sur l'état du commerce anglais dans le Levant. Trad. de l'angl. par Xav. RAYMOND, précédé d'une introduction par M. G. D. E. (D'EICHTAL fils). *Paris*, 1836, 2 vol. in-8, avec carte.

III. GÉOGRAPHIE ET STATISTIQUE GÉNÉRALES DES ÉTATS HORS DE L'EUROPE.

§ 1. Asie.

1235. (Mouradja-d'Ohsson), Tableau historique de l'Orient. *Paris*, 1804, 2 vol. in-8.

1236. Mémoires historiques et géographiques sur les pays situés entre la mer Noire et la mer Caspienne. *Paris*, 1796, in-4.

On trouve dans ce recueil: 1° la traduction d'un écrit de M. Edward, par M. Billecocq; 2° un Mémoire de M. de Sainte-Croix sur le cours de l'Araxe et du Cyrus, avec une analyse de la carte de M. Barbié du Bocage, qui sert à l'intelligence de ce mémoire; 3° l'extrait d'un voyage entrepris en 1781 dans la partie de la Russie qui avoisine le Caucase, par M. de Baert, qui a été aidé dans ce travail par M. Boulogne.

1237. J. Klaproth, Mémoires relatifs à l'Asie, contenant des recherches historiques, géographiques et philosophiques sur les peuples de l'Orient. *Paris*, 1824-1828, 3 vol. in-8 (953).

1238. R. Walpole, Travels in various Countries of the East. *London*, 1820, 4to (Continuation du n° 1229).

1239. Adrien Balbi, Essai historique et statistique sur le royaume de Perse. *Paris*, 1827, 1 tableau in-plano.

1240. Ouseley, Translation of the Oriental geography, Ebn. Haukal, an Arabian Traveller. *London*, 1800, 4to. — Trad. en franç. par M. Sylvestre de Sacy. *Paris*, 1802, in-8.

1241. M. Félix Renouard de Ste-Croix, Voyage commercial et politique aux Indes orientales, aux îles Philippines et à la Chine, avec des notions sur la Cochinchine et le Tonkin, pendant les années 1803-1807. *Paris*, 1810, 3 vol. in-8.

1242. (de Montyon), Exposé statistique du Tonkin, de la Cochinchine, du Camboge, etc., sur la Relation de M. de La Bissachère. *Londres*, 1811, 2 vol. in-8. — Réimprimée l'année suivante en France sous ce titre :

« État actuel du Tonkin, de la Cochinchine et des royaumes de Camboge, Laos et Lac-Tho, par M. de La Bissachère, missionnaire, qui a résidé dix-huit ans dans ces contrées; trad. (rédigé) d'après les relations originales de ce voyageur. *Paris*, 1812, 2 vol. in-8.

1243. Grossier (l'abbé), De la Chine, ou Description générale de cet empire, rédigée d'après les Mémoires de la mission de Péking. 3e édit., revue et augm., avec des cartes. *Paris*, 1820, 7 vol. in-8 (955).

1244. Sir T. S. Raffles, History of Java; containing a Description of the country and its inhabitants, state of agriculture, manufactures, etc. *London*, 1817, 2 vols. 4to. (966).

Il est bon de se rappeler en consultant cet ouvrage remarquable qu'il a été écrit par un fonctionnaire anglais. — Lady Raffles a publié des « Memoirs of the life and public services of the late Sir T. S. Raffles, particularly in the government of Java and Bencoolen. *London*, 1830, 4to. » qui peuvent servir à mieux encore en faire connaître l'esprit.

1245. Pfyffer zu Neueck, Skizzen von der Insel Java und deren Bewohnern. *Schaffhausen*, 1829-1832, 4 Hefte in-fol.

1246. Henry, La route de l'Inde, ou Description géographique de l'Egypte, la Syrie, l'Arabie, la Perse, et l'Inde, avec un Précis de l'histoire des peuples anciens et modernes, etc.; trad. de l'angl. *Paris*, 1799, in-8, avec cartes.

§ 2. Afrique.

1247. J. Leyden, Historical and philosoph. sketch of the discoveries and settlements of the Europeans in northern and western Africa at the close of the 18th century. *Edinburgh*, 1799, in-8.

1248. ——— Tableau historique des découvertes et établissemens des Européens dans le nord et dans l'ouest de l'Afrique jusqu'au commencement du xixe siècle; trad. de l'angl. (par Cuny.) *Paris*, 1809, 2 vol. in-8 (971, 972).

1249. ——— Historical Account of Discoveries and Travels in Africa, from the earliest ages to the present time, enlarged and edited by Hugh Murray, *Edinb.*, 1818, 2 vols. 8vo (968).

1250. G. F. Lyon, Narrative of Travels from Tripoli to Mourzouk, the capital of Fezzan. *London*, 1821, 4to. Map and coloured Plates. — Il en a été publié une traduction à Paris en 1821, in-8.

1251. ——— L'Afrique, ou Histoire, mœurs, usages et coutumes des Africains (Fezzan); trad. de l'angl., par E. Gauthier. *Paris*, 1821, 2 vol. in-18, avec gravures.

1252. John Mac-Leod, L'Afrique, ou Histoire, mœurs et coutumes des Africains (Dahomey); trad. de l'angl., par E. Gauthier. *Paris*, 1821, in-18, fig.

Ce petit ouvrage fait suite au n° précédent; l'un et l'autre sont plutôt des extraits que des traductions littérales.

1253. F. A. Ukert, Vollständige und neueste Erdbeschreibung der Nordhälfte von Afrika. *Weimar*, 1824, in-8.

1254. ——— Vollständige und neueste Erdbeschreibung der Südhälfte von Afrika. *Weimar*, 1825, in-8.

I. *Égypte.*

1255. M. Breton, L'Égypte et la Syrie, ou Mœurs, usages, costumes et monumens des Égyptiens, des Arabes et des Syriens; précédé d'un précis historique; accompagné de notes et éclaircissemens fournis par M. Marcel. 1814, 6 vol. in-18, avec fig.

1256. Ét. Quatremère, Mémoires géographiques et historiques sur l'Égypte et sur quelques contrées voisines, recueillis et extraits des manuscrits coptes, arabes, etc. *Paris*, 1810, 2 vol. in-8.

1257. J. J. Rifaud, Tableau de l'Égypte, de la Nubie et des lieux circonvoisins. *Paris*, 1830, in-8 (973-979).

II. *Alger.*

1258. Aperçu historique, statistique et topographique sur l'État d'Alger; rédigé au Dépôt général de la Guerre. 2e édit. *Paris*, 1830, in-12, avec un atlas in-4 oblong (980-985).

§ 3. Amérique.

1259. A complete historical, chronological and geographical American Atlas, being a guide to the history of North and South America and the West Indies, etc. According to the plan of Lesage's Atlas, and intended as a companion to Lavoisne's improvement of that celebrated work. *Philadelphia*, 1822, in-fol. — Trad. en franç. par J. Buchon (985).

1260. J. Morse, The American Geography. *London*, 1792, 1798, 8vo.

1261. Adam Seybert, Statistical Annals of the United States of America. *Philadelphia*, 1818, 4to. — Traduites en français par C. A. Scheffer. *Paris*, 1820, in-8.

1262. J. Bristed, The resources of the United States of America; or View of the agricultural, commercial, manufacturing, financial, political, etc., capacity and character of the American people. *New-York*, 1818, in-8.

1263. D. B. Warden, Description statistique, historique et politique des États-Unis de l'Amérique septentrionale, depuis l'époque des premiers établissemens jusqu'à nos jours. Trad. de l'angl. *Paris*, 1820, 5 vol. in-8.

1264. W. Darby, Historical, geographical and statistical view of the United States, illustrated with maps. *Philadelphia*, 1828, 8vo.

1265. Alex. de Humboldt, Essai politique sur le royaume de la Nouvelle-Espagne. *Paris*, 1811, 5 vol. in-8 (999).

1266. W. Walton, Present State of the Spanish Colonies, including a particular Report of Hispaniola. *London*, 1810, 2 vols. 8vo. (1003-1006).

1267. J. Henderson, An historical, geographical and commercial account of Brasil, etc. *London*, 1823, 4to.

1268. Angoliviel de la Beaumelle, De l'empire du Brésil, considéré dans ses rapports politiques et commerciaux. *Paris*, 1823, in-8.

1269. v. Schæffer, Brasilien als unabhäng. Reich, in histor., merkantil. und polit. Beziehung geschildert. *Altona*, 1824, gr. in-8.

1270. Aug. de Saint-Hilaire, Voyage dans le district des diamans et sur le littoral du Brésil, suivi d'un précis de l'histoire des révolutions de l'empire brésilien, depuis le commencement du règne de Jean VI jusqu'à l'abdication de dom Pedro. *Paris*, 1833, 2 vol. in-8.

1271. Ign. Nuñez, Esquisse historique, politique et statistique de Buenos-Ayres, des autres Provinces-Unies du Rio de la Plata et de la république de Bolivia, etc. Traduit de l'espagnol, avec des notes et des additions, par Varaigne. *Paris*, 1826, in-8 (1000).

SECTION DIX-HUITIÈME.

POLITIQUE POSITIVE, POLITIQUE SPÉCULATIVE ET ÉCONOMIE POLITIQUE.

I. *Ouvrages français.*

1272. MONTESQUIEU, De l'Esprit des lois.

1273. DESTUTT DE TRACY (le comte), Commentaire sur l'Esprit des lois de Montesquieu, suivi d'Observations inédites de Condorcet sur le 29e livre du même ouvrage. *Paris*, 1819, in-8, 1822 ou 1828, in-18.

1274. BIELEFELD (le baron de), Institutions politiques. *La Haye*, 1760-1772, 3 vol. in-4, ou 6 vol. in-12.

1275. (Le comte L.-Gabr. DU BUAT-NANÇAY), Élémens de la politique, ou Recherches sur les vrais principes de l'économie sociale. *Londres* (Hollande), 1773, 6 vol. in-8.

1276. ——— Les maximes du gouvernement monarchique, pour servir de suite aux Élémens de la politique. *Londres*, 1778, 4 vol. in-8.

Le comte DU BUAT est un des publicistes qui ont fait la plus heureuse application de l'histoire à la politique; ses ouvrages sont peu lus aujourd'hui, parce qu'il n'a jamais su contenir sa plume, ni corriger ce qu'il avait une fois écrit.

1277. MIRABEAU, Essai sur le despotisme. 3e édit. *Paris*, 1792, in-8. Nouv. édit. *Paris*, 1821, in-18.

1278. (Le vicomte de BONALD), Théorie du pouvoir politique et religieux dans la société, démontré par le raisonnement et par l'histoire. *Constance*, 1796, 3 vol. in-8.

1279. ——— La Législation primitive, considérée dans les derniers temps par les seules lumières de la raison. 2e édit., suivie de divers traités et de discours politiques. *Paris*, 1821, 3 vol. in-8.

1280. J.-J. ROUSSEAU, Du Contrat social, ou Principes du droit politique.

On fera bien de lire, comme correctif des aberrations de ROUSSEAU, les « Principes du droit politique, mis en opposition avec ceux de J.-J. Rous« SEAU, sur le Contrat social (par LANDES). *Paris*, 1801, in-8. »

1281. Alb. Fritot, Esprit du droit, et ses applications à la politique et à l'organisation de la monarchie constitutionnelle. 2e édit. *Paris*, 1827, in-8 (132, 133).

1282. C. J. B. Bonnin, Principes d'administration publique. 3e édit. *Paris*, 1812, 3 vol. in-8.

1283. ——— Doctrine sociale, ou Principes universels des lois et rapports de peuple à peuple déduits de la nature de l'homme et des droits du genre humain. Nouvelle édit. augmentée de Réflexions, etc. *Paris*, 1821, in-8.

1284. Jérémie Bentham, Tactique des assemblées législatives, suivie d'un traité des sophismes politiques; ouvrage extrait des manuscrits de l'auteur, par Ét. Dumont (de Genève). 2e édit. *Paris*, 1822, 2 vol. in-8.

1285. Thomas Jefferson, Manuel du droit parlementaire, ou Précis des règles suivies dans le Parlement d'Angleterre et dans le Congrès des États-Unis, pour l'introduction, la discussion et la décision des affaires; compilé à l'usage du Sénat des États-Unis. Trad. de l'angl. par L. A. Pichon. *Paris*, 1814, in-8.

Ces deux ouvrages (1284 et 1285) devraient être constamment sous les yeux de ceux qui s'occupent de l'importante question du réglement des assemblées délibérantes.

1286. Jérémie Bentham, A ses concitoyens de France. — Sur les chambres des Pairs et les Sénats. Trad. de l'angl. par C. L. (Charles Lefebvre, et publié par Félix Bodin). *Paris*, 1831, in-8.

1287. N. Machiavel, Discours sur la première décade de Tite-Live.

La meilleure traduction de ces Discours est celle donnée par M. J.-V. Périès dans son édition des OEuvres du célèbre Florentin. *Paris*, 1823-1826, 12 vol. in-8, qui sont ainsi divisés: *Politique* (3 vol.), *Art militaire* (1 vol.), *Ouvrages historiques* (2 vol.), *Légations et missions* (3 vol.), *OEuvres diverses* (3 vol.).

1288. ——— Le Prince.

1289. (Frédéric II), L'Anti-Machiavel, ou Essai de critique sur le Prince de Machiavel (publié par Voltaire).

La lecture du *Prince* et de sa *Réfutation* par le roi de Prusse demande un esprit préparé à la méditation de pareils sujets, et dont les principes soient fixés par une étude et une application préliminaires des choses et des exemples. Il serait également funeste à une personne en place, qui voudrait puiser dans ce livre ses règles de conduite, de suivre à la lettre et aveuglément celles que donne Machiavel comme celles que lui oppose Frédéric. L'un a voulu établir que la cruauté, la fourberie et la force réussissent toujours dans le monde; l'autre, au contraire, que le succès et la puissance des rois et des maîtres des hommes sont inséparables de la douceur, de la franchise et de la clémence; tous deux se sont trompés ou ont voulu tromper les autres.

1290. Bouillé (le lieutenant-général L. J. A., marquis de), Commentaires politiques et historiques sur le Traité du « Prince » de Machiavel, et sur l'« Anti-Machiavel » de Frédéric II. *Paris*, 1827, in-8.

Ouvrage écrit avec une impartialité et une lucidité peu communes.

1291. A. F. Artaud, Machiavel, son génie et ses erreurs. *Paris*, 1833, 2 vol. gr. in-8.

« Machiavel, dit M. Artaud, dans son Introduction, soutient depuis plus de trois cents ans, devant l'opinion des hommes, un grand procès qui n'est pas encore jugé (*en dernière instance*). J'ai pensé, ajoute-t-il, qu'il pouvait être utile de mettre sous les yeux du public européen toutes les pièces de ce procès, et de les accompagner des détails et des discussions que demandait le sujet. »

1292. (L'abbé A. Guillon), Machiavel commenté par Napoléon Bonaparte. *Paris*, 1816, in-8.

Le principal mérite de ce commentaire supposé est d'offrir une excellente version du « Prince. »

1293. (Léon Halevy), Machiavel, ou Morceaux choisis et pensées de cet écrivain sur la politique, la législation, la morale, l'histoire et l'art militaire; précédés d'un Essai sur Machiavel et suivis d'une traduction nouvelle du « Prince. » *Paris*, 1822, 2 vol. in-18.

Consultez aussi G. G. Gervinus, Historische Schriften; Geschichte der florentinischen Historiographie bis zum sechzehnter Jahrhundert; nebts einer Charakteristik des Machiavel; etc. *Francfurt*, 1833, gr. in-8.

1294. Chateaubriand (le vicomte de), Mélanges et réflexions politiques.

1295. Benjamin Constant, Cours de politique constitutionnelle. Nouv. édit., mise en ordre par M. Pagès (de l'Ariège). *Paris*, 1836, 4 part. en 2 vol. in-8.

1296. De Pradt (ancien archevêque de Malines), OEuvres politiques. *Paris*, 1830, 31 vol. in-8.

1297. (Le baron Reverony-St-Cyr), Examen critique de l'équilibre social européen, ou Abrégé de statique politique et militaire. *Paris*, 1820, in-8.

1298. Gorani (le comte Jos.), Recherches sur la science du gouvernement ; trad. de l'ital. (par Ch. Guilloton-Beaulieu). *Paris*, 1792, 2 vol. in-8.

1299. Beaujour (le baron Félix de), Théorie des gouvernemens, ou Exposition simple de la manière dont on peut les organiser et les conserver dans l'état présent de la civilisation en Europe. *Paris*, 1823, 2 vol. in-8.

1300. M. Fr. Ancillon, Essais (nouveaux) de politique et de philosophie. *Paris*, 1824, 2 vol. in-8.

1301. J. Aubernon, Considérations historiques et politiques sur la Russie, l'Autriche et la Prusse ; et sur les rapports de ces trois puissances avec la France et les autres États de l'Europe. 2e édit. *Paris*, 1827, in-8.

La première édit. était anonyme.

1302. (M. d'Herbigny), De l'état moral et politique de l'Europe en 1832. Premier discours au roi. *Paris*, 1832, br. gr. in-8.

Ce Discours est à la fois le meilleur plaidoyer et le meilleur résumé de la question belge.

1303. ——— Études politiques et historiques. *Paris*, 1836, in-8.

1304. Le ministère de la réforme et le parlement réformé. (Trad. de l'angl. par M. Guizot). *Paris*, 1833, br. in-8.

Apologie des actes et du ministère de lord Grey. — Il en a été publié dans le même temps une autre traduction par un écrivain de l'Opposition, qui n'a pas l'importance de celle-ci.

1305. (D. Urquhart), L'Angleterre, la France, la Russie et la Turquie. Ouvrage trad. de l'angl. et précédé d'une introduction (de LII pag.) et augmenté d'un *Post-scriptum*, tiré d'un écrit postérieur du même auteur. *Paris*, 1835, in-8 (1234).

1306. Sir Francis d'Ivernois, Histoire du blocus hermétique de la Suisse, pour faire suite à l'Histoire du blocus continental. Lettres à lord Palmerston. *Genève* et *Paris*, 1836, in-8.

1307. J. Matter, Histoire des doctrines morales et politiques pendant les trois derniers siècles. *Paris*, 1836-1837, 3 vol. in-8.

1308. M. Fr. Ancillon, Tableau des révolutions du système politique de l'Europe depuis la fin du XVe siècle [jusqu'à la mort de Louis XIV]. Nouv. édit. *Paris*, 1824, 4 vol. in-8.

Nous croyons savoir que le savant et honorable auteur a la suite de cet ouvrage en mss. et qu'il la publiera aussitôt que les hautes fonctions dont il est revêtu lui en laisseront le loisir.

1309. Necker, — Ses OEuvres complètes, publiées par le baron Aug[te] de Stael, son petit-fils. *Paris*, 1821, 15 vol. in-8.

1310. (Montyon), Particularités et observations sur les ministres des finances de France les plus célèbres, depuis 1660 jusqu'à 1791. *Londres*, 1812, in-8.—Réimprimés dans la même année à *Paris*, mais avec des suppressions et notamment sans l'épître dédicatoire aux mânes de William Pitt.

1311. F. L. A. Ferrier, Du gouvernement, considéré dans ses rapports avec le commerce, ou de l'administration commerciale opposée aux économistes du XIXe siècle. 3e édition. *Paris*, 1822, in-8.

M. Dubois-Aymé a publié un « Examen de quelques questions d'économie politique et notamment de l'ouvrage de M. Ferrier », dont il a paru une 2e édit. *Paris*, 1824, in-8.

1312. M. Dutens, Philosophie de l'Économie politique. *Paris*, 1835, 2 vol. in-8.

1313. Ch. Ganilh, Dictionnaire analytique d'économie politique. *Paris*, 1826, in-8.

1314. ——— Des systèmes d'économie politique, de la valeur comparative de leurs doctrines, et de celle qui paraît la plus favorable aux progrès de la richesse. 2e édit. *Paris*, 1821, 2 vol. in-8.

1315. ——— Essai politique sur le revenu public des peuples de l'antiquité, du moyen âge et des siècles modernes, et spécialement de la France et de l'Angleterre, depuis le milieu du XVe siècle. 2e édit. *Paris*, 1823, 2 vol. in-8.

1316. ——— Théorie de l'Économie politique. 2e édit. *Paris*, 1822, 2 vol. in-8.

1317. N. W. Senior, Principes fondamentaux d'économie politique, tirés de ses leçons édites et inédites, par le comte J. Arrivabène. *Paris*, 1835, 1 vol. in-8.

1318. Hennet (le chevalier), Théorie du crédit public. *Paris*, 1816, in-4.

1319. Skarbek (le comte de), Théorie des richesses sociales, ou Nouveau traité d'économie politique. *Paris*, 1829, 2 vol. in-8.

1320. H. Storch, Cours d'économie politique, ou exposition des principes qui déterminent la prospérité des nations. *St-Pétersbourg*, 1815, 6 vol. in-8. — Réimprimé à *Paris*, en 1823, en 5 vol. in-8, avec des notes de J. B. Say.

Le texte et les notes de cette édition offrent souvent une espèce de discussion très-propre à exercer le jugement du lecteur.

1321. J. B. Say, Traité d'économie politique, ou Simple exposition de la manière dont se forment, se distribuent et se consomment les richesses. 5e édit. *Paris*, 1826, 3 vol. in-8.

1322. ——— Cours complet d'économie politique pratique. 1826-1830, 7 vol. in-8.

1323. J. C. L. Simonde de Sismondi, Nouveaux principes d'économie politique, ou de la Richesse dans ses rapports avec la population. 2e édit. *Paris*, 1827, in-8.

L'auteur publie en ce moment des « Études sur la science sociale. »

1324. Th. Schmalz, Économie politique. Ouvrage trad. de l'allem. par M. Jouffroy, et annoté sur la traduction par M. Fritot. *Paris*, 1826, 2 vol. in-8.

1325. d'Hauterive (le comte), Notions élémentaires d'économie politique, à l'usage des jeunes gens qui se destinent au service des administrations. Nouv. édit. *Paris*, 1825, in-8.

1326. Jos. Droz, Économie politique, ou Principes de la science des richesses. *Paris*, 1829, in-8 (1335).

1327. A. H. Everett, Idées (nouvelles) sur la population, avec des remarques sur les théories de Malthus et de Godwin. Trad. de l'angl. par Ferry. *Paris*, 1826, in-8 (1335).

1328. Pecchio (le comte Jos.), Histoire de l'économie politique en Italie, ou abrégé critique des économistes italiens. Trad. de l'ital. par L. Gallois. *Paris*, 1829, in-8 (1335).

1329. G. B. Depping, Histoire du commerce entre le Levant et l'Europe, depuis les Croisades jusqu'à la fondation des colonies d'Amérique. *Paris*, 1830, 2 vol. in-8.

1330. (Le baron Richerand), De la population dans ses rapports avec la nature du gouvernement. *Paris*, 1837, in-8.

II. *Ouvrages anglais.*

1331. Adam SMITH, An Inquiry into the Nature and Causes of the Wealth of Nations. 11th edit. with Notes, suppl. chapters, and a Life of the Author, by W. PLAYFAIR. *London*, 1805, 3 vols. 8vo. Again with Notes and Additions by BUCHANAN. *Edinburgh*, 1814, 4 vols. 8vo. — Traduit en allem., et en franç. avec notes, par le comte Germain GARNIER. 2e édit. *Paris*, 1822, 5 vol. in-8.

1332. S. GRAY, The Happiness of States; or, An Inquiry concerning Population, the modes of subsisting and employing it, etc.: in which the Author refutes the productive and unproductive Theory of SMITH, etc. *London*, 1815, 4to (1331).

1333. Ad. FERGUSON, An Essay on the History of Civil Society. 7th edit. *London*, 1814, 8vo. — Les 1res édit. ont été trad. en français et en allemand.

1334. Earl of LAUDERDALE, An Inquiry into the Nature and Origine of Public Wealth, and into the Means and Causes of its Increase. 2d edit., with considerable additions. *Dublin*, 1818, 8vo. — La 1re édit. a été trad. en allem., et en franç. par E. LAGENTIE DE LAVAÏSSE. *Paris*, 1807, in-8.

1335. P. R. MALTHUS, An Essay on the Principle of Population; or a view of its past and present Effects on Human Happiness. 5th edit., with additions. *London*, 1817, 2 vols. 8vo. — Trad. en franç. par MM. P. et G. PREVOST. *Genève* et *Paris*, 1824, 4 vol in-8 (1327).

M. J.-S. CONSTANCIO a donné une traduction des « Principes d'économie politique (de P. R. MALTHUS) considérée sous le rapport de leur application pratique. *Paris*, 1820, 2 vol. in-8. »

On a de W. GODWIN, des « Recherches sur la population et sur la faculté d'accroissement de l'espèce humaine, contenant une Réfutation des doctrines de MALTHUS sur cette matière; » traduites de l'angl., par J.-S. CONSTANCIO. *Paris*, 1821, 2 vol. in-8 (1327).

1336. S. RICARDO, On the Principles of Political Economy and Taxation. 2d. edit. *London*, 1819, 8vo. — Trad. en franç., avec des notes de J. B. SAY, par J. S. CONSTANCIO. 2e édit. *Paris*, 1835, 2 vol. in-8.

1337. J. R. Mc CULLOCH, The principles of political Economy: with a Sketch of the Rise and Progress of science. 2d.

edit., greatly enlarged. *London*, 1830, 8vo. — La 1re édit. a été trad. en franç. par G. Prevost. *Genève* et *Paris*, 1825, in-8.

1338. J. R. Mc Culloch, A Dictionary, pratical, theorical and historical of Commerce and commercial Navigation: illustrated with maps and plans. 2d edit. *London*, 1834, 1 gr. vol. 8vo. — With a supplement to octob. 1834.

III. *Ouvrages allemands.*

1339. Fr. Ancillon, Ueber Souveränetät und Staatsverfassung. *Berlin*, 1816, in-8.

1340. ———— Ueber die Staatswissenschaft. *Berlin*, 1820, in-8.

1341. ———— Ueber den Geist der Staatsverfassungen u. deren Einfluss auf die Gesetzgebung. *Berlin*, 1825, in-8, 1r Bd.

1342. Fr. v. Raumer, Ueber die geschichtliche Entwickelung der Begriffe von Recht, Staat und Politik. *Leipzig*, 1826, in-8.

1343. Jh. Fr. Eus. Lotz (Ritter), Handbuch der Staatswirthschaftslehre. *Erlangen*, 1821-1822, 3 Bde in-8.

1344. L. H. v. Jacob, Die Staats-Finanzwissenschaft, theoretisch und praktisch dargestellt. *Halle*, 1821, 2 Bde in-8.

1345. F. C. Fulda, Handbuch der Finanzwissenschaft. *Tübingen*, 1827, in-8.

1346. G. F. Krause, Versuch eines Systems der National und Staatsöconomie. *Leipzig*, 1830, 2 Bde in-8.

1347. Fr. Murhard, Theorie und Politik des Handels; für Staatsgelehrte u. Geschäftsmänner. *Götting.*, 1831, 2 Bde in-8.

1348. C. v. Rotteck, Lehrbuch des Vernunftrechts in den Staatswissenschaften. *Stuttgart*, 1829, in-8.

1349. K. H. L. Pölitz, Die Staatswissenschaft im Lichte unsrer Zeit. *Leipzig*, 1824-1827, 5 Bde in-8.

1350. J. v. Soden, Die National-Oekonomie. *Leipzig*, *Aarau* et *Nürnberg*, 1805-1810, 9 Bde in-8.

1351. J. Schön, Die Staatswissenschaft, geschichtlich-philosophisch begründet. *Breslau*, 1831, in-8 (365, 501).

SECTION DIX-NEUVIÈME.

RECUEILS PÉRIODIQUES.

OUVRAGES PÉRIODIQUES RELATIFS A L'HISTOIRE ET AUX ÉVÉNEMENS POLITIQUES DU TEMPS.

I. *Ouvrages allemands.*

1352. Theatrum europaeum, oder Beschreibung aller denkwürdigen Geschichten (v. 1617-1718). *Frankf.*, 1635-1738, 21 Thle in-fol.

1353. Diarium europaeum, oder kurze Beschreibung denkwürdiger Sachen (v. 1657-1681). *Frankf.*, 1659-1683, 45 Thle in-4.

1354. Monatlicher Staatsspiegel. *Augsburg*, 1698-1709, 21 Bde in-8.

1355. Neu eröffneter Staatsspiegel. *Haag* u. *Leipzig*, 1710-1716, 8 Bde in-8.

1356. Allgemeine Schaubühne der Welt (1601-1688), *Frankfurt*, 1699-1731, in-fol.

1357. Europäischer Mercurius. *Amsterdam*, 1690-1756, 67 vol. in-4.

1358. Die europäische Fama. *Leipzig*, 1702-1734, 363 Thle od. 30 Bde in-8.

1359. Die neue europäische Fama. *Leipzig*, 1735-1756, 192 Thle od. 12 Bde in-8.

1360. Europäischer Staats-Secretarius. *Leipzig*, 1734-1748, 144 Thle od. 12 Bde in-8.

1361. Neuer europäischer Staats-Secretarius, *Leipzig*, 1749-1755, 60 Thle od. 5 Bde in-8.

1362. (Mich. Ranft), Der genealogische Archivarius. *Leipzig*, 1732-1738, 50 Thle od. 8 Bde in-8.

Cet ouvrage a été continué sous les titres suivans :

1363. 1° Genealogisch-historische Nachrichten. *Leipzig*, 1739-1750, 145 Thle od. 12 Bde in-8.

1364. 2° Neue genealogisch-historische Nachrichten. *Leipzig*, 1750-1762, 160 Thle od. 13 Bde in-8.

1365. 3° Fortgesetzte neue genealogische Nachrichten. *Leipzig*, 1762-1777, 168 Thle od. 14 Bde in-8.

1366. A. L. Schlözer, Briefwechsel. *Göttingen*, 1772, und ff. 10 Bde in-8. — 4te Aufl. 1780 u. ff.

1367. ——— Staatsanzeigen. *Göttingen*, 1781-1794, 18 Bde in-8.

1368. (H. M. G. Köster), Die neuesten Staatsbegebenheiten. *Frankf.*, 1776-1782, 7 Thle in-8.

1369. (A. Wittenberg), Niederelbisches Magazin. *Hamburg*, 1787-1789, (Un cahier in-8 par mois). — Continué jusqu'en 1795 sous le titre de *Historisches Magazin.*

1370. E. L. Posselt, Annalen Europäische. *Tübingen*, 1795-1804, [Un cahier in-8 par mois. — Continuées, après la mort de Posselt, par divers rédacteurs, de 1805 à 1812, puis à *Stuttgart*, de 1813-1820; de 1821-1823, sous ce titre: « Algem. polit. Annalen, herausg. v. Murhard; ou « Neue Annalen, etc., » de 1824-1829. Nouv. suite, à dater de 1830, « herausg. v. K. v. Rottek. »

1371. C. F. Hæberlin, Staatsarchiv. *Helmstädt*, 1796-1808, 62 Hfte in-8.

1372. J. W. v. Archenholz, Minerva.

Depuis 1792, un cahier in-8 par mois. — Ce recueil a été commencé à Berlin, puis continué à Hambourg et ensuite à Altona, jusqu'à la mort d'Archenholz, décédé en 1812. Le suivant en est la continuation:

1373. F. A. Bran, Minerva. Ein Journal historischen u. politischen Inhalts. *Jena*, 1813-1836, in-8.

1374. Magazin der europäischen Staaten-Verhältnisse. *Frankfurt*, 1797, 2 Bde od. 12 Hfte in-8.

1375. Nik. Vogt, Europäische Staatsrelationen. *Frankf. am M.*, 1804-1809, 13 Bde zu 3 Stück. in-8; 14^r Bd. *Heidelb.*, 1809; Supplementheft hierzu für 1809. *Mainz*, 1810, in-8.

1376. C. D. Voss, Die Zeiten, oder Archiv für d. neueste Staatsgeschichte u. Politik. *Rudolst.*, 1805-1806, u. *Leipzig*, 1807-1820. [Un cahier in-8 par mois.]

1377. Kronos, eine Zeitschrift, politischen, histor. u. liter. Inhalts. *Prag*, 1813. [Un cahier in-8 par mois, de janvier à décembre, inclusivement.]

1378. H. Luden (Ritter), Nemesis. Zeitschrift für Politik und Geschichte. *Weimar*, 1814, 12 Bde (zu 4 Hfte) in-8.

1379. F. Buchholz, Journal für Deutschland. *Berlin*, 1815-1819.—Continué depuis 1820 sous le titre de : « Neue Monatschrift für Deutschland, histor. polit. Inhalts. »

1380. Ad. Müller, Deutsche Staatsanzeigen. *Leipzig*, 1816-1817, 2 Bde in-8.

1381. K. E. Schmid, Der deutsche Bund, *Hildburghausen*, 1816. 1 Bd in-8.

1382. J. L Klüber, Staatsarchiv des deutschen Bundes. *Erlangen*, 1816-1817, 6 Hefte in-8 (286).

1383. (J. Frhrr v. Hormayr), Archiv für Geographie, Historie, Staats-u. Kriegskunst. *Wien*, 1810-1828, in-4—Continuées sous ce titre : « Archiv für Geschichte, Statistik u. Staatenkunde. » (12 Nos par an.)

1384. (H. K. W. Berghaus u. K. Fr. Hoffmann), Hertha. Zeitschrift fur Erd-und Staatenkunde. *Stuttgart*, in-8. — Continuée sous ce titre : « Annalen der Erd-. Völker-u. Staatenkunde. Unter Mitwirkung, Al. v. Humboldt u. herausg. v. H. K. W. Berghaus. »

II. *Ouvrages anglais, italiens et hollandais.*

1385. The moderate Intelligencer. *London*, 1645-1749, 4to.

1386. Historical Register. *London*, 1714-1738, 8vo.

1387. The Annual Register, or a View of the History, Politics and Literature. *London*, 1758-1836, (1 vol. in-8 par an) (320, 967).

1388. Storia dell' anno. (Commencée à *Amsterdam* et continuée à *Venise*). — Il en paraît un vol. in-8 par an, depuis 1731.

1389. Nederlansche Jaarboeken. *Amsterdam*, 1747-1766, 42 dn. in-8 (1357). — Continué sous le titre suivant :

1390. Nieeuwe nederlandsche Jaarboeken. *Amsterdam*, 1767-1806, 83 dn. in-8.

1391. Jaarboeken der bataavsche Republik. *Amsterdam*, 1795 en volg. Jar., in-8.

1392. M. STUART, Jaarboeken von het Koningrijk der Nederlanden. *Amsterdam*, 1818, en volg. Jar., in-8.

III. *Ouvrages en français.*

1393. Le Mercure français (1605-1644), [composé par Jean RICHER jusqu'en 1635, et continué par Théoph. RENAUDOT]. *Paris*, 1611-1648, 25 vol. in-8.

1394. (MARANA et COTOLENDI), L'espion dans les cours des princes chrétiens (1637-1683). *Cologne*, 1696-1699, 6 vol. in-12. — Souvent réimprimé.

1395. Mercure historique et politique (rédigé, depuis novembre 1686 jusqu'en avril 1782, par SANDRAS DE COURTILZ, P. BAYLE, LA BRUNE, SAINT-ÉLIER, GUYOT, ROUSSET, LE FÈVRE et autres). *Parme* et *La Haye*, 1686-1787, 215 vol. in-12.

1396. Lettres historiques, contenant ce qui s'est passé de plus important en Europe (depuis 1692-1745, par J. BERNARD, H. BASNAGE, J. DU MONT, et par d'autres depuis 1728). *La Haye*, 1692-1745. [Il y en avait 111 vol. in-12 parus en 1728.]

1397. La Clef du cabinet des princes de l'Europe, ou Journal de Verdun (par Cl. JORDAN, L. Jos. DE LA BARRE, Ch. Ph. MONTENAULT D'EGLY, P. Nic. BONNAMY et Hubert-Pascal AMEILHON). *Luxembourg*, *Verdun* et *Paris*, 1704-1776, 120 vol. in-8. — Repris en 1782, et interrompu peu après.

DREUX-DU-RADIER a publié une fort bonne Table de ce Journal, depuis son apparition jusqu'en 1756 inclusivement. *Paris*, 1759, 9 vol. in-8.

1398. Nouvelles, ou Mémoires historiques, politiques et littéraires. *La Haye* et *Amsterdam*, 1728-1731, 12 vol. in-12.

1399. État politique de l'Europe (par BRUZEN DE LA MARTINIÈRE et autres). *La Haye*, 1738-1749, 13 vol. in-8. — Trad. en allem. *Dresde* u. *Leipzig*, 1740-1751, 13 Bde in-8.

1400. La Gazette de Leyde, ou Nouvelles extraordinaires de divers endroits (commencée en 1738 par MM. LUSAC, et continué jusqu'en 1810 par les successeurs des fondateurs, et par MM. Cérisier, Docamp, Baudus et autres. *Leyde*, 1738-1810, 63 années, petit in-4.

1401. La Gazette de France, (rédigée, depuis 1631 jusqu'en 1792, par Théophraste, Eusèbe et Isaac Renaudot; Hellot, depuis 1718 jusqu'en 1732; l'abbé Laugier, Suard, de Querlon, Rémond de Saint-Albine, de Mouhy, Bret, Fallet, Marin, Collet, ancien secrétaire du cabinet de la duchesse de Parme, l'abbé Aubert, et par d'autres, jusqu'à la fin de l'an VI de la république), 175 vol. in-4. — Il faut joindre à cette volumineuse collection, la Table des 135 premières années (par Genet). *Paris*, 1766, 3 vol. in-4.

1402. La Gazette nationale, ou le *Moniteur universel*, [commencé à Paris, le 24 novembre 1789 (rédigé successivement par MM. Maret, Rabaut-Saint-Etienne, Ginguené, Guillois, Amar, Tourlet, Jourdan, Peuchet, Desmares, Trouvé, Sauvo et autres), jusqu'à ce jour]. 91 ou 92 vol. in-fol., y compris l'Introduction historique, rédigée par M. Thuau-Granville, en l'an IV de la république; mais non compris les Tables générales, qui sont aussi utiles que bien faites.

1403. M. P. Henrichs, Archives du commerce et de l'industrie agricole et manufacturière, Recueil de tous les documens officiels commerciaux de France et de l'étranger. *Paris*, 1833, et ann. suiv., 1 cah. de 100 pag. in-8 par mois; 3 cah. font 1 vol., chaque vol. est terminé par une table analytique.

1404. Annuaire historique universel. *Paris*, 1818 et ann. suiv. 1 vol. in-8 par an (321).

On pourra consulter, pour se faire une idée du nombre immense d'écrits périodiques, en tous genres, publiés en France depuis 1787, la :

1405. Bibliographie des Journaux, par M. D.......s (Deschiens). *Paris*, 1829, in-8.

Les principaux *Journaux quotidiens*, la plupart des *Gazettes politiques* et des *Feuilles officielles*, de tous les pays, font naturellement partie de cette section; nous regrettons que les limites de cette Bibliographie nous empêchent de les citer autrement, ni de faire mention de plusieurs Revues qui auraient dû y trouver place, et particulièrement la *Revue Britannique*, la *Bibliothèque universelle de Genève*, le *Spectateur militaire* (de Paris), etc., etc.

SECTION VINGTIÈME.

LINGUISTIQUE.

GRAMMAIRES ET DICTIONNAIRES DES LANGUES MODERNES, RANGÉES D'APRÈS LEUR DEGRÉ D'UTILITÉ RELATIVE.

§ 1. LANGUE FRANÇAISE.

I. Grammaires.

1406. COURT DE GÉBELIN, Histoire naturelle de la parole, ou Grammaire universelle. Nouvelle édit. avec un discours et des notes par le comte LANJUINAIS. *Paris*, 1816, in-8.

1407. Nic. BEAUZÉE, Grammaire générale, ou Exposition raisonnée des élémens nécessaires du langage, etc. *Paris*, 1767, 2 vol. petit in-8, ou 1819, 1 vol. in-8.

1408. A. ARNAULD et LANCELOT, Grammaire générale et raisonnée de Port-Royal. Nouv. édit. précédée d'un Essai sur l'origine et les progrès de la langue française, par M. PETITOT, et suivie du commentaire de DUCLOS, avec des notes. 2ᵉ édit. *Paris*, 1810, in-8.

1409. LEMARE, Cours de langue française. 2ᵉ édit. *Paris*, 1817-1819, 2 vol. in-8.

1410. GIRAULT-DUVIVIER, Grammaire des grammaires, ou Analyse des meilleurs traités sur la langue française. 8ᵉ édit. *Paris*, 1834, 2 vol. in-8.

1411. LÉVIZAC, L'Art de parler et d'écrire correctement la langue française, ou Grammaire philosophique et littéraire de cette langue. 7ᵉ édit., revue par A. DREVET. *Paris*, 1822, 2 vol. in-8.

II. Dictionnaires.

1412. Dictionnaire de l'Académie française. 6ᵉ édit. *Paris*, 1835, 2 vol. in-4.

Il a paru, depuis 1835, divers Abrégés de cette nouv. édit. du Dictionnaire de l'Académie, qui sont naturellement préférables aux Abrégés des éditions antérieures.

Il est annoncé un « Supplément au Dictionnaire de l'Académie française, contenant tous les termes (d'arts et sciences) qui ne se trouvent pas dans ce Dictionnaire, auxquels on a joint ceux de géographie ancienne et moderne, etc.; par Narcisse LANDOIS. »

1413. P. C. V. BOISTE, Dictionnaire universel de la langue française, avec le latin et les étymologies, etc. 8e édit., revue et augm. par M. Ch. NODIER. *Paris*, 1834, in-4.

1414. Cl. Mar. GATTEL, Dictionnaire universel portatif de la langue française, avec la prononciation figurée et l'étymologie de chaque mot. 4e édit. *Lyon*, 1827, 2 gr. vol. in-8.

1415. Ch. NODIER et A. VERGER, Dictionnaire universel de la langue française, rédigé d'après le Dictionnaire de l'Académie et ceux de LAVEAUX, GATTEL, BOISTE, WAILLY, etc., *Paris*, 1823, 1827, 1829 et 1832, 2 vol. in-8.

Ces divers tirages ne diffèrent guères entre eux que par le millésime.

1416. J. Ch. LAVEAUX, Nouveau Dictionnaire de la langue française, où l'on trouve le recueil de tous les mots usuels de la langue, les étymologies, l'explication des synonymes, etc., etc. 2e édit. *Paris*, 1828, 2 vol. in-4.

1417. ——— Dictionnaire raisonné des difficultés de la langue française. *Paris*, 1822, 2 vol. in-8.

1418. ——— Dictionnaire synonymique de la langue française. *Paris*, 1826, 2 vol. in-8.

1419. M. F. GUIZOT, Nouveau Dictionnaire universel des synonymes de la langue française. 2e édit. *Paris*, 1822, 2 vol. in-8.

1420. L. PHILIPPON DE LA MADELAINE, Des homonymes français. 3e édit. *Paris*, 1817, in-8.

1421. Napoléon LANDAIS, Dictionnaire général et grammatical des Dictionnaires français. *Paris*, 1834-1835, 2 vol. gr. in-8.

§ 2. LANGUE ANGLAISE.

I. Grammaires.

1422. Lindley MURRAY, English Grammar, adopted to the different Classes of Learners. 16th edit. *York*, 1808, 12mo.

Souvent réimprimée depuis.

1423. Rob. LOWTH, Introduction to English Grammar; with critical Notes *London*, 1775, 12mo.

1424. CRABBE, English Synonymes, explained in alphabetical Order. *London*, 1816, 8vo.

1425. W. COBBETT, Le maître d'anglais, ou Grammaire raisonnée de la langue anglaise. Nouv. édit. *Paris*, 1830, in-12.

1426. SIRET, Élémens de la langue anglaise, nouvelle édition, augmentée et enrichie de notes, par MM. POPPLETON et BONIFACE. *Paris*, 1836, in-8.

1427. W. KLAUER-KLATTOWSKI, A comprenhensive Grammar of the German language, condensed in two synoptical tables. 2d edit. *London*, 1834 (1458).

1428. C. B. SCHADE, A new grammar of the German language. *Leipzig*, 1828, in-8 (1459).

1429. J. A. E. SCHMIDT, A complete German grammar in a systematical Order. *Leipzig*, 1828, 2 vols. 8vo (1460).

1430. G. SCHÖLER, New concise Grammar of the German Tongue. *Berlin*, 1830, 8vo (1461, 1522, 1545, 1562, 1563, 1596, 1611, 1697, 1719, 1720).

II. Dictionnaires.

1431. Sam. JOHNSON, A Dictionary of the English Language; in which the Words are deduced from their originals, and illustrated in their different significations by examples from the best writers. To wich are prefixed. A History of the Language, an English Grammar. New edit. with numerous corrections, and with the addition of many thousand words; by the Rev. H. J. TODD. *London,* 1816, 3 vols. 4to.

1432. G. FULTON, A general Pronouncing Explanatory Dictionary, of the English Language; which is added, a Vocabulary of Scriptur Propere Names. Written Conjunction with G. KNIGHT. 2d improved. *Edinburgh,* 1807, 4to.

1433. Will. PERRY, The Synonymous Etymological and Pronouncing English Dictionary. *London*, 1805, 8vo.

1434. John WALKER, A Critical Pronouncing Dictionary and Expositor of the English Language. *London,* 1807, 4to.

1435. Ab. Boyer, Dictionnaire anglais-français et français-anglais, augm. par Chambaud, Garner et Descarrières. Nouv. édit., revue par L. F. Fain. *Paris,* 1829, 2 vol. in-4.

1436. Hamonière, Le nouveau Boyer, ou Dictionnaire français-anglais et anglais-français, rédigé d'après les meilleurs dictionnaires publiés dans les deux langues. *Paris,* 1834, in-8.

1437. Boniface, Dictionnaire anglais-français et français-anglais. *Paris,* 1835, 2 vol. in-8.

1438. Th. Nugent, Nouveau Dictionnaire de poche anglais-français et français-anglais. 19ᵉ édit., revue par L. F. Fain. *Paris,* 1828, 2 vol. in-16.

1439. Fleming et Tibbins, Nouveau Dictionnaire anglais-français, français-anglais, rédigé sur le Dictionnaire de l'Académie française de 1835, et sur les meilleurs Dictionnaires anglais. *Paris,* 1836-1837, 2 vol. in-4.

1440. J. G. Flügel, Complete Dictionary of the English and German, and German and English Languages. *Leipzig,* 1830, 2 vols gr. 8vo (1496-1499; 1531, 1554, 1570, 1605, 1620, 1621, 1722, 1723).

§ 3. Langue allemande.

I. Grammaires.

1441. J. C. Adelung, Deutsche Sprachlehre, 6ᵉ Aufl. *Berlin,* 1816, in-8.

1442. Th. Heinsius, Neue Sprach-und Redeschule der Deutschen. 5ᵉ gänzlich umgearbeitete Auflage der neuen deutschen Sprachlehre. *Leipzig,* 1833, 3 Thle in-8.

1443. ——— Teut, oder theoret.-praktisches Lesebuch der gesammten deutschen Sprachwissenschaft. 4ᵉ Ausg. *Berlin,* 1825-1832, 5 Thle in-8.

1444. F. C. A. Heyse, Theoret.-praktische deutsche Grammatik. 5ᵉ Ausg. *Hannover,* 1834, gr. in-8.

1445. J. C. F. Baumgarten, Die Synonymen oder sinnverwandten Wörter der deutsch. Sprache. *Leipz.,* 1824, Quer-in-8.

1446. K. J. Becker, Das Wort in seiner organischen Verwandlung. *Frankfurt am M.,* 1833, gr. in-8.

1447. Fr. Grimm, Deutsche Grammatik. *Göttingen,* 1822-1831, 3 Bde gr. in-8.

1448. Mozin, Französische Sprachlehre. 10ᵉ Aufl. *Stuttgart*, 1830, in-8 (1453).

1449. Franceson, Neue französische Sprachlehre für Deutsche. 2ᵉ Aufl. *Berlin*, 1813, in-8.

1450. Hirzel, Neue französische Grammatik. 6ᵉ Aufl. *Aarau*, 1830, in-8.

1451. Meidinger, Praktische französische Grammatik. 36ᵉ Original-Ausgabe. *Frankfurt*, 1835, in-8.

1452. Simon, Grammaire allemande élémentaire. Nouv. édit. *Paris*, 1831, in-8.

1453. Mozin (l'abbé), Nouvelle Grammaire allemande. 4ᵉ édit. *Stuttgart* et *Tubingue*, 1826, in-8 (1448).

1454. C. B. Schade, Grammaire allemande, à l'usage des Français. 10ᵉ édit. *Leipzig*, 1827, in-8.

1455. C. T. Suffér., Grammaire allemande. *Paris*, 1823, in-8.

1456. J.-T. Hermann, Grammaire allemande. 4ᵉ édit. *Paris*, 1835, in-8.

1457. S. Pinheiro-Ferreira (le commandeur), Les Rudimens de la Grammaire allemande. *Paris*, 1836, br. in-8.

1458. W. Cobbett, Englische Sprachlehre in einer neuen und fasslichen Darstellung, für Deutsche bearbeitet von H. Plessner. *Leipzig*, 1831, in-8 (1430).

1459. J. Ebers, Neue praktische Grammatik der engl. Sprache, nach Walker's, Sheridan's u. Lowth's Grundsätzen. 4ᵉ Aufl. *Halle*, 1812, in-8 (1429).

1460. H. E. Lloyd, Englische Sprachlehre für Deutsche. *Hamburg*, 1816, in-8 (1428).

1461. H. Arnold, Englische Grammatik. 15ᵉ Aufl. ganz neu bearbeitet und vermehrt von J. A. Fahrenkrüger. *Jena*, 1829, in-8 (1427).

1462. D. Ant. Filippi, Neueste theoret.-praktische italienische Sprachlehre für Deutsche. 12ᵉ Aufl. *Wien*, 1829, in-8.

1463. J. D. Wagner, Italienische Sprachlehre. *Bremen*, 1815, in-8.

1464. C. F. Franceson, Grammatik der Italienischen Sprache. *Berlin*, 1822, in-8.

1465. Joh. Fr. Arnold, Theor.-praktische Grammatik der italienischen Sprache. *Heilbronn*, 1830, gr. in-8.

1466. Fr. Valentini, Der italienische Lehrer, oder theoret.-praktischer Lehrgang des italienischen Sprachunterrichts. *Leipzig*, 1827, 2 Bde in-8.

1467. F. B. W. Benecke, Spanische Grammatik. 2e Ausg. *Leipzig*, 1817, gr. in-8.

1468. E. D. Wagener, Spanische Sprachlehre. *Leipzig*, 1826-1828, 2 Thle gr. in-8.

1469. Kurze Anleitung zur portugiesischen Sprache. *Hamburg*, 1832, gr. in-8.

1470. Fr. Ahn, Neue holländische Sprachlehre. 2e Aufl. *Köln*, 1833, gr. in-12.

1471. Ch. Flor, Lehrbuch der dänischen Sprache. *Kiel*, 1833, gr. in-8 (1597-1600).

1472. Ekholz, Praktisches Lehr-und Hülfsbuch der Schwedischen Sprache. *Lübeck*, 1831, in-8 (1612, 1613).

1473. A. W. Tappe, Neue theoret.-praktische russische Sprachlehre (1630-1632).

1474. C. Pohl, Theoret.-praktische Grammatik der polnischen Sprache. 2e Aufl. *Breslau*, 1834, gr. in-8 (1644-1648).

1475. Dobrowsky, Entwurf zu einem allgemeinen Etymologikon der slavischen Sprache. 2e Ausg. vermehrt und verbessert von W. Hanka. *Prag*, 1833, in-8 (1658, 1661).

1476. ——— Ausführliches Lehrgebäude der böhmischen Sprache. 2e Aufl. *Prag*, 1819, in-8 (1662, 1663).

1477. Ant. Jos. Murko, Theoretisch-praktische slowenische Sprachlehre. *Grätz*, 1832, in-8.

1478. Cand. A. Seiler, Kurzgefasste Grammatik der sorben-wendischen Sprache. *Bautzen*, 1830, in-8 (1662, 1664).

1479. Stephanowitsch Wuk, Kleine serbische Grammatik, verdeutscht und mit einer Vorrede von Jacob Grimm, etc. *Berlin*, 1824, gr. in-8 (1669).

1480. H. J. Farkas, Ungarische Grammatik, umgearbeitet von F. v. Marton u. P. Szlemenics. *Wien*, 1816, gr. in-8.

1481. G. Russiades, Praktische Grammatik der neu-hellenischen Sprache. (1683, 1682, 1711, 1721).

II. Dictionnaires.

1482. J. C. ADELUNG, Versuch eines vollständigen gramm. kritischen Wörterbuchs d. hochdeutschen Mundarten. 2e Aufl. *Leipzig*, 1793–1801, 4 Thle in-4; und Suppl. B.-I. *Berlin*, 1818. [Il a été fait un extrait des quatre premiers vol. qui a paru, en 1793–1802, en 4 vol. in-8.]

1483. J. H. CAMPE, Wörterbuch der deutschen Sprache. *Braunschweig*, 1807–1812, 5 Bde in-4.

1484. J. G. VOIGTEL, Versuch eines hochdeutschen Wörterbuchs. *Halle*, 1793, 3 Thle in-8.

1485. Th. HEINSIUS, Vollständiges Wörterbuch der deutschen Sprache. *Hannover*, 1818–1822, 4 Bde gr. in-8.

1486. E. F. Ch. OERTEL, Gemeinnütziges Fremdwörterbuch zur Erklärung und Verdeutschung der in unserer Sprache vorkommenden fremden Wörter und Ausdrücke, etc. 4e Aufl. *Ansbach*, 1826, 2 Bde in-8.

1487. J. A. EBERHARD, Synonymisches Handwörterbuch der deutschen Sprache. 6e Aufl. *Berlin*, 1831, in-8.

1488. ——— und J. G. E. MAASS, Versuch einer allgemeinen deutschen Synonymik, in einem Kritisch-philosophischen Wörterbuche der sinnverwandten Wörter der hochdeutschen Mundart. 3e Ausg., fortgesetzt und herausgegeben von J. G. GRUBER. *Halle*, 1826–1830, 6 Bde gr. in-8.

1489. J. LENDROY, Neues Wörterbuch der deutschen und französischen Sprache, zum Gebrauche aller Stände. *Francfurt a. M.*, 1834, 2 Thle in-8.

1490. Ph. Jac. FLATHE, Dictionnaire allemand-français et français-allemand. *Leipzig*, 1798, 5 vol. in-8.

1491. (J. Ch. LAVEAUX), Dictionnaire allemand-français et français-allemand, à l'usage des deux nations. 7e édit. *Strasbourg* et *Paris*, 1812, 2 vol. in-4, ou 2 gros vol. in-8.

1492. MOZIN (l'abbé) et BIBER, Nouveau Dictionnaire complet, à l'usage des Allemands et des Français. Nouvelle édit. *Stuttgart*, 1828, 4 vol. in-4.

1493. Ch. P. SCHWAN, Nouveau Dictionnaire de la langue allemande et française, composé sur l'ouvrage de J. C. ADELUNG et de l'Académie française. Nouv. édit. *Berlin*, 1820, 2 vol. in-4, ou 4 vol. in-8.

1494. Zay, Nouveau Dictionnaire de poche français-allemand et allemand-français. *Paris*, 1833, 2 tom. en 1 vol. in-18.

1495. Thibaut, Nouveau Dictionnaire portatif français-allemand et allemand-français. Nouv. édit. *Leipzig*, 1830, 1 gr. vol. in-8.

1496. Henschel, Dictionnaire français-allemand et allemand-français. Ouvrage entièrement neuf. *Paris*, 1836 et ann. suiv., 2 vol. gr. in-8.

1497. Bailey-Fahrenkrüger, Wörterbuch der englisch-deutschen und deutsch-englischen Sprache. 12e Aufl., bearbeitet von A. Wagner. *Jena*, 1823, 2 Bde in-8 (1440).

1498. K. B. Schade, Neues englisch-deutsches und deutsch-englisches Taschenwörterbuch. 4e Aufl. vermehrt von Horn. *Leipzig*, 1816, 2 Thle in-8 (1440).

1499. Chr. Ludwig, Vollständiges deutsch-englisches und englisch-deutsches Wörterbuch. *Leipzig*, 1832, 2 Thle in-8.

1500. Ch. Jos. Jagemann, Italienisch-deutsches u. deutsch-ital. Wörterbuch. *Leipzig*, 1803, 2 Thle in-8 (1532).

1501. D. Ant. Filippi, Italienisch-deutsches und deutsch-ital. Wörterbuch. *Leipzig*, 1818, 2 Thle in-8 (1533).

1502. Th. v. Seckendorff, Wörterbuch der Spanischen u. deutschen Sprache. *Nürnb.*, 1831, 3 Thle in-8 (1557).

1503. J. C. Franceson, Neues spanisch-deutsches u. deutsch-spanisches Wörterbuch. *Leipzig*, 1829-1833, 2 Bde in-16 (1555, 1556).

1504. J. D. Wagener, Deutsch-portugiesisches Lexicon. *Leipzig*, 1812, 2 Thle gr. in-8.

1505. W. Winkelmann, Holländisch-deutsches und deutsch-holländisches Wörterbuch. *Amsterdam* u. *Leipzig*, 1803-1808, 2 Thle in-8 (1585, 1586).

1506. B. C. Grönberg, Deutsch-dänisches und dänisch-deutsches Handwörterbuch. *Kopenhagen*, 1824, 2 Thle in-8.

1507. K. Gl. Reisler, Deutsch-dänisches und dänisch-deutsches Lexicon. 3e Aufl. verbessert von C. F. Primon. *Kopenhagen*, 1810, 3 Thle in-8 (1606).

1508. J. G. P. Möller, Deutsch-schwedisches und schwed.-deutsches Wörterbuch. *Leipzig*; 1801-1808, 3 Bde gr. in-8.

1509. J. K. Dahnert, Deutsch-schwedisches und schwedisch-deutsches Handwörterbuch mit angeführten franz. *Upsala*, *Abo* u. *Stralsund*, 1796, in-8 (1622).

1510. Aug. Oldekop, Russich-deutsches Taschenwörterbuch. *St.-Petersburg*, 1824, 3 Thle in-16 (1639, 1640).

1511. Neues Taschen-wörterbuch der deutschen, polnischen und französischen Sprache. *Breslau*, 1828, 2 Thle gr. in-8.

1512. Dobrowsky, Deutsch-böhmisches Wörterbuch. *Prag*, 1821, 2 Bde gr. in-4.

1513. Marton, Deutsch-ungarisches und ungarisch-deutsches Wörterbuch, nach Holzmann, Scheller, Pariz-Papai. *Pesth*, 1827, 2 Bde gr. in-8.

1514. Ant. Jos. Murko, Deutsch-slowenisches und slowenisch-deutsches Handwörterbuch. *Grätz*, 1833, 2 Thle in-8.

1515. Stephanowitsch Wuk, Serbisch-deutsch-latein. Wörterbuch. *Berlin*, 1818 (Lexiconformat).

1516. J. A. E. Schmidt, Neu-griechisch-deutsches und deutsch-neu-griechisches Wörterbuch. *Leipzig*, 1825, 2 Thle in-16.

§ 4. Langue italienne.

I. Grammaires.

1517. G. Biagioli, Grammaire italienne élémentaire et raisonnée, suivie d'un Traité de la poésie italienne. 6e édition. *Paris*, 1824, in-8.

1518. G. Robello, Grammaire italienne élémentaire et analytique. *Paris*, 1829, in-8.

1519. Vergani, Grammaire italienne augmentée par Moretti. 2e édit. *Paris*, 1829, in-8.

1520. Barberi, Grammaire des grammaires italienne, élémentaire, raisonnée, méthodique et analytique, ou Cours complet de langue italienne, *Paris*, 1819. 2 vol. in-8.

1521. R. Zotti, Le nouveau Veneroni, ou Grammaire italienne, contenant tout ce qui est nécessaire pour apprendre la langue italienne. *Paris*, 1835, in-12.

1522. Vergani, Grammatica inglese all'uso degl' Italiani. *Livorno*, 1835, in-12 (1462-1466).

1523. Berroni, Nuovissima Grammatica spagnuola. *Milano*, 1812, gr. in-8 (1546, 1564, 1601, 1681).

II. Dictionnaires.

1524. Alberti, Dizionario universale critico enciclopedico della lingua italiana. *Lucca*, 1797, 6 vol. in-4.

1525. Dizionario della lingua italiana; il quale contiene per intero il Vocabulario della Crusca e le aggiunte, ecc. *Padova* (*Tipogr. della Minerva*), 1827-1830, 7 gr. vol. in-4.

1526. Alberti, Dictionnaire italien-français et français-italien, composé sur les Dictionnaires des Académies française et de la Crusca. (Nouv. édit.) *Milan*, 1826, 2 vol. in-fol.; *Bassano*, 1831; *Gênes*, 1834, 2 vol. in-4.

1527. Jos. Martinelli, Nouveau Dictionnaire de poche français-italien et italien-français, abrégé de celui d'Alberti. 4e édit., revue et augm. par L. Pio. *Paris*, 1819, 2 vol. in-16.

1528. Cormon et Manni, Dictionnaire portatif et de prononciation, français-italien et italien-français. 5e édit. *Paris*, 1836, 2 tom. en 1 vol. in-8.

1529. Morlino et de Roujoux, Dictionnaire classique italien-français et français-italien, rédigé d'après les Dictionnaires de la Crusca, d'Alberti, etc. *Paris*, 1832, 2 vol. in-8.

1530. Buttura, Dictionnaire français-italien et italien-français à l'usage des deux nations. *Paris*, 1832, 2 vol. in-8.

1531. Barretti, Dizionario italiano-inglese ed inglese-italiano. *Livorno*, 1828, 2 vol. in-4.

1532. Antonini, Nuovo Dizionario italiano-tedesco e tedesco-italiano, riveduto da Teuchero. *Lipsia*, 1793, 2 vol. in-8.

1533. Valentini, Gran Dizionario italiano-tedesco e tedesco-italiano. *Leipzig*, 1831-1834, 4 vol. in-4 (1500, 1501).

1534. Cormon e V. Manni, Dizionario italiano-spagnuolo e spagnuolo-italiano. *Lione*, 1821, 2 vol. carrés (1680, 1698, 1716).

§ 5. Langue espagnole.

I. Grammaires.

1535. Gramática de la lengua castellana, compuesta por la real Academia española. 5ª edic. *Madrid*, 1821, in-8.

1536. Diego Narc. Herranz y Quiroz, Elementos de Gramática castellana, para uso de los niños. *Paris*, 1825, in-18.

1537. Jos. Lopez de la Huerta, Exámen de la posibilidad de fijar la significacion de los sinónimos de la lengua castellana. *Valencia*, 1807, 2 vol. in-8.

1538. N. P. Chantreau, Arte de hablar bien frances, o Gramática completa. Nueva edic. revista y corregida, por D. M. Nuñez de Taboada. *Paris*, 1826, in-8.

1539. Chalumeau de Verneuil, Grammaire espagnole, composée par l'Académie royale espagnole; traduite et mise à l'usage des Français. *Paris*, 1821, 2 vol. in-8.

1540. Nuñez de Taboada, Grammaire espagnole, à l'usage des Français. Nouv. édit. *Paris*, 1833, in-12.

1541. Zavaletta, Grammaire élémentaire de la langue espagnole, dans laquelle les principes, l'orthographe et la prosodie de cette langue sont expliqués. *Paris*, 1820, in-8.

1542. G. Hamonière, Grammaire espagnole, divisée en quatre parties, avec un appendice, etc. *Paris*, 1821, in-8.

1543. Josse, Nouvelle grammaire espagnole, revue par Bonifaz, augm. par G. Hamonière. *Paris*, 1823, 2 vol. in-12.

1544. Martinez, Le nouveau Sobrino, ou Grammaire de la langue espagnole réduite à vingt-trois leçons. 7ᵉ édit. *Paris* et *Bordeaux*, 1834, in-8.

1545. Connelly, Gramática de la lengua inglesa, que contiene reglas fáciles para su pronunciacion, y aprenderla metódicamente. *Paris*, 1825, in-12.

1546. Tomasi, Nueva y completa Gramática italiana explicada en español. *Madrid*, 1824, in-4 (1467, 1468, 1523).

II. Dictionnaires.

1547. Valbuena, Diccionario universal latino-español. *Madrid* (*imprenta real*), 1829, in-fol. — El mismo, por Salva. 7ª edic. *Paris*, 1835, in-8.

1548. Diccionario de la lengua castellana, compuesto por la real Academia española. *Madrid*, 1822, in-fol. — El mismo. *Paris*, 1823, in-fol.; 1826, in-4.

1549. D. V. G. Arnao, Diccionario de la Academia española. Edicion abreviada. *Paris*, 1826, 2 vol. in-8.

1550. Pla y Torrès, Diccionario de la lengua castellana, por la Academia española. *Paris*, 1826, 2 vol. in-12.

1551. Nuñez de Taboada, Diccionario de la lengua castellana para cuya composicion se han consultado los mejores vocabularios de esta lengua y el de la real Academia española ultimamente publicado en 1822, aumentado con mas de 5,000 voces ó artículos que no se hallan en ninguno de ellos. *Paris*, 1825, 2 vol. in-8.

1552. ——— Dictionnaire espagnol - français et français-espagnol, plus complet que tous ceux qui ont été publiés jusqu'à ce jour. 7ᵉ édition. *Paris*, 1833, 2 vol. in-8.

1553. Domingo Gian Trapany et A. de Rosily, Nouveau Dictionnaire français-espagnol et espagnol-français, avec la nouvelle orthographe de l'Académie espagnole, rédigé d'après Gattel, Capmany, Nuñez de Taboada, Boiste, Laveaux, etc. *Paris*, 1833, 2 gr. vol. in-8.

1554. Neuman y Baretti, Diccionario español-ingles é ingles-español. *Paris*, 1826, 2 gr. vol. in-18.

1555. J. D. Wagener, Nuevo, gran y completo Diccionario español-aleman y aleman-español. *Hamburg*, 1809, 4 vol. in-8 (1503).

1556. Nuevo Diccionario portátil de las lenguas española y alemana, tan completo como los mejores de tamaño mayor, y sancionado por la real Academia española desde el año 1815-1829, 2 vol. in-12 (1503).

1557. T. de Seckendorff, Diccionario de las lenguas española y alemana. *Nuremb.*, 1831, 3 vol. in-8 (1502, 1503).

§ 6. Langue portugaise.

I. Grammaires.

1558. Lobato, Arte da Grammatica da lingua Portugueza. *Lisboa*, 1814, pet. in-8.

1559. F. S. Constancio, Grammatica analytica da lingua Portugueza. *Paris*, 1831, in-12.

1560. ——— Nova Grammatica da lingua Franceza. *Paris*, 1831, in-12.

1561. ——— Nouvelle Grammaire portugaise à l'usage des Français qui veulent apprendre le portugais. *Paris*, 1832, in-12.

1562. Neri da Silva, Nova Grammatica da lingua Ingleza. *Lisboa*, 1800, pet. in-8.

1563. Castro, Grammatica Lusitano-anglica, ou Portugueza e Ingleza. *Lisboa*, pet. in-8.

1564. Perfumo, Grammatica da lingua Italiana para os Portuguezes. *Lisboa*, 1829, in-4 (1460).

II. Dictionnaires.

1565. Novo Diccionario da lingua Portugueza. *Lisboa*, 1806, 1 vol. in-4.

1566. José da Fonseca, Novo Diccionario da lingua Portugueza. *Paris*, 1833, 2 vol. in-16.

1567. F. S. Constancio, Novo Diccionario critico e etymologico da lingua Portugueza. *Paris*, 1836, in-4.

1568. ——— Diccionario de synonymos Portuguezes. *Paris*, 1833, 1 vol. in-24.

1569. ——— Novo Diccionario Francez-portuguez. *Paris*, 1836, 1 vol. gr. in-8.

1570. ——— Diccionario das linguas Franceza-portugueza, e Portugueza-franceza. *Paris*, 1834, 2 vol. in-16.

1571. Ant. Vieyra, Diccionario Inglez-portuguez e Portuguez-inglez; nova edição. *Paris*, 1837, 2 vol. in-8.

1571 (bis). J. D. Wagener, Novo Diccionario Portuguez-alemão e Alemão-portuguez. *Leipzig*, 1811, in-8 (1504).

§ 7. Langue hollandaise ou néerlandaise.

I. Grammaires.

1572. P. Weiland, Nederduitsche Spraakkunst. *Amsterdam*, 1805, in-8. — Il en a paru une traduction à *Bruxelles*, en 1827, in-12.

1573. M. Siegenbeek, Verhandeling over de Nederduitsche Spelling. *Amsterdam*, 1804, in-8.

Ces deux ouvrages ont été imprimés aux frais de l'État.

1574. E. van der Pyl, Grammaire hollandaise pratique. 3e édit. *Dortrecht*, 1820, in-8. — L'auteur en a publié un abrégé, in-12.

1575. G. J. Meyer, Grammaire hollandaise, à l'usage de l'instruction publique. 4e édit. revue et augm. *Bruxelles*, 1826, in-12 (1470).

1576. J. Desroches, Grammaire française et flamande. Nouv. édit. *Anvers*, 1826, in-12.

II. Dictionnaires.

1577. P. Weiland, Nederduitsch taalkundig woordenboek. *Amsterdam*, 1811, 11 dn. in-8.

1578. G N. Landré, Agron en Weiland, Nieuw Handwoordenboek der fransche en Nederduitsche Talen. *Amsterdam*, 1828, 2 dn. in-8.

1579. A. Blussé, Dictionnaire portatif français-hollandais et hollandais-français. *Dortrecht*, 1815, 2 vol. in-8.

1580. Landré, Dictionnaire de poche français-hollandais et hollandais-français. *Dordrecht*, 1821, 2 part. en 1 vol. in-16.

1581. S. J. M. Van Moock, Nouveau Dictionnaire français-hollandais et hollandais-français. *Zutphen*, 1824 et ann. suiv. 4 part. in-8.

C'est le meilleur de tous les Dictionnaires à l'usage des deux nations.

1582. Olinger (l'abbé), Nouveau Dictionnaire français-hollandais et hollandais-français. (Nouv. édit.) *Bruxelles*, 1830, 2 vol. gr. in-8.

1583. Nouveau Dictionnaire français-hollandais et hollandais-français, destiné à l'usage des instituts où l'on enseigne les deux langues. *La Haye*, 1834, in-16.

1584. J. Desroches, Nouveau Dictionnaire français-flamand. Nouv. édit. *Anvers*, 1826, 2 vol. in-8.

1585. J. G. A. Kirchhoff u. Schrader, Holländisch-deutsches und deutsch-holländisches Wörterbuch. *Oldenburg*, 1810, 2 Thle in-8 (1505).

1586. Neues holländisch-deutsches u. deutsch-holländisches Taschenwörterbuch. *Crefeld*, 1831, 2 Thle in-16 (1505).

§ 8. Langue danoise, etc.

I. Grammaires.

1587. Lindenfels, Den franske Parleur, eller: en udvalgt samling of franske og danske samtaler. *Kiöbenhavn*, 1818, in-8.

1588. Ch. Flor, Dansk Lesebog. *Kiel*, 1831, in-8.

1589. Reisler, Tydsk sprogläre for danske. *Kiöbenhavn*, 1804, lit. in-8.

1590. M. M. Petersen, Det Danske, norska og suenske sprogs historie under deres udvikling of Stamsproget. Förste del, det danske Sprog. *Kiöbenhavn*, 1829, in-8.

1591. R. K. Rask, Undersögelse om det gamle nordiske eller islandske sprogs Oprindelse. *Hafniæ*, 1818, in-8.

1592. ——— Frisisk Sproglaere udarbejdet efter samme Plan som den islandske og angelsaksiske. *Kiöbenhawn*, 1825, in-8.

1593. Hagerup, Principes généraux de la langue danoise. *Copenhague*, 1797, in-8.

1594. Deichmann, Grammaire à l'usage des Danois qui veulent apprendre le français. *Copenhague*, 1810, in-8.

1595. Grammaire française de Wailly, en français et en danois. *Copenhague*, 1812, in-8.

1596. R. K. Rask, Erasm. a Grammar of the Danish language, for the use of Englishmen. *Copenhague*, 1830, in-8.

1597. Bd. Lange, Dänische Sprachlehre fur Deutsche. 2te Aufl. ganz neu bearbeitet von A. W. Abrahamson. *Copenhagen*, 1801, in-8 (1471).

1598. ABRAHAMSON, Versuch einer vollständigen Sprachlehre für Deut., mit Kritisch. Bemerkngen. *Kopenhag.*, 1812, in-8.

1599. G. H. v. MÜLLER, Kurzgefasster Auszug der dänischen Sprachlehre. *Kiel*, 1811, in-8 (1471).

1600. Lof. Hm. TOBIENSEN, Dänische Grammatik für Deutsche. *Altona*, 1813, in-8 (1471).

1601. J. S. STRODMANN, Grammatik der dänischen Sprache für Deutsche. *Altona*, 1831, in-8 (1471).

1602. SOMMER, Italiensk Grammatik for begyndere. *Kiöbenhavn*, 1801, in-8.

II. Dictionnaires.

1603. Christian MOLBECH, Dansk-Ordbog, indeholdende det danske sprogs stammeord, tilligemed af ledede og sammensatte Ord. *Kiöbenhavn*, 1833, 2 Deel. gr. in-8.

1604. J. DE APHELEN, Dictionnaire danois-français et français-danois. *Copenhague*, 1780, 3 vol. in-4.

1605. Theodor ARNOLD, Haand-Ordbog, fuldständig, engelsk og dansk, udarbejdet of Ch. Fr. BAY. 4e Oplag. *Kiöbenhavn*, 1820, in-8.

1606. G. H. MÜLLER, Neues dänisch-deutsches und deutsch-dänisches Wörterbuch, redigirt von F. HOECH GULDBERG. *Kiel*, 1810, 3 Thle in-8 (1506, 1507).

§ 9. LANGUE SUÉDOISE, ETC.

I. Grammaires.

1607. And. FRYXELL, Swensk Sproklära. 4e Upplagan öfversedd och ökadmed ett Bihang, innefattande. *Stockholm*, 1832, in-8.

1608. HEINRICH, Praktisk Larobok i Tyska Spraket. *Stockholm*, 1816, in-8.

1609. SWEDELIUS, Fransysk Grammatik met Ofningor. *Upsala*, 1814, in-8.

1610. A. SAHLSTEDT, Grammaire suédoise, contenant les règles de cette langue établies sur l'usage actuel, avec l'approbation et d'après les ordres de l'Académie. *Paris*, 1823, in-12.

1611. Brunmark, Swedish Grammar. *London*, 1805, in-12.

1612. A. Sahlstedt, Schwedische Grammatik von der königl. Academie genehmigt, aus dem Schwed. (v. Jos. Br. Bagge). *Lübeck*, 1796, in-8 (1472).

1613. Gst. Sjöborg, Schwedische Sprachlehre. Neue Aufl. durchgesehen und berichtigt von C. Lappe. *Stralsund*, 1829, in-8 (1472).

1614. Freese u. Lappe, Schwedisches Lesebuch (prosaischer Theil), mit vollständigem Wörterverzeichniss. *Stralsund*, 1830, in-8.

1615. Ekholz, Pratisches Lehr-u. Hülfsbuch der schwedischen Sprache. *Lübeck*, 1831, in-8.

II. Dictionnaires.

1616. Carl Delén, Fransyskt ock Swenskt-Lexicon. *Stockholm*, 1814, 2 vol. in-4.

1617. Eric. Nordforss, Nytt Swenskt och Fransyskt Hand-Lexicon. *Orebro*, 1827, 2 deel. in-16.

1618. Weste, Dictionnaire suédois-français et français-suédois. *Stockholm*, 1807, 2 vol. in-8.

1619. C. de la Jonchère, Nouveau Dictionnaire portatif français-suédois et suédois-français. *Stockholm*, 1801, 3 vol. in-16.

1620. Brisman, English and Swedish Dictionary, with a vocabulary Swedish and English. *Upsala*, 1801, in-4.

1621. Carl Delén, English-Swedish and Swedish-English dictionary. *Stockholm*, 1814, 1 vol. in-4.

1622. Carl Heinrich, Neues schwedisch-deutsches und deutsch-schwedisches Handwörterbuch. 2te Aufl. *Stralsund*, 1834, 2 Thle in-16 (1508).

§ 10. Langue russe.

I. Grammaires.

1623. Grammaire russe de l'Académie impériale. *St.-Pétersbourg*, 1833, in-8. (En russe.)

1624. Vostokoff, Grammaire abrégée de la langue russe. *St.-Pétersbourg*, 1833, in-8. (En russe.)

1625. Reiff, Grammaire raisonnée de la langue russe,

avec une introduction sur l'histoire de cet idiome, par Gretsch; ouvrage traduit du russe et arrangé pour la langue française. *St.-Pétersbourg*, 1828, 2 parties en 1 vol. gr. in-8. — Il doit paraître un 2e vol.

1626. J. B. Maudru, Élémens raisonnés de la langue russe, ou Principes généraux de la Grammaire appliqués à la langue russe. *Paris*, 1803, 2 vol. in-8.

1627. Élémens de la langue russe, ou méthode courte et facile pour apprendre cette langue conformément à l'usage. *St.-Pétersbourg*, 1805, in-8.

1628. G. Hamonière, Grammaire russe. *Paris*, 1817, in-8.

1629. ——— Grammaire française à l'usage des Russes. Nouv. édit. *Paris* (*de l'imprimerie royale*), 1816, in-8.

1630. A. W. Tappe, Neue theoret.-praktische russische Sprachlehre für Deutsche. 6te Aufl. *Riga*, 1826, gr. in-8.

1631. ——— Neues russisches Elementarbuch für Deutsche. Als 2r Theil der vorstehenden Sprachlehre. 7e Aufl. *Riga*, 1826, gr. in-8.

1632. J. A. E. Schmidt, Leitfaden zur gründlichen Erlernung der russischen Sprache. *Leipzig*, 1831, 2 Thle in-8.

II. Dictionnaires.

1633. J. Heym, Dictionnaire complet, russe-français, composé sur la dernière édition de celui de l'Académie russe. 2e édit. *Moscou*, 1826, 4 vol. gr. in-8.

1634. Tatischew, Dictionnaire français-russe et russe-français. *Moscou*, 1816, 2 vol. in-4.

1635. ——— Nouveau Dictionnaire français et russe, conforme à l'état actuel des sciences, avec le latin et la prononciation figurée des mots, lorsqu'elle s'écarte des règles générales. *Moscou*, 1832, 2 vol. in-8 oblong.

1636. Dictionnaire complet français-russe et russe-français, composé d'après celui de l'Académie française. 3e édit. *St.-Pétersbourg*, 1824, 4 vol. in-8.

1637. A. Oldecop, Nouveau Dictionnaire de poche français-russe et russe-français, précédé d'une Grammaire abrégée de chacune de ces deux langues. *St-Pétersbourg*, 1830-1831, 3 vol. in-16.

1638. G. Hamonière, Vocabulaire français et russe, ou Recueil des mots français et russes qui se rencontrent le plus fréquemment dans la conversation. *Paris* (*de l'imprimerie royale*), 1816, in-8.

1639. J. Heym, Neues vollständiges deutsch-russisches und russisch-deutsches Wörterbuch. *Riga*, 1795-1798, 5 Thle in 2 Bdn in-8 (1510).

1640. J. A. E. Schmidt, Russisch-deutsches und deutsch-russisches Taschenwörterbuch. *Leipzig*, 1815, 2 Thle in-8.

§ 11. Langue polonaise.

I. Grammaires.

1641. F. W. Meidinger, Praktyczna francuzka Grammatyka. *Breslau*, 1833, in-8.

1642. F. C. Hautepierre, Grammaire française, expliquée en polonais dans toutes ses parties et analysée par les règles. *Breslau*, 1806, in-8.

1643. J. S. Vater, La Grammaire polonaise la plus compendieuse. *Halle*, 1807, gr. in-8.

1644. C. Mrongovius, Polnische Sprachlehre. 2e verbesserte Aufl. *Königsberg*, 1805, in-8 (1474).

1645. J. Moneta, Polnische Grammatik, umgearbeitet von D. Vogel. 9e Aufl. *Breslau*, 1809, in-8 (1474).

1646. G. Sm. Bandtke, Neue polnische Grammatik. 2e Aufl. *Breslau*, 1818, in-8 (1474).

1647. M. Suchorowski, Theoretisch-praktische Anleitung zum gründlichen Unterricht in der polnischen Sprache. *Lemberg*, 1830, gr. in-8 (1474).

1648. J. Poplinski, Grammatik der polnischen Sprache, nach Kopczynski, Cassius, Bandtke und Mrozinski. 2e Ausg. *Glogau*, 1830, in-8 (1474).

II. Dictionnaires.

1649. Slownik, Nowy Kieszonkowy, polsko-niemiecko-francuzki. — Nouveau Dictionnaire portatif, polonais, allemand et français. *Breslau*, 1834, gr. in-8.

1650. S. G. Linde, Slownik jezyka polskiego.—Dictionnaire polonais, français et allemand. *Varsovie*, 1807-1814, 6 vol. in-4.

1651. G. Sm. Bandtke, Nouveau Dictionnaire portatif polonais, français et allemand. Nouv. édit. *Breslau*, 1824, 5 vol. in-8.

1652. Mich. Alb. Trotz, Dictionnaire polonais, français et allemand. *Leipzig*, 1807, 4 vol. in-8.

1653. Vocabulaire polonais, latin et français, d'après les principes de Cnapius, Danet et Trotz, et augmenté par l'abbé Litwinsky. *Varsovie*, 1815, 2 vol. in-8.

1654. Nouveau Dictionnaire portatif, français, polonais et allemand. Nouv. édit. *Breslau*, 1820-1828, 5 tomes en 4 vol. in-8.

1655. Dictionnaire nouveau, français-polonais, composé sur les meilleurs et les plus nouveaux dictionnaires. *Breslau*, 1824, in-8.

1656. G. Sm. Bandtke, Vollständiges polnisch-deutsches und deutsch-polnisches Wörterbuch. *Breslau*, 1806, in-8.

§ 12. Langues bohème, hongroise, servienne, etc.

I. Grammaires.

1657. Constantinos, Essai sur les rapports nombreux des langues slavonne, russe et grecque. *St.-Pétersbourg*, 1828, 3 vol. gr. in-8. (En russe et en grec vulgaire.)

1658. Bernolak, Schlowakische Grammatik. *Ofen*, 1817, in-8.

1659. Frz. Trnka, Regeln der slawischen Sprache in Mahren, Böhmen und Oberungarn. *Wien*, 1832, in-8.

1660. ———— Theoret.-practisches Lehrbuch der slawischen Sprache in Böhmen, Mähren u. Oberungarn, nach einer eigenen sehr fasslicher Lehrmethode. *Wien*, 1832, 2 Thle in-8 (1475).

1661. Murko, Theoretisch-praktische slowenische Sprachlehre für Deutsche, nach den Volkssprecharten der Slowen in Steiermark, Kärnten, Krain u. Ungarns westlichen Distrikten. *Grätz*, 1832, in-8.

1662. J. Negedly, Lehrbuch der böhmischen Sprache für Böhmen. 4° Aufl. *Prag*, 1831, in-8.

1663. ——— Praktische Böhmische Grammatik für Deutsche. *Prag*, 1821, in-8.

1664. K. J. Tham, Böhmische und deutsche Gespräche über alle Gegenstände des gesellschaftlichen Lebens. *Prag*, 1831, in-8.

1665. Kiss, Ungrische Grammatik, nach einer neuern und leicht fasslichen Methode theoret. u. praktisch bearbeitet. *Wien*, 1834, in-16 (1480).

1666. Jos. Marton, Praktische Ungrische Sprachlehre für Deutsche, mit einem ungrischen Lesebuche. *Wien*, 1828, in-8 (1480).

1667. J. G. Mailath, Praktische Ungrische Sprachlehre für Deutsche. *Pesth*, 1832, in-8 (1480).

1668. Cand. A. Seiler, Kurzgefasste Grammatik der sorben-wendischen Sprache, nach dem Budissiner Dialekte. *Bautzen*, 1830, in-8.

1669. Schaffarik, Serbische lesekörner, oder historich-kritische Beleuchtung der Serbischen Mundart. *Pesth*, 1833, in-8 (1479).

II. Dictionnaires.

1670. Bernolak, Lexicon Slavicum-Bohemico-Latino-Germanico-Hungaricum. *Buda*, 1825, 6 Thle gr. in-8.

1671. Pariz-Papai, Dictionarium latino-hungaricum. *Posonii*, 1799, 2 vol. in-8.

1672. Benj. Mokry, Dictionarium latino-hungaricum. *Pestini*.

1673. Lexicon Valachico-Latino-Hungarico-Germanicum,

quod a pluribus auctoribus decursu triginta et amplius annorum elaboratum est. *Buda*, 1825, 1 gr. vol. gr. in-8.

1674. K. J. Tham, Neuestes, möglichst - vollständiges böhmisch-deutsches und deutsch-böhmisches Taschen-wörterbuch, frey bearbeitet für Liebhaber beider Sprachen. *Prag*, 1815 u. 1818, 2 Thle in-12.

§ 13. Langue grecque (vulgaire).

I. Grammaires.

1675. Demetrius (fils de Nic. Darbaris), Grammaire grecque moderne. *Vienne*, 1806, in-8. (En grec vulgaire.)

1676. Théocharopoulos, Grammaire grecque universelle, ou Méthode pour étudier la langue grecque ancienne et moderne. *Paris*, 1830, in-8.

1677. Jules David, Parallèle synoptique des deux langues grecques, ancienne et moderne. *Paris*, 1820, in-8. (En grec vulgaire.)

1678. ——— Méthode pour étudier la langue grecque moderne. *Paris*, 1827, in-8.

1679. C. Minoïde Mynas, Théorie de la Grammaire et de la langue grecque. *Paris*, 1827, in-8. (En grec vulgaire et en français.)

1680. ——— Grammaire grecque, contenant les dialectes et la différence avec le grec vulgaire. *Paris*, 1828, in-8.

1681. Giorgio Kutuffa, Compendio di Grammatica della lingua greca moderna. *Livorno*, 1825, in-8.

1682. Ludemann, Lehrbuch der neugriechischen Sprache. *Leipzig*, 1826, in-8.

1683. G. Russiades, Praktische Grammatik der neu-hellenischen Sprache. *Wien*, 1834, 2 Thle in-8 (1480).

II. Dictionnaires.

1684. Vendoti, Dictionnaire grec moderne-français et français-grec moderne. *Vienne*, 1804, 2 vol. in-4 (1688.

1685. Zalyk, Dictionnaire français-grec-moderne. *Paris*, in-8.

1686. Dehèque, Dictionnaire grec moderne-français. *Paris*, 1825, in-16.

1687. P. J. Daviers, Dictionnaire français et grec vulgaire. *Paris*, 1830, in-12.

1688. Vlandi, Dictionnaire grec moderne-français-italien de Vendoti. *Venise*, 1816, gr. in-8 (1684).

1689. ——— Dizionario italiano-greco volgare, coll' aggiunto d'un tavola di tutti i numeri, d'uno dizionario di nomi propri d'autori greci, latini et italiani, et d'un dizionario geographico. *Venezia*, 1819, in-8.

1690. K. Weigel, Dictionnaire grec moderne, allemand et italien. *Leipzig*, 1804, 2 vol. in-8.

1691. Müller, Kurzgefasstes neugrieschisches Wörterbuch, griechisch-deutsch u. deutsch-griechisch. *Berlin*, 1825, in-8.

1692. A. M. Anselm, Neugriechisch-deutsches und deutsch-neugriechisches Taschenwörterbuch. *München*, 1834, in-12.

§ 14. Langue turque.

1. Grammaires.

1693. Viguier, Élémens de la langue turque, ou Tables analytiques de la langue turque usuelle avec les développemens. *Constantinople*, 1790, in-4.

1694. Jaubert, Élémens de la Grammaire turque, à l'usage des élèves de l'École royale et spéciale des langues orientales. 2e édit. *Paris*, 1833, in-8. — La 1re édit., publiée en 1823, était in-4.

1695. De Besse, Abrégé de la Grammaire turque, contenant, outre les principes de cette langue, des discours familiers et un petit vocabulaire en français, turc et hongrois. *Pesth*, 1829, in-8.

1696. Artin-Hindoglou, Grammaire théorique et pratique de la langue turque, telle qu'elle est parlée à Constantinople. *Paris*, 1834, gr. in-8.

1697. Arthur Lumley Davids, Grammar of the Turkish language; with a preliminary discourse on the language and literature of the Turkish nations, a copious vocabulary, dialogues, etc., etc. *London*, 1832, in-4.

II. Dictionnaires.

1698. Meninski, Lexicon turcico-arabico-persico-latino-italianum. *Viennæ*, 1780, 4 tomes in-fol.

1699. Artin-Hindoglou, Dictionnaire abrégé français-turc. *Vienne*, 1831, in-8.

1700. T. X. Bianchi, Vocabulaire français-turc, contenant les mots les plus usités de la langue française rendus en turc avec les caractères arabes et leur prononciation en lettres latines; les mots arabes et persans avec l'indication de leur origine toutes les fois qu'ils sont usités en turc, etc. *Paris*, 1831, in-8.

1701. J. D. Kieffer et Bianchi, Dictionnaire turc-français. *Paris*, 1835, 2 part. in-8.

§ 15. Langue arabe.

I. Grammaires.

1702. Djemal-Eddin-Mohammed (Ebn-Malec), Alfiyya, ou la Quintessence de la Grammaire arabe, publié en original, avec un commentaire par M. Sylvestre de Sacy. *Paris*, 1833, in-8 (1707).

1703. A. Oberleitner, Fundamenta linguæ arabicæ. *Viennæ*, 1822, in-8.

1704. Ewald, Grammatica critica linguæ arabicæ. *Lipsiæ*, 1831-1833, 2 vol. in-8.

1705. Savary, Grammaire de la langue arabe vulgaire et littérale, augmentée par Langlès. *Paris*, 1813, in-4.

1706. Herbin, Développemens des principes de la langue arabe moderne, suivis... d'un essai de calligraphie orientale. *Paris*, 1803, gr. in-4.

1707. Sylvestre de Sacy, Grammaire arabe, à l'usage des élèves de l'École spéciale des langues orientales vivantes. 2ᵉ édit. *Paris*, 1831, 2 vol. gr. in-8 (1702).

1708. Caussin de Perceval, Grammaire arabe vulgaire pour les dialectes d'Orient et de Barbarie. *Paris*, 1833, in-8.

1709. Fr. de Dombay, Grammatica linguæ mauro-arabicæ

juxta vernaculi idiomatis usum ; accessit vocabularium latino-mauro-arabicum. *Vindobonæ,* 1800, in-4.

1710. Johanny-Pharaon, Grammaire élémentaire d'arabe vulgaire ou algérienne à l'usage des Français. *Toulon*, 1832, in-8.

1711. John Richardson, Grammar of the Arabic Language. *London*, 1811, 4to (1717).

1712. Th. Chr. Tychsen, Grammatik der arabischen Schriftsprache für den ersten Unterricht. *Göttingen*, 1823, in-8.

II. Dictionnaires.

1713. D. G. G. Freytag, Lexicon arabico-latinum, præsertim ex Djeuharii Firuzabadiique et aliorum Arabum operibus, adhibitis Golii quoque et aliorum libris confectum ; accedit index vocum latinarum locupletissimus. *Halæ*, 1830 - 1834, 3 tomi in-4° maj.

1714. Ruphy, Dictionnaire abrégé français-arabe. *Paris*, 1802, gr. in-4.

1715. Ellious-Bochtor, Dictionnaire français-arabe, revu et augm. par Caussin de Perceval. *Paris*, 1828, 2 vol. gr. in-4.

1716. Marcel, Vocabulaire français-arabe du dialecte d'Alger, de Tunis et de Maroc, contenant les mots principaux d'un besoin journalier, etc. *Paris*, 1830, in-16.

1717. J. Noble, Arabic Vocabulary, and Index for Richardson's Arabic Grammar. *Edinburgh*, 1820, 4to (1711).

1718. Dictionnaire italien et arabe, contenant tous les mots les plus usités et indispensables pour apprendre à parler correctement les deux langues, etc., etc. *Boulak* (*près du Caire*), 1822, 1 vol. pet. in-fol.

§ 16. Langue persane.

I. Grammaires.

1719. Fr. de Dombay, Grammatica linguæ persicæ, accedunt dialogi, etc., etc. *Vindobonæ,* 1804, in-4.

1720. Fr. Wilken, Institutiones ad fundamenta linguæ persicæ, cum chrestomathia maximam partem ex auctoribus ineditis collecta et glossario locupleti. *Lipsiæ*, 1805, 2 vol. in-8.

1721. W. Price, Grammar of the three principal Oriental languages, Hindoostanee, Persian, and Arabic, on a plan entirely new; to which are added Persian Dialogues, with an English translation. *London*, 1823, 8vo.

1722. W. Jones, Grammar of the Persian language. Ninth edit., with considerable Additions and Improvements; and some Specimens of the finest Persian and Arabic Handwriting, for the exercise of the Student. By the Rev. Samuel Lee. *London*, 1828, 4to.

1723. P. A. F. Possart, Grammatik der persischen Sprache. *Leipzig*, 1831, in-8.

II. Dictionnaires.

1724. Joseph Barretto, Dictionary of the Persian and Arabic Languages. *Calcutta*, 1804, 2 vols. 8vo.

1725. Hopkin, Vocabulary Persian, Arabic and English. *London*, 1810, 8vo.

1726. John Richardson, Dictionary Persian, Arabic, and English, revised and improved by Charles Wilkins. A new edit. considerably enlarged by Francis Johnson. *London*, 1829, royal 4to.

APPENDICE.

1727. Brosset jeune, L'Art libéral, ou Grammaire georgienne. *Paris*, 1834, in-8.

FIN DE LA BIBLIOGRAPHIE.

TABLE DES AUTEURS

ET

DES OUVRAGES ANONYMES

DONT IL EST FAIT MENTION DANS CETTE BIBLIOGRAPHIE.

LES CHIFFRES SONT CEUX DES ARTICLES.

LES ARTICLES PRÉCÉDÉS D'UN ASTÉRISQUE ONT ÉTÉ AJOUTÉS APRÈS COUP.

A

Abrahamson (A. W.), 1597, 1598.

* ABREU (le chevalier d'), Traité juridico-politique sur les Prises maritimes. Trad. de l'espagnol. *Paris*, 1758, 2 parties petit in-8. — Réimprimé en 1802 avec des notes, par BONNEMANT. *Paris*, an X, 2 vol. in-12.

L'édition de 1758 est extrêmement rare.

Abreu y Bertodano (don Jos. A. de), 214, 215.

Academia (la real) española, 1535, 1548.

Achenwall (Gottfr.), 571.

Actes des Cortès de Lisbonne, 171 (note).

Adam (A.), 663.

Adelung (Joh. Christ.), 572, 1441, 1482, 1493.

Administration (l') du marquis de Pombal, 876.

Adolph (J. G. B.), 1066.

Adolphus (J.), 719, 733, 1141.

Afrique (l') Hollandaise, 971.

Agron, 1578.

Aguila (C. J. E. H. d'), 920.

Ahn (Fr.), 1470.

Aikin (John), 719, 734.

Albedyl (le baron d'), 266.

Alberti, 1524, 1526, 1529.

Alix (A. L. F.), 938.

Allainval (l'abbé Soulas d'), 404.

Alletz, 787.

Allgemeine Schaubühne der Welt, 1356.

——— *teutsche-Real-Encyclopädie, oder Conversations-Lexicon*, 361, 527.

Allgemeines genealog. u. Staatshandbuch, 1044.

Allonville (d').

Amar, 1402.

Ameilhon (Hubert-Pascal), 1397.

Amelot de La Houssaye, 221, 362, 414.

American Atlas, 1259.

Ancillon (Frédéric), 1300, 1308, 1339, 1340, 1341.

André (l'abbé), 621.

André (Ch. K.) 1076, 1086.

Ange (le P.), 517 (note).

Angleterre (l'), la France, la Russie et la Turquie, 1305.

Angliviel de La Beaumelle, 1268.

Angoulême (le duc d', comte de Béthune et de Préaux-Châteauneuf), 378.

Annuaire historique, 321, 1404.

Annual Register, 299 (note), 320, 1387.

Annual Register (*The Asiatic*), 967 (note).
Anquetil (L. P.), 531, 557, 691.
Anselm (A. M.), 1692.
Anselme de Sainte-Marie (le P.), 1025.
Anthoine (A. J., baron de St-Joseph), 1230.
Antonini, 1532.
Aperçu historique, etc., sur l'état d'Alger, 979, 1258.
Aphelen (J. de), 1604.
Apples (d'), 111.
Aragon (Mme Alex.), 720.
Arbelles (André d'), 93, 864.
Archenholz (J. W. von), 912, 1372.
Archiv für Geograph. Histor. Staats-u. Kriegskunst, 1383.
Archives diplomatiques, 286.
Arlington, 441.
Armée autrichienne (l') sous les ordres de l'archiduc Jean, 485.
Arnao (D. V. G.), 1549.
Arnauld (A.), 1408.
Arnauld (abbé de St-Nicolas), 379.
Arnault (A. V.), 525.
Arnold (H.), 1461.
Arnold (Joh. Fr.), 1465.
Arnold (Théodore), 1605.
Arnould, 73, 368.
Arnoux, 345.
Arrivabène (le comte J.), 1317.
Arsénief (M.), 1206.
Art (l') de vérifier les dates, 1014.
Artaud (le chevalier), 281, 775, 796, 806, 1291.
Artin-Hindoglou, 1696, 1699.
Ascargorta, 668.
Asiatic Journal, 967 (note).
Aubernon (Joseph), 1301.
Aubert (l'abbé), 1401.
Aubert, de Vitry, 507.
Aubespin (le comte de l'), 1211.
Auger-Saint-Hippolyte, 776.
Auguis, 694.
Avalos (Christ. d'), 814.
Avaux (le comte d'), 380, 381.
Azanza (d. Mig. Jos. de), 674.
Azuni (D. A.), 71, 74, 797, 1173.

B.

Badier, 1026 (note).
Baert (de), 1236 (note).
Bagge (Jos. Br.), 1612.
Bail (C. J.), 285.
Bailey-Fahrenkruger, 1497.
Bailleul (J. Ch.), 1133.
Balbi (Adrien), 881, 1060, 1073, 1081, 1136, 1148, 1189, 1193, 1194, 1205, 1239 *.
Balbi (Spiridion), 1163.
Balestrier de Canilhac (l'abbé), 343.
Bandtke (G. Sm.), 1646, 1651, 1656.
Barbeau de La Bruyère (J. L.), 1009.
Barbé-Marbois (de), 398.
Barberi, 1520.
Barbeyrac (J. de), 8, 29, 30, 112, 190 *b*, 364.
Barbié du Bocage (J. D.), 1057, 1236 (note).
Barbiellini (C. A.), 1169.
Barbier (A. T.), 1147.
Barrère de Morlaix (Bernard), 125.
Barretti, 1531, 1554.
Barretto (Jos.), 1724.
Barrière, 377, 717 *c*.
Barros (João de), 171 (note).
Barskett (James), 1005.
Barzilay (J.), 1170.
Basnage (J.), 836.
Basnage (H.), 1396.
Bassompierre, 382, 383, 384.

---

* Additions.

Adr. BALBI, Essai d'un Tableau statistique de la Terre, précédé de l'exposition des principes généraux de la Statistique comparée, et suivi d'un Aperçu sur la surface de l'empire d'Autriche, sur sa population et son mouvement, comparés à leurs corrélatifs dans les principaux États du monde.

Cet « Essai » est destiné à servir de complément à l'« Abrégé de Géographie (1060) ; » il commencera la série d'« Annuaires Géographiques » que l'auteur est dans l'intention de publier pour tenir son ouvrage constamment à jour.

Il a été fait deux traductions allemandes de l'« Abrégé de Géographie » dont M. Adr. BALBI ne semble guère content ; deux traductions italiennes, une anglaise, une en langue bohême ou czeque, une en grec moderne et en espagnol, une en russe et en arabe.

L'« Atlas Ethnographique du Globe (1081) » doit être suivi d'un autre vol. in-fol., de Tableaux et d'un second vol. in-8 de texte, sous le titre de « Tableau physique, moral et politique des cinq parties du monde. »

Bataille (la) d'Austerlitz, 481.
——— *de Preussich-Eilau*, 482.
Baudouin (père), 397.
Baudus, 1400.
Bauer (de), 949.
Baumgarten, 536 (note).
Baumgarten (J. C. F.), 1445.
Bay (Ch. Fr.), 1605.
Bayard (Ferd. A.), 559.
Bayle (P.), 1395.
Beauchamp (Alph. de), 492, 995, 996*.
Beaujour (le baron Félix de), 1157, 1233, 1299.
Beaumont (le baron de), 820.
Beaumont (J. F.), 1177.
Beauvais (le général), 21, 468, 475, 520.
Beauzée (Nic.), 1407.
Beawes, 671.
Beck (C. A.), 159.
Becker (G. W.), 964.
Becker (K. F.), 540.
Becker (K. J.), 1446.
Bellegarde (l'abbé Morvan de), 660.
Bellièvre, 385.
Bellin (J. N.), 1165, 1178.
Belot (Mme), 719.
Benecke (F. B. W.), 1467.
Beniken (F. W.), 1047.
Benjamin Constant, 717 *m*, 1295.
Benoist, 964.
Bentham (Jérémie), 150, 1284, 1286.
Bentivoglio, 835 (note).
Benzel-Sternau (Ern. Graf v.), 558 (note).
Béranger (J. P.), 1054.
Berghaus (H. K. W.), 1384.
Bergmann (B.), 896.
Berkley, 432.
Bernard, 1182.
Bernard (Jacq.), 517 (note), 1396.
Bernard (J. Fr.), 388.
Bernolak, 1658, 1670
Bernstorff (le comte de), 210.
Berroni, 1523.
Berthezène (le général), 980.
Berville, 377, 717 *e*.
Besse (de), 1695.
Béthune, *V*. Angoulême et Sully.[1]
Beuchot (J. A. Q.), 18.
Biagioli (G.), 1517.
Bianchi (T. X.), 1700, 1701.
Biber, 1492.
Bibliographie des Journaux, 1405.
Biblioteca di gius nautico, 94.
Bibliothèque universelle de Genève, 1405 (note).
Bielefeld, 1274.
Bigland (John), 567, 600, 664, 727.
Bignon (le baron), 709.
Bijnkershoek (C. van), 112, 322.
Billecoq, 1209, 1236 (note).
Biographie des contemporains, 23.
——— *des hommes vivans*, 523.
——— *universelle*, 20, 519.
Bismark (le général de), 1213 (note).
Bissinger (Jos.), 1089.
Blackstone, 155.
Blair (John), 1013.
Blaquières (Edw.), 749.
Blesson (L.), 908, 947.
Blussé (A.), 1579.
Boddeville, 777 (note).
Bodin (Félix), 1286.
Bohm (feu le comte Léopold de), 62.
Böhme (J. G.), 372 *bis* (note).
Boisgelin (L. de), 812, 1179.
Boiste (P. C. V.), 1413.
Bolingbroke (St-John, Henry lord), 438, 439.
Bonald (le vicomte de), 561, 1278, 1279.
Bonaparte (Louis, comte de St-Leu), 282, 714 (note), 841.
Boniface, 1426, 1437.
Bonifaz, 1543.
Bonnamy (P. Nic.), 1397.
Bonnemant, *V*. Abreu.
Bonnin (C. J. B.), 1282, 1283.
Bonpland, 997 (note).
Bordes, 695.
Borel (Fr.), 126.
Borghers, 598.
Borgo (F. del), 238.
Bory de Saint-Vincent (le colonel), 664, 821, 1121.
Bosredon-Ransijat, 815.
Bossi (Luigi), 666, 759.
Bossuet, 529.
Botta (C.), 760, 761, 762, 763, 779, 991.
Bouchaud, 53, 197.
Boucher (P. B.), 95.
Bougeant (le P.), 372 *bis* (note), 555.

[1] V. Mémoires d'un homme d'État.

Bouillé (le lieutenant-général L. J. A. marquis de), 1290.
Boulard (A. M. H.), 721.
Boulesteis de la Contie (L.), 440.
Boulogne, 1236 (note).
Bourgoing (J. F.), 794, 1054, 1122.
Bourienne (de), 717 *o*.
Boursier, 879.
Boutourlin (le comte de), 498, 508.
Bower (Arch.), 532, 536.
Boyer (Ab.), 1435.
Boyer-Peyreleau (E. E.), 1007.
Brackenridge, 992.
Bran (F. A.), 1373.
Bredow (G. G.), 575 (note), 576, 581, 582, 1011.
Breitenbauch (G. A. v.), 1037.
Brenner (l'abbé), 617.
Bret, 1401.
Breton, 1255.
Bréquigny (F. de), 218 *.
Breuvery (J. de), 978.
Briand (L. C.), 663.
Brienne (le comte de), 388.
Brière (J. L. J.), 691.
Brisman, 1620.
Bristed (J.), 1262.
Brito (Bern. de), 171 (note).
Brömsen (K. M. v.), 1202.
Brosset (jeune), 1727.
Brottier (l'abbé), 518.
Brown (J.), 921.
Bruggemann, 251.
Brunet (J. Ch.), 17.
Brunmark, 1611.
Bruysset aîné, 918.
Bruzen de la Martinière, 1399.
Buat-Nançay (le comte L. Gab. du), 1275, 1276.
Buchanan, 1331.
Buchholz (F.), 595, 1379.
Buchon (J. A.), 376, 717 *d*, 985, 1259.
Buck (G. F.), 182.

* Addition.

F. de Bréquigny, Table chronologique des diplômes, chartres, titres et actes imprimés, concernant l'histoire de France; continuée par M. Pardessus. *Paris* (*de l'imp. royale*), in-fol. — Nous ignorons combien de volumes cette Table doit avoir; le 3e, publié en 1783, allait jusqu'à 1179; le 4e, paru en 1837, va de 1180 à 1213.

Buckingham (le duc de), 432.
Buche, 712.
Buder (C. G.), 303.
Bulioch, 999.
Bulow (de), 479.
Bundnusse (die) und Verträge der helvetischen Nation, 258.
Buret de Longchamps, 535, 692, 1015.
Burlamaqui (J. J.), 9, 41, 42.
Burle (l'abbé de), 15.
Burnet (Gilb.), 432, 599, 731.
Burtin, 379, 387.
Busch (Joh. Ge.), 575.
Büsching (A. F.), 1054, 1214.
Buttura, 1530.

C.

Caetano de Sousa (d. Ant.), 249.
Caillard, 265.
Caille du Fourny (H.), 1025.
Caldavène (Ed. de), 977, 978.
Caley (Joh.), 227 (note).
Callières (de), 120.
Camden (W.), 1139.
Cammerer (J. W.), 306.
Campagne de l'armée franco-italienne, 510.
——————— *des Austro-Russes en Italie*, 473.
——————— *(dernière) du général Moreau*, 506.
Campbell (J.), 532, 536.
Campe (J. H.), 1483.
Campenhausen (B. v.), 174.
Campenon, 719, 741.
Cancrin (F. L. v.), 79.
Cannabich (J. G.), 1068, 1198.
Cantwell, 721, 1055.
Canzler (J. G.), 1215.
Capefigue, 907.
Capmany, 1553.
Capmany y de Montpalau (A. de), 217.
Cardonne, 969.
Carlisle (Nic.), 1140, 1152, 1155.
Carné-Marsin (le vicomte de), 569.
Carnerero (D. J. M.), 675.
Carra, 949.
Carrel (Armand), 736.
Carvalho (J. L. F.), 165.
Cassius, 1648.
Castellan (A. L.), 1161.
Castelnau (le marq. Gabr. de), 902, 1208.

Castille (l'abbé de), 401.
Castillon (J. L.), 344, 532.
Castro, 1563.
Castro (Fil. Ferreira d'Araûjo e), 1071 (note).
Catastrophe (sur la) de Joachim Murat, 783.
Catteau-Calleville (J. P. Guill.), 656, 657, 822, 914, 923, 924, 1112, 1113, 1180.
Caussin de Perceval, 1708, 1714.
Cérisier (A. M.), 828, 1400.
Cevallos (d. Ped.), 676, 677.
Chad (G. W.), 842.
Chalmers (Alex.), 23, 522.
Chalmers (George), 183, 231.
Chalumeau de Verneuil, 1539.
Chambaud, 1435.
Chambray (le marq. de), 500.
Chambrier d'Oleires (le baron de), 935.
Champagnac (J. B. J.), 518.
* Chamrobert (Paulin de): il a pris part à la rédaction de la « Biographie universelle classique » publiée par le général Beauvais (21).
Chandler, 532.
Chanlaire, 1130.
Chantreau (N. P.), 528, 892, 894, 1013 (note), 1020, 1538.
Chanut, 389.
Charenton (P. J. N.), 658.
Charles Ier, 432.
Charles II, 432.
Charles (l'Archiduc prince), 474.
Charleton (Sir Dudley), 449, 450.
Chasles (Ph.), 150.
Châteaubriand (le vicomte de), 1294.
Chaudon (dom), 518.
Chaufepié, 532.
Chénier (de) père, 970.
Cherbuliez (A. E.), 179.
Cherbuliez (Joël), 565.
Chifflet (J. J.), 213.
Chodzko (Léon), 863.
Choiseul-Gouffier (le comte de), 1159.
Chompré, 155.
Chouppes (le marq. de), 390.
Christian (Edw.), 155, 1147.
Christine (reine de Suède), 405.
Christophoro d'Avalos (F. A. de), 1123.
Christyn (F.), 1181.
Chronologie des allgemeinen Staats-Archivs, 185.
Chronologische Reihenfolge, 1019.
Clarendon (Hyde Edw. earl of), 432, 729, 730.
Clarke (Ed. D.), 1211.
Clarke (Th. B.), 1145, 1154.
Clausen (H. F. C.), 210.
Clef (la) du Cabinet des Princes, 1397.
Clément (dom), 1014 *a*.
Cnapius, 1658.
Cobbett (W.), 44 (note), 1425, 1458.
Codice della Toscana legislazione, 238.
Codex diplomaticus regni Poloniæ, 244.
Cohen (J.), 377, 921.
Cole (Chr.), 436.
Coleccion de los tratados de Paz, etc., ajustados por la corona de España, 215.
Collection of all the treaties between Great-Britain, etc., 229.
——— *(A) of correspondence relative to Spain and Portugal*, 296.
——— *(A complete) of maritime treaties of Great-Britain*, 232.
——— *(A) of papers relating to the expedition of the Scheldt*, 297.
——— *(A general) of treaties, and other public papers*, 228.
——— *(A) of state-papers relating to the war against France now carrying on by Great-Britain*, 290.
——— *(A secret) of the affairs of Spain, from 1667-1678*, 433.
Collections générales, 315.
Collet, 1401.
Collet (Mme), 717 *q*.
Colletta (le général Pietro), 781, 782*.
Collin, 1115.
Collins, 1029.

* Addition.

Colletta (il general Pietro), Storia del reame di Napoli dal 1734 sino al 1825. *Parigi*, 1835, 2 vol. in-8. — Il en a été publié une traduction franç. en 4 vol. in-8.

Colonisation de la Regence d'Alger, 982.
Colqhoun (J.), 1143.
Colson, 954 (note).
Commines (Phil. de), 391.
Conde (J. A.), 661.
Condorcet, 343.
Connelly, 1545.
Conseils à un élève du ministère des relations extérieures, 107.
——— *à des surnuméraires*, 108.
——— *à un jeune voyageur*, 108.
Conspiration de Russie, 906.
Constancio (F. S.), 165, 1335 (note), 1336, 1559, 1560, 1561, 1567, 1568, 1569, 1570.
Constantinos, 1657.
Constitution (die Spanische) der Cortes u. die provisor. Constitution der vereinigten Provinzen von Süd-America, 149.
Constitutionen (die) der Europ. Staaten, seit den letzten 25 Jahren, 138.
Constitutions des trois villes libres anséatiques, etc., 180.
Contant-d'Orville (Ant. G.), 851, 895.
Conversations-Lexicon, 361, 527.
Coote (Ch.), 156, 157, 720, 724, 725, 726.
Copies authentiques des pièces relatives aux négociations entre la France et l'Angleterre (1800), 271.
Coppi, 758.
Cormon (G. L. B.), 1528, 1534.
Correspondance complète de lord Malmesbury, 269.
——— *entre les cours d'Autriche et de Prusse, en 1778*, 263.
Correspondence (the official) relative to the negociation for peace, 454.
Cortambert (E.), 1061.
Costa Beauregard (M.), 799.
Costignan (Arth. Wm.), 879.
Cotolendi, 1394.
Coupé de Saint-Donat, 922.
Courcelles (de), 1014 c, 1027, 1028.
Courchetet (Luc. de), 372 *bis* (note).
Court de Gébelin, 1406.
Courvoisier (J. B.), 50.
Coxe (Wm.), 445, 446, 447, 610, 669.
Crabbe, 1424.
Cranz (D.), 1117.
Crawfurd, 967.
Crome (A. F. W.), 1075, 1082, 1102.
Crossart (le général baron), 470.
Csaplovics (J. v), 1092.
Cuhn (E. G.), 420.
Cuny, 1248.
Curti (Léopold), 811.
Cussy (le chev. de), 197.
Custance (G.), 158.
Cuvillier (A.), 968 (note).

D.

Dæhnert (J. C.), 175, 256.
Dahlmann, 157.
Dahnert (J. K.), 1509.
Dalmas (A.), 1003.
Dalrymple (A.), 435.
Damaze de Raymond, 1201,
Damiaõ (Antonio), 874.
Danet, 1653.
Daniel (le P. G.), 685, 686.
D'Anville, 1164.
Darby (W.), 1264.
Daru (le comte P.), 808.
Daumont (Alex.), 1218.
Daunou, 790, 856.
David (Jules), 1677, 1678.
Davids (Arth. Lumley), 1697.
Daviers (P. J.), 1687.
Davila, 699.
Debrett (John), 1030, 1031.
De Cloet (J. J.), 835, 1187.
Deductions-Bibliothek von Deutschland, 350.
Defauconpret (A. J. B.), 737.
Dehèque, 1686.
Deichmann, 1594.
D'Eichtal (G.) fils, 1234.
Delandine, 518.
Delén (Carl), 1616, 1621.
Délices (les) des Pays-Bas, 1181.
Delisle de Sales, 530.
Delolme (J. L.), 156, 157.
Démétrius (fils de Nic. Darbaris), 1675.
Démeunier, 194, 358.
Demian (J. And.), 1087, 1088, 1091, 1095, 1104.

Denina (l'abbé Ch.), 767, 768, 769, 1168.
D'Eon de Beaumont (le chev.), 392.
Depping (G. B.), 662, 884, 1329.
Descarrières, 1435.
Deschiens, 1405.
Description topographique et statistique de la France, 1130.
Descrizione geografica e politica delle Sicilie, 1172.
Deshauterayes, 954 (note).
Desmarcs, 1402.
Désoteux (le chev.), 876.
Després, 719.
Desrenaudes, 397.
Des Roches (J.), 1576, 1584.
Des Roches de Parthenay (J. B.), 1116.
D'Estrades (le comte), 394, 395.
Destutt de Tracy, 1273.
De Thou, 553 (note).
Deval, 222, 248.
De Wal (Gabinus), 66.
Dewez, 829, 1185, 1186.
De Witt (Jean), 431.
Dezos de la Roquette, 950.
Diarium Europæum, 1353.
Diccionario (Novo) da lingua Portugueza, 1565.
——— *de la lingua Castellana*, 1548.
——— *(Nuevo) portatil de las linguas española y alemana*, 1556.
Dictionnaire allemand-français et français-allemand, 1491.
——— *complet français-russe et russe-français*, 1635, 1636.
——— *de l'Académie française*, 1412 (note).
——— *géographiques spéciaux des provinces de la Belgique*, 1184.
——— *géographique universel*, 1052.
——— *historique, politique et géographique de la Suisse*, 1219
——— *italien et arabe*, 1718.
——— *(Nouveau) français-hollandais et hollandais-français*, 1583.
——— *(Nouveau) français-polonais*, 1655.
——— *(Nouveau) portatif français-polonais*, 1654.
Dictionnaire universel géographique, statistique, etc., de la France, 1127.
Diplomacy (the) of the United-States, 455.
Dippold (H. C.), 610.
Discours sur l'art de négocier, 119.
Divoff (de), 889.
Dizionario della Italia, 1166.
——— *della lingua Italiana*, 1525.
Djemal - Eddin - Mohammed (Ebn-Malec), 1702.
Djeuharii Firuzabadiique, 1713.
Dobbs (R.), 538.
Dobrowsky, 1475, 1476, 1512.
Documens pour servir à l'histoire des relations diplomatiques de la Russie avec les puissances occidentales de l'Europe, 905.
——— *relatifs à la Grèce*, 755, 756.
——— *relatifs au différend entre les États-Unis d'Amérique et la France*, 287.
Dodwell (Ed.), 1158.
Dohm (C. K. W. v.), 457, 458.
Dogiel (Math.), 244.
D'Ohsson (Mouradja), 941, 1227, 1235.
D'Ohsson (le baron) fils, 941, 963.
Dombay, 1709, 1719.
Domergue (A.), 907.
D'Ossat (le cardinal), 414.
Dow (E.), 956.
Dresch (Leonh. v.), 143, 596, 604.
Dreux du Radier, 1397 (note).
Drevet (A.), 1411.
Drevon, 1217.
Droits (les) des trois puissances alliées sur plusieurs provinces de la république de Pologne, 860.
Drouet, 517.
Droz (Jos.), 1326.
Dubois-Aymé, 1311 (note).
Dubois (le cardinal), 393.
Dubois (J. B.), 893 (note).
Dubos (l'abbé), 692, 809.
Ducamp, 1400.
Duchesnay, 373.
Duclos, 1408.
Dugdale (W.), 1032.
Dudley (Rob. baron Denbigh, and earl of Leicester), 451.
Dudley Digges, 440.

Dufau, 136.
Dudouit, 598.
Dujardin, 826.
Dumas (le général comte Mathieu), 467, 476, 487, 664.
Dümge (H. G.), 310.
Du Mont (J.) [baron de Carelscroom], 190 *a*, 372 *bis* (note), 1396.
Dumont (Étienne) de Genève, 1284.
Dupard, 722.
Du Perron (Jacq. Davy cardinal), 415.
Dupin, 517 (note).
Dupin aîné, 9, 42.
Dupin (le baron Charles), 1135, 1149.
Duport du Tertre, 390.
Duquesnoy (Ad.), 1083.
D'Ussieux (L.), 373 (note), 536.
Dusch (A. v.), 534 (note).
Durand (David), 553, 722.
Durand, 1221.
Dutens, 1312.
Dutillet (Jean), 219.
Duval (Amaury), *V.* Orloff.
Duvergier, 136.

E.

Ebel (J. G.), 1220.
Eberhard (J. A.), 1487, 1488.
Ebers (J.), 1459.
Economie (l') politique et diplomatique de l'Encycl. méthod., 194.
Edward, 1236 (note).
Edward (B.), 993.
Eggede, 1116.
Eggers (C. U. D. de), 36, 61, 307.
Eichhof (M.), 99.
Eichhorn (Joh. Gottfr.), 544, 579, 580.
Eikon-Bazilike, 432 *.
Ekholz, 1472, 1615.
Élémens de la langue russe, 1627.
——— *de la politique*, 1275.
Elementos de derecho publico de la paz y de la guerra, 70.
Ellious Bochtor, 1715.
Engelbrecht (J. A.), 96.
Engelhardt (C. A.), 1108, 1109.
Engelhardt (J. G. Bt.), 909.
Ernesti (J. A.), 537 (note).

* Composé par le docteur GAUDEN, évêque d'Exeter.

Ersch (J. S.), 14, 28, 361.
Escoiquiz (J.), 675.
Esprit de l'histoire générale de l'Europe, 554.
Essai historique sur la puissance temporelle des Papes, 790.
——— *sur l'histoire ancienne et moderne de la Nouvelle-Russie*, 902, 1208.
Essay (an) of the laws of Nations, 69.
État de l'Europe en 1832, 1302.
Études historiques et politiques, 1303.
Europäische Fama, 1358, 1359.
Europäischer Merkurius, 1357.
——— *Staats-secretarius*, 1360, 1361.
Everett (A. H.), 1327.
Ewald, 1704.
Ewers (J. P. G. v.), 886.
Examen critique de l'équilibre européen, 1297.
Exposé du droit public de l'Allemagne, 146.
——— *historique des Finances du royaume des Pays-Bas*, 1191.
Extracts from the several treaties subsisting between Great-Britain and other Kingdoms and States, 233.
Eyriès (J. B.), 734, 1057.

F.

Faber (A.) [Leonh. Leucht], 202, 203, 204.
Fabri (J. E.), 25.
Fabvier, 562.
Fahrenkrüger (J. A.), 1461.
Fain (le baron), 717 *j*, *j* 2, *j* 3, *j* 4.
Fain (L. F.), 1435, 1438.
Fairfax, 432.
Falcao (P. A.), 166.
Fallet, 1401.
Fallmerayer (J. P.), 965.
Fama (die europäische), 1358.
——— *(die neue europäische)*, 1359.
Fant (E. M.), 256 (note).
Fantin-Desodoards, 694.
Faria e Souza, 171 (note).
Farkas (H. J.), 1480.
Fastes de la Pologne et de la Russie, 851.
Felice (de), 9, 41, 43.

Fergusson (Ad.), 1333.
Ferishta (F.), 956.
Ferrand (le comte), 533, 566, 857.
Ferriar, 879.
Ferrier (F. L. A.), 1311.
Ferry (C. J.), 1212 (note), 1327.
Fessler (Ig. A.), 614, 615, 673.
Feuilles officielles, 1405 (note).
Feuquières (le marq. de), 396.
Filippi (D. Ant.), 1462, 1501.
Filippini (A. R.), 817.
Fischer (C. A.), 283, 284, 903.
Flassan (de), 318, 558, 568.
Flathe (Ph. Jac.), 1490.
Flaxmann, 599.
Fleming, 1439.
* Fletcher, Histoire de Pologne, trad. de l'angl. et continuée depuis la révolution de 1830 jusqu'à la prise de Varsovie inclusivement. *Paris*, 1832, 2 vol. in-8.
Fleury de Chaboulon, 717 *g*.
Flor (Ch.), 1471, 1588.
Flügel (J. G.), 1140.
Fonseca (José da), 1566.
Fontaine, 401.
Fontenay (l'abbé de), 532.
Foppens (F. et P.), 1181.
Formey, 31.
Fortia de Piles (le comte de), 812, 894.
Fortia d'Urban (le marq. de), 871.
Foucart (E. V.), 152.
Foudras (Alex.), 674.
Foy (le général comte), 407.
Franceschetti (le général), 780.
Franceson (J. C.), 1449, 1464, 1503.
Franscini (Stef.), 1225.
Frédéric II, roi de Prusse, 263, 640, 641, 1289, 1290.
Freese, 1614.
Freschot (Casimir), 372 *bis* (note).
Freytag (D. G. G.), 1713.
Fritot (Albert), 132, 133, 1281, 1324.
Fryxell (And.), 1607.
Fulda (F. C.), 1315.
Fulton (G.), 1432.

G.

Gagern (H. C. v.), 464.
Galanti (Jos. M.), 1171.
Galduzzi, 802.
Galerie historique des contemporains, 524.
Galetti (J. G. A.), 1065.
Gallais, 691.
Gallois (Léonard), 782, 783, 784, 1328.
Gallus, 637.
Ganilh (Ch.), 1313, 1314, 1315, 1316.
Garden (le comte de), 110.
Garner, 1435.
Garnier, 689.
Garnier (le comte Germain), 1331.
Gaspari (A. C.), 1068, 1198.
Gattel (Cl. Mar.), 1414, 1553.
Gatterer, 536 (note).
Gauthier de La Peyronie, 1209.
Gauttier (Ed.), 1251, 1252.
Gazette de France, 1401.
——— *de Leyde*, 1400.
——— *nationale ou le Moniteur universel*, 1402.
——— *Politiques*, 1405 (note).
Gebauer (G. C.), 1, 872.
Gebhardi (L. Alb.), 654, 1038.
Gebhardt (A. G.), 224, 274, 292.
Geijer (E. G.), 909.
Gemeiner, 626.
Genealog. Archivarius, 1362.
——— *histor. Nachrichten*, 1363, 1364, 1365.
———*und Staats-Handbuch*, 1042, 1043, 1044.
Genersich (F.), 611.
Genet, 1401.
Genty de Bussy (P.), 983.
Gentz (Fred.), 593, 594, 1146.
Géographie abrégée de l'empire de Russie, 1203.
Georgel (l'abbé), 397.
Georgel (avocat), 397.
Georgisch (J. P.), 186.
Georgius (C. F.), 256 (note).
Gérard de Rayneval, 47, 90, 860, 1054.
Gercken, 251.
Germanès (l'abbé), 818.
Gervinus (G. G.), 1293 (note).
Geschichte der Swedischen Revolution, 917.
——— *des preussischen Staates*, 639.
Giannone (P.), 777.
Gibbes (G. M.), 287.
* Gilibert de Merlhiac, De la Liberté des mers, ou Tableau historique et philosophique du Droit

maritime. *Marseille*, 1818, in-8.
Ginguené, 1402.
Girault (de St-Fargeau), 1128, 1131, 1137.
Girault-Duvivier, 1410.
Glafey (A. F.), 4, 54.
Gleser (J. H.), 260 (note).
Gliemann (T.), 1118.
Glutz-Blozheim, 929.
Godwin (Wm.), 1327, 1335 (notes).
Goertz (le comte de), 87, 398, 460,
Goffaux, 536 (note).
Goigoux, 518.
Goldsmith (Ol.), 719 (note), 720.
Golii, 1713.
Gondon (J. J. B.), 51.
Gorani, 774.
Gorani (le comte Jos.), 1298.
Gordon (J.), 746.
Gosselin (J. J.), 1188.
Gosseling (G.), 232.
Goujet (l'abbé), 517.
Gourgaud (le général), 502, 514, 515.
Gouvion Saint-Cyr (le maréchal), 471, 495.
Gråberg (A.), 1216.
Gråberg de Hemsö (J.), 1071.
Graevell (M. E. F. W.), 144.
Graham (J.), 990.
Gralath (D.), 247.
Gramatica de la lengua castellana, 1535.
Grammaire russe de l'Académie impériale, 1623.
Gray, 537.
Gray (S.), 1332.
Gretsch, 1625.
Grey (lord), 1304.
Griffet (le P.), 1181.
Griffet de La Baume, 1083.
Grillet (J. L.), 1176.
Grimm (Fr.), 1447.
Grimm (Jacob), 1479.
Grimoard (le général), 439, 701, 859.
Gritti (Camillo Bem.), 811.
Groen van Prinsterer, 847.
Grönberg (B. C.), 1506.
Groot Placaet-Boek der vereenigde Nederlanden en van de Staeten van Holland, 239.
Grosier (l'abbé J. G. A.), 954 (note), 955, 1243.
Grotius (Hugo), 29, 68, 833.
Grouvelle, 701.
Gruben, 251.
Gruber (J. G.), 361, 1488.
Guadet, 136.
Guébhard (L. M.), 668.
Guicciardini, 760, 767.
Guilleton-Beaulieu (Ch.), 1298.
Guillois, 1402.
Guillon (A.), 1292.
Guizot (F.), 376, 432, 549, 679, 717 c, 736 (note), 740, 1124, 1304, 1419.
Guizot (J. J.), 158, 591.
Günther (C. G.), 59, 351.
Gustermann (A. W.), 161.
Guthrie (W.), 537, 1055, 1134.
Gutsmuths (J. C.), 1068.
Guyot, 1395.

H.

Häberlin (Fr. Dom.), 601, 602.
Hæberlin (K. F.), 140, 360, 1371.
Hagemeister (E. F.), 342.
Hagerup, 1593.
Hagnauer (G.), 1225.
Halem (G. A. v.), 309.
Halem (B. J. F. v.), 589, 598.
Halevy (Léon), 1293.
Hallam (H.), 598, 740.
Haller (Améd. Em. de), 1219.
Hamilton (Rob.), 1142.
Hammer (J. v.), 940.
Hamonière (G.), 1436, 1542, 1543, 1628, 1629, 1630.
Hanka (W.), 1475.
Hardenberg (le prince de), 400, 410.
Hardwicke (earl of), 449, 450.
Hartard v. u. zu Hattstein, 1036
Haro (don Louis de), 404.
Harrach (le comte de), 399.
Hasse (Fr. C. A.), 23, 588.
Hassel (G.), 1045, 1047, 1053, 1068, 1077, 1078, 1197, 1198.
Haukal (Ebn.), 1240.
Hauschild, 889.
Hautefort (Ch. V. d'), 1125.
Hautepierre (F. C.), 1642.
Hauterive (le comte d'), 92, 107, 108 (note), 1211, 1325.
Hauterive (le comte Auguste d'), 197.
Heeren (A. H. L.), 591, 632, 839.
Heinrich (Ch. Gl.), 603, 608, 646.
Heinrich (Carl), 1608, 1622.
Heinsius (Th.), 1442, 1443, 1485.
Helbach (J. L.), 19.

Hellert (J.), 940.
Hellot, 1401.
Hempel (C. F.), 187, 356.
Hénault (le président), 384, 665, 694, 695.
Henderson (J.), 1267.
Henke, 178.
Hennet (le chev.), 1318.
Hennings (A.), 304.
Henninges (Hi.), 1034.
Henrichs (P.), 1403.
Henry, 610, 793, 1246.
Henry (R.), 721.
Henschel, 1496.
Herbigny (X. d'), 1302, 1303.
Herbin (Aug. Fr. Jul.), 1706.
Herbin de Halle, 1129.
Héricart de Thury (le vicomte), 533.
Hermann (J. T.), 1456.
Herranz y Quiroz (Diego Narc.), 1536.
Herrera (F.), 659.
Herta, *Zeitschrift*, 1384.
Hertslet (Lewis), 197, 234.
Hertzberg (le comte de), 251, 264, 353, 459 *.
Hess (J. G.), 539 (note).

* Nous avons dit (251) que la cour de Prusse ne permit pas la vente du 3e volume du « Recueil de Déductions, publié par le comte de HERTZBERG ; » nous croyons devoir reproduire textuellement ici une note qui se trouve sur un exemplaire de ce troisième volume (imprimé à *Berlin* en 1792, et non en 1791, comme il est indiqué par erreur), qui a appartenu à SCHWARIKOF, et qui est actuellement en notre possession.

L'auteur de la note s'exprime ainsi :

« M. le comte de Hertzberg fit publier pendant « son ministère tous ses écrits sans les avoir as- « sujettis à la censure, et sans en demander « préalablement l'assentiment au roi. Ce n'est « qu'à l'égard de ce volume qu'étant sorti du « ministère (en 1791), il s'écarta de cette voie « en envoyant un exemplaire au roi, avant la « publication, pour en obtenir la permission. Il « ne reçut point de réponse, jusqu'à la seconde « réitération de sa demande ; S. M. lui en « donna laconiquement le refus ; par consé- « quent il fut obligé d'aller chercher lui-même « à deux reprises, dans sa voiture, les 1,200 « exemplaires que le sieur Unger en avait fait « tirer.

« Celui-ci est le troisième exemplaire sorti « des mains du comte de Hertzberg. »

Heym (J.), 1633, 1639.
Heyne (C. G.), 537 (note).
Heyse (F. C. A.), 1444.
Hirzel, 1450.
Histoire complète des voyages et découvertes en Afrique, 968 (note).
——— *de la ligue faite à Cambray, contre la république de Venise*, 809.
——— *de la lutte et de la destruction des républiques démocratiques de Schwytz, Uri et Unterwalden*, 931 (note).
——— *de la maison de Brunswick*, 630.
——— *de la maison de Hesse*, 635.
——— *de la révolution d'Espagne, de 1820 à 1823*, 683.
——— *de la révolution de Pologne, en 1794*, 861.
——— *de la Moldavie et de la Valachie*, 949.
——— *de Pologne*, 854.
——— *des rois de Pologne et du gouvernement de ce royaume*, 850.
——— *des trois démembremens de la Pologne*, 857.
——— *des traités de paix et autres négociations du* XVII*e siècle, depuis la paix de Vervins jusqu'à celle de Nimègue*, 190 c.
——— *du Congrès de Vienne*, 318, 568.
——— *générale des Provinces-Unies (des Pays-Bas)*, 826.
——— *universelle*, 532, 536.
Historia de Portugal, 880.
Historical (a complete) American Atlas, 1259.
——— *Register*, 1386.
——— *(an) view of the revolution of Portugal*, 878.
Historiches Magazin, 1369.
History (the) of rebellion, 729, 730.
Höck (J. D. A.), 1083, 1084, 1100.
Hoech-Guldberg (F.), 1606.
Hoffmann (K. Fr.), 1384.
Hoffmanns (de), 40, 53, 197.
Hogendorp (Gysb. Karl Graaf van), 314, 844, 1190.
Hohenthal (le comte de), 139.

Holberg, 653.
Holbrooke (Fred.), 227 (note).
Hollis, 432.
Holmes (Abr.), 987.
Holst (J. L.), 81.
Holtzer (Jo. Rud.), 257, 258.
Holzbalb (H. J.), 258.
Holzmann, 1513.
Holzschuher (C. S. v.), 350.
Hommel (R.), 201.
Hooft (P. C.), 832.
Hopkin, 1725.
Hormeyer (Jos. Frhrr. v.), 584, 1383.
Horn, 1498.
Horne (T. Hartwel), 77.
Hörschelmann (F.), 175.
Horschelsmann (F. L. Ant.), 357.
Hottinger (J. J.), 929.
Huber-Saladin, 534 (note).
Hubert, 432.
Hübner (J.), 1039, 1040.
Hübner (Martin), 6, 84, 86.
Hugel (Frhrr. v.), 682.
Humboldt (Alex. de), 997, 998, 1121, 1265, 1384.
Hume (David), 719, 1145 (note).
Hüne (A.), 632.
Huntington, 432.
Huot, 1059.
Hutchinson, 432.
Hyde (Edw. earl of Clarendon), 432, 452, 453, 729, 730.
Hyde de Neuville (comte de Bemposta), 167.

I.

Ichstatt (J. A.), 34.
Ideler (L.), 1016.
Imhoff (J. W.), 1035.
Intelligence (the moderate), 1385.
Interesse (das whare) der europ. machte, 171 (note).
Isambert (F. A.), 137.
Ivernois (Sir Francis d'), 1306.

J.

Jaarboeken der bataavsche republik, 1397.
——— *(nederlandsche)*, 1389.
——— *(nieuwe nederlansche)*, 1390.
Jacob (L. H. v.), 1344.
Jacobi (Ch. Fr.), 1041.
Jacobi (J. M.), 1151 *.
Jacobsen (Fr. J.), 82, 83.
Jacques II (roi de la Grande-Bretagne et d'Irlande), 432.
Jagemann (Ch. Jos.), 1500.
Jaubert, 1694.
Jauffret, 889.
Jay (J. A.), 525, 961.
Jean (l'archiduc), 485.
Jeannin (le président), 401.
Jeannin (le chevalier), 401.
Jefferson (Thomas), 1285.
Jenichen, 19.
Jenkinson (Charles: depuis lord Hawkesbury, comte de Liverpool), 90, 230.
Jezjersky (J. W.), 246.
Johanne (Joh. de), 236.
Johanny-Pharaon, 1710.
John, 966.
John (F. A.), 335.
Johnson (Francis), 1726.
Johnson (Sam.), 1431.
Joly (J. J.), 974.
Jomard, 975.
Jomini (le général), 466, 508, 715.
Joncourt (de), 532.
Jones (John), 492.
Jones (Wm.), 719 (note).
Jones (W.), 1722.
Jordan (Cl.), 1397.
Josse, 1543.
Jouffroy (J.), 76.
Jouffroy (H.), 1324.
Jourdan (le maréchal), 472.
Jourdan, 1402.
Journal de Verdun, 1397.
Jouy (E.), 525.
Juchereau de Saint-Denis (A.), 946.
Juge (de), 85.
Jugler, 19.
Justin (Placide), 1005.
Jullian (de), 524.

K.

Kaims (lord), 1145 (note).
Kammerer (A. A.), 1097.

---

* Addition.

Jacobi (J. M.). Histoire générale de la Corse. *Paris*, 1835, 2 vol. in-8.

Kamptz (C. A. H. C. v.), 12, 184, 315, 349, 372 *bis* (note).
Karamsin, 889.
Ker of Kersland (J.), 437.
Ker-Porter, 499.
Kerroux (L. G. F.), 827.
Keverberg (le baron de), 288, 843.
Kieffer (J. D.), 1701.
Kirchhoff (J. G. A.), 1585.
Kiss, 1665.
Klaproth (Jules), 953, 1237.
Klauer-Klattowski (W.), 1427.
Klevesahl (E. C.), 1.
Klüber (Jean-Louis), 24, 45, 65, 99, 142, 145, 188, 286, 311, 317, 319, 462, 1043, 1382.
Kluit (A.), 240, 825.
Knight (G.) 1432.
Koch (Chr. Guil.), 188, 191, 196, 225, 369, 550, 551, 590, 1023, 1024.
Koch (H. A.), 628.
Koch (le colonel), 511.
Köhler (H.), 33.
Köhler (P. T.), 58.
Kollatay, 362.
Komarzewski, 865.
König (H. J. O.), 19.
Königl. allergnaadigste Ferordninger, 212.
Kopczynski, 1648.
Koppe (Ch.), 14.
Köster (H. M. G.), 1368.
Kotzebue (Aug. de), 893 (note).
Krause (G. F.), 1346.
Krebel (G. F.), 1039, 1041.
Kronos, eine Zeitschrift, 1377.
Kufahl (L.), 988.
Kunigl (K. H.), 1093.
Kunisch (J. G.), 1071.
Kurse Untersuchung der vornehmsten geschlossenen Allianzen, 366.
Kurze anleitung zur portugiesischen Sprache, 1469.
Kurz (Ch.), 835 (note).
Kutuffa (Giorgio), 1681.

L.

La Barre (L. Fr. Jos. de), 517 (note), 1397.
La Boderie (Le Fèvre de), 387.
Laborde (le comte Alex. de), 1121.
La Bissachère (de), 1242.
La Brune, 1395.
La Boullaye-Marillac (de), 1210.
La Chenaye des Bois (Aubert de), 1026.
La Clède (de), 870, 871.
La Combe, 665.
La Contie (de).
La Coste (Eug. de), 947.
Lacretelle (J. Ch.), 700, 703, 708, 716.
Lacroix (le général Pamphile), 1006.
Lacroix (de), 936.
Lacroix (S. F.), 1057.
Lacroix de Marlès, 661, 958.
Ladvocat (l'abbé), 1048.
Laffaille (le colonel G.), 489.
La Galissonnière, 407.
Lagentie de Lavaïsse (E.), 1334.
Laget de Podio (le chev.), 129.
Laing (Malcolm), 742.
La Jonchère (C. de), 1619.
La Maillardière (le vicomte de), 195.
Lamarck, 1209.
Le Mascrier (l'abbé), 1009.
Lamberty, 402, 403.
Lamontagne (de), 746.
Lampredi (J. M.), 88.
Lancelot (Nic.), 113.
Lancelot (Dom Cl.), 1408.
Landes, 1280 (note).
Landais (Napoléon), 1421.
Landois (Narcisse), 1412 (note).
Landré (G. N.), 1578, 1580.
Lange (Bd.), 1897.
Langlès, 964, 975, 1209, 1705.
Langlais, 719 (note).
Langlois (H.), 1049, 1055, 1056, 1134.
Lanjuinais (le comte J. D.), 153, 1406.
Lapène (Ed.), 491.
Lappe (C.), 1613, 1614.
La Pinsonnière (de), 982.
La Porte du Theil (F.), 218.
La Roche (Benjamin), 1150.
La Roquette (de), 986 (note), 1189.
Las Cases (le comte de), 534, 717 *p*, 985, 1259.
La Salle (J. N.), 1142.
La Sarra (de), du Franquesnay, 115.
La Torre (de), 399, 427.
Lauderdale (Earl of), 1334.
Laugier (l'abbé), 372 *bis* (note), 430, 807, 944, 1401.
Laurent, 401 (note).

Lauriz, 70.
Laveaux (J. Ch.), 604, 641, 643, 644, 1416, 1417, 1418, 1491.
La Ville (l'abbé de), 407.
Lavoisne, 1269.
Leber (C.), 377.
Lebret (J. F.), 764, 807.
* Le Brun (J.), Tableau statistique des deux Canadas. *Paris*, 1833, in-8.
Le Chapelier, 343.
Le Clerc (J.), 190 *d*, 517 (note), 837.
Le Clerc (N. G.), 852.
Le Clerc fils, 888.
Lee (S.), 1722.
Lefebvre (Charles), 1286.
Lefebvre de St-Marc, 765.
Le Fèvre, 1395.
Le Fèvre de La Boderie, 387.
Légitimité portugaise, 171 (note).
Leibnitz (G. W.), 189.
Leland (Th.), 744.
Lemare, 1409.
Lendroy (J.), 1489.
Lenglet du Fresnoy (l'abbé), 391, 1009, 1010.
Lengnich (G.), 163.
Leo (H.), 773, 848.
Léonard (Fréd.), 221, 362.
Leonhardit (F. Gl.), 1107.
Leroux, 954.
Lesage (A.) *V.* Las Cases.
Lesbroussart (J. B. Ph.), 524.
Lescalopier de Nourar (C. A.), 118.
L'espin (L. B. de), 1132.
Lesur (C. L.), 321, 864, 900, 1404.
Letourneur, 536 (note).
Lettre servant de réponse à Kotzebue, 893 (note).
Lettres et documens officiels relatifs à la Grèce, 756 (755).
——— *historiques*, 1396.
——— *sur le Portugal*, 879.
Leu (H. J.), 258.
Leucht (Leonh.), *V.* Faber (A.)
Lévitac (l'abbé), 1411.
Lévesque (Ch.), 884.
Leyden (J.), 968, 1247, 1248, 1249.
Lexicon Valachico-Latino-Hungarico-Germanicum, 1673.
Liequet (Th.), 762.
Liechtenstern (M. J. Freyh.), 1090.
Ligny (C. de), 415.
Limiers, 688.
Linde (S. G.), 1650.
Lindenfels, 1587.
Lindsey, 860.
Lingard (John), 723.
List of papers, 270, 291.
Littrow (J. J.), 1018.
Litwinsky, 1653.
Llorente, 680, 791.
Lloyd (H. E.), 1460.
Lobato, 1558.
Löbel (J. W.), 540.
Lohmeyer (G.), 1035.
Loi fondamentale du royaume des Pays-Bas, 162.
Lombard, 685.
Lopez (Th.), 1119.
Lopez de la Huerta (Jos.), 1537.
Loriol, 1138.
Lotz (Jh. Fr. Eus. Ritter v.), 1343.
Louis XIV, roi de France, 701.
Louville (Ch.-Aug. d'Allonville, marq. de), 670.
Lowth (Rob.), 1423.
Loyson (C.), 158.
Luca (Ign. de), 1085.
Lucchesini, 589.
Lüdecke (C. W.), 1226.
Ludemann, 1682.
Luden (H.), 607, 1378.
Luder (Lud.), 312.
Ludwig (Chr.), 1499.
Ludlow (Edm.), 432, 434.
Lulius, 241.
Lunig (John-Chr.), 199, 200, 235, 354, 547, 548.
Lutz (M.), 1223, 1224.
Luzac (MM.), 1400.
Luzac (Élie), 32 *bis*, 1182.
Lyall (Rob.), 1212.
Lynar (R. Fr. Graf zu), 461.
Lyon (G. F.), 1250, 1251.

M.

Maass (J. G. E.), 1488.
Mably (l'abbé), 345, 367, 368, 692.
Macarel, 134.
Mac-Carthy (J.), 567, 1050.
Mc Culloch (J. R.), 1337, 1338.
Machiavel (N.), 805, 806, 1287, 1288, 1289, 1290, 1291, 1292, 1293.
——— *commenté* (sic) *par Napoléon Bonaparte*, 1292.
——— *ou morceaux choisis et pensées*, 1293.

Mackintosh (James), 40, 67, 171 (note), 737.
Mac-Leod (John), 1252.
Macpherson, 732.
Macquer, 665.
Mac-Tarlane (Ch.), 1232.
Magazin der Europ. Staaten ver hältniss, 1374.
Mahudel, 658.
Mahul (A.), 521.
Mail' ath (J.), 616.
Mailath (J. G.), 1667.
Maillac (le P. Jos. A. M. Moyria de), 954.
Mailher de Chassat (A.), 556.
Malchus (K. A., Graf v. Marienrode), 1067, 1072.
Malcolm (John), 959, 960, 964.
Mallet (Edme), 380.
Mallet (H. P.), 630, 635, 655, 927, 1219.
Mallet (Ph.), 1219.
Malleville (Claude de), 383.
Malmesbury (lord), 268, 269, 270, 291.
Malte-Brun, 858, 884, 1059, 1192.
Malthus (P. R.), 1327, 1335.
Mandrillon (J. H.), 840.
Manget (J. L.), 919.
Mangold (M.), 1017.
Mannert (K.), 627, 1074.
Manni (V.), 1528, 1534.
Manno (D. Jos.), 798.
Manso (J. C. F.), 639.
Manzour-Effendi (Ibrahim), 751.
Marana, 1394.
Marcel, 1255, 1716.
Marchal (J.), 534 (note), 966.
Marchand (Pr.), 394, 617.
Marchena (Jos.), 1145.
Maret, 1402.
Mariana (J. de), 658, 660.
Marie-Sophie-Frédérique, reine de Danemark, 1039 (note), 1040.
Marin, 7.
Marin, 1401.
Marlborough (John duke of), 447.
Marlès, 661.
Martens (C. V.), 942.
Martens (le baron Charles de), 104, 105, 106, 124, 192*.
Martens (G. F. de), 37, 44, 60, 75, 80, 98, 121, 183, 188, 190 *a*, 192, 198, 355, 372, 860.
Martinelli (Jos.), 1527.
Martinez, 1544.
Marton (F. v.), 1480.
Marton (Jos.), 1513, 1666.
Masbaret (l'abbé du), 517 (note).
Massé (J. E.), 178.
Masselin (J. G.), 1051.
Masson (Ch. Fr. Philib.), 893, 894.
Massuet (P.), 850.
Matter (J.), 1307.
Maudru (J. B.), 1626.
Mauvillon, 643.
Maximes du gouvernement monarchique, 1276.
May (Th.), 432.
May de Rainmotier (Em.), 926.
Mazarin (le cardinal), 404.
Mazure (F. A. J.), 738.
Meidinger (F. W.), 1451, 1641.
Meiners (C.), 1195.
Meisel (H.), 111.
Meissler (J. H.), 127.
Meister (L.), 176.
Meisterus (C. F. G.), 10.
Melcombe (lord), 448.
Mello (Pasc. José de), 171 (note).
Memminger (J. D. G.), 1111.
Mémoire historique sur la negociation de la France et de l'Angleterre (en 1761) *, 262, 408.
——— *sur la conduite de la France et de l'Angleterre à l'égard des neutres*, 93.
——— *sur les principes et les lois de la neutralité maritime*, 92.
Mémoires des Commissaires du roi et de ceux de S. M. Britannique sur les possessions et les droits des deux couronnes en Amérique, 407.
——— *de la reine Christine de Suède*, 405.
——— *et actes relatifs aux négociations qui ont précédé le partage de la Pologne*, 276, 409, 866.
——— *historiques et geogra-*

* « Les Causes célèbres du Droit des Gens » doivent former 4 vol. in-8.

* On lit dans la *Correspondance* de VOLTAIRE que le duc de CHOISEUL rédigea ce *Mémoire* en trente-six heures.

phiques sur la *Valachie*, 919.
Mémoires historiques et politiques sur la république de Venise, 811.
——— *historiques et politiques sur Pie VI et son pontificat*, 794.
——— *officiels de la (dernière insurrection de) Pologne*, 868.
——— *pour servir à l'histoire de France en 1815*, 513.
——— *pour servir à l'histoire de France sous Napoléon*, 717 *i*.
——— *secrets sur la Russie*, 893.
——— *sur la dernière révolution de Pologne* (de 1770), 855.
——— *sur la révolution de Pologne, trouvés à Berlin*, 864.
——— *sur les campagnes des Pays-Bas, en 1745-1747*, 839.
——— *sur les pays situés entre la mer Noire et la mer Caspienne*, 1236.
——— *sur l'impératrice Joséphine*, 717 *l*.
——— *sur les opérations militaires des Français en Galice, en Portugal et dans la vallée du Tage, en 1809*, 498.
——— *tirés des papiers d'un homme d'État*, 410 *.
Mengin (Félix), 975.
Meninski, 1698.
Mennechet, 719.
Menzel (C. A.), 540, 586, 605, 606.
Mercier (abbé de Saint-Léger), 518.
Mercure français, 1393.
——— *historique*, 1395.
Merkel (Dank. Imm.), 1109.
Meusel (J. G.), 22, 30, 570, 1069, 1070.
Meyer (G. J.), 1575.
Meyer (G. v.), 209.
Mézeray (Eudes de), 685, 687, 688.
Michaud (J.), 552, 694 (note), 717 *b*.
Michel (O. L. F.), 52.
Mielle, 871.
Might, 1182.
Mignet (F. A.), 711 **.
Milbiller (Jos.), 604.
Millot (l'abbé), 413, 530, 692.
Miltitz (Alex. de), 129 (*nota*) *.
Mimaut (M.), 1174.
Miñano, 1120.
Miñano (Sébastien), 683.
Ministère (le) du négociateur, 118.
——— *(le) de la réforme et le Parlement réformé*, 1304.
Mirabeau, 643, 1277.
Modée (G R.), 254, 255.
Moderate (the) Intelligencer, 1385.
Mokry (Benj.), 1672.
Molbech (Christ.), 1603.
Möller (J G. P.), 1508.
Monatlicher Staatsspiegel, 1354.
Moneta (J.), 1645.
Monier (F.), 854.
Moniteur (le) universel, 1402.
Monmerqué, 375, 401, 717 *a'*, 615.
Monnard, 929, 930.
Monod (G. J.), 449.
Monteil (A.), 697.
Montémont (Alb.), 720.
Montesquieu, 1272.
Montgaillard (l'abbé de), 704. 705, 706.
Montgaillard (le comte), 706.
Montgon (l'abbé), 411.
Monthénault d'Egly (Ch. Ph.), 778, 1397.
Monthly (the) Register, 967 (note).
Montholon (le général), 515.
Montlosier (le comte de), 717 *n*.
Montvéran (de), 1144, 1212.
Montyon (Auget de), 1242, 1310.
Moore (Th.), 737.
Moraes e Silva, 880.
Moreau (le général), 506.
Moreau de Jonnès, 1126.
Moreau de St-Méry (L. E.), 1004.
Morellet (l'abbé), 986.
Moréri (L.), 517.
Morlino, 1529.
Morse (J.), 1260.
Mortemart-Boisse (le baron de), 843 (note).

* Alphonse DE BEAUCHAMP a pris une part active à la publication de ces *Mémoires*.

** J.-A. MIGNET, Négociations relatives à la succession d'Espagne sous Louis XIV, ou correspondance, mémoires et actes diplomatiques concernant les prétentions et l'avènement de la maison de Bourbon au trône d'Espagne, etc. *Paris* (*de l'imp. Royale*), 1835 et ann. suiv. 6 ou 8 vol. in-4.

* L'ouvrage de M. DE MILTITZ est intitulé : « Manuel des Consuls. *Berlin* et *Paris*, 1837, 2 vol. in-8. » — L'édition de Paris a sur celle de Berlin l'avantage d'être mieux disposée et plus correcte.

Morvan de Bellegarde (l'abbé), 660.
Moser (C. F. de), 117, 327, 328.
Moser (J. J.), 55, 56, 57, 323, 324, 325, 326.
Mosham (F. X. v.), 123.
Mouby (de), 1401.
Mozin (l'abbé), 1448, 1453, 1492.
Mrongovius (C.), 1644.
Mrozinski, 1648.
Muffling (le général de), 516.
Müller, 1691.
Müller (A.), 181.
Müller (Ad.), 1380.
Müller (G. H. v.), 1599, 1606.
Müller (J. v.), 539, 929.
Müller (L.), 642.
Münch (E. H.), 846.
Münch v. Bellinghausen (H. Frhrr. v.), 305.
Murat (Joachim), 782, 783, 784.
Muratori (L. Ant.), 238, 757, 758.
Murhard (Fr.), 1347, 1370.
Muriel (Andrès), 669.
Murko (Ant. Jos.), 1477, 1514, 1661.
Murray (Hugh.), 968, 1249.
Murray (cap. Wm.), 962.
Murray (Lindley), 1422.
Mylius, 251.
Mynas (C. Minoïde), 1679, 1680.

N.

Nachrichten (genealogisch-historische, 1363.
——— (*neue genealog.-histor.*), 1364.
——— (*Fortgesetzte neue genealog.*), 1365.
Napier (le colonel), 487.
Napoléon (l'empereur), 481, 513, 901.
Nau (von), 103.
Naval papers respecting Copenhagen, Portugal and the Dardanelles, 294.
Navigation (de la) du Rhin, 102.
Necker, 1309.
Negedly (J.), 1662, 1663.
Négociations de lord Malmesbury, 270.
——— *secrètes touchant la paix de Munster*, 190 *d*.
Nellerto (Llorente), 680.
Neny (le comte de), 838.
Neri da Silva, 1562.
Nettelblat (Dan.), 340.
Nettement (Alf.), 1232.
Nettement (Ph.), 676.
Neu eröffneter Staatspiegel, 1355.
Neue organisation der Schiffahrt auf dem Rheinstrome, 106.
Neues genealog. Staats-Handbuch, 1043.
——— *holländisch-deutsches und deutsch-hollandisches Taschen-Wörterbuch*, 1586.
——— *Taschen-Wörterbuch der deutsch., poln. und französisch. Sprache*, 1511.
Neueste Staatsakten und Urkunden, 313.
Neuesten (die) Staatsbegebenheiten, 1368.
Neuman y Baretti, 1554.
Neves (Jos. A. das), 877.
Neyron (P. J.), 46.
Niederelbischer-Magazin, 1369.
Noailles (M. M. de), 412.
Noailles (le maréchal duc de), 413.
Noble (John), 1717.
Nodier (Ch.), 1413, 1415.
Noël, 1055.
Norberg (G.), 916.
Nordforss (Eric), 1617.
Norvins (J. de), 525, 714, 717 *k*.
Notices préliminaires sur Neuchâtel et Vallengin, 935.
Nouvelles, ou Mémoires historiques, politiques et littéraires, 1398.
Nugent (Th.), 1438.
Nuñez (Ign.), 1000, 1271.
Nuñez de Taboada (D. M.), 1538, 1540, 1551, 1552, 1553.

O.

Oberleitner, 1703.
Odeleben (le colonel baron d'), 507, 717 *j*[1] (note).
O'Driscol (J.), 745.
Oertel (E. F. Ch.), 1486.
Oesterreicher (P.), 308.
O'Farrill (D. Gonz.), 674.
Offizielle Sammlung, 260.
Oginski (Mich.), 863.
Oldecop (A.), 1510, 1637.
Olinger (l'abbé), 1582.
O'Meara, 717 *q*.

Ompteda (D. H. L. Frhrr. v.), 11, 29, 184, 315, 372 *bis* (note).
Op den Hoof (S.), 101, 102.
Ortolan (J. L. E.), 135.
Oudiette (Ch.), 1183.
Ouseley, 1240.

P.

Pagès (de l'Ariége), 1295.
Paillet (J. B. J.), 151.
Pallas (P. S.), 1209, 1210.
Panckoucke (A. J.), 831.
Panin (le comte Nikita de), 87.
Paoli-Changy (le comte), 564.
Paolo (Seb.), 237.
Papers presented to the parliament in the years 1813 *and* 1814, 299.
——— *relating to America*, 298.
——— *relative to the negociations with France*, 293.
——— *to the rupture with Spain*, 295.
——— (*A collection of*) *relating to the expedition of the Scheldt*, 297.
Papiers relatifs à la rupture avec l'Espagne, 275 (295).
Pardessus (M. J. M.), 97.
Pareyra, 517 (note).
Pariz-Pai, 1513, 1671.
Parke (G.), 438.
Parnell (sir Henry), 1150.
Particularités et observations sur les ministres des Finances de France les plus célèbres, 1310.
Paskewitsch (le feld-maréchal), 868.
Patje, 766.
Pauli (D. C.). 636.
Paulus, 374, 456.
Paulus (Pieter), 828.
Paz (principe de la), 215.
Pebrer (Pablo), 1151.
Pecchio (le comte Jh.), 1328.
Pecquet, 119.
Peignot (G.), 16.
Pelet (le général), 486.
Pellissier (E.), 984.
Pelzel, 619.
Pépé (le général), 786.
Perau (l'abbé), 396.
Perfumo, 1564.
Périès (J. V.), 1287.
Périn (l'abbé), 885.
Perrin (Ant.), 373.
Perry (Wm.), 1433.
Petersen (M. M.), 1590.
Petitot, 375, 401, 717 *a* et *a'*, 1408.
Peuchet (J.), 88, 961, 972, 1129, 1130, 1402.
Peyronnet (le comte de), 696.
Peysonnel, 343, 945 (note).
Pfeffel (C. F.), 609, 1054.
Pfeffer (Andr.), 259.
Pfyffer zu Neueck, 1245.
Philippon de la Madelaine (L.), 1420.
Pichon (le baron L. A.), 981, 1285.
Pichot (Amédée), 723.
Picot (J.), 1010, 1222.
Pictet (Ad.), 930.
Pièces officielles relatives au traité d'Amiens, 272.
——— *relatives au dernier traité des puissances alliées*, 278.
Pignotti (Lor.), 802.
Pinheiro-Ferreira (Sylvestre), 44, 105, 106, 130, 131, 154, 168, 169, 170, 171, 198, 1071 (note), 1457.
Pinkerton (J.), 1057.
Pio (L.), 1527.
Pistor (de), 864.
Pitt (W.), 1310.
Placards de Flandre, de Brabant, etc., 239.
Placaet-Bock (groot) van de Staten-Generael der V. N. 239.
Placaeten (recueil van) betreffende de Admiraliteit, 239.
Planta (Jos.), 928.
Platel, 517 (note).
Playfair (J.), 1058, 1153.
Playfair (Wm.), 1331.
Pla y Torres, 1550.
Plessner (H.), 1458.
Plotho (C. de), 477, 509.
Pohl (C.), 1474.
Politique et progrès de la puissance russe, 900.
Politz (K. H. L.), 3, 26, 138, 543, 583, 648, 649, 1349.
Pombal (le marquis de), 876.
Pommereul (René de), 344, 816.
Ponfickl (J. E.), 1094.
Poplinski (J.), 1648.
Poppleton, 1426.
Population (de la) dans ses rapports avec le gouvernement, 1330.
Portets (de), 49.

Portfolio (le), 289, *V.* Urquhart.
Possart (P. A. F.), 1723.
Posselt (E. L.), 919, 1021, 1370.
Poujoulat, 717 *b*.
Pouqueville (de), 750, 751, 1162.
Pradt (de), 416, 1296.
Prawa Konstytucye y Przywileie Krolestwa Polskiego, etc., 243.
Précis historique sur les révolutions de Naples et de Piémont, en 1820 et 1821, 785.
Prévost (l'abbé), 719.
Prevost (P. et G.), 1335, 1337.
Price (John), 432.
Price (Wm.), 1719.
Principes du droit politique, 1280 (note).
Prinsep (H. T.), 962.
Prontuario de los tratados de Paz, 216.
Propriac (G. de), 893 (note).
Protocolle der deutschen Bundesversammlung, 208.
Prudhomme (L.), 1127.
Psaume, 397.
Puffendorf (S. v.), 8, 30.
Pütter (J. S.), 19, 24, 139.

Q.

Quatremère (Ét.), 1256.
Quelques observations sur la dernière révolution de Pologne, 867.
Quérard, 835 (note).
Querlon (Meunier de), 1401.
Quesné, 719.
Quistgaard (Iv.), 211.

R.

Rabaut-Saint-Étienne, 1402.
Rabbe (Alph.), 526, 754.
Raffenel (C. D.), 748.
Raffles (sir T. S.), 966, 1244.
* Ramon Salas, Lecciones de derecho publico constitucional. *Salamanca*, 1820, in-8.
Ramsay (David), 989.
Ranft (Mich.), 1362.
Ranggo, 913.
Rango, 251.
Rank (Leop.), 578.
Raoul-Rochette, 933.
Rapin-Thoyras, 722.
Rask (R. K.), 1591, 1592, 1596.
Raumer (Fr. v.), 1147, 1342.
Raybaud (Max.), 754.
Raymond (Xav.), 962, 1091 (note), 1234.
Raynal (G. Th.), 961, 972.
Rayneval fils (de), 47. *V.* Gérard.
Réal (G. de), 15.
Réalier-Dumas, 819.
Recherches historiques sur les principales nations établies en Sibérie, etc., 903.
Recueil de diverses relations, 418.
——— *de pièces officielles*, 273.
——— *de pièces diplomatiques* (de la Conférence de Londres), 319.
——— *des actes diplomatiques concernant la négociation de lord Malmesbury*, 268.
——— *de Traités*, 198.
——— *des Traités de paix, trèves et neutralité entre les Couronnes d'Espagne et de France*, 213.
——— *des Traités et Conventions entre la France et les puissances alliées*, 226.
——— *van de Tractaten*, 242.
——— *van Placaeten betreffende de Admiraliteit en verdere Zeezaken*, 239.
Reden (le baron de), 718, 1033.
Reedtz (H. C. de), 372 *bis*.
Reeves (J.), 73.
Register (historical), 1386.
——— *(Annual)*, 320, 1387.
Rehfues (Ph. J.), 679, 1124.
Reiff, 1625.
Reiffenberg (Frédéric baron de), 834.
Reinaud, 552.
Reisler (K. Gl.), 1507, 1589.
Remer (Jul. Aug.), 577.
Rémond de Saint-Albine, 1401.
Renaudot (Théophraste, Eusèbe et Isaac), 1393, 1401.
Renouard (A. A.), 16.
Renouard de Sainte-Croix (Félix), 1241.
Réquier, 803.
Reuss (J. A.), 205, 352.
Révérony Saint-Cyr (le baron), 1297.
Révolution de Hollande en 1787, 265.
Révolutions des Provinces-Unies (des Pays-Bas), 816.

Revue Britannique, 1405 (note).
——— *chronologique de l'Histoire de France*, 704.
Ribeiro (J. P.), 873.
Ricardo (S.), 1336.
Richard (l'abbé), 1167.
Richardson (John), 1711, 1717, 1726.
Richelieu (le cardinal de), 419.
Richer (Jean), 1393.
Richerand (le baron), 1330.
Rifaud (J. J.), 1257.
Ritter (C.), 1064.
Rives, 1231.
Rizo-Neroulos (Jacovaky), 753.
Robello (G.), 1518.
Robertson (W.), 741, 986.
Robinet (J. B.), 344, 359, 532.
Rocca (de), 496.
Röding (T. N.), 1001, 1002.
Romanzof (le comte), 252.
Römer (C. H. v.), 122.
Rommel (C.), 634.
Rondonneau, 689.
Roquefort (B. de), 922.
Roques (P.), 517 (note).
Roresby (John), 432.
Roscoe (Wm.), 793, 803.
Rosemann (A. St.), 160.
Rosily (A. de), 1553.
Rosini (G.), 769.
Rosmini (Carlo di), 801.
Rosselet (C. E.), 260 (note).
Rostopchin (le comte), 907.
Roth (J. R. v.), 141, 348.
Roth (J. Th.), 347.
Roth, 1091 (note).
Rotteck (Carl v.), 542, 1348, 1370.
Roucher, 373.
Roujoux (le chev. de), 723, 1529.
Roure (le comte Scipion du), 670.
Rousseau (J. J.), 1280.
Roussel, 562.
Rousset (J.), 112, 190 *b*. 261, 367, 1395.
Roux, 712.
Royer-Collard (P.), 40.
Rühs (F.), 536 (note), 910, 1214.
Rulhière, 856, 857, 858, 891, 894.
Rumpf, 1103.
Runde (C. L.), 309.
Ruphy, 1714.
Rusdorf (de), 420.
Russiades (G.), 1481, 1683.
Rutherforth (T.), 67.
Rutschmann, 661.
Rymer (Th.), 227, 722.

S.

Saalfeld, 192.
Saban y Blanco (J.), 658.
Sabbathier, 789.
Sacy frères (de), 344, 532, 618.
Sacy (Sylvestre de), 1240, 1702, 1707.
Sahlstedt (A.), 1610, 1612.
Saint-Aulaire (de), 717 *q*.
Saint-Disdier, 372 *bis* (note).
Saint-Elier, 1395.
Saint Gelais (J. de), 220.
Saint-Hilaire (Aug. de), 1270.
Saint-Marc (de), 722.
Saint-Maurice (de), 480.
Saint-Philippe (le marq. de), 417.
Saint-Prest (J. Y. de), 190 *c*, 363.
Saint-Réal (l'abbé de), 810.
Saint-Simon (le duc de), 421.
Saint-Thomas, 889.
Saint-Ussan (l'abbé), 517 (note).
Sainte-Croix (de), 1236 (note).
Sakakini (A.), 976.
Salaberry, 937.
Salazar (D. P. Fr.), 678.
Sale (G.), 532.
Salgues (J. B.), 377, 717*f*.
Salmon (Th.), 532, 536.
Saluces (le comte A. de), 800.
Salva, 1547.
Salvandy (de), 852.
Sammlung der neusten Staatsschriften, auf das Jahr 1756, 300.
——— *einiger Staatsschriften nach Carl VI Ableben*, 302.
Sammlung der vornehmsten Bundnusse, etc., 257.
——— *(offizielle) der das schweizerische Staatsrecht*, 260.
Sanderson (Rob.), 227.
Sandras de Courtilz, 1395.
Santarem (visc. de), 164, 171 (note), 250.
Sarauw, 147.
Sartorius, 574.
Sattler, 650.
Sauquaire-Souligné, 735.
Sauvo, 1402.
Savary, 1160, 1705.
Say (J. B.), 1320, 1321, 1322, 1336.
Schade (C. B.), 1428, 1454, 1498.
Schœffer (von), 1269.

Schaffarik, 1669.
Schedius, 244 (note).
Scheffer (C. A.), 1261.
Scheidemantel (H. G.), 360.
Scheller, 1513.
Schels (J. B.), 612.
Scheltus (J.), 242.
Schepeler (P. K. v.), 684.
Schiller (Fr. v.), 374, 456, 556, 835.
Schlegel (J. F. W.), 85, 86, 147.
Schlegel (Fr.), 565.
Schlieben (W. E. A. v.), 1063.
Schlözer (A. L. V.), 173, 883, 1366, 1367.
Schlözer (Chr. de), 48.
Schlözer (prof.), 536 (note), 834 (note).
Schmalz (Th.), 62, 63, 1324.
Schmauss (J. J.), 193, 201, 365.
Schmelzing (J.), 64.
Schmid (K. E.), 1381.
Schmidt (J. C.), 1047.
Schmidt-Phiseldeck (C. F. v.), 91.
Schmidt (J. A. E.), 1429, 1516, 1632, 1640.
Schmidt (Mich. Ign.), 604.
Schnabel (Geo. Norb.), 1079, 1080.
Schnitzler (J. H.), 1207.
Schnouckaert van Schauburg (le baron C. A.), 116.
Schoell (Fr.), 188, 196, 279, 280, 281, 289, 316, 318, 551 (note), 1008, 1024.
Schoepflin (J. Dan.), 622.
Schöler, 1430.
Schön (J.), 1351.
Schott (A. F.), 329.
Schrader, 1585.
Schreiber (Aloys), 623.
Schrodt (F. L.), 35.
Schulz (J. C. F.), 936.
Schuman (Gli.), 1041.
Schumann (A.), 1110.
Schuppius (G. Ph.), 597.
Schwan (Ch. P.), 1493.
Schwarzkopf (J. de), 223, 267.
Schwarzkopf (le baron C. H. de), 146.
Seckendorff (Th. de), 1502, 1557.
Ségur (le comte L. P. de), 265, 422, 562, 563, 645, 693.
Ségur (le général comte Ph. de), 510, 502, 693, 897.
Seiler (Cand. A.), 1478, 1668.
Selden, 90.
Selius, 826.
Semmler, 536 (note).
Sempéré, 672.
Senior (N. W.), 1317.
Serieys, 384.
Sévelinges (L. de), 393, 991, 1228.
Seybert (Adam), 1261.
Sheridan (Ch. Fr.), 918.
Sicile (de la) et de ses rapports avec l'Angleterre (en 1812), 779.
Siebenkees (J. C.), 341, 350.
Siegenbeck (M.), 1573.
Silhouette (de), 407.
Sillery, 385.
Simon, 1452.
Simonot (J. F.), 819.
Sinnhold, 1103.
Siret, 1426.
Siri (Vitt.), 545, 546.
Sismondi (J. C. L. Simonde de), 690, 770, 771, 772, 1323.
Sjöborg (Gst.), 1613.
Skarbek (le comte de), 1319.
Skork (E. v.), 943.
Slownik, 1649.
Smith (Adam), 1331.
Smollett, 719.
Sobranie gosoudarstvennikh gramot i dogoworof chranjaschtschüchsia, etc., 252.
Soden (J. v.), 1350.
* Solar de Marguerite (le comte), *V. Traités publics de la maison royale de Savoie.*
Solignac (le chev. de), 849.
Sommer, 1602.
Sommerberg, 251.
Sonder (Franz. v.), 590.
Sonne (H. D. A.), 1099.
Sonnini, 1129.
Soulas d'Allainval (l'abbé), 404.
Soulès, 1055.
Soult, duc de Dalmatie (le maréchal), 490.
Southey (Thom.), 994.
Soutzo (A.), 752.
Souza (Faria e), 171 (note).
Spanische (die) Constitution, 149.
Spectateur (le) militaire, 1405 (note).
Spittler (L. Th. v.), 574, 631, 651.
Spon (le baron de), 406.
Sprengel (H.), 803.
Staatsakten (neueste) und Urkunden, 313.

Staël-Holstein (le baron Aug. de), 739, 1309.
Staff (de), 493.
Star Numan (Corn.), 66.
Statistique générale et particulière de la France, 1129.
Statistik und Topographie des Churfürstenthums Hessen, 1101.
Statistisch-topograph. Darstellung des Königr. Bayern, 1096.
Steck (J. Ch. W. de), 128, 330, 331, 332, 333, 334, 335, 336, 337, 338, 339.
Stollenwerck, 903.
Storch (H.), 253 (note), 898, 899, 1196, 1320.
Storia dell' anno, 1388.
Storia del pontificato del Papa Pio VII, 795.
Strada, 835 (note).
Strodmann (J. S.), 1601.
Strube de Piermont (Fr. H.), 39.
Stuart (A.), 743.
Stuart (M.), 1392.
Stumpf, 627.
Stutterheim (le général de), 481, 483.
Suard, 986, 1401.
Suchet, duc d'Albuféra (le maréchal), 488.
Suchorowski (M.), 1647.
Suffer (C. J.), 1455.
Suhm (Pet. Fred.), 652.
Sully (Max. de Béthune, duc de), 423.
Supplement to the Collection of treaties, 299 (note).
Suwarow (le feld-maréchal), 473.
Swedelius, 1609.
Swinton (J.), 532, 536.
Szlemenics (P.), 1480.

T.

Tableau de la campagne d'automne de 1813 en Allemagne, 508.
——— *de l'histoire générale de l'Europe depuis 1814*, 569.
Tables généalogiques des maisons souveraines de l'Europe, 1023, (1024).
Tacoigne (J. M.), 952.
Targe, 719.
Tanski (Jos.), 1213.
Tappe (A. W.), 1473, 1630, 1631.
Tarte cadet, 834 (note).
Tatischew, 1634, 1635.
Temple (le chev.), 424, 425, 441, 442, 443, 444.
Tencé (Ulysse), 321, 1504.
Tetens (J. N.), 89.
Teuchero, 1532.
Teutsche Kriegs-Canzellei, 301.
Tham (K. J.), 1664, 1674.
Tharup (Fr.), 1114.
Theatrum Europæum, 1352.
Thedenat-Duvent (P. P.), 974.
Théocharopoulos, 1676.
Théorie des révolutions, 566.
——— *du pouvoir politique et religieux*, 1278.
Thérémin, 734, 1147.
Thibaudeau (A. C.), 713, 717 *h*.
Thibaut, 1495.
Thiébault (le général), 468, 494.
Thierry (Augustin), 698.
Thiers (A.), 710.
Thornton (Th.), 1228.
Thouret, 692.
Thuau-Granville, 1402.
Thurot (F.), 803.
Tibbins, 1439.
Tindal, 722.
Tiran, 907.
Tobiensen (Lof. Hm.), 1600.
Todd (the rev. H. J.), 1431.
Tomasi, 1546.
Tonnelier, 1210.
Tooke, 888.
Torcy (le marq. de), 426.
Toreno (le comte de), 681 *.
Tott (le baron de), 945.
Toulongeon (F. E.), 707.
Tourlet, 1402.
Tractatus de Jure gener. hum, 38.
* *Traités publics de la maison royale de Savoie avec les puissances étrangères depuis la paix du Câteau-Cambrésis jusqu'à nos jours, publiés par ordre du Roi et présentés à S. M. par le comte* Solar de Marguerite, premier Secrétaire d'État pour les affaires étrangères, etc. *Turin*, (*de l'imprimerie royale*), 1836-1837, 5 vol. gr. in-4.

Addition.

* Toreno (el conde de). Historia del levantamiento, guerra y revolution de España. *Madrid*, 1835, 4 vol. in-8.

Traité complet (sic) de diplomatie, 110.
—— (*du*) *de Westphalie et de celui de Campo-Formio*, 561.
—— *et conventions conclus à Paris, le 20 novembre 1815*, 226, 277.
Traktaty miedzy mocarstowami Europeyskiemi, etc., 245.
—— *Konwencye, Handlowe y Graniczne, etc.*, 247.
Trapany (Domingo Gian.), 1553.
Treaties 1785, 230.
Trnka (Frz.), 1659, 1660.
Trotz (Mich. Alb.), 1652, 1653.
Trouvé, 1402.
Tscharner, 1219.
Tschulkow (Mich.), 253.
Tucker, 1145 (note).
Turner (Sharon), 728.
Tychsen (Th. Chr.), 1711.

U.

Ubbelohde, 1098.
Ueber die Handels-Schiffahrt auf dem Rheinstrome, 102.
Ukert (F.), 1068, 1253, 1254.
Ulich (J. G.), 114.
Ungewitter (F. H.), 845, 1106.
Universal (an) history, 336.
Un mot à l'auteur de l'Examen de trois ouvrages sur la Russie, 893 (note).
Upham, 939.
Urquhart (D.), 948, 1234, 1305 *.
Usteri (P.), 177.
Utdrag af de emellan Hans Konglige Majestaet och Cronan Swerige, 254.
—— *utur alle ifrån den 7 Dec. 1718 utkomne publique Handlingar, etc.*, 255.

V.

Valbuena, 1547.
Valentini (le général baron de), 484, 908, 947.
Valentini (Fr.), 1466, 1633.
Valori (le comte H. de), 428.
Valori (le marquis de), 428.
Van der Linden, 241.
Van der Pijl (E.), 1574.
Van der Spiegel (L. P.), 465.
Van der Vynckt (L. J. J.), 834.
Van Lennep, 524.
Van Leuwen (Simon), 239.
Van Moock (S. J. M.), 1581.
Varaigne, 1000, 1271.
Varchi (B.), 804.
Varrentrappe, 1044.
Vater (J. S.), 1643.
Vattel (Emer de), 31, 40.
Vaublanc (le comte de), 691.
Vauciennes, 389.
Vaudoncourt (le général Guillaume de), 503, 504, 505, 512.
Vaudoncourt (G. de) fils, 1224.
Vaultier, 517 (note).
Vautorte (de), 190 *d*.
Velly, 689.
Vendoti, 1684, 1688.
Veneroni, 1521.
Venturini (C.), 682, 629, 901.
Vera y de Cuniga (Antonio de), 113.
Vergani, 1519, 1522.
Verger (A.), 1415.
Vernet (Jacq.), 777 (note).
Verstolk de Soelen (le baron), 319.
Versuch einer pragm. Geschichte des Hauses Braunschweig-Lüneburg, 628.
Vertot (l'abbé de), 412, 788, 813, 875, 911.
Vervolgh van het recueil van de Tractaaten, etc., 242.
Vie politique et militaire de Napoléon, 715.
Vieilh de Boisjolin, 526.
Vieyra (Ant.), 1570.
Viguier, 1693.
Villaret, 412, 689.
Villemain, 702.
Villeneuve (le marq. de), 430.
Vilmain (H.), 1231.
Vincens-Saint-Laurent, 591.
Vinke (le baron de), 1147.
Vioménil (le baron de), 859.
Viton de Saint-Allais, 1014 *b*, 1022.
Vizi Perez (V.), 148.
Vlandi, 1688, 1689.
Vocabulario della Crusca, 1525.
Voelderndorff (le baron de), 469.
Vogel, 260 (note).

* M. D. Urquhart n'est pas étranger à la publication du « Portfolio » (282).

Vogel (D.), 1645.
Vögelin (J. C.), 934.
Vogt (Nik.), 1375.
Voigt (J.), 638.
Voigtel (J. G.), 1484.
Voigtel (Traug. Gottl.), 1046.
Volger (F.), 1062.
Vollständige Sammlung d. Gesetze des russischen Reichs, 172.
Voltaire, 702, 890, 915, 1289.
Vosgien [ou l'abbé Ladvocat], 1048.
Voss (C. D.), 13, 370, 371, 587, 1376.
Vostokoff, 1624.
Voyage en Suède, 1217.
Vsévolojsky (N. S.), 1204.
Vulliemin, 929.

W.

Wachler (L.), 27.
Wagenaar (J.), 823, 824.
Wagener (A.), 610, 711.
Wagener (E. D.), 1467.
Wagener (G. L. T.), 667.
Wagener (J. D.), 1463, 1504, 1555, 1571 *bis*.
Wagner (A.), 1497.
Wahre (das) Interesse der europ. Mächte u. des Kaisers von Brasilien, 171 (note).
Wahrmuth (Gottl.), 592.
Wailly, 1595.
Wakefield (E.), 1156.
Walckenaër (C. A.), 694, 1057.
Waldeck (le prince Ch. Fr. de), 839.
Walker (John), 1434.
Walpole (Horace), 446.
Walpole (Robert), 429, 445, 1229, 1238.
Walsh (R.), 1231.
Walsingham (Fr.), 440.
Walter Scott, 737.
Walton (W.), 171 (note), 1266.
Ward (Robert), 2, 86.
Warden (D. B.), 125, 1263.
Warmholtz, 916.
Warwick (Phil.), 432.
Wastelain (le P. Ch.), 830.
Watteville (A. L. de), 925.
Wedekind (A. C.), 585, 1012.
Weidlich, 19.
Weigel (K.), 1690.
Weiland (P.), 1572, 1577, 1578.
Weise (Chr. G.), 647.
Wenck (F. A. G.), 188, 191, 222 (note).
Wenck (H. B.), 633.
Weste, 1618.
Westenrieder, 624.
Weydemeyer (Alex. de), 904.
Wheaton (H.), 78.
* WHEATON, Elements of international Law. *Lond.*, 1836, 2 vols. 8vo.
Wichmann (B. H. v.), 887, 1199.
Wicquefort (A. de), 112.
Wiesand (G. St.), 5.
Wilk (Mark), 957.
Wilken (F.), 573, 1720.
Wilkins (Ch.), 1726.
Wilkinson (W.), 950.
Wilson (James), 973.
Wilson (R. T.), 476, 478.
Windisch (C. W. v.), 613.
Winkelmann (W.), 1505.
Winkopp (G. A.), 206, 207.
Winter (Hellmuth), 109.
Wittenberg (A.), 1369.
Witzleben (A. A. v.), 869.
Wolff (Chr. de), 31, 32, 32 *a* et *b*.
Wolny (Greg.), 541.
Woltmann (C. L. de), 374, 456, 556, 620.
Woltmann (J. G.), 540.
Wuk (Stephan.), 1479, 1515.

Y.

York (le chev.), 90.

Z.

Zaiaczeck (le général), 861.
Zaken en Staat van Oorlog, 739.
Zalloni (Marc-Phil.), 951.
Zalyk, 1685.
Zavaletta, 1541.
Zay, 1494.
Zechin (J. C. L.), 346.
Zedlitz (Frhrr. L. v.), 1105.
Ziaflofska (Jefdokin), 1200.
Zielinski, 853.
Zinkeisen (Joh. W.), 747.
Zschokke (H.), 625, 930, 931, 932.
Zur Geschichte unserer Zeit, 463.
Zotti (R.), 1521.

FIN DE LA TABLE DES AUTEURS ET DES OUVRAGES ANONYMES.

CATALOGUE
SYSTÉMATIQUE
DE
CARTES DE GÉOGRAPHIE
ANCIENNE ET MODERNE,

RÉDIGÉ

PAR M. CH. PICQUET,

Géographe du Roi et de Mgr le duc d'Orléans, etc.

Nota. On pourra se procurer, au besoin, les ouvrages mentionnés dans ce Catalogue, chez Ch. PICQUET, Quai Conti, 17, à Paris.

Remarques.

Nous avons divisé les Cartes de chaque contrée, de chaque état, etc., en *Cartes générales* ou d'ensemble, et en *Cartes particulières* ou spéciales. Nous les avons classées d'après l'*ordre alphabétique* des états et des provinces, et d'après celui des auteurs, quand plusieurs présentent le même pays. Nous avons donné d'abord les cartes en une seule feuille, puis celles qui en comptent plusieurs, enfin les cartes chorographiques et topographiques.

Lorsqu'un pays se trouve sur une carte commune à plusieurs états, ou qu'il y est décrit avec plus de détails que sur une carte spéciale, nous avons eu le soin de renvoyer à celle-là.

Les nombres placés entre parenthèses à la suite d'un article sont les numéros d'ordre des ouvrages avec lesquels celui-ci a des rapports d'ensemble ou de dépendance.

TABLE DES DIVISIONS

ET DES SUBDIVISIONS DU CATALOGUE.

(Les chiffres des pages sont ceux de la pagination intérieure.)

	Pages
SECTION 1re.	
ASTRONOMIE.	1
§ 1. Instrumens.	—
I. Globes terrestres.	—
II. Globes célestes.	2
III. Sphères et systèmes planétaires.	3
§ 2. Cartes astronomiques.	—
SECTION 2e.	
ATLAS GÉNÉRAUX.	4
§ 1. Géographie ancienne.	—
§ 2. Géographie ancienne et moderne.	5
§ 3. Géographie moderne.	6
SECTION 3e.	
MAPPEMONDES.	7
§ 1. Mappemondes en hémisphères.	—
2. Mappemondes sur la projection des cartes marines, dite de Mercator.	—
SECTION 4e.	
EUROPE.	9
A. *Cartes générales.*	—
B. *Cartes particulières.*	11
§ 1. Allemagne ou Confédération germanique.	—
a. *Cartes générales.*	—
b. *Cartes particulières.*	13
I. Anhalt (duché d').	—
II. Autriche (empire d').	—
a. Cartes générales.	—
b. Cartes particulières.	14
1. Autriche (archiduché d').	—
2. Bohême (royaume de).	—
3. Croatie. *Voy.* Hongrie (roy[me] de).	15
4. Dalmatie (royaume de).	—
5. Esclavonie. *Voy.* Hongrie.	—
6. Gallicie (royaume de).	—

Pages

7. Hongrie (royaume de) et grande principauté de Transylvanie. 15
8. Illyrie (royaume d'). 16
9. Lombard-Vénitien (royaume). —
10. Moravie (margraviat de) et Silésie. 17
11. Styrie (duché de). —
12. Transylvanie. *Voy.* Hongrie. —
13. Tyrol (comté de). —

c. Plans et environs de villes. 18

III. Bade (grand-duché de.) —
IV. Bavière (royaume de). —
V Brême (ville libre de). 19
VI. Brunswick (duché de). —
VII. Francfort (ville libre de). —
VIII. Hambourg (ville libre de). 20
IX. Hanovre (royaume de). —
X. Hesse-Darmstadt (grand-duché de). 21
XI. Hesse Électorale (principauté de). —
XII. Hesse-Hombourg (landgraviat de). —
XIII. Hohenzollern (principautés de). —
XIV. Holstein et de Lauenbourg (duchés de). —
XV. Lichtenstein (principauté de). —
XVI. Lippe (principautés de). —
XVII. Lubeck (ville libre de). 22
XVIII. Luxembourg (grand-duché de). —
XIX. Mecklenbourg (grands duchés de). —
1. Mecklenbourg-Schwerin (grand-duché de). —
2. Mecklenbourg-Strelitz (grand-duché de). —
XX. Nassau (grand-duché de). —
XXI. Oldenbourg (duché d'). —
XXII. Prusse (royaume de). 23

a. Cartes générales. —
b. Cartes particulières. —

1. Brandebourg (province de). —
2. Neuchâtel (principauté de). —
3. Poméranie (province de). 24
4. Posen (province de). —
5. Prusse (province de). —
6. Rhin et de Westphalie (prov. du). —
7. Saxe (province de). 25
8. Silésie (province de). —

c. Plans et environs de villes. —

XXIII. Reuss (principautés de). —
XXIV. Saxe (royaume de). —

a. Cartes générales. —
b. Cartes particulières. 26

Pages

c. *Plans et environs de villes.* 26

xxv. Saxe (duchés de). —

xxvi. Schwarzbourg (principautés de). 27

xxvii. Waldeck (principauté de). —

xxviii. Wurtemberg (royaume de). —

§ 2. Andorre (république d'). —

§ 3. Belgique (royaume de). —

§ 4. Cracovie (république de). 28

§ 5. Danemark (royaume de). —

a. *Cartes générales.* —

b. *Cartes particulières.* —

c. *Plans et environs de villes.* 29

§ 6. Espagne (royaume d'). —

a. *Cartes générales.* —

b. *Cartes particulières.* 31

c. *Plans et environs de villes.* —

§ 7. France (royaume de). —

a. *Cartes générales.* —

b. *Cartes particulières.* 34

c. *Plans et environs de villes.* 35

§ 8. Grande-Bretagne et d'Irlande (royaume uni de). 36

a. *Cartes générales.* —

b. *Cartes particulières.* —

i. Angleterre. —

ii. Écosse. 37

iii. Irlande. —

c. *Plans et environs de villes.* —

§ 9. Grèce (royaume de). 38

Hollande. *Voyez* Pays-Bas (royaume de). —

Helvétique (république). *Voy.* Suisse (confédération). 39

Iles Britanniques. *Voy.* Grande-Bretagne et Irlande. —

§ 10. Iles Ioniennes (république des). —

§ 11. Italie. —

a. *Cartes générales.* —

b. *Cartes particulières.* 40

i. Deux-Siciles (royaume des). —

a. *Cartes générales.* —

b. *Cartes particulières.* —

1. Naples (royaume de). —

2. Sicile (royaume de). —

c. *Plans et environs de villes.* 41

Pages

II. Église (États de l'). 41

a. *Cartes générales.* —

b. *Cartes particulières.* —

c. *Plans de villes.* 42

III. Lombard-Vénitien (royaume). —

IV. Lucques (duché de). —

V. Malte et de Goze (îles de). —

VI. Modène (duché de). —

VII. Monaco (principauté de). —

VIII. Parme (grand-duché de). —

IX. Saint-Marin (république de). —

X. Sardaigne (royaume de). —

a. *Cartes générales.* —

b. *Cartes particulières.* 43

c. *Plans de villes.* —

XI. Toscane (grand-duché de). —

Ottoman (empire). *Voyez* Turquie. 44

§ 12. Pays-Bas (royaume des). —

Pologne (royaume de). *Voyez* Russie. 45

§ 13. Portugal (royaume de). —

§ 14. Russie (empire de). —

a. *Cartes générales.* —

b. *Cartes particulières.* 46

I. Russie d'Europe. —

a. *Cartes générales.* —

b. *Cartes particulières.* 47

II. Pologne. —

c. *Plans et environs de villes.* 48

§ 15. Suède (royaume de). 49

a. *Cartes générales.* —

b. *Cartes particulières.* —

I. Suède (royaume de). —

II. Norvége (royaume de). —

c. *Plans de villes.* —

§ 16. Suisse (confédération). 50

a. *Cartes générales.* —

b. *Cartes particulières.* —

c. *Plans de villes.* 51

§ 17. Turquie (empire de). —

a. *Cartes générales.* —

b. *Cartes particulières.* —

Turquie d'Europe. —

a. *Cartes générales.* —

Pages

b. Cartes particulières. 52
c. Plans et environs de villes. 53

SECTION 5e.

Asie. —

A. *Cartes générales.* —
B. *Cartes particulières.* 54

§ 1. Chinois (empire). —
a. *Cartes générales.* —
b. *Cartes particulières.* —

§ 2. Indes Orientales. —
a. *Cartes générales.* —
b. *Cartes particulières.* —

I. Indoustan ou Indes en deçà du Gange. —
a. Cartes générales. —
b. Cartes particulières. 55

II. Indo-Chine ou Indes au-delà du Gange. —

§ 3. Japon (empire du). —
§ 4. Perse, Afghanistan, Caboul et Turkestan. —
§ 5. Russie d'Asie. 56
I. Géorgie, etc. —
II. Sibérie, etc. 57

§ 6. Turquie d'Asie. —
a. *Cartes générales.* —
b. *Cartes particulières.* —

SECTION 6e.

Afrique. 58

A. *Cartes générales.* —
B. *Cartes particulières.* —

§ 1. Barbarie. —
I. Algérie. 59
a. Cartes générales. —
b. Cartes particulières. —
II. Maroc (empire de). 60
III. Tripoli (royaume de). —
IV. Tunis (royaume de). —

§ 2. Cap de Bonne-Espérance (colonie du). —
§ 3. Congo et contrées voisines. —
§ 4. Égypte et Nubie. 61
§ 5. Guinée, Sénégambie et contrées voisines. 62
§ 6. Iles. —

SECTION 7e.

Amérique. 63

A. *Cartes générales.* —

Pages

B. *Cartes particulières.* 63

§ 1. Amérique septentrionale. —

a. *Cartes générales.* —

b. *Cartes particulières.* 64

I. Amérique anglaise ou Hudsonie. —

II. Amérique Danoise. —

III. Amérique Russe. —

IV. États-Unis. 65

V. Guatemala. —

VI. Mexique. 66

§ 2. Amérique méridionale. —

a. *Cartes générales.* —

b. *Cartes particulières.* 67

Argentine (république). *Voy.* Rio de la Plata. ...

I. Bolivia (république de). —

II. Brésil (empire du). —

Buenos-Ayres (rép. de). *Voy.* Rio de la Plata. 68

III. Chili (république du). —

IV. Colombie ou républiques de l'Équateur, de la Nouvelle-Grenade et de Venezuela. —

V. Guyanes anglaise, française et hollandaise. —

VI. Paraguay (dictatorat du). —

VII. Pérou et du Haut-Pérou ou Bolivia (rép. du). 69

VIII. Rio de la Plata (république du). —

IX. Uruguay (république de l'). —

§ 3. Iles Antilles ou Indes occidentales —

a. *Cartes générales.* —

b. *Cartes particulières.* 70

I. Haïti ou Saint-Domingue. —

II. Iles anglaises. —

III. Iles danoises. —

IV. Iles espagnoles. —

V. Iles françaises. 71

VI. Iles hollandaises. —

SECTION 8e.

Océanie. —

A. *Cartes générales.* —

B. *Cartes particulières.* 72

§ 1. Archipel d'Asie ou Malaisie. —

2. Australie ou Mélanésie. 73

3. Polynésie ou Micronésie et Polynésie. 74

Appendice. 75

Table des auteurs et des cartes sans noms d'auteurs. 77

FIN DE LA TABLE DES DIVISIONS.

CATALOGUE

SYSTÉMATIQUE

DE

CARTES DE GÉOGRAPHIE

ANCIENNE ET MODERNE.

SECTION PREMIÈRE.

ASTRONOMIE.

INSTRUMENS ET CARTES ASTRONOMIQUES.

---

§ 1. — Instrumens.

1. *Globes terrestres.*

1. Globe terrestre de 11 pouces de diamètre, à support parallèle au méridien, à horizon mobile ou à horizon fixe, monté avec méridien en cuivre, horizon en métal imitant l'acier et fixé sur fût de colonne, par Ch. Dien. *Paris*, 1835 (12, 18 et 20).

2. Globe terrestre de 1 pied de diamètre, sur grand pied, avec méridien, boussole en cuivre, par Delamarche. *Paris*, 1835 (13, 19 et 21).

3. Globe terrestre de 1 pied 4 lignes (1 pied métrique) de diamètre, avec méridien en cuivre et pied en acajou, par Poirson. *Paris*, 1832 (14).

4. Globe terrestre de 14 pouces de diamètre, monté sur pied en acajou, avec méridien, boussole, cercle vertical, par le Ch^er^ Lapie. *Paris*, 1833 (5).

5. Grand globe terrestre de 18 pouces de diamètre, monté sur pied en acajou, avec méridien, boussole, et cercle vertical, par le Ch^er^ Lapie. *Paris*, 1833 (4).

6. Globe terrestre de 18 pouces français de diamètre, par Riedig. *Berlin*, 1830 (16).

7. Grand globe terrestre de 18 pouces de diamètre, par Robert

de Vaugondy, publié par Delamarche; revu suivant les nouvelles divisions et les découvertes les plus récentes; monté sur grand pied en noyer, avec méridien et boussole. *Paris*, 1835 (15).

8. Nouveau globe terrestre, de 21 pouces anglais de diamètre, monté sur pied en acajou, avec méridien et boussole en cuivre, par J. Cary. *Londres*, 1836 (17).

9. Globe aérophyse (gonflé d'air) terrestre, de 18 pouces de diamètre; rédigé et gravé par A. Tardieu, imprimé sur peau blanche, colorié, vernissé, se gonflant et se dégonflant comme un ballon, et avec monture mobile dont toutes les parties se rajustent avec promptitude et solidité. *Paris* et *Strasbourg*, 1832.

10. Globe terrestre pneumatique-portatif de 3 pieds de diamètre, par Desmadryl aîné, imprimé sur papier ou sur soie. *Troyes*, 1832.

11. Globe terrestre pneumatique-portatif, de 4 pieds de diamètre, par Grimm. *Berlin*, 1832.

II. *Globes célestes*.

12. Globe céleste de 11 pouces de diamètre, dont la position des étoiles a été réduite par M. Marion, calculateur du bureau des longitudes, monté avec méridien en cuivre, horizon en métal imitant l'acier, et fixé sur fût de colonne, par Ch. Dien. *Paris*, 1835 (1, 18 et 20).

Les constellations y sont indiquées par des figures géométriques formées par les étoiles qui les composent, et les lignes qui les réunissent.

13. Globe céleste de 1 pied de diamètre, sur grand pied, avec méridien, boussole en cuivre, par Lalande et Meissier, et publié par Delamarche; nouvelle édition. *Paris*, 1835 (2, 19, 21).

14. Globe céleste de 1 pied 4 lignes (1 pied métrique) de diamètre, exécuté d'après le catalogue de Bode (32) et la connaissance des temps, donnant la position de près de 7,000 étoiles calculées pour 1831; dédié au bureau des longitudes, par Poirson, avec méridien en cuivre, et pied en acajou. *Paris*, 1832 (3).

15. Grand globe céleste de 18 pouces de diamètre, monté sur grand pied en noyer, avec méridien et boussole en cuivre, corrigé par Méchain et publié par Delamarche. *Paris*, 1835 (7).

16. Globe céleste de 18 pouces de France de diamètre, par Riedig. *Berlin*, 1830 (6).

17. Nouveau globe céleste de 21 pouces anglais de diamètre, monté sur pied en acajou, avec méridien et boussole en cuivre, par J. Cary. *Londres*, 1830 (8).

III. *Sphères et systèmes planétaires.*

18. Sphère de *Copernic*, de 11 pouces de diamètre, avec les cercles des colures et les planètes en cuivre, par Ch. DIEN. *Paris*, 1837 (1, 12 et 20).

Le cercle des équinoxes y est incliné de 23° 10' au plan de l'écliptique.

19. Sphère de *Copernic*, de 1 pied de diamètre, avec les planètes en cuivre, par DELAMARCHE. *Paris*, 1837 (2, 13 et 21).

20. Sphère de *Ptolémée*, de 11 pouces de diamètre, avec tous les cercles en cuivre, par Ch. DIEN. *Paris* (1, 12 et 21).

21. Sphère armillaire de *Ptolémée*, de 1 pied de diamètre, avec méridien en cuivre, par DELAMARCHE. *Paris* (2, 13 et 19).

22. Machine connue sous le nom de *géocyclique*, à l'aide de laquelle on démontre clairement et simplement les révolutions apparentes du soleil, la succession des saisons, l'inégalité des jours et des nuits, les phases de la lune, etc., par JAMBON. *Paris*.

23. Grand système planétaire, mu par un mouvement d'horlogerie, indiquant les révolutions des planètes, les phases de la lune, les nœuds de cette planète dans l'écliptique relativement à la terre (un second cercle d'écliptique donne instantanément les positions respectives des planètes et de la terre à l'égard du soleil), par MELIT. *Paris*, 1837.

Cet instrument est débarrassé des grands cercles qui faisaient que fausser le jugement des élèves. Il est tout en cuivre, et peut être contenu dans une boîte de très-petite dimension.

§ 2.— CARTES ASTRONOMIQUES.

24. Tableau cosmographique intuitif, montrant l'ordre dans lequel se meuvent les corps célestes qui composent notre système planétaire, en rapport sensible de grosseur et de distance au soleil, par CHAMPION. *Paris*, 1815, 1 feuille.

25. Tableaux du système planétaire, par S. VISCONTI; nouvelle édition, par DUFOUR. *Paris*, 1830, 7 feuilles.

26. La Lune, par G. BEER et MADLER. *Berlin*, 1836, 4 feuilles.

27. Carte du jeune observateur parisien, deux hémisphères donnant les constellations visibles sur l'horizon de Paris, par Ch. DIEN. *Paris*, 1837, 1 feuille.

28. Carte du ciel en deux hémisphères, nord et sud, par Ch. DIEN. *Paris*, 1837, 1 feuille.

29. Choix des plus belles étoiles visibles en Europe, comparées au ciel, par Ch. DIEN. *Paris*, 1837, 1 feuille [avec texte] présentant une zone et deux hémisphères, l'un pour les alignemens des étoiles principales entre elles, l'autre indiquant par des figures géométriques l'étendue et l'aspect que les constellations offrent à notre vue (43).

30. Uranographie nautique, dressée sous l'inspection de M. Bouvard, par Ch. DIEN. *Paris*, 1831, 1 feuille, avec brochure.

La position des étoiles est réduite à 1840, par M. Mation, calculateur du Bureau des longitudes.

31. Les principales étoiles fixes et constellations représentées sur 12 planches, d'après lesquelles on peut, à la simple inspection, reconnaître leurs noms et positions relatives, par J. CARY. *Londres*, 1813, 12 feuilles.

32. Atlas céleste, avec un catalogue en français et en allemand, de 17240 étoiles, par J. E. BODE. *Berlin*, 1801, 20 feuilles.

33. Grand atlas céleste, ou exposition générale des connaissances actuelles de l'astronomie pratique, donnant toutes les étoiles des Atlas de *Flamsteed, Bode, Harding*, et des nouveaux catalogues, avec indication des étoiles doubles, multiples et nébuleuses; composé et comparé au ciel, par Ch. DIEN, sous les auspices des astronomes les plus célèbres. *Paris*, 1837. et ann. suiv., 40 feuilles.

SECTION DEUXIÈME.

ATLAS GÉNÉRAUX.

§ 1.— GÉOGRAPHIE ANCIENNE.

34. Géographie ancienne de D'ANVILLE. *Paris*, 1760 - 1771, 12 feuilles.

35. Atlas de géographie ancienne et de l'histoire du moyen-âge et des derniers temps, par A. BRUÉ. *Paris*, 1830, 18 feuilles (44).

36. Atlas de géographie ancienne et du moyen-âge, par DUFOUR. *Paris*, 1834, *Picquet*, 33 feuilles (48).

37. Atlas de géographie historique, pour servir à l'intelligence de l'histoire ancienne, par POULAIN DE BOSSAY. *Paris*, 1834, 12 feuilles.

38. Orbis terrarum antiquus secundum optimos auctores, tam veteres quam recentiores, in usum scolarum exaratus; F. G. Benicken. *Weimar* 1826-1829, 18 feuilles.

39. Le monde ancien de Reichard. *Nuremberg*, 1818 - 1831, 20 feuilles, avec répertoire in-folio en latin.

40. Tableau synoptique de l'histoire universelle, par le lieut.-colonel Denaix. *Paris*, 1828, 2 feuilles (46).

41. Les révolutions de l'univers, offrant les divisions politiques des différentes régions analogues aux principales époques de l'histoire générale du monde, depuis la dispersion des enfans de Noé jusqu'à la réunion de la Lorraine à la France, sous Louis XV; divisées en 30 intervalles, par Dupré. *Paris*, 1763, 50 feuilles, avec notes marginales.

42. Cours des temps, ou tableau de l'histoire universelle, par Strass. *Berlin*, 1806, 3 feuilles.

43. Atlas historique, généalogique, chronologique et géographique, par A. Lesage (le comte de Las-Cases). *Paris*, 1834, 36 feuilles.

Il n'entre dans cet atlas qu'un très-petit nombre de cartes géographiques, présentant bien peu de détails. *Voy.* les Nos 534, 1229 de la Bibli graphi.

§ 2. — Géographie ancienne et moderne.

44. Atlas universel de géographie physique, politique, ancienne et moderne, de toutes les parties du monde, pour servir à l'intelligence de l'histoire, de la géographie et des voyages; dédié à l'Académie des sciences de l'Institut de France; recommandé par le Conseil général de l'Instruction publique, et adopté par l'École Polytechnique et par l'école militaire de Saint-Cyr; dressé par A. Brué. Nouvelle édition revue par Ch. Picquet. *Paris*, 1837, 65 feuilles.

C'est le plus complet, le plus récent et le mieux exécuté des recueils de ce genre: 18 cartes traitent de la géographie ancienne ou de l'histoire du moyen-âge et des derniers temps; des 47 autres, 3 représentent le monde sur diverses projections, 20 sont relatives à l'Europe, 5 à l'Asie, 4 à l'Océanie, 6 à l'Afrique, et 9 à l'Amérique. — Chaque feuille se vend séparément.

45. Atlas classique de géographie physique, politique, ancienne et moderne [extrait du précédent], 36 feuilles, dont 9 de géographie ancienne (44).

46. Nouveaux élémens de géographie générale, basés sur des principes d'analyse naturelle comparée, déduits de la relation constante des reliefs de la terre avec la division du globe en bassins, par le lieutenant-colonel Denaix [texte, cartes, tableaux synoptiques,

géographiques et historiques, et Atlas, en 13 livraisons]. *Paris*, 1827 et années suivantes.

Les 8 livraisons publiées de 1827 à 1837 traitent de la géographie universelle, de la géographie de l'Europe, et en partie de celle de la France. *Voir* les num. 40, 70, 78, 79, 80, 81, 84, 85, 94, 95, 96, 104, 397.

47. Atlas général pour l'étude de la géographie et de l'histoire, par Desnos. *Paris*, 1770, 60 feuilles.

48. Atlas classique et universel de géographie ancienne, du moyen-âge et moderne, avec texte en regard de chaque carte pour en faciliter l'étude, par A. H. Dufour, revu et augmenté par Ch. Picquet. *Paris*, 1837, 60 cartes, dont 15 doubles de format, sur carré.

Cet atlas est un chef-d'œuvre d'exécution. Il a obtenu une médaille d'argent à la société de statistique universelle. 37 de ses cartes forment un atlas très-répandu dans les colléges.

49. Atlas géographique, astronomique et historique, par Heck. *Paris*, 1833, 63 petites feuilles.

Les auteurs s'occupent d'une nouvelle édition.

50. Atlas universel de géographie ancienne et moderne, par MM. Lapie père et fils. *Paris*, 1829, 50 feuilles.

51. Atlas universel de géographie physique et politique, ancienne et moderne, par E. Mentelle et P. G. Chanlaire. *Paris*, 1810, 178 feuilles.

52. Atlas universel, par Robert. *Paris*. 1748, 80 feuilles.

§ 3. — Géographie moderne.

53. Atlas universel de géographie, par J. Arrowsmith. *Londres*, 1834, 50 feuilles.

54. Atlas universel de géographie moderne, par A. Brué, extrait de l'Atlas ancien et moderne du même auteur. *Paris*, 1837, 47 feuilles (44).

55. Atlas universel de géographie moderne, par Dufour, extrait de l'Atlas ancien et moderne du même auteur. *Paris*, 1837, 27 feuilles (48).

56. Nouvel Atlas contenant les cartes exactes des empires, royaumes et états de l'univers, par J. B. Homann, géographe de S. M. I. d'Autriche. *Nuremberg*, 1737, 3 vol. in-folio, en latin.

57. Hand Atlas von Stieler. *Gotha*, 1816-1834, 63 petites feuilles.

SECTION TROISIÈME.

MAPPEMONDES.

§ 1. — Mappemondes en hémisphères.

58. Mappemonde en deux hémisphères, par A. Brué, revue et augmentée par Ch. Picquet. *Paris*, 1836, 1 feuille (44).

59. Mappemonde en deux hémisphères, avec les découvertes les plus récentes, par le Chᵉʳ Lapie. *Paris*, 1819, 1 feuille.

60. Mappemonde en deux hémisphères, par Ch. Picquet. *Paris*, 1837, 1 feuille (101, 699, 764, 827, 864, 919).

61. Map of the world on a globular projection, by Arrowsmith. *London*, 1834, 4 feuilles.

62. Mappemonde en deux hémisphères, présentant l'état actuel de la géographie, par A. H. Brué. Nouvelle édition, revue et augmentée par Ch. Picquet, avec un tableau comparé de la longueur des cours d'eau et de la hauteur des montagnes du globe. *Paris*, 1836, 5 grandes feuilles (103, 703, 768, 828, 868, 921).

Le Tableau se vend séparément.

63. Map of the world, by James Gardner. *London*, 1835, 8 feuilles.

64. Weltcharte, von Grimm. *Berlin*, 1835, 8 feuilles.

65. Mappemondes projetées sur l'équateur et sur l'horizon de Paris, par A. Brué; revues et augmentées par Ch. Picquet. *Paris*, 1836, 1 feuille (44).

66. Mappemonde en deux hémisphères projetés sur l'horizon de Paris, par le P. Chrysologue, capucin de Gy. *Paris*, 1774, 2 feuilles.

67. Die südliche und nordliche halbkugel der Erde, von J. A. Eckert. *Wien*, 1 feuille.

68. Mappemonde dessinée sur l'horizon de Paris, par le Chᵉʳ Lapie. *Paris*, 1812, 2 feuilles.

§ 2. — Mappemondes sur la projection des cartes marines, dite de Mercator.

69. Mappemonde physique sur la projection réduite de Mercator, par A. Brué; revue et augmentée par Ch. Picquet. *Paris*, 1836, 1 feuille (44).

70. Mappemonde physique, politique, statistique et comparative, par le lieut.-colonel DENAIX. *Paris*, 1828, 2 feuilles (46).

71. Weltcharte in Mercators projection, von FRIED. *Wien*, 1832, 4 feuilles.

72. Carte hydrographique des parties connues de la terre, dressée sur la projection de Mercator, par L. GRESSIER; publiée au Dépôt de la Marine. *Paris*, 1835, 1 feuille.

73 Mappemonde physique et politique, dressée sur la projection de Mercator, par Ch. PICQUET. *Paris*, 1837, 1 grande feuille (102, 698, 763, 820, 863, 916).

74. Map of the world on Mercator's projection, by ARROWSMITH. *London*, 1831, 8 feuilles.

75. Mappemonde sur la projection de Mercator, par H. BRUÉ; revue (par VIVIEN) en 1827. *Paris*, 4 feuilles.

76. A new and elegant chart of the world on Mercator's projection, by John PURDY. *London*, 1830, 4 feuilles

77. Weltcharte in Mercators projection, von REICHARD. *Nurnberg*, 1825, 4 feuilles.

78. Tableau orographique du globe, par le lieut.-colonel DENAIX. *Paris*, 1828, 1 feuille (46).

79. Tableau démonstratif des rapports d'étendue, de climats, de saisons, donnés par la superposition des États figurés sur la mappemonde, par le lieut.-colonel DENAIX. *Paris*, 1828, 1 feuille (46).

80. Tableau synoptique des établissemens faits par les Européens dans les deux mondes, par le lieut.-colonel DENAIX. *Paris*, 1827, 2 feuilles (46).

81. Tableau de dénombrement des peuples et des religions du globe, par le lieut.-colonel DENAIX. *Paris*, 1828, 2 feuilles (46).

82. Planisphère physique et politique, destiné à faire connaître toutes les colonies tant anciennes que nouvelles des différentes puissances de l'Europe dans les quatre autres parties du monde, par IMBERT DES MOTTELETTES. *Paris*, 1833, 1 feuille (85).

SECTION QUATRIÈME.

EUROPE.

A. — Cartes générales.

83. Atlas historique de l'Europe, par le lieut.-colonel Denaix; *Paris*, 1835, 23 feuilles (46).

84. Tableaux géographiques historiques de l'Europe, comprenant: 1° le Dénombrement des peuples; 2° le Dénombrement des religions; 3° la Chronologie historique des États, depuis le bouleversement de l'empire romain jusqu'à nos jours, par le lieut.-colonel Denaix. *Paris*, 1837, 2 feuilles (46).

85. Atlas synchronistique, géographique et généalogique, pour servir à l'étude de l'histoire moderne de l'Europe, de 1515 à 1815, par Imbert des Mottelettes. *Paris*, 1831 et ann. suiv., 15 feuilles.

86. Atlas ou aperçu de tous les états et pays de l'Europe, depuis leur origine jusqu'à l'époque actuelle; dressé d'après les meilleurs matériaux, par Chrétien Kruse; nouvelle édition, revue et corrigée. *Leipsick*, 1830, 17 cartes et 33 tableaux.

87. Atlas historique des états européens, depuis leur origine jusqu'à l'année 1834, traduit de Kruse, par Ansart et Lebas. *Paris*, 1835, 73 feuilles. (Cartes géographiques et tableaux.)

88. L'Europe sous Charlemagne, ou tableau historique de cette partie du monde à la fin du VIIIe et au commencement du IXe siècle, par A. Brué. *Paris*, 1820, 1 feuille (44).

Il s'y trouve un tableau du démembrement de l'empire de Charlemagne, ou géographie politique de cette partie de l'Europe vers la fin du IXe siècle.

89. Carte générale de l'Europe, en 1789, rédigée pour l'étude de l'histoire du moyen-âge, par A. Brué. *Paris*, 1820, 1 feuille (44).

90. Carte générale de l'Europe, en 1813, rédigée pour l'étude de l'histoire de 1788 à 1815, par A. Brué. *Paris*, 1820, 1 feuille (44).

On y a donné, en supplément, une carte plus détaillée de la confédération du Rhin en 1813.

91 Carte ethnographique de l'Europe, par Oetzel. *Berlin*, 1821, 1 feuille.

92. Esquisse orographique de l'Europe, par J. H. Bredsdorff et

O. N. Olsen; nouvelle édition. *Copenhague*, 1830, 1 feuille avec texte.

93. Carte des principales montagnes de l'Europe et des fleuves et rivières qui en descendent, dressée par Brué et Bruguière; publiée par la Société de géographie. *Paris*, 1830, 1 feuille.

94. Tableau orographique de l'Europe, par le lieut.-colonel Denaix. *Paris*, 1827, 2 feuilles (46).

95. Étude de Géographie naturelle sur l'Europe centrale, par le lieut.-colonel Denaix. *Paris*, 1833, 1 feuille (46).

96. Atlas physique et politique de l'Europe, par le lieut.-colonel Denaix. *Paris*, 1834, 12 feuilles (46).

97. Carte générale orographique et hydrographique de l'Europe, qui montre les principales ramifications des montagnes, fleuves et chemins, avec les principales villes, par le général Soriot de l'Host. *Vienne*, 1816, 4 feuilles. — La même, réduite en 1 feuille.

98. Carte générale de l'Europe d'après les derniers traités, par A. Brué, revue par Ch. Picquet. *Paris*, 1836, 1 feuille (44)

99. Carte générale de l'Europe, de l'Asie occidentale et du nord de l'Afrique, par C. F. Kloeden. *Berlin*, 1819, 1 feuille.

100. Carte physique et politique de l'Europe, par Ch. Picquet. *Paris*, 1837, 1 feuille (60, 699, 761, 827, 864, 919).

101. Carte physique et politique de l'Europe, dressée par Ch. Picquet. *Paris*, 1837, 1 grande feuille (73, 698, 763, 826, 863, 916).

102. Carte physique, politique et routière de l'Europe, indiquant les limites des états, d'après les derniers traités de paix, par A. H. Brué, revue par Ch Picquet. *Paris*, 1836, 4 grandes feuilles (62, 703, 768, 828, 868, 921).

103. Carte physique, politique et statistique de l'Europe, par le lieut.-colonel Denaix. *Paris*, 1827, 2 feuilles (46).

104. Carte générale des principaux états de l'Europe, dressée au Dépôt de la guerre. *Paris*, 1832, 4 feuilles.

Elle ne s'étend que jusqu'à Stockholm au N, et Moscou a l'E.

105. Europa, entworsen und gezeichnet von J. M. F. Schmidt. *Berlin*, 1825, 4 feuilles.

106. Carte générale de l'Europe, par d'Anville. *Paris*, 1754-1760, 3 parties en 6 feuilles.

107. Carte d'Europe, où sont tracées les limites des empires, royaumes et états souverains, d'après les derniers traités de paix, par le Ch^er^ Lapie. *Paris*, 1812 et 1816, 6 grandes feuilles.

108. Carte générale et itinéraire de l'Europe, divisée en tous ses états d'après le congrès de Vienne et autres traités postérieurs, par Max. de Traux. *Vienne*, 1827, 9 feuilles.

109. Carte de l'Europe avec une partie de l'Asie et de l'Afrique, par Reymann. *Berlin*, 1820, 20 feuilles.

110. Carte de l'Europe et des pays limitrophes dans le nord de l'Afrique et dans l'ouest de l'Asie, par R. v. L. (le général Ruhl de Lilienstern). *Berlin*, 1827, 9 feuilles.

111. Atlas de la partie méridionale de l'Europe, par P.-G. Chanlaire. *Paris*, 1801, 40 feuilles.

112. Europe, par De Bouge. *Berlin*, 1803, 45 feuilles.

113. Atlas de l'Europe, publié par Van der Maelen. *Bruxelles*, 1826-1830, 165 feuilles.

B. — Cartes particulières.

(Par ordre alphabétique des États et des auteurs.)

§ 1. — Allemagne ou confédération germanique.

(La majeure partie des États autrichiens et prussiens se trouvant dans cette Confédération, nous donnerons ici tout ce qui est relatif à ces monarchies.)

a. — Cartes générales.

114. Carte générale de l'empire d'Allemagne et des royaumes de Hongrie, de Gallicie, de Prusse et des Provinces-Unies des Pays-Bas, en 1789; par A. Brué. *Paris*, 1826, 1 feuille (44).

115. Carte générale de l'Europe centrale, comprenant l'empire d'Autriche, la monarchie prussienne, la confédération germanique et le royaume de Pologne; par A. Brué, revue et augmentée par Ch. Picquet. *Paris*, 1830, 1 feuille (44).

116. Carte de l'Allemagne occidentale, comprenant les états de la confédération germanique, excepté une partie des monarchies autrichienne et prussienne; par A. Brué, revue et augmentée par Ch. Picquet. *Paris*, 1830, 1 feuille (44).

117. Carte d'Allemagne, comprenant la Confédération germanique, par le Ch[er] Lapie. *Paris*, 1821, 1 feuille.

118. Carte des opérations de la grande-armée, commandée par Napoléon en personne, et de celles de l'armée d'Italie, commandée par le maréchal Masséna, sur laquelle sont tracés les marches, positions, quartiers-généraux et combats de la campagne de 1805,

avec une notice historique et les plans d'Ulm et de la bataille d'Austerlitz; par Ch. Picquet. *Paris*, 1805, 1 feuille.

119. Carte oro-hydrographique de l'Allemagne et des pays limitrophes, par J. M. F. Schmidt. *Berlin*, 1812, 1 feuille.

120. Carte de l'Allemagne, avec ses divisions, d'après le congrès de Vienne, par J. M. F. Schmidt. *Berlin*, 1816, 1 feuille

121 Carte de l'Allemagne septentrionale, par Engelhardt. *Halle*, 1826, 1 feuille.

122. Carte de l'Allemagne méridionale, par Engelhardt. *Halle*, 1826. 1 feuille.

Ces deux cartes (121 et 122) peuvent se réunir.

123. Post und Reisekarte durch Deutschland und die angranzenden Länder, von O. F. Schmidt. *Berlin*, 1821, 2 feuilles.

124. Carte générale de l'Allemagne, des Républiques hollandaise et helvétique, et d'une partie de l'Italie et de la République française, par Sotzmann. *Berlin*, 1803, 2 feuilles.

125. Post und Reisekarte von Deutschland, and grossten theil von Europa, von Diez. *Gotha*, 1836, 4 feuilles.

126. Carte de l'Allemagne et de la plus grande partie des pays limitrophes, par Gottholdt. *Berlin*, 1820, 54 feuilles, avec les supplémens de la France et de la Russie.

127. Carte du centre de l'Europe, comprenant la Confédération germanique, l'empire d'Autriche, les royaumes de Prusse, de Danemark et de Pologne, par le Chev Lapie. *Paris*, 1819, 3 feuilles.

128. Carte de tous les siéges, batailles, combats, etc, qui ont eu lieu en Allemagne et dans les pays voisins, depuis l'an 113 de J.-C. jusqu'en 1831, par Rothenburg. *Berlin*, 1831, 4 feuilles.

129. Carte de l'Allemagne, d'après les nouvelles divisions fixées par le congrès de Vienne, et les échanges territoriaux subséquens, par O. F. Schmidt. *Berlin*, 1820, 4 feuilles.

130. Carte militaire de l'Allemagne septentrionale, par Coulon et Green. *Stuttgard*, 1823, 20 feuilles.

131. Carte militaire de l'Allemagne méridionale, par A. Coulon, sous la direction du général Raglowich. *Munich*, 1819, 20 feuilles.

132. Carte générale de l'empire d'Allemagne, par Chauchard. *Paris*, 1801, 10 feuilles.

133. Atlas des états de la Confédération germanique, par Heunisch. *Carlsruhe*, 1828, 22 feuilles.

134. Carte militaire de l'Allemagne, dressée par Klein au Bureau topographique. *Munich*, 1822 et ann. suiv., 25 feuilles.

135. Carte du nord de l'Allemagne, depuis l'Oder jusqu'à la Meuse, et depuis la forêt de Thuringe jusqu'aux côtes de Suède, par Kloeden. *Berlin*, 1817, 4 feuilles.

136. Carte du centre de l'Europe, comprenant les États héréditaires d'Autriche et de Prusse, l'Allemagne, le grand-duché de Varsovie, et une partie de la Russie et de la Turquie, par le baron de Liechtenstern. *Vienne*, 1807-1809, 30 feuilles.

137. Carte de l'Allemagne moyenne, par le baron de Liechtenstern. *Vienne*, 64 feuilles.

138. Carte de l'Allemagne, de l'Italie et de la Turquie d'Europe, par Reymann. *Berlin*, 24 feuilles.

139. Carte de l'Allemagne, du royaume des Pays-Bas et de la Suisse, par A. Stieler. *Gotha*, 1829-1836, 25 feuilles.

140. Carte d'Allemagne dressée d'après la géographie de Busching, par D. R. Sotzmann. *Berlin*, 1789, 16 feuilles.

La même carte rectifiée, d'après les divisions d'alors, a paru à Berlin en 1802.

141. Atlas topographique et militaire de l'Allemagne, par l'Institut géographique. *Weimar*, 1807-1816, 204 feuilles.

Chaque feuille se vend séparément.

142. Special-Karte von Deutschland und den angränzenden Ländern, von Reymann. *Berlin*, 1820 et ann. suiv., 342 feuilles (110 ont paru).

143. Carte géognostique de l'Allemagne et d'une partie des États voisins (par L. de Buch). *Berlin*, 1831, 42 feuilles.

144. Carte géologique du nord-ouest de l'Allemagne, par Fr. Hoffmann. *Berlin*, 1829, 24 feuilles.

b. — Cartes particulières.

(Par ordre alphabétique des pays et des auteurs.)

I. — *Anhalt (duchés d')*.

145. Die Anhaltischen Herzogthümer Bernburg, Dessau, Cöthen, von Blume. *Magdeburg*, 1820, 1 feuille.

II. — *Autriche (empire d')*.

a. — Cartes générales.

146. Carte générale, physique et routière de l'empire d'Autriche,

par A. Boué, revue et augmentée par Ch. Picquet. *Paris*, 1836, 1 feuille (44).

147. Carte de l'empire d'Autriche, avec une grande partie des États limitrophes, par le Bureau topogr. impérial, sous la direction du colonel de Fallon. *Vienne*, 1827, 9 feuilles.

148. Carte topogr. de la monarchie autrichienne, par Moller et Pilsack. *Vienne*, 1824, 9 feuilles.

149. Nouvelle carte générale de la monarchie autrichienne, par de Traux et Fried. *Vienne*, 1829, 4 feuilles.

b. — Cartes particulières.

1. *Autriche (archiduché d')*.

150. Carte routière de l'Autriche, par le Bureau topographique impérial. *Vienne*, 1830, 1 feuille.

151. Carte générale de l'archiduché d'Autriche, par le Bureau topographique impérial. *Vienne*, 1823, 2 feuilles.

152. Carte de l'archiduché d'Autriche, au-dessus et au-dessous de l'Enns, par Schmidt. *Vienne*, 1814, 6 feuilles.

153. Carte de l'archiduché d'Autriche, au-dessus et au-dessous de l'Enns, par le Bureau topographique impérial. *Vienne*, 1813-1829, 30 feuilles.

154. Carte générale du duché de Salzbourg, par le Bureau topographique impérial. *Vienne*, 1810, 1 feuille.

155. Carte du duché de Salzbourg, par le Bureau topographique impérial. *Vienne*, 1810, 15 feuilles.

2. *Bohême (royaume de)*.

156. Carte routière de la Bohême, par le Bureau topographique impérial. *Vienne*, 1830, 2 feuilles.

157. Carte générale du royaume de Bohême, par J. F. Kreybich. *Prague*, 1821, 1 feuille.

158. Atlas des cercles de la Bohême, par J. F. Kreybich. *Prague*, 1824-1836, 16 feuilles.

159. Mappa geographica regni Bohemiæ, a Joh. Chr. Muller. [*Augsbourg*], 1720, 25 feuilles.

160. Carte topographique et militaire de differentes parties de la Bohême, par le comte de Schmettau. *Berlin*, 1778-1794, 8 feuilles avec texte.

3. *Croatie*. Voyez 7. *Hongrie (royaume de)*.

4. *Dalmatie (royaume de)*.

161. Carte routière de la Dalmatie, par le Bureau topographique. *Vienne*, 1831, 2 feuilles.

162. Carte de la Dalmatie et du territoire de Raguse, par Max. de Traux. *Vienne* et *Pesth*, 1820, 9 feuilles.

5. *Esclavonie*. Voyez 7. *Hongrie (royaume de)*.

6. *Gallicie (royaume de)*.

163 Carte routière de la Gallicie, par le Bureau topographique. *Vienne*, 1830, 3 feuilles.

164. Atlas des royaumes de Gallicie et de Lodomérie, avec la Bukovine, par Maire. *Vienne*, 1790, 12 feuilles.

165. La Gallicie orientale, par le Bureau topographique. *Vienne*, 6 feuilles.

166. Atlas de la Gallicie et de la Lodomérie, par Liesganig, revu par le Bureau topographique. *Vienne*, 1827, 33 feuilles.

167. Carte d'une partie de la nouvelle et de l'ancienne Gallicie, par Reymann. *Berlin*, 1797, 12 feuilles.

7. *Hongrie (royaume de) et grande principauté de Transylvanie*.

168. Mappa generalis topographico-ecclesiastica regni Hungariæ, a Acszalay de Szendrio. *Vienne*, 1822, 7 feuilles (commencé).

169. Magyar Atlas, ou Atlas de Hongrie, de Croatie et d'Esclavonie, par Göröc. *Vienne*, 1802, 60 feuilles.

170. Carte routière de la Hongrie, par le Bureau topographique. *Vienne*, 1833, 9 feuilles.

171. Mappa generalis regni Hungariæ, a Lipsky. *Pesth*, 1806, 12 feuilles.

172. Carte générale de la Hongrie, réduite de la précédente par l'auteur. *Pesth*, 1810, 1 feuille.

173. La Hongrie, la Croatie et l'Esclavonie, par Muller. *Vienne*, 1769, 4 feuilles.

174. Carte de Hongrie, d'après celle de Lipsky, par ZucchERI. *Vienne*, 1813, 4 feuilles.

175. Carte routière du Banat, par le Bureau topographique. *Vienne*, 1830, 1 feuille.

176. Carte routière de la Croatie, par le Bureau topographique. *Vienne*, 1830, 1 feuille.

177. Carte routière de l'Esclavonie, par le Bureau topographique. *Vienne*, 1830, 1 feuille.

178 Carte routière de la Transylvanie avec la Valachie, par le Bureau topographique. *Vienne*, 1829, 5 feuilles.

8. *Illyrie (royaume d')*.

179. Carte routière de l'Illyrie, par le Bureau topographique. *Vienne*, 1830, 1 feuille.

180. Carte du royaume d'Illyrie et du duché de Styrie, par WIELAND. *Weymar*, 1816, 1 feuille.

181. Carte des provinces Illyriennes, comprenant la Bosnie, l'Herzegovine, etc., par PALMA. *Trieste*, 1812, 4 feuilles.

182. Carta delle provincie Illiriche, nel Deposito di guerra. *Milano*, 1813, 9 feuilles.

183. Royaume d'Illyrie et duché de Styrie, par le Bureau topographique. *Vienne*, 1835, 36 feuilles (commencé).

184. Carta dell' Istria, par G. VALLE. *Venise*, 1805, 1 feuille.

9. *Lombard-Vénitien (royaume)*.

185. Postes et stations militaires dans les provinces de l'Italie autrichienne, par le Bureau topographique. *Vienne*, 1820, 2 feuilles.

186. Carte du territoire de la république Cisalpine et d'une partie des États limitrophes, par PAGNI et BARDI. *Florence*, 1797, 6 feuilles.

187. Carte routière de la Lombardie, par le Bureau topographique. *Vienne*, 1829, 1 feuille.

188. Carta administrativa del regno d'Italia, nel Deposito della guerra. *Milano*, 1831, 8 feuilles.

189. Carte du royaume Lombard-Vénitien, par PINCHETTI. *Milan*, 1831, 4 feuilles.

190. Carta topografica del regno Lombardo-Veneto, par le Bureau topographique. *Vienne*, 1835 et ann. suiv., 43 feuilles (30 ont paru).

191. Carta topografica del Milanese e Mantovese, par les Astronomes de Brera. *Milan*, 9 feuilles.

192. Carte routière du duché de Venise, par le Bureau topographique. *Vienne*, 1830, 1 feuille.

193. Carta delle lagune di Venezia, par G. VALLE. 1801, 1 feuille.

194. Il ducato di Venezia astronom. e trigonom. delineato dal anno 1801-1805, publié par le baron de LIECHTENSTERN, sous la direction du baron de Zach. *Vienne*, 4 feuilles.

10. *Moravie (margraviat de) et Silésie.*

195. Carte de la Moravie et de la Silésie, par BAYER. *Vienne*, 4 feuilles.

196. Carte routière de la Moravie et de la Silésie, par le Bureau topographique. *Vienne*, 1820, 1 feuille.

197. Carte de la Moravie, par WEILAND. *Weimar*, 1825, 1 feuille.

11. *Styrie (duché de).*

198. Carte routière de la Styrie, par le Bureau topographique. *Vienne*, 1830, 1 feuille.

199. Carte de l'Autriche intérieure ou des duchés de Styrie, de Carinthie et de Carniole, les comtés de Gorice et de Montefalcone, etc., par ZURNER. *Vienne*, 1812, 4 feuilles.

200. Carte chorographique du duché de Carniole, par ordre des États, par DE GRIEMFELD, corrigée en 1799. *Laybach*, 12 feuilles.

201. Carte générale de la Carniole, par RITTER, 1 feuille.

202. Carte de l'Autriche intérieure, par KINDERMANN. *Gratz*, 1794, 12 feuilles.

12. *Transylvanie (grande principauté de).* Voyez 7. *Hongrie (royaume de).*

13. *Tyrol (comté de).*

203. Carte générale du Tyrol, par le Bureau topographique. *Vienne*, 1831, 2 feuilles.

204. Carte du Tyrol, d'après Anich et des documens plus modernes, publiée par Mollo. *Vienne*, 1816, 4 feuilles.

205. Carte du Tyrol vérifiée et corrigée sur les mémoires de Dupuits et de La Luzerne, et réduite d'après celle de Pierre d'Anich et Hueber (206), et augmentée du Vorarlberg, par le Dépôt de la guerre. *Paris*, 1808, 9 feuilles.

206. Le Tyrol dessiné chorographiquement par ANICH et HUEBER. *Vienne*, 1774, 21 feuilles.

207. Carte du Tyrol et du Vorarlberg, par le Bureau topographique. *Vienne*, 1823-1835, 24 feuilles.

c. — Plans et environs de villes.

208. Plan de Vienne, d'après le Corps du génie. *Vienne*, 1832, 1 feuille.

209 Pianta della città di Milano. *Milan*, 1832, 1 feuille.

210. Contorni di Milano nel Deposito di guerra. *Milano*, 1825, 4 feuilles.

211. Plan de la ville et du port de Venise, par Fried. *Vienne*, 1832, 1 feuille.

III. — *Bade* (*grand-duché de*).

212. Le grand-duché de Bade, d'après son état actuel avec ses acquisitions et usines, par Heunisch. *Carlsruhe*, 1810, 1 feuille.

213. Carte du grand-duché de Bade, par J. G. de Tulla. *Carlsruhe*, 1812, 1 feuille.

Voyez aussi le N° 322.

214. Carte des rives du Rhin, depuis Bâle jusqu'à Mayence, par Beaurain. *Paris*, 6 feuilles.

215. Carte topographique du cours du Rhin et de ses deux rives, depuis Huningue jusqu'à Lauterbourg, par le Bureau topographique grand-ducal. *Fribourg*, 1829, 10 feuilles.

IV. — *Bavière* (*royaume de*).

216. Carte de la Bavière, par Coulon. *Munich*, 1812, 1 feuille.

217. Carte générale hydrographique de la Bavière, par l'état-major bavarois. *Munich*, 1834, 1 feuille.

218. Carte du royaume de Bavière, par de Hammer. *Nuremberg*, 1830, 2 feuilles.

219. Chorographie de la Bavière, ou description du pays et de la principauté de Bavière inférieure et supérieure, ainsi que des autres seigneuries limitrophes, par Apian. *Ingolstadt*, 1566, 24 feuilles.

220 Le duché de Bavière, contenant les états, seigneuries et bailliages dont il se compose et ceux qui y confinent, par Buna. *Francfort-sur-le-Mein*, 9 feuilles.

221. Carte du royaume de Bavière avec les pays limitrophes, d'après Finck et Riedl, réalisée et augmentée par Dirwald. *Vienne*, 1813, 12 feuilles.

222. Carte de la Bavière, par FINCK. 1665, 28 feuilles.

223. Haute et basse Bavière, par WEINERUS. 1570, 24 feuilles.

224. Atlas topographique et militaire de la Bavière (sans le cercle du Rhin), par l'état-major bavarois. *Munich*, 1812 et ann. suiv. 103 feuilles (80 ont paru).

225. Carte des pays situés entre le Rhin et la Meuse, par DECKER. *Berlin*, 1824, 1 feuille.

Cette carte s'étend, sur la rive droite du Rhin, jusqu'à Hanau et Tubingue, sur la rive gauche jusqu'à Charleroi et Vitry-le-Français.

226. Carte du théâtre de la guerre entre les Français et les Allemands, sur la Moselle et le Rhin, par DEWARAT, publiée par RHEINWALD. *Manheim*, 1799, 6 feuilles.

Voyez aussi le N° 288.

227. Plan de Munich, par l'état-major. *Munich*, 1830, 1 feuille.

228. Environs de Munich, par l'état-major. *Munich*, 1 feuille.

V. — *Brême* (*ville libre de*).

229. Carte du territoire de la ville anséatique de Brême, avec l'indication des villages dont la souveraineté fut cédée en 1741 à l'électeur de Brunswick; par HEINEKEN. *Brême*, 1798, 1 feuille.

Voyez aussi les N°s 237, 241.

VI. — *Brunswick* (*duché de*).

230. Carte topographique du duché de Brunswick, par SPEHR. *Brunswick*, 1820, 1 feuille.

231. Nouvelle carte de postes de l'électorat de Brunswick, dressée en 1774, par OLSEN, corrigée en 1805. *Hanovre*, 4 feuilles.

Voyez aussi les N°s 239 à 242.

232. Plan de Brunswick. 1822, *Brunswick*. 1 feuille.

VII. — *Francfort* (*ville libre de*).

233. Carte du grand-duché de Francfort et du territoire de la principauté d'Isenbourg, par STREIT et WEILAND. *Weimar*, 1812, 1 feuille.

Consultez le N° 237.

234. Plan géométrique de Francfort-sur-le-Mein et de Sachsenhausen, par ULRICH. 1 feuille.

VIII. — *Hambourg* (*ville libre de*).

235. Hambourg, Altona, Harbourg et leurs territoires, avec le fort de Harbourg, le pont de Wilhemsbourg et les nouveaux ouvrages de fortifications, tels qu'ils étaient en juin 1814, par Bernhardt. *Hambourg*, 1 feuille.

236. Le territoire de Hambourg avec les pays adjacents, par Hinrichs. 1810, 1 feuille.

237. Les territoires des quatre villes libres de Hambourg, Brême, Lübeck et Francfort, et celui de la ville et république de Cracovie, par Streit. *Nuremberg*, 1826, 4 feuilles.

Consultez aussi les Nos 241, 342, 343.

IX. — *Hanovre* (*royaume de*).

238. Carte du royaume de Hanovre et des pays limitrophes, par Weiland. *Weimar*, 1820, 1 feuille.

239. Carte des pays situés entre l'Elbe et le Weser, comme aussi entre la Trave et le Hont, et principalement de l'ancien pays de Hanovre et de Brunswick, d'après le partage actuel entre l'empire Français et le royaume de Westphalie, par Hogrewe et Heiliger. *Hanovre*, 1812, 6 feuilles.

240 Carte chorographique des postes du royaume de Hanovre, du grand-duché d'Oldenbourg, du duché de Brunswick, etc., par Muller. *Hanovre*, 1821, 12 feuilles.

241. Carte chorographique du royaume de Hanovre, du grand-duché d'Oldenbourg, du duché de Brunswick, des principautés de Lippe-Detmold, Lippe-Schaumbourg, et Pirmont, du territoire des villes de Hambourg et de Brême, etc., par Muller. *Hanovre*, 1819, 35 feuilles.

242. Carte topogr. et militaire du royaume de Hanovre, des duchés d'Oldenbourg. de Brunswick, etc., par l'Institut géographique. *Weimar*, 1816, 26 feuilles.

243. Carte topographique du Hanovre, par le colonel Papen, du génie. *Hanovre*, 1833 et ann. suiv.; 67 feuilles (15 ont paru).

244. Carte du Harzgebirge, par Berghaus. *Berlin*, 1822, 1 feuille.

245. Plan de Hanovre, sur la Leine, par Hogrèwe. *Hanovre*, 1820, 1 feuille.

X. — *Hesse-Darmstadt* (*grand-duché de*).

246. Carte chorographique du grand-duché de Hesse, d'après la convention du 30 juin 1816, par MEISTER. *Darmstadt*, 1 feuille.

247. Carte générale des pays entre le Rhin, le Mein, et la Lahn, par ULRICH. 1820, 1 feuille

248. Carte topographique et militaire des pays entre le Rhin, le Mein et le Necker, par HAAS. *Darmstadt*, 1815, 25 feuilles.

Voyez aussi le No 251.

XI. — *Hesse électorale* (*principauté de*).

249. Carte détaillée du landgraviat de Hesse-Cassel, par le chevalier de BEAURAIN. *Paris*, 1761, 4 feuilles.

250. Carte d'une partie du théâtre de la guerre en Allemagne, qui comprend le landgraviat de Hesse-Cassel, le comté de Waldeck, une partie du duché de Westphalie, etc., par CARLET DE LA ROZIÈRE. *Francfort*, 1761, 6 feuilles.

251. Carte des landgraviats de Hesse-Cassel et Hesse-Darmstadt, par MULLER. 5 feuilles.

252. Carte topographique du grand-duché de Hesse et du duché de Nassau, par ECKHARDT. *Darmstadt*, 1832, 8 feuilles.

XII. — *Hesse-Hombourg* (*landgraviat de*).

Consultez les Nos 225, 226, 269, 284, 288.

XIII. — *Hohenzollern* (*principautés de*).

Voyez les Nos 320 à 324.

XIV. — *Holstein et de Lauenbourg* (*duchés de*).

Voyez DANEMARK, § 5 (les Nos 335 à 338, 342 à 344, 348).

XV. — *Lichtenstein* (*principauté de*).

Voyez les Nos 203, 205, 207.

XVI. — *Lippe* (*principautés de*).

253. Carte des principautés de Lippe-Detmold et de Lippe-Schaumbourg, par NIEHAUSEN. 1806, 1 feuille.

Voyez aussi le No 241.

XVII. — *Lubeck* (*ville libre de*).

254. Carte topographique du territoire de la ville de Lübeck, par BEHRENS. *Lübeck*, 1827, 1 feuille.

Consultez aussi les Nos 237, 342, 343.

XVIII. — *Luxembourg* (*grand-duché de*).

255 Carte du duché de Luxembourg, par GUSSEFELD. *Nuremberg*, 1791, 1 feuille.

Voyez aussi les Nos 327 à 332, 565 à 569.

XIX. — *Mecklenbourg* (*grands-duchés de*).

256. Carte du duché de Mecklenbourg, avec ses diverses provinces, par le comte de SCHMETTAU. *Berlin*, 1794, 1 feuille 1/4.

1. *Mecklenbourg-Schwerin* (*grand-duché de*).

257. Carte spéciale du duché de Mecklenbourg-Schwerin, et de la principauté de Ratzebourg, par le comte de SCHMETTAU. *Berlin*, 1788, 16 feuilles.

2. *Mecklenbourg-Strelitz* (*grand-duché de*).

258. Carte du duché de Mecklenbourg-Strelitz, par le comte de SCHMETTAU. *Berlin*, 1788, 9 feuilles.

XX. — *Nassau* (*grand-duché de*).

259. Carte du duché de Nassau, avec 18 vues. *Carlsruhe*, 1830, 1 feuille.

260. Carte du duché de Nassau, par ENGELHARDT. 1820, 1 feuille.

261. Carte du duché de Nassau, par FISCHER. *Giessen*, 1828, 1 feuille.

Voyez aussi le No 252.

XXI. — *Oldenbourg* (*duché d'*).

262. Carte du duché d'Oldenbourg, par MENTZ. 1804, 1 feuille.

Voyez aussi les Nos 240, 241, 242, pour la partie principale du duché, et les Nos 226, 284, 288 et 289 pour la partie au-delà du Rhin.

XXII. — *Prusse* (*royaume de*).

a. — Cartes générales.

263. Carte générale de la monarchie prussienne, par A. Brué, revue et augmentée par Ch. Picquet. *Paris*, 1836, 1 feuille (44).

264. Atlas statistique et administratif de la monarchie prussienne, par N. de Döring. *Berlin*, 1828, 22 feuilles.

265. Carte générale de la monarchie prussienne, par F. B. Engelhardt. *Berlin*, 1829, 2 feuilles.

266. Carte générale des États du royaume de Prusse, dressée en 1799. Seconde édition, offrant les nouvelles acquisitions de la Prusse, par Sotzmann. *Berlin*, 1802, 2 feuilles.

267. Carte générale des États prussiens, avec désignation des cercles et des gouvernemens, par C. F. Weiland. *Weimar*, 1820, 2 feuilles.

268. Carte des routes de poste des États prussiens, par Berghaus. *Berlin*, 1831, 25 feuilles.

269. Carte générale de la monarchie prussienne, par Engelhardt. *Halle*, 1824, 24 feuilles.

270. Carte des États prussiens, avec désignation des divisions militaires des provinces et des gouvernemens, par Gotthold. *Berlin*, 1820, 25 feuilles.

271. Carte générale de l'ensemble des États prussiens, augmentée des pays d'indemnité, par Sotzmann. *Berlin*, 1802, 16 feuilles.

272. Royaume de Prusse, par l'Académie des sciences. *Berlin*, 1763, 6 feuilles.

b — Cartes particulières.

1. *Brandebourg* (*province de*).

273. Nouvelle-Marche, par Engelhardt. *Berlin*, 1818, 3 feuilles.

274. Carte de la Nouvelle-Marche, par Sotzmann. *Berlin*, 1808, 6 feuilles.

275. Carte du district de la régence de Potsdam, par Engelhardt. *Berlin*, 1820, 4 feuilles.

2. *Neuchatel* (*principauté de*).

Voyez le N° 657 (§ 16.—Suisse).

3. *Poméranie (province de).*

276. Carte de la Poméranie, par F.-B. ENGELHARDT. *Berlin*, 1822, 3 feuilles.

277. Carte de la Poméranie prussienne, par GILLY. *Berlin*, 1789, 6 feuilles.

278. Carte de la Poméranie suédoise et de l'île DE Rügen, par REYMANN. *Potsdam*, 1806, 6 feuilles.

279. Carte spéciale de l'île de Rügen, par F. DE HAGENOW. *Berlin*, 1829, 4 feuilles.

4. *Posen (province de).*

Voyez les Nos 280, 619, 621, 626.

5. *Prusse (province de).*

280. La Prusse orientale et occidentale, par ENGELHARDT. *Berlin*, 1817-1836, 23 feuilles.

281. La Prusse orientale et occidentale, par SCHOETTER. *Berlin*, 1810, 25 feuilles.

6. *Rhin et de Westphalie (provinces du).*

282. Carte des provinces prussiennes du Rhin, par ENGELHARDT. *Halle*, 4 feuilles.

283. Carte des provinces prussiennes entre le Weser et la Meuse, par W. SCHLUNGS. *Dusseldorf*, 4 feuilles.

284. Carte routière des provinces prussiennes situées sur le Bas-Rhin, par J. SCHMIDT. *Berlin*, 1821, 4 feuilles.

285. Charte von den Herzogthümern Berg und Westphalen, par C. L. P. ECKARDT, SCHERZ, SCHWELIN. 1821, 6 feuilles.

286. Carte spéciale des provinces westphaliennes de Clèves, Gueldres, Meurs, Mark, Ravensberg, etc., par SOTZMANN. *Berlin*, 1790, 1 feuille.

287. Carte topographique du duché de Berg, dessinée par WIEBEKING. 1796, 4 feuilles.

288. Reconnaissance militaire du Hundsruck et dans les pays entre le Rhin et la Moselle, par le général HARDY. *Paris*, 1798, 6 feuilles.

289. Carte du nord-ouest de l'Allemagne, ou carte générale de celle de Westphalie de Lecoq (290), par C. F. KLOEDEN. *Berlin*, 1815, 1 feuille.

290. Carte topographique de la plus grande partie de la Westphalie,

et d'une partie du pays de Hanovre, Brunswick, Hesse, par le gén. LECOQ. *Berlin*, 1805-1815, 22 feuilles.

291. Carte hydrographique du Bas-Rhin, depuis Linz jusqu'à Arnheim, par WIEBEKING. *Dusseldorf*, 1796, 10 feuilles.

7. *Saxe (province de).*

292. Charte von der königl. preussischen Provinz Sachsen, und den herzoglich anhaltischen Ländern, von WEILAND. *Weimar*, 1817, 1 feuille.

293 Carte du duché de Magdebourg, par SOTZMANN. *Berlin*, 1816, 2 feuilles.

8. *Silésie (province de).*

294. Carte militaire du duché de Silésie, publiée par Maisch. *Vienne*, 1818, 4 feuilles.

295. Atlas de la Silésie, par WIELAND, revu par GUSSEFELD. *Nuremberg*, 1813, 20 feuilles.

c. — Plans et environs de villes.

296. Plan de Berlin. *Berlin*, 1833, 1 feuille.

297. Topographische Karte der Gegend um Berlin, par VOGEL VON FALKENSTEIN. *Berlin*, 1820, 1 feuille.

298. Grundriss von Berlin, par J.-C. SELTER. *Berlin*, 1826, 4 feuilles.

299. Environs de Berlin, Brandebourg, Wittenberg, par l'état-major prussien. *Berlin*, 14 feuilles.

XXIII. — *Reuss (principautés de).*

Voyez le No 312.

XXIV. — *Saxe (royaume de).*

a. — Cartes générales.

300. Carte du royaume de Saxe avec les détails topographiques les plus précis de ses nouvelles frontières, d'après le traité de Vienne du 8 mai 1815, et la Convention conclue entre les cours de Saxe et de Prusse, par BECKER. *Dresde*, 1 feuille.

301. Carte oro-hydrographique du royaume de Saxe et des pays voisins, par R. v. L. (RUHL VON LILIENSTERN). *Dresde*, 1819, 2 feuilles.

302. Atlas du royaume de Saxe, par SCHLIEBEN. *Dresde*, 1832, 26 feuilles.

b. — Cartes particulières.

303. Carte militaire d'une partie de la Saxe et de la Bohême, dressée pour la guerre de sept ans, par BACKENBERG. *Dresde*, 10 feuilles.

304. Carte chorographique et militaire de la Saxe et de la Bohême, par où les armées saxonne et prussienne, aux ordres du prince Henri de Prusse, sont entrées en Bohême, par HENNERT. 1778, 20 feuilles.

305. Carte générale de l'électorat de Saxe, par PETRI. *Berlin*, 1768, 15 feuilles.

306. Carte militaire d'une partie de la Saxe, qui s'étend à un rayon de 4 milles de Dresde, par PETRI. *Berlin*, 1762, 12 feuilles.

307. Continuation de la carte militaire d'une partie de la Saxe, comprenant le pays entre l'Elbe et la Moldau, par PETRI. *Berlin*, 12 feuilles.

308. Carte de la Suisse saxonne, par ODELEBEN. *Dresde*, 1 feuille.

309. Nouvel atlas saxon, par SCHENK. *Amsterdam*, 1760, 58 feuilles.

c. — Plans et environs de villes.

310. Plan de Dresde, levé et dessiné par LEHMANN et achevé par REINSCHE. *Dresde*, 1 feuille.

311. Dresde et ses environs, par LEHMANN. *Dresde*, 1813, 1 feuille.

XXV. — *Saxe* (*duchés de*).

312. Principautés ducales saxonnes de Weimar, Gotha et Meinungen, des principautés de Schwarzbourg, de Reuss, etc., par GUSSEFELD et REICHARD. *Nuremberg*, 1813, 1 feuille.

313. Carte topographique des bailliages d'Altenbourg et de Ronnebourg, publiée par ordre du duc de Saxe-Gotha, par le baron DE THUMMEL. *Paris*, 1813, 22 feuilles.

314. Carte des principautés de Cobourg, par FROMMAN 1784, 1 feuille.

315. Saxe Ernestine, avec l'indication des 22 partages qui ont eu lieu de 1572 à 1741. *Nuremberg*, 5 feuilles.

316. Carte de la principauté de Weimar, avec l'indication des limites d'après la convention conclue le 22 septembre 1815, entre Weimar et la Prusse, par GUSSEFELD. *Weimar*, 2 feuilles.

317. Carte de la principauté d'Eisenach, par Streit. *Weimar*, 1810, 1 feuille.

318. Principauté d'Henneberg, par Glaser. 1774, 1 feuille.

XXVI. — *Schwarzbourg (principautés de).*

Voyez le No 312.

XXVII. — *Waldeck (principauté de).*

319. Carte topo-pétrographique de la principauté de Pyrmont, par Papen. *Pyrmont*, 1818, 1 feuille.

Voyez aussi les Nos 247, 288.

XXVIII. — *Wurtemberg (royaume de).*

320. Carte du royaume de Wurtemberg, du grand-duché de Bade et de la principauté de Hohenzollern, par Reichard. *Nuremberg*, 1813, 2 feuilles.

321. Carte du royaume de Wurtemberg, par Geldke. *Stuttgard*, 1811-1813, 4 feuilles.

322. Carte topographique de l'ancienne Souabe, et des pays limitrophes, par le Dépôt de la guerre. *Paris*, 1828, 18 feuilles.

323 Carte topographique de la Souabe, par Amman et Bohnenberger, continuée par E. H. Michaelis. *Stuttgard*, 1798-1826, 62 feuilles.

324. Carte topogr. du royaume de Wurtemberg, par le Bureau topographique. *Stuttgard*, 1820 et ann. suiv., 38 feuilles (12 ont paru).

325. Carte de la principauté d'Hohenlohe et du comté de Limpurg, y compris les principautés de Salm-Krautheim et le territoire de Halle, par Hammer. 1806, 1 feuille.

326. Plan de la ville de Stuttgard, par Roth. 1821, 1 feuille.

§ 2. — Andorre (république d').

Consultez les Nos 380, 381 et 418.

§ 3. — Belgique (royaume de).

Consultez les Nos 564 à 570 et 575.

327. Atlas historique de la Belgique, publié par V. Chéon. *Bruxelles*, 1835, 7 feuilles, avec texte.

328. Nouvelle carte chorographique des Pays-Bas autrichiens, dédiée aux amateurs des arts, par J. B. De Bouge. *Bruxelles*, 1780. Revue en 1793. 16 feuilles.

329. Carte du royaume de Belgique, par Van der Maelen. *Bruxelles*, 1834, 4 feuilles.

330. Carte chorographique de la Belgique, d'après Ferraris, par Capitaine et Chanlaire. *Paris*, 1796, 65 feuilles.

C'est une copie faite à la hâte de la carte de Ferraris, No 331.

331. Nouvelle carte chorographique des Pays-Bas autrichiens, par Ferraris. 1744, 25 feuilles.

332. Carte chorographique du royaume de Belgique, par Van der Maelen. *Bruxelles*, 1834, 42 feuilles.

C'est la copie rectifiée et augmentée de la carte de Ferraris, No 331.

333. Plan de Bruxelles, par Van der Maelen. *Bruxelles*, 1836, 1 feuille.

§ 4. — Cracovie (république de).

334. Carte de la république de Cracovie, par Kurawoski. *Berlin*, 1831, 1 feuille.

Voyez aussi les Nos 237, 612 à 622.

§ 5. — Danemark (royaume de).

a. — Cartes générales.

335. Carte générale du Danemark et des duchés de Schleswig, Holstein et Lauenbourg, par Glismann. *Copenhague*, 1828, 4 feuilles.

336. Carte du royaume de Danemark, d'après l'atlas de l'Académie de Copenhague, par Gotthold. *Berlin*, 6 feuilles (126).

337. Atlas du Danemark, publié par l'Académie des Sciences de Copenhague. 1777-1821.

338. Carte spéciale et administrative du royaume de Danemark, par bailliages, dessinée par Glismann sous la direction du colonel Abrahamson. *Copenhague*, 1824-1832, 31 feuilles.

b. — Cartes particulières.

339. Plan des îles Feroœ, levé géométriquement de 1790 à 1795, par de Born. *Copenhague*, 1800, 1 feuille.

340. Voxende kaart over Jisland og Faeröerne. *Kiobenhavn*, 1820, 1 feuille.

Voyez le N° 635.

341. Carte de la partie septentrionale de l'île de Fionie. *Copenhague*, 1780, 1 feuille.

342. Carte du duché de Holstein et du territoire des villes impériales de Hambourg et de Lubeck, et de l'évêché de Lubeck, par B... *Schleswig*, 1813, 1 feuille.

343. Carte géographique militaire du duché de Holstein et des territoires des villes libres de Hambourg et de Lubeck. *Hanovre*, 1814, 4 feuilles.

344. Duché de Holstein, par Schumacher.

345. Carte générale de l'Islande, par le Dépôt de la marine. *Copenhague*, 1826, 1 feuille.

346. Carte de l'Islande, par Ericksen et Olavius. *Kiobenhavn*, 1780, 1 feuille.

347. Carte de l'Islande, d'après la projection de Murdoch et les meilleures déterminations astronomiques de Verdun de La Crenne, Pingré et Borda, par Reinecke. *Weimar*, 1804, 1 feuille.

348. Carte du duché de Lauenbourg, dans son état actuel. *Berlin*, 1771, 1 feuille.

349. Iles Moen, Falster et Laaland. *Copenhague*, 1770, 2 feuilles.

350. Carte du duché de Schleswig, par F. Golovin. *Schleswig*, *Copenhague*, 1813, 1 feuille.

351. Carte de Seeland et de Moen, avec les côtes voisines. *Copenhague*, 1777, 2 feuilles.

352. Carte de l'île Seeland. *Copenhague*, 1768-1772, 4 feuilles.

c. — Plans et environs de villes.

353. Plan de la ville de Copenhague et de ses environs, par Flint. *Copenhague*, 1 feuille.

354. Environs de Copenhague, par l'État-major danois. 1 feuille.

355. Le bailliage de Copenhague, par l'Académie des Sciences. *Copenhague*, 1766, 1 feuille.

§ 6. — Espagne (royaume d').

a. — Cartes générales.

356. Carte générale de l'Espagne et du Portugal, commencée par A. Brué, revue et terminée par Ch. Picquet. *Paris*, 1837, 1 feuille. (44)

357. Mapa itinerario de los reinos de España y Portugal, formado por el brigadier F. J. de Cabanes. *Madrid*, 1820, 1 grande feuille.

358. Carte d'Espagne et de Portugal, par Cary. *Londres*, 1820, 1 feuille.

359. Carte des routes d'étapes de l'Espagne, dressée au Dépôt général de la Guerre. *Paris*, 1824, 1 feuille.

360. Carte d'Espagne et de Portugal, par A. Donnet. *Paris*, 1823, 1 feuille (369).

361. Carte d'Espagne et de Portugal, réduite par Faden, de celle de Nantiat (372). *Londres*, 1820, 1 feuille.

362. Espagne et Portugal, par le Chev Lapie, 1822, 1 feuille.

363. Carte des routes de poste et itinéraires des royaumes d'Espagne et de Portugal, avec leurs subdivisions, par le Chev Lapie et Picquet. Nouvelle édition, *Paris*, 1836, 1 feuille.

364. Carte d'Espagne, par Bory de Saint-Vincent. *Paris*, 1823, 2 feuilles.

365. New military map of Spain and Portugal, by Arrowsmith. *London*, 1823, 12 feuilles.

366. Carte de l'Espagne et du Portugal, d'après Lopez (370), publiée par Artaria. *Vienne*, 1807, 6 feuilles.

367. Carte d'Espagne et de Portugal, par Davidos. *Vienne*, 1820, 9 feuilles.

368. Carte itinéraire de l'Espagne et du Portugal, publiée par le Dépôt de la Guerre sous la direction du lieutenant-général comte Guilleminot. *Paris*, 1823, 16 feuilles.

369. Mapa civil y militar de España y Portugal, por A. Donnet. *Paris*, 1823, 7 feuilles.

370. Espagne et Portugal, par W. Faden. *Londres*, 1820, 4 feuilles.

371. Mapa general de España, por T. Lopez. *Madrid*, 1798, 4 feuilles.

372. A new map of Spain and Portugal, by Nantiat. *London*, 1810, 4 feuilles.

373. Mapa general de España y Portugal, por Calmet de Beauvoisin. *Paris*, 1821 et ann. suiv., 63 feuilles (il en a paru 11).

374. Atlas nacional de España, con las nuevas divisiones, formado por A. H. Dufour. *Paris*, 1830-1837, 12 feuilles.

Andalucia, — Asturias y Leon, — Aragon, — Castilla la Nueva, —

Castilla la Vieja, — Cataluña, — Estremadura, — Galicia, — Islas Baleares, — Murcia, — Navarra y provincias Vascongadas, — Valencia.

Chaque feuille se vend séparément.

375. Atlas de l'Espagne et du Portugal, d'après Lopez (376), par Gussefeld. *Nuremberg*, 1806, 26 feuilles.

376. Atlas geografico de España y Portugal, por Tom. Lopez. *Madrid*, 1765-1798, 102 feuilles.

Les provinces, presque toutes composées de plusieurs feuilles, se vendent séparément.

377. Atlas maritimo de España, por Tofino. *Madrid*, 1789, 45 feuilles.

378. España maritima, or Spanish coasting pilot. *London*, 1812.

C'est une réduction de l'atlas précédent.

b. — Cartes particulières.

379. Carte de la partie nord-est de l'Espagne, publiée par le Dépôt de la Guerre, pour faire suite à la carte de France par Capitaine. *Paris*, 1823, 13 feuilles.

380. Pyrénées et provinces voisines, par Arrowsmith. *Londres*, 1808. 10 feuilles.

C'est la copie un peu étendue à l'O., de la carte suivante.

381. Carte des Pyrénées, par Roussel. *Paris*, 8 feuilles.

c. — Plans et environs de villes.

382. Plan de Cadix et de ses environs, par le Dépôt de la Guerre. *Paris*, 1823, 1 feuille.

383. Plan de Madrid, par Calmet de Beauvoisin. *Paris*, 1821, 1 feuille (373).

384. Plan de Madrid et de ses environs, par le Dépôt de la Guerre. *Paris*, 1808, 1 feuille.

385. Plan géométrique de Madrid, par T. Lopez. *Madrid*, 1785, 1 feuille.

§ 7. — France (royaume de).

a. — Cartes générales.

386. La France, divisée en provinces et en généralités, par d'Anville. *Paris*, 1774, 1 feuille.

387. Cartes synthétiques des accroissements successifs de la puis-

sance des Francs dans la Gaule, sous les rois des 1re, 2e et 3e races, et sous la République française, de 420 à 1804, par Boucher et Picquet. *Paris*, 1804, 2 feuilles.

388. La France considérée sous tous les principaux points de vue qui forment le tableau géographique et politique de ce royaume, par Brion. *Paris*, 1766, 35 feuilles.

389. Atlas géographique, historique, politique et administratif de la France, aux principales époques de son histoire, par H. Brué. *Paris*, 1824 et ann. suiv., 48 feuilles (24 ont paru).

390. Atlas physique, politique et historique de la France, accompagné de tableaux, de notes et légendes explicatives, par le lieut.-colonel Denaix. *Paris*, 1836 et ann. suiv., 16 feuilles (4 ont paru) (4).

391. Atlas historique de la France ancienne et moderne, contenant tous les lieux illustrés dans notre histoire, et présentant toutes les révolutions de la monarchie dans chaque siècle et sous chaque règne, depuis Pharamond jusqu'à Louis XV, par Desnos et Rizzi-Zannoni. *Paris*, 1765, 60 feuilles.

392. Tableau généalogique-chronologique, sur un plan tout-à-fait nouveau, de l'ancienne monarchie française jusqu'à la création de la monarchie de 1830, par Leduc-Houssey. *Paris*, 1833, 3 feuilles.

393. Atlas des différentes divisions civiles, militaires et ecclésiastiques de la France, par Picquet. *Paris*, 1802, 15 feuilles.

394. Carte de l'Empire français et du royaume d'Italie, avec une partie des États qui sont sous la protection de l'empereur Napoléon; par Lapie et Picquet. *Paris*, 1811, 1 feuille.

395. Carte de l'Empire français avec ses établissements politiques, militaires, civils et religieux, dressée au Dépôt général de la Guerre. *Paris*, 1812, 3 feuilles.

396. Carte historique et politique de la France, d'après ses diverses limites de 1792 à 1815, par Schmidt, Mathias et Kloeden. *Berlin*, 6 feuilles.

397. Carte de la France en 1789, indiquant les divisions comparatives des anciennes provinces et des départements actuels, par A. Brué. *Paris*, 1827, 1 feuille (44).

398. Carte physique, hydrographique, routière, administrative et historique de la France, de la Suisse et d'une partie des États limitrophes, commencée par A. Brué, revue, augmentée et terminée par Ch. Picquet. *Paris*, 1836, 1 feuille (44).

399. Carte de la France, en départements et divisions militaires, par A. Brué. Nouvelle édition, *Paris*, 1837, 2 feuilles (44).

400. France, par le Chev Lapie. *Paris*, 1821, 1 feuille.

401. Postes de France, par C. Viard. *Paris*, 1836, 1 feuille.

402. Carte administrative, physique et routière de la France, par A. H. Dufour. *Paris*, 1832, 2 feuilles.

403. Carte routière, physique, politique et administrative de la France et d'une partie des États voisins, par le Chev Lapie, augmentée par Ch. Picquet. *Paris*, 1836, 2 grandes feuilles.

404. Carte de France pour le service du génie militaire, par le Dépôt des fortifications. *Paris*, 1825, 4 feuilles.

405. Carte politique, administrative et routière de la France, par A. H. Brué. *Paris*, 1833, 4 feuilles.

406. Carte géographique et administrative de la France d'après le traité de paix de Paris, par Hérisson, augmentée en 1815 par H. Brué *Paris*, 1816, 4 feuilles.

407. Carte routière de la France, par la Direction des ponts-et-chaussées ; nouvelle édition. *Paris*, 1832, 6 grandes feuilles.

408. Carte hydrographique de la France, par la Direction des ponts-et-chaussées. *Paris*, 1828, 12 feuilles.

409. La même, réduite, avec des tableaux très-détaillés relatifs à la navigation, par V. Dubréna. *Paris*, 1832, 2 grandes feuilles.

410. Carte géologique de la France, par Coquebert de Montbret et Homalius d'Halloy. *Paris*, 1825, 1 feuille.

411. Carte de la France, par Capitaine, revue et augmentée par Belleyme, perfectionnée et agrandie jusqu'au delà du Rhin et des Alpes, de 1816 à 1821, par le Dépôt de la Guerre. *Paris*, 22 feuilles.

412. Atlas national de la France en départements, dressé en 1803, par Chanlaire, revu et augmenté en 1818. *Paris*, 86 feuilles.

Les cartes des départements de la Belgique, de la rive gauche du Rhin, de la Savoie, du Piémont et de l'État de Gênes portent cette collection à 110 feuilles.

413. Atlas communal de la France, par divisions militaires, par Charles. *Paris*, 1825, 22 feuilles.

414. Atlas national de la France par départements, par Charles. Nouvelle édition. *Paris*, 1832, 83 feuilles.

415. Carte topographique, minéralogique et statistique de la France, par A. Donnet. Nouv. édition, *Paris*, 1835, 25 feuilles.

416. Nouvel atlas de la France et de ses colonies, par A. M. PERROT et F. AUPICK. *Paris*, 1823, 98 feuilles avec tableaux.

417. Carte topographique de la France, par WEISS. *Fribourg*, 1830, 25 feuilles.

418. Carte topographique et géométrique de la France, levée par ordre du Roi, de 1744 à 1785, sous la direction de MM. CASSINI DE THURY, LE CAMUS DE MONTIGNY, PEYRONNET, etc., avec corrections des routes et des canaux en 1823. Paris, 184 feuilles.

419. Nouvelle carte topographique de France, dressée au Dépôt de la Guerre, par ordre du Ministre, et sous la direction du lieut.-général Pelet. *Paris*, 1832 et ann. suiv., 258 feuilles (48 ont paru).

b. — Cartes particulières.

420. Nouveau Pilote français (côtes de France depuis l'île d'Ouessant jusqu'à la côte d'Espagne), par BEAUTEMPS-BEAUPRÉ, publié par le ministère de la Marine. *Paris*, 1816-1826, 70 feuilles.

421. Bourgogne (duché de), par SEGUIN. *Paris*, 1763, 15 feuilles.

422. ——— par le même. *Paris*, 1782, 3 feuilles.

423. Carte géométrique de la province de Bretagne, par OGÉE. 1771, 4 feuilles.

424. Champagne et Brie, par BAZIN. *Troyes*, 1700, 2 feuilles.

425. Carte de l'île de Corse, par le Dépôt de la Marine. *Paris*, 1831, 1 feuille.

426. Carte de l'île de Corse, par le Dépôt de la Guerre. *Paris*, 1822, 8 feuilles.

427. Atlas du département de la Côte-d'Or, publié par cantons, par BUSSET. *Paris* et *Dijon*, 1832, 31 feuilles (11 ont paru).

428. Carte des opérations de l'armée française en 1814 et 1815 (en France), par YOUF DE MAISONS. *Paris*, 1815, 1 feuille.

429. Guyenne, par BELLEYME. *Paris*, 54 feuilles (43 sont gravées).

430. Atlas du département de la Manche, publié par cantons et par arrondissements, par BITOUZÉ-DAUXMÉNIL. *Paris*, 1825.

431. Atlas topographique du département du Puy-de-Dôme, par cantons; par BUSSET. *Paris*, 1825 (5 feuilles ont paru).

432. Carte topographique et minéralogique d'une partie du département du Puy-de-Dôme, de la ci-devant province d'Auvergne, par DESMARETS. *Paris*, 1823, 7 feuilles.

La carte générale, qui forme la 7e feuille, se vend séparément.

c. — Plans et environs de villes.

433. Plan de Bordeaux, par D. Bero. *Paris* et *Bordeaux*, 1832, 2 feuilles.

434. Plan du Havre, par Cornillon. *Le Havre*, 1830, 1 feuille.

435. Plan de Lille, par Rousseau. *Paris*, 1822, 1 feuille.

436. Plan de Lyon, par Darmet. *Paris*, 1835, 1 feuille.

437. Plan topographique de Marseille, par Desmarets. *Paris*, 1820, 4 feuilles.

438. Territoire de Marseille, par Delavau. *Paris* et *Marseille*, 1833, 4 feuilles.

439. Plan de Nantes, publié par Forest. *Nantes*, 1836, 1 feuille.

440. Plan d'Orléans, publié par Gatineau. *Orléans*, 1835, 1 feuille.

441. Plan géométrique de Paris, dédié au Roi, par Ch. Picquet. Nouvelle édition. *Paris*, 1837, 1 feuille 1/2.

442. Plan routier de la ville de Paris, par Ch. Picquet. *Paris*, 1837, 2 feuilles 1/2.

443. Atlas des 48 quartiers de Paris, indiquant le tracé des divers projets d'embellissements, et donnant le numérotage des maisons par îlots, par Ch. Picquet. *Paris*, 1837, 40 feuilles.

444. Atlas de Paris, par Jacoubet. *Paris*, 1835, 51 feuilles.

445. Nouveau plan de Paris, par quartiers, offrant le détail de chaque propriété, par Vasserot et Bellanger. *Paris*, (155 feuilles sont publiées).

446. Plan de Paris, par Verniquet. *Paris*, 1796, 72 feuilles.

447. Atlas topographique des environs de Paris dans un rayon moyen de 18 lieues, par Dom. Coutans, revu et corrigé par Ch. Picquet, d'après la nouvelle carte de France, etc. *Paris*, 1830, 17 feuilles.

448. Plan de Reims, par le Dépôt de la Guerre. *Paris*, 1826, 1 feuille.

449. Plan de Rouen, par Héliot et Boutigny. *Rouen*, 1817, 1 feuille.

450. Plan de Strasbourg, par Rothé. *Strasbourg*, 1823, 1 feuille.

451. Plan de Toulouse, par Vitry. *Toulouse*, 1815, 1 feuille.

452. Plan de Valenciennes, par Rousseau. *Paris*, 1826, 1 feuille.

453. Plan de la ville, du palais et du parc de Versailles et des Trianons, par Ch. Picquet; dédié au Roi. Nouvelle édition, *Paris*, 1835, 1 feuille avec une notice.

454. Carte des environs de Versailles, dite des Chasses du Roi, levée de 1764 à 1773, par ordre du Roi, et gravée au Dépôt général de la Guerre. *Paris*, 1807, 13 feuilles.

§ 8. — Grande-Bretagne et d'Irlande (royaume-uni de).

a. — Cartes générales.

455. Carte générale des Iles Britanniques, ou royaume-uni de Grande-Bretagne et d'Irlande, par A. Brué. *Paris*, 1828, 1 feuille (44).

456. Carte des Iles Britanniques, ou royaume-uni de Grande-Bretagne et d'Irlande, par le Ch^er^ Lapie. *Paris*, 1822, 1 feuille.

457. Iles Britanniques, par Cary. *Londres*, 1834, 2 feuilles.

458. Map of the united kingdom of Great-Britain and Ireland, by J. Cary. *London*, 1827, 6 feuilles.

459. Carte des Iles Britanniques, par le Ch^er^ Lapie. 2e édition. *Paris*, 1814, 6 feuilles.

b. — Cartes particulières.

(Il existe un grand nombre de cartes spéciales des comtés anglais, écossais et irlandais.)

1. *Angleterre.*

460. Carte particulière de l'Angleterre, de la principauté de Galles et de la partie méridionale de l'Écosse, par A. Brué. *Paris*, 1827, 1 feuille (44).

461. Angleterre, par Cary. *Londres*, 1836, 1 feuille.

462. Angleterre, par Cruchley. *Londres*, 1835, 1 feuille.

463. A map of England, Wales and Scotland, by W. Faden. *London*, 1823. 1 feuille.

464. ——— par J. Wyld. *Londres*, 1836, 1 feuille.

465. Carte routière d'Angleterre, par J. Wyld. *Londres*, 1836, 1 feuille.

466. A new map of England and Wales, projected on the trigonom. operation made for the general survey of the kingdom, by Arrowsmith. *London*, 1830, 2 feuilles.

467. Carte de l'Angleterre et du pays de Galles, par Arrowsmith. Nouvelle édition. *Londres*, 1830, 4 feuilles.

468. England and Wales, with part of Scotland, par Cary. *London*, 1832, 6 feuilles.

469. England and Wales, constructed on the basis of the trigonom. survey, by Arrowsmith. *London*, 1825, 18 feuilles.

470. New improved map of England, by Cary. *London*, 1831, 65 feuilles.

471. Atlas des comtés d'Angleterre, par CARY. *Londres*, 1830, 1 vol. in-4°.

472. Atlas anglais, contenant les cartes distinctes de chacun des comtés d'Angleterre, par CARY. *Londres*, 1828, 1 vol. in-folio.

473. New map of England and Wales with part of Scotland, by J. CARY. *London*, 1826, 81 feuilles in-4.

474. Map of ordnance survey of Great-Britain, par [l'État-major général de l'armée]. *Londres*, 1815 et années suivantes. [L'ouvrage se composera de plus de 200 feuilles.]

475. New map of the navigable canals and rivers of England, Wales and Scotland, by SMITH. *Londres*, 1836, 1 feuille.

476. Carte géologique de l'Angleterre, du pays de Galles et d'une partie de l'Écosse, par SMITH. *Londres*, 1815, 15 feuilles.

II. *Écosse.*

477. Carte de l'Écosse, par CARY. *Londres*, 1835, 1 feuille.

478. A new and greatly improved edition of a map of Scotland, compiled from actual surveys, and regulated by the latest astron. observ., by Jos. ENOUQ. *London*, 1 feuille.

479. A map of Scotland, drawn chiefly from the topogr. surveys of M. John AINSLIE, and from those of the late general Roy, etc. *London*, 1820, 2 feuilles.

480. Map of Scotland, by ARROWSMITH. *London*, 1830, 4 feuilles.

III. *Irlande.*

481. A new map of Ireland, divided into its provinces and counties, by J. CARY. *London*, 1820, 1 feuille.

482. Ireland civil and ecclesiastical, by D. A. BEAUFORT. *London*, 1820, 2 feuilles.

483. Map of Ireland, by A. ARROWSMITH. *London*, 1830, 4 feuilles.

c. — Plans et environs de villes.

484. Plan de Londres, par CARY. *Londres*, 1836, 1 feuille.

485. Plan de Londres, par CARY. *Londres*, 1835, 2 feuilles.

486. Plan de Londres, par J. WYLD. *Londres*, 1836, 1 feuille.

487. Environs de Londres, à 12 milles de circonférence, par C. SMITH. Londres, 1834, 1 feuille.

§ 9. — Grèce (royaume de).

488. Carte générale de la Grèce moderne, de l'Archipel, de l'Albanie, de la Romélie et des îles Ioniennes, par A. Boué; revue et augmentée par Ch. Picquet. *Paris*, 1837, 1 feuille (44).

489. Carte générale de la Grèce moderne, par le Chev Lapie. *Paris*, 1828, 1 feuille.

490. Carte ancienne et moderne de la Grèce et des îles Ioniennes, par J. Wyld. *Londres*, 1834, 1 feuille.

491. Outlines of Greece and adjacent countries with modern and ancient names, by A. Arrowsmith. *London*, 1821, 6 feuilles.

492. Carte comparative de la Grèce ancienne et moderne, par Fried. *Vienne*, 1824, 4 feuilles.

493. Carte du royaume de Grèce, divisé en 10 départements, par P. Lameau. *Paris*, 1833, 2 feuilles (670).

494. Carte physique, historique et routière de la Grèce, dressée d'après les matériaux recueillis par M. le général comte Guilleminot, M. le général comte de Tromelin, etc., par le Chev Lapie. *Paris*, 1826, 4 feuilles.

495. Carte de la Grèce, par Muller. *Vienne*, 1800, 12 feuilles.

496. Carte de la Grèce, comprenant toutes ses îles et une partie de ses nombreuses colonies en Europe et dans l'Asie mineure, ornée des plans des villes et des lieux les plus remarquables, avec une chronologie des rois et des hommes célèbres, avec 161 médailles, par Rega Belenstinir. 1797, 12 feuilles.

497. Carte de la Grèce, indiquant les provinces gouvernées par Ali-Pacha et ses enfants, par G. de Vaudoncourt. *Londres*, 1817, 4 feuilles.

498. Carte de la Morée, dressée au Dépôt de la Guerre, par Barbié du Bocage, en 1807, et publiée en 1814. *Paris*, 1 feuille.

499. Carte générale de la Morée et des Cyclades, exposant les principaux faits de géographie ancienne et de géographie naturelle, rédigée au Dépôt de la Guerre. *Paris*, 1833, 1 feuille.

500. Carte de la Morée, rédigée et gravée au Dépôt général de la Guerre, d'après la triangulation et les levés exécutés en 1829, 1830 et 1831, par les officiers d'État-major attachés au corps d'occupation. *Paris*, 1832, 9 feuilles.

Hollande. *Voyez* § 12. — Pays-Bas (royaume des).

HELVÉTIQUE (république). *Voyez* SUISSE (Confédération).

ILES BRITANNIQUES. *Voy.* § 8. — GRANDE-BRETAGNE ET IRLANDE.

§ 10. — ILES IONIENNES (république des).

Consultez les Nos 488 à 494, 682.

§ 11. — ITALIE.

a. — Cartes générales.

501. Carte générale de l'Italie moderne, de la Suisse et des provinces autrichiennes sur l'Adriatique, par A. BRUÉ; revue et augmentée par Ch. PICQUET. *Paris*, 1837, 1 feuille (44).

502. Carte physique, routière et politique de l'Italie, de la Suisse, du royaume d'Illyrie et des autres provinces autrichiennes sur l'Adriatique, par A. BRUÉ; revue et augmentée par Ch. PICQUET. *Paris*, 1836, 2 feuilles (44).

503. Carte routière de l'Italie, 1820, par H. A. BRUÉ, corrigée en 1833. *Paris*, 1833, 1 feuille.

504. Carte statistique, politique et minéralogique de l'Italie, par ORGIAZZI. Nouvelle édition, *Paris*, 1831, 2 feuilles.

505. Carte physique, politique et routière de l'Italie, présentant les nouvelles limites, etc., d'après les derniers traités, par P. C. PICQUET. *Paris*, 1837, 2 feuilles.

Cette carte donne les routes de postes, avec les relais et les distances entre chacun d'eux.

506. Nuova carta dell' Italia, eseguita a spese di Gius. Molini, da Giov. Ant. RIZZI-ZANNONI. *Florence*, 1802, 2 feuilles.

507. Italie, par STUCCHI. *Milan*, 1832, 2 feuilles.

508. Carte du théâtre de la guerre en Italie, par BACLER D'ALBE. *Paris*, 1792-1802, 54 feuilles.

Elle se compose de deux parties (Nos 514 et 521). Chaque feuille se vend séparément.

509. Carte générale de l'Italie, avec ses divisions politiques et administratives, gravée par P. D. Gio. M. CASSINI. *Rome*, 1793, 15 feuilles.

510. Carte générale d'Italie et de la côte orientale de la mer Adriatique, par MENTELLE et CHANLAIRE. *Paris*, 1802, 12 feuilles.

511. Carte de la partie septentrionale de l'Italie, par CHAUCHARD. *Paris*, 1791, 4 feuilles.

512. Carte des différents théâtres des guerres en Italie, par le Chev LAPIE. *Paris*, 4 feuilles.

513. Carte générale de la chaîne des Alpes, contenant la Haute-Italie, la Suisse et l'Allemagne méridionale, par le général JOMINI. 4 feuilles.

514 Carte générale du théâtre de la guerre en Italie et dans les Alpes, avec les limites des nouvelles républiques, par BACLER D'ALBE. *Paris*, 1792-1798, 30 feuilles (508).

b. —. Cartes particulières.

(Par ordre alphabétique des États.)

1. — *Deux-Siciles* (*royaume des*).

a. — Cartes générales.

515. Carta delle Sicilie, di RIZZI-ZANNONI. *Naples*, 1 feuille.
516. Carta delle Sicilie, di ZANNONI, 1818, *Naples*, 2 feuilles.

517. Map of south Italy, by ARROWSMITH. *London*, 1807, 4 feuilles.

518. Carte de la Toscane, des États du Saint Siége et des royaumes de Naples et de Sicile, dressée par ordre du Roi, pour l'éducation du dauphin, par DE LABORDE. *Paris*, 1780, 2 feuilles.

b. — Cartes particulières.

1. — *Naples* (*royaume de*).

519. Carte géographique de la Sicile première, c'est-à-dire du royaume de Naples, par ZANNONI de Padoue. *Paris*, 1769, 4 feuilles.

520. Carte du royaume de Naples par ordre de S. M. Joseph-Napoléon, par RIZZI-ZANNONI. *Naples*, 1810, 6 feuilles.

521. Carte générale des royaumes de Naples, Sicile et Sardaigne, ainsi que des îles de Malte et de Goze, par BACLER D'ALBE. *Paris*. 1802, 24 feuilles (508).

522. Atlante geografico del regno di Napoli, par RIZZI-ZANNONI, dressé par ordre du roi Ferdinand IV, terminé sous Joachim Murat. *Naples*, 1764-1808, 32 feuilles.

2. — *Sicile* (*royaume de*).

523. Carte de géographie comparée de la Sicile, donnant les noms carthaginois, grecs et siciliens, dressée d'après les travaux

de Bouchart, Cluver et d'Anville, et d'après les levés actuels, par Ch. Kelsall. *Londres*, 1812, 1 feuille.

524. Sicile, par Smith. *Londres*, 1823, 1 feuille.

525. Carte de la Sicile. *Palerme*, 1822, 4 feuilles.

526. Carte de la Sicile, tracée d'après les règles astronomiques et topographiques, de 1710 à 1721, par ordre de l'empereur Charles VI, par de Schmettau. *Berlin*, 4 feuilles.

527. Carte historique et topographique du mont Etna, par Gemellaro. *Londres*, 1824, 1 feuille.

c. — Plans et environs de villes.

528. Plan de la ville de Naples, par Rizzi-Zannoni. *Naples*, 1 feuille.

529. Contorni di Napoli, par le Dépôt topographique. *Naples*, 1817-1819, 9 feuilles.

530. Carta de' contorni di Napoli, par Westphal.

II. — *Église* (*États de l'*).

a. — Cartes générales.

531. L'État ecclésiastique divisé en provinces avec les pays adjacents, dressé sur les dernières observations, par P D. Gio. M. Cassini, ingénieur de l'empire *Rome*, 1805, 15 feuilles.

532. Nuova carta geogr. del stato ecclesiastico, par Maire et Boscowich. *Rome*, 1750, 3 feuilles.

533. Carte de l'État ecclésiastique, par B. Olivieri. *Rome*, 1803, 8 feuilles.

b. — Cartes particulières.

534. Nuova carta degli stati pontifici meridionali, par Litta. *Milan*, 1820, 6 feuilles.

535. Patrimoine de saint Pierre, avec ses routes anciennes et modernes, par Romano. *Rome*, 1660, 4 feuilles.

536. Carte des marais Pontins, formée par ordre du pape Pie VI, par G. Astolfi. *Rome*, 4 feuilles.

537. Plan topographique de la campagne de Rome, considérée sous le rapport de la géologie et des antiquités, et pantogramme ou vue descriptive générale de la campagne de Rome, par F. Ch. Sickler. *Rome*, 1811, 5 feuilles.

c. — Plans de villes.

538. Plan de Rome, publié par NOLLI. *Rome*, 1748, 18 feuilles.

539. Pianta della città di Roma con la indicazione di tutte le antichita et nuovi abbellimenti, publicata a spese di Venanzio MONALDINI. *Roma*, 1824, 1 feuille.

III. — *Lombard-Vénitien* (*royaume*).

Voyez AUTRICHE (empire d'), p. 16, du N° 185 au N° 194.

IV. — *Lucques* (*duché de*).

540. Carte topographique de l'État de la république de Lucques, par BARBANTINI. 1804, 4 feuilles.

V. — *Malte et de Goze* (*îles de*).

541. Carte de l'île de Malte et de Goze, par de PALMEUS. *Paris*, 1752, 2 feuilles.

Voyez aussi le N° 521.

542. Plan of the harbour and fortifications of Valetta, par H. SMITH. *London*, 1823, 1 feuille.

VI. — *Modène* (*duché de*).

543. États du duc de Modène en Italie, avec les routes principales et parties des pays voisins, par VANDELLI. *Ferrare*, 1740, 4 feuilles.

VII. — *Monaco* (*principauté de*).

Consultez le N° 549.

VIII. — *Parme* (*grand-duché de*).

544. Carta corografica dei ducati di Parma, Piacenza e Guastalla, par ORCESI. *Lodi*, 1831, 1 feuille.

545. Carta topografica dei ducati di Parma, Piacenza e Guastalla, par le Bureau topographique impérial. *Milano*, 1828, 9 feuilles.

IX. — *Saint-Marin* (*république de*).

Voyez les N°s 508, 532.

X. — *Sardaigne* (*royaume de*)

a. — Cartes générales.

546. Carte des États du roi de Sardaigne, par STUCCHI. *Turin*, 1832, 1 feuille.

547. Carte routière des Alpes occidentales, contenant les pays situés près des deux versants entre le Rhône et le Mincio, avec indication de tous les passages, par le Bureau topographique. *Vienne*, 2 feuilles.

548. Carte chorographique des États de terre-ferme du roi de Sardaigne, divisée en provinces, cantons, par J. Momo. *Turin*, 1819, 4 feuilles.

549. Carte topographique et militaire des Alpes, comprenant le Piémont, la Savoie, le comté de Nice, le Valais, Gênes, le Milanais, etc., par Raymond. *Paris*, 1820, 13 feuilles.

b. — Cartes particulières.

550. Carta corografica degli stati del re di Sardegna, par Borgonio. *Turin*, 1683, corrigée en 1772, 25 feuilles.

551. Carte du haut Dauphiné et du comté de Nice, par Bourcet, 9 feuilles.

552. Nuova carta dell' isola e regno di Sardegna, opera del r. p. Tommaso Napoli e di G. A. Rizzi-Zannoni. *Napoli*, 1808, 2 feuilles.

553. Carte de la Savoie, par Chaix. *Londres*, 1825, 1 feuille.

554. Carte du Mont-Blanc, par Raymond. *Paris*, 1815, 1 feuille.

555. Carte phys. et minér. du Mont-Cenis, par Raymond; nouvelle édition, par Ch. Picquet, d'après les matériaux communiqués par M. Derrien. *Paris*, 1821, 1 feuille.

Route du Simplon. *Voyez* § 16. — Suisse (N° 663-667).

c. — Plans de villes.

556. Plan de Turin. *Turin*, 1826, 1 feuille.

XI. — *Toscane (grand-duché de)*.

557. Carta geometrica della Toscana, gravée par Segato. *Florence*, 1832, 1 feuille.

558. Carta geometrica della Toscana, par G. Inghirami. *Florence*, 1830, 4 feuilles.

559. Carte militaire du royaume d'Étrurie et de la principauté de Lucques, gravée par Bordiga. *Milan*, 1806, 6 feuilles.

560. Atlas statistique de la Toscane, par Orlando Zuccagni. *Florence*, 1828-1832, 20 feuilles.

561. Carte topogr. de l'archipel toscan, ou de l'île d'Elbe et des îles adjacentes, par le Dépôt de la Guerre. *Paris*, 1822, 1 feuille.

562. Carte de l'île d'Elbe, dressée d'après les observations trigonométriques de M. Puissant, par Picquet, gravée par Blondeau. *Paris*, 1814. 1 feuille.

563. Plan de la ville de Florence, par Ruggieri. 1 feuille.

Ottoman (empire). *Voy*. Turquie.

§ 12 —Pays-Bas (royaume des).

564. Carte physique et routière du royaume des Pays-Bas, par Andriveau. *Paris*, 1830, 1 feuille.

565. Carte de la Belgique, de la Hollande et du grand-duché de Luxembourg, par H. Brué, corrigée et augmentée par Ch. Picquet. *Paris*, 1836, 1 feuille (44).

566. Carte du royaume des Pays-Bas, par C. Muller. *Amsterdam*, 1816, 3 feuilles.

567. Les 17 provinces des Pays-Bas, distinguées ainsi qu'elles sont possédées à présent par les rois de France et d'Espagne et par les États-généraux des Provinces-Unies, par Sanson, corrigées et augmentées, en 1782, par Denis. *Paris*, 2 feuilles.

568. Atlas du royaume des Pays-Bas, dressé et gravé par C. van Baarsel et fils. *La Haye*, 1820-1830, 14 feuilles.

Cet atlas est une réduction améliorée des grandes cartes de Ferraris (330) et de Krayenhoff (572).

569. Carte chorographique du royaume des Pays-Bas, par De Bouge. *La Haye*, 1828, 20 feuilles.

570. Atlas topographique et militaire du royaume des Pays-Bas, par Wieland. *Weimar*, 1820, 41 feuilles.

571. Les sept provinces unies des Pays-Bas, dessinées d'après les mesures les plus récentes, et gravées par Seep et fils. *Amsterdam*, 1793, 72 petites feuilles.

572. Carte chorographique de la Hollande, par le général Krayenhoff. *La Haye*, 1810-1816, 9 feuilles.

573. Carte de Hollande et d'Utrecht, par WIEBEKING. 1796. 9 feuilles.

574. Carte topohydrographique des fleuves de la Hollande, par WIEBEKING. 12 feuilles.

575. Carte topographique et frontière des provinces des Pays-Bas et de celles de la Belgique, par J. G. VAN GORKUM. *La Haye*, 1831. 4 feuilles.

576. Carte des environs d'Amsterdam, sous le rapport hydrographique, par le Dépôt topographique hollandais. 1 feuille.

POLOGNE (royaume de). *Voy*. RUSSIE.

§ 13. — PORTUGAL (royaume de).

Voyez les Nos 356 à 376.

577. Carte routière du Portugal, par CRUTWELL, 2e édition. *Londres*, 1812, 2 feuilles.

578. Carte du Portugal, par JEFFERYS. Nouvelle édition. *Londres*, 1820, 6 feuilles.

579. Carte du Portugal, par T. LOPEZ. *Madrid*, 1785, 8 feuilles.

580. Plan de Lisbonne, par CALMET DE BEAUVOISIN. *Paris*, 1821, 1 feuille (373).

581. Carte chorographique des environs de Lisbonne, d'après les opérations trigonométriques de M. Ciéra et les levés des ingénieurs portugais et français, par PICQUET et GUÉRIN DELAMOTTE, *Paris*, 1821, 1 feuille.

§ 14. — RUSSIE (empire de).

a. — Cartes générales.

582. Carte générale de l'empire de Russie, par KIRILOW. *St.-Pétersbourg*, 1734, 2 feuilles.

583. Nouvelle carte générale de l'empire de Russie, divisée en 50 gouvernements et 4 provinces, d'après les nouvelles démarcations. *St.-Pétersbourg*, 1808, 2 feuilles.

584. Nouvelle carte de l'empire de Russie, divisée en gouvernements. *St.-Pétersbourg*, 1787, 3 feuilles.

585. Carte générale de l'empire de Russie, divisée en 41 gouvernements. *St.-Pétersbourg*, 1800, 3 feuilles.

586. Carte topographique de l'empire de Russie, par le Dépôt topographique impérial. *Vienne*, 1813, 33 feuilles.

587. Grand atlas de l'empire de Russie. 1800, 45 feuilles.

588. Atlas géogr. de l'empire de Russie, du royaume de Pologne et du grand-duché de Finlande, par le colonel Padischeff. *St-Pétersbourg*, 1823, 80 feuilles.

b. — Cartes particulières.

I. — *Russie d'Europe*.

a. Cartes générales.

589. Carte générale de la Russie d'Europe, du royaume de Pologne, des environs du Caucase et d'une partie des pays adjacens, par A. Brué, revue et augmentée par Ch. Picquet. *Paris*, 1837, 1 feuille (44).

590. Carte de la Russie, par Gerardus. 1614, 1 feuille.

591. Carte de la Russie, par Séb. Munster. *Bâle*, 1541, 1 feuille.

592. Carte de la Russie européenne et d'une partie de la Russie asiatique, par Danielow. *Vienne*, 1812, 13 feuilles.

593. Carte des routes de poste de la Russie européenne, par le Dépôt général de la guerre. *Paris*, 1812, 3 feuilles.

594. Carte de la partie européenne de l'empire de Russie, avec l'indication des chemins de poste, par le Dépôt topographique. *St.-Pétersbourg*, 1800, 9 feuilles.

595. Carte de la Russie d'Europe, de la Suède et d'une grande partie de l'Allemagne, par le Ch^er^ Lapie. *Paris*, 1816, 6 feuilles.

596. Carte des postes de la Russie, corrigée en 1824 par le Dépôt topographique. *St.-Pétersbourg*, 12 feuilles.

597. Carte de le partie européenne de l'empire de Russie, avec l'indication des routes, revue d'après la carte du Dépôt topogr. de St-Pétersbourg. *Vienne*, 12 feuilles.

598. Carte de la Russie occidentale, avec une partie de l'Autriche et de la Prusse, par Reymann. *Berlin*, 1809, 9 feuilles.

599. Atlas de Russie, dressé et publié par l'Académie des Sciences. *St.-Pétersbourg*, 1745, 21 feuilles.

600. Atlas portatif des postes de Russie, corrigé en 1820. *St.-Pétersbourg*, 41 feuilles.

601. Nouvelle carte de la Russie, par le général SCHUBERT. *St.-Pétersbourg*, 59 feuilles (12 sont publiées).

602. Carte de la Russie d'Europe, gravée au Dépôt de guerre. *Paris*, 1812-1814, 70 feuilles.

603. Carte de la Russie, par MM. les généraux de SUCHTELEN et OPPERMANN. *St.-Pétersbourg*, 1801 à 1804, et corrigée en 1816, 114 feuilles.

b. Cartes particulières.

604. Carte de la Russie occidentale et du royaume de Pologne, par A. BRUÉ, augmentée par Ch. PICQUET. *Paris*, 1837, 1 feuille (44).

605. Carte routière de la Russie occidentale, par le général SCHUBERT. *St.-Pétersbourg*, 1830-1831, 8 feuilles.

606. Pays de la frontière occidentale de l'empire russe, par le Dépôt topographique. *St.-Pétersbourg*, 163 feuilles.

607. Crimée, par le Dépôt topographique. *St.-Pétersbourg*, 1818, 10 feuilles.

608. Carte de l'Esthonie, de la Livonie et de la Courlande, par REYMANN. *Berlin*, 4 feuilles.

609. Carte de la Finlande, par LAPIE. *Paris*, 1810, 1 feuille.

610. Carte routière de l'Ingrie. *St.-Pétersbourg*, 1 feuille.

611. Atlas de la Livonie, par MELLIN. *Riga*, 1798, 17 feuilles.

II. — *Pologne.*

612. Carte de la Pologne, indiquant la répartition du territoire de cette ancienne monarchie entre la Russie, l'Autriche, la Prusse et la république de Cracovie, avec un tableau comparatif de ses divers démembremens de 1772 à 1815, par Ch. PICQUET. *Paris*, 1831, 1 feuille et demie (614).

613. Tableau historique et géographique du royaume de Pologne, en 1770, 1773, 1793, 1795, 1807 et 1815. *Manheim*, 1 feuille.

614. Atlas des partages de la Pologne, en 1772, 1793, 1795, 1807, 1809 et 1815, par Ch. PICQUET. *Paris*, 1831, 6 feuilles.

615. Cartes des partages de la Pologne, dans les années 1772, 1775, 1793, 1796, 1807, 1809 et 1815, gravées par JACK. *Berlin*, 1816, 7 feuilles.

616. Atlas historique de la Pologne, etc., et plans des siéges et batailles qui ont eu lieu en Pologne dans les XVIe et XVIIe siècles, par Stanislas PLATER. *Posen*, 1827-1828.

617. Statistischer atlas von Polen und den angranzenden landern, par Stanislas PLATER. *Posen*, 1830, 6 feuilles.

618. Carte du duché de Varsovie et des États limitrophes, dressée en 1810 par ENGELHARDT. *Berlin*, 1812, 4 feuilles.

619. Carte du royaume de Pologne, du grand-duché de Posnanie et des pays limitrophes, par ENGELHARDT. *Berlin*, 1831, 4 feuilles.

620. Carte de la Pologne et d'une grande partie des pays limitrophes, d'après Rizzi-Zannoni, Gilly, Schroetter, Textor, Liesganig, et d'après l'atlas de la Russie du Gén. de Suchtelen, rédigée par Stanisl. RENZINI. *Vienne*, 1831, 4 feuilles.

621. Carte du ci-devant royaume de Pologne, dans son état actuel, par NORDMANN. Nouvelle édition. *Vienne*, 1830, 9 feuilles.

622. Carte de la Pologne, divisée en provinces et palatinats, par RIZZI-ZANNONI. *Paris*, 1772, 25 feuilles.

623. Carte de la Gallicie occidentale, par le Bureau topographique, d'après la Carte de Mayer de Heldenfeld. *Vienne*, 1808, 6 feuilles.

624. Carte de la Gallicie occidentale, par MAYER DE HELDENFELD. *Vienne*, 1808, 12 feuilles.

625. Carte d'une partie de la Gallicie occidentale, par REYMANN. *Vienne*, 1797, 12 feuilles.

626. Carte spéciale de la Prusse méridionale, par GILLY. *Berlin*, 1803, 13 feuilles.

627. Carte topographique et militaire de la ci-devant nouvelle Prusse orientale, maintenant partie septentrionale du duché de Varsovie, par STEIN et TEXTOR. *Berlin*, 1808, 15 feuilles.

c. Plans et environs de villes.

628. Environs de Moscou, par le Dépôt topographique. *St.-Pétersbourg*, 4 feuilles.

629. Plan de St.-Pétersbourg, par le Dépôt topographique militaire. *St.-Pétersbourg*, 1822, 1 feuille.

630. Plan de St.-Pétersbourg, par SCHUBERT. *St.-Pétersbourg*, 24 feuilles.

631. Environs de St.-Pétersbourg, par le Dépôt topographique. *St.-Pétersbourg*, 1817, 12 feuilles.

632. Carte topographique et militaire des environs de Varsovie et de la plus grande partie du royaume de Pologne, par l'Institut géographique. *Weimar*, 4 feuilles.

633. Environs de Varsovie, par l'Etat-major polonais. 6 feuilles.

634. Carte topographique des environs de Wilna, par le Dépôt topographique. *St.-Pétersbourg*, 1818, 1 feuille.

§ 15. — Suède (royaume de).

a.— Cartes générales.

635. Carte générale des royaumes de Suède, de Norvège et de Danemark, par A. Brué. *Paris*, 1825, 1 feuille (44).

636. Carte géographique, militaire et statistique de la Suède et de la Norvège, par Hagelstam. *Stockholm*, 1822, 1 feuille.

637. Carte de Suède et de Norvège, d'après les arrangemens géographiques de 1815, par Hallstrom. *Stockholm*. 1 feuille.

638. Carte de la Scandinavie ou royaume de Suède, de Norvège et de Danemark, par le Chev Lapie, 1822. 1 feuille.

639. Suède et Norvège, par Sotzmann. *Vienne*, 1812, 2 feuilles.

b.—Cartes particulières.

I. — *Suède (royaume de).*

640. Carte de Suède, par C. Akrell. *Stockholm*, 1811, 1 feuille.

641. Carte géographique de la Suède, par Hermelin. *Stockholm*. 1797-1814, 33 feuilles.

642. Carte minéralogique et géognostique de la Suède, par Hisinger. *Stockholm*, 1831, 1 feuille.

643. Carte de la partie méridionale de la Suède et de la Norvège, par K. de Forsell. *Stockholm*, 1826, 9 feuilles.

II. — *Norvège (royaume de)*

644. Carte de la Norvège, dressée par ordre du roi, sous la direction d'Ericksen, par Pontoppidan, *Copenhague*. 1785-1795. 3 feuilles.

645. Carte de la Norvège méridionale, par Carpelan. *Copenhague*, 1826, 1 feuille.

c.—Plans de villes.

646. Plan de Stockholm, par C. Akrell. *Stockholm*, 1815, 1 feuille.

§ 16. — Suisse (Confédération).

a. — Cartes générales.

647. Carte physique et routière des 22 cantons de la Suisse, par A. Brué, revue et augmentée par Ch. Picquet. *Paris*, 1837, 1 feuille (44).

648. Carte de la Suisse, par Darmet, *Paris*, 1835, 1 feuille.

649. Carte routière de la Suisse, publiée par l'Institut géographique. *Munich*, 1830, 1 feuille.

650. Carte routière de la Suisse, par H. Keller. *Zurich*, 1836, 6 petites feuilles.

651. Carte géographique de la Suisse, par Scheuchzer, 1712, 4 feuilles.

652. Carte itinéraire de la Suisse, par Weiss, 1830, *Berne*, 1 feuille.

653. Atlas de la Suisse en 22 cantons, par Keller, Scheuermann, Pfyffer, d'Altishofen, Osterwald, etc. *Zurich*, 1822, 10 feuilles.

654. Atlas top. et milit. de la Suisse, par Weiland. *Weimar*, 1817, 23 feuilles.

655. Atlas topographique et militaire de la Suisse, par J.-H. Weiss. *Aarau*, 1796-1802, 16 feuilles.

b. — Cartes particulières.

656. Carte de l'ancien évêché de Bâle, réuni aux cantons de Berne, Bâle et Neufchâtel, par Buchwalder. *Paris*, 1822, 1 feuille.

657. Carte de la principauté de Neufchâtel, levée de 1801 à 1806, et complétée en 1837, par J.-F. d'Osterwald. *Paris*, 1837, 1 feuille.

658. Carte de la Rhétie ou canton des Grisons, par Mechel. *Bâle*, 1802, 1 feuille.

659. Partie occidentale et méridionale de la Suisse et pays du Valais, par Mallet. *Genève*, 1795-1802, 2 feuilles.

660. Canton de Zurich, par Usteri. *Zurich*, 1820, 2 feuilles.

661. Carte d'une partie très-intéressante de la Suisse (partie du canton de Berne et du Valais, et les glaciers qui dominent les frontières de l'Italie), par J.-H. Weiss. *Bâle*, 1796, 1 feuille.

662. Carte pétrographique du Saint-Gothard, par Exchaquet, Struve et Van Berchem. *Bâle*, 1795. 1 feuille.

663. Carte de la route de Genève à Milan par les deux rives du

lac de Genève et le Simplon, par Ch. Picquet. *Paris*, 1837, 1 feuille.

664. Carte topographique de la route du Simplon, entre Brieg et Domo d'Ossola, avec profil, par Ch. Picquet. *Paris*, 1837, 1 feuille.

665. Carta topografica della grande strada del Sempione e valli adjacenti, fine a Brigg del lago Maggiore e delle isole Borromee, [gravée par Bordiga]. *Milano*, 1827, 1 grande feuille.

666. Carte de la route du Simplon, de Brig à Domo d'Ossola, par Cordier. *Paris*, 1814, 1 feuille.

667. —— par Perrot, *Paris*, 1822, 1 feuille.

668. Vue de la chaîne des Hautes-Alpes, prise du sommet du mont Rigi, en Suisse, par Weiss. *Paris*, 1815, 3 feuilles.

c. — Plans de villes.

669. Plan de la ville de Bâle, par Chr. de Mechel. 1 feuille.

670. Plan de la ville de Berne, par Bollin. 1 feuille.

671. Plan de Genève avec ses nouvelles augmentations, par Chalmandrier. *Paris*, 1 feuille.

672. Plan de la ville de Zurich, par Breitinger. 1834. 1 feuille.

§ 17.— Turquie (empire de).

(Pour les parties asiatiques et africaines, voy. Turquie d'Asie Nos 749 à 760, Égypte et Barbarie, Nos 771 à 778, 785 à 787, 792 à 802.)

a. — Cartes générales.

673. Carte de l'empire ottoman en Europe, en Asie et en Afrique, par le Chev Lapie; publiée par Orgiazzi. *Paris*, 1822, 2 feuilles.

674. Carte de l'empire ottoman en Europe, Asie et Afrique, par le Chev Lapie; publiée par Ch. Picquet. Nouvelle édition, *Paris* 1830, 5 feuilles

b. — Cartes particulières.

Turquie d'Europe.

a.—Cartes générales.

675. Carte générale de la Turquie d'Europe, de la Grèce et des îles Ioniennes, par A. Boué. Nouvelle édition, par Ch. Picquet. *Paris*, 1837, 1 feuille (44).

676. Carte générale de la Turquie d'Europe et de la Grèce, par le Chev Lapie. *Paris*, 1827, 1 feuille.

677. Carte de la Turquie européenne, par PALMA. *Trieste*, 1811, 2 feuilles.

678. Carte de la Turquie d'Europe, nouvellement dressée par CONRAD, d'après *Palma*, *Riedl*, etc., 1816; revue, corrigée et augmentée. *Vienne*, 1828, 4 feuilles.

679. Carte physique, politique et comparée de la Turquie d'Europe, par DUFOUR et LAMEAU; nouv. édition. *Paris*, 1830, 4 feuilles.

680. Carte générale de la Turquie d'Europe, sur la rive droite du Danube, ou de la Roumélie, de la Bosnie, de la Morée et des pays limitrophes, par G. DE VAUDONCORT. *Munich*, 1822, 4 feuilles.

681. Die osmanische Reich in Europa mit einem theile desselben in Asien nebst den angränzenden œsterreichen und russischen gebieten, par l'Institut géographique. *Munich*, 1828, 6 feuilles.

682. Carte générale de la Turquie d'Europe, dressée sur les matériaux rassemblés par MM. les généraux Guilleminot et Tromelin, par le Cher LAPIE. *Paris*, 1823, 16 feuilles.

683. Carte de la Turquie d'Europe, avec une partie de l'Asie mineure, par M. WEISS au Bureau topographique impérial. *Vienne*, 1829, 21 feuilles.

b.—Cartes particulières.

684. Carte de l'île de Candie, par le Cher LAPIE. *Paris*, 1825, 1 feuille.

685. Carte de la Moldavie, par RIELD. *Vienne*, 1811, 1 feuille.

686. Carte de la Moldavie, par BAWR. *Amsterdam*. 6 feuilles.

687. Carte de la Moldavie, rédigée d'après Bawr, par l'abbé HERBITZ. *Vienne*, 1811, 4 feuilles.

688. Carte de la Moldavie, de la Valachie et de la Bessarabie, dressée en 1817 au Dépôt topographique, et corrigée en 1820. *St.-Pétersbourg*, 21 feuilles.

689. Carte générale du Roumili, de la Morée et de la Bosnie, par RIEDL. *Vienne*, 1812, 1 feuille.

690. Carte de la Servie, de la Bosnie et de l'Illyrie, par RIEDL. *Vienne*, 1810, 4 feuilles.

691. Carte topographique de la Valachie, par le Bureau topographique impérial. *Vienne*, 1812, 4 feuilles.

692. Carte générale de la Valachie, de la Bulgarie et de la Roumélie, par le général KHATOFF. *St.-Pétersbourg*, 1828, 4 feuilles.

c.—Plans et environs de villes.

693. Plan de Constantinople avec les détroits, par le Dépôt topographique. *St.-Pétersbourg*, 2 feuilles.

694. Carte topographique du bosphore de Thrace et des environs de Constantinople, par le général ANDRÉOSSY. *Paris*, 1828, 1 feuille.

695. Environs de Constantinople, par le Dépôt de la guerre. *Paris*, 1820, 1 feuille.

696. Environs de Constantinople, par le Dépôt topographique. *St.-Pétersbourg*, 1828, 4 feuilles.

SECTION CINQUIÈME.

ASIE.

A. — Cartes générales.

697. Carte générale de l'Asie, commencée par A. BRUÉ; revue, complétée et terminée par Ch. PICQUET. *Paris*, 1837, 1 feuille (44).

698. Carte physique et politique de l'Asie, par Ch. PICQUET. *Paris*, 1837, 1 feuille (60, 101, 761, 827, 804, 910).

699. Carte générale de l'Asie, par Ch. PICQUET. *Paris*, 1837, 1 grande feuille (73, 102, 763, 826, 803, 910).

700. Carte d'Asie, par d'ANVILLE. *Paris*, 1751-1738, trois parties en 6 feuilles.

701. Map of Asia, by ARROWSMITH. *London*, 1826. 4 feuilles.

702. Carte de l'Asie, par ARROWSMITH. *Londres*, 1830, 4 grandes feuilles.

703 Carte générale de l'Asie, par A. BRUÉ. *Paris*, 1810, 4 feuilles (62, 103, 768, 828, 808, 921).

704. The continent and Islands of Asia, by John PURDY. *London*, 1820. 4 feuilles.

705. Atlas von Asia, von BERGHAUS. *Gotha*, 1832-1836, 17 feuilles (11 ont paru).

706. Atlas de l'Asie, par GRIMM; publié par C. Ritter et OEtzel. *Berlin*, 1833 et ann. suiv., 20 feuilles (commencé).

707. Atlas des tableaux historiques de l'Asie, par KLAPROTH. *Paris*, 1826, 28 feuilles.

B. — Cartes particulières.

§ 1. — Chinois (empire).

a — Cartes générales.

708. Carte de l'empire Chinois et du Japon, par A. H. Brué; revue pour les limites, en 1836, par Ch. Picquet. *Paris*, 1 feuille (44).

709. Atlas général de la Chine, de la Tartarie chinoise et du Tibet, par d'Anville. *Paris*, 64 feuilles.

b. — Cartes particulières.

710. Das Chinesische Meer, von Berghaus. *Gotha*, 1835, 2 feuilles (705).

711. Die Chinesische Küste Zubeiden Seiten des meridians von Macao, von Berghaus. *Gotha*, 1834, 1 feuille (705).

712. Karte von Hoch-Asien, von Grimm. *Berlin*, 1833, 5 feuilles (706).

713. Carte de l'Asie centrale, dressée d'après les cartes levées par ordre de l'empereur Khian-Loung, par les missionnaires de Pé-King, et d'après un grand nombre de notions extraites et traduites de livres chinois, par J. Klaproth. *Paris*, 1836, 4 feuilles.

§ 2. — Indes orientales.

a. — Cartes générales.

714. Carte générale des Indes en-deçà et au-delà du Gange, par A. H. Brué, augmentée et revue pour les limites par Ch. Picquet. *Paris*, 1836, 1 feuille (44).

b. — Cartes particulières.

1. — *Indoustan ou Indes en deçà du Gange.*

a. — Cartes générales.

715. General Karte von Vorder Indien, von Berghaus. *Gotha*, 1836, 1 feuille (705).

716. New and improved map of India, published by Black, Kingsbury, Parbury, and Allen. *London*, 1820, 1 feuille.

717. Carte de l'Inde, avec supplément pour l'empire Birman, par Cary. *Londres*, 1826, 2 feuilles.

718. Carte de l'Indostan, ou de l'empire Mogol, d'après les observations les plus récentes, par J. Rennell. *Londres*, 1804, 4 feuilles.

719. Map of India, by Walker. *London*, 1827, 4 feuilles.

720. Map of India, by Arrowsmith. *London*, 1820, 6 feuilles.

721. Carte de l'Hindoustan, par Arrowsmith. *Londres*, 1822, 9 feuilles.

722. Atlas of the Western Asia, by major Rennell. *Londres*, 14 feuilles.

723. Atlas de l'Hindostan, par la Compagnie des Indes. *Londres*, 1833, 150 feuilles.

b. — Cartes particulières.

724. Karte von Assam, Bhotan, Djinthia, Katschhar, Munipur, von Berghaus. *Gotha*, 1834. 1 feuille (705).

725. Spezial Karte von Himalaya in Kumaon, Gurhwal, Sirmur, etc., von Berghaus. *Gotha*, 1835, 1 feuille (705).

726. Das Himalaja Gebirg in Bissahir, Gherwal und Kemaun, von südrande des Plateaus von Mittel-Tibet bis zum Tieflande von Hindostan, von Grimm. *Berlin*, 1833, 1 feuille (706).

727. Hindoustan méridional, par Arrowsmith. *Londres*, 18 feuil.

II. — *Indo-Chine ou Indes au delà du Gange.*

728. Hinter Indien, von Berghaus. *Gotha*, 1832, 1 feuille (705.)

729. Map of the Burman empire including also Siam, Cochinchina, Ton-king, and Malaya, par J. Wyld. *Londres*, 1832, 1 feuille.

730. Carte de l'empire Birman, par Cary. *Londres*, 1826. 1 feuille.

731. Map of the Burmese empire constructed from a drawing compiled in the surveyor general's office, Calcutta, and other authentic documents; by J. Wyld. *Londres*, 1826, 1 feuille.

732. Map of the kingdoms of Siam and Cochinchina, by J. Walker. *London*, 1828, 1 feuille.

§ 3. — Japon (empire du)

733. Carte du Japon et des îles Kouriles, par Arrowsmith. *Londres*, 1816, 4 feuilles.

§ 4. — Perse, Afghanistan, Caboul et Turkestan.

734. Carte générale de la Perse et des contrées limitrophes, aug-

mentée d'éclaircissemens historiques et de tables statistiques, par A. Brué et Adr Balbi. *Paris*, 1826, 1 feuille.

735. Carte des pays entre Delhi et Constantinople (Perse, Arménie, Asie mineure, et nord de l'Hindoustan), par Arrowsmith. *Londres*, 1821, 8 feuilles.

736. Carte pour l'intelligence des voyages d'Alexandre Burnes à Lahor, Caboul, Balkh, Boukhara et à travers la Perse, de 1831 à 1833. *Londres*, 1834, 1 feuille 1/2.

737. Map of Persia, by Macdonald Kinneir. *Londres* 2 feuilles.

738. Carte de la Perse, de la Turquie d'Asie et d'une partie de la Tartarie indépendante, par le Chev Lapie. *Paris*, 1810, 1 feuil.

739. Der Persische Meerbusen, von Berghaus. *Gotha*, 1832, 1 feuille (705).

740. Carte du centre de l'Asie, contenant les pays habités par les Kirghis-Kaissaks, les Karakalpaks, les Turcomans et les Boukhares, par le Dépôt topog. *St.-Pétersbourg*, 1816, 10 feuilles.

741. Carte du Khanat de Boukhara et d'une partie des steppes des Kirghiz, dressée par le baron de Meyendorff, et revue par le Chev Lapie et par le Chev Jaubert. *Paris*, 1825, 1 feuille.

742. Carte de l'Asie moyenne, par le Dépôt topographique, corrigée en 1820. *St.-Pétersbourg*, 9 feuilles.

§ 5. — Russie d'Asie.

I. — *Géorgie, etc.*

743. Carte de la Géorgie, publiée par Darmet. *Paris*, 1824, 1 feuille.

744. Carte générale des pays si[illegible]tre la mer Noire et la mer Caspienne, par Khatoff. *St.-Pétersbourg*, 1830, 13 feuilles.

745. Parts of Georgia and Armenia, the Persian provinces, Azerbijan, Talish and Ghilan, from trigonometrical surveys by Lt. Col. W. Monteith, made between the years 1814 et 1828, and the Russian provinces, with the Caucasus, from Russian official documents corrected by his personal observations; engraved at the expences of the royal geographical society. *London*, 1833, 4 feuilles.

746. Carte de l'Aderbaidjan et partie de l'Arménie et de la Géorgie, par le colonel Sutherland, 1833, 3 feuilles.

II. — *Sibérie, etc.*

747. Carte de la Russie d'Asie, par A. BRUÉ, revue et augmentée par Ch. PICQUET. *Paris*, 1836, 1 feuille (44).

748. Carte générale de la Russie asiatique d'après ses nouvelles divisions en gouvernemens et provinces, par PONIAKOW, au bureau topographique de S.-Pétersbourg. *St.-Pétersbourg*, 1825. 3 feuil.

§. 6. — TURQUIE D'ASIE.

a. — Cartes générales.

Voy. les Nos 673, 674, 737.

749. Carte générale de la Turquie d'Asie, de la Perse, de l'Arabie, du Caboul et du Turkestan indépendant, par A. BRUÉ, revue en 1836 pour les limites. *Paris*, 1 feuille (44).

b. — Cartes particulières.

750. Arabia und das Nilland, von BERGHAUS. *Gotha*, 1835, 1 feuille (705).

751. Carte comprenant le pays de Nedjed, l'Arabie centrale, l'Égypte et partie des autres régions occupées en 1820 par les troupes de Mohammed-Aly (par JOMARD). *Paris*, 1823, 1 feuille.

752. Carte de l'Arabie Pétrée, levée et dressée en 1828, rectifiée sur les observations astronomiques et les cartes de Niebhur, La Rochette, la commission d'Égypte, sir Home, Popham, Valentia, Burckhardt, Ehrenberg et Ruppel, par L. DE LA BORDE. *Paris*, 1834, 1 feuille.

753. Carte de l'Asie mineure, par ARROWSMITH. *Londres*, 1835, 1 feuille.

754. Carte de l'Asie mineure, de l'Arménie, etc., par KINNEIR, *Londres*, 1 feuille.

755. Esquisses des pays entre Alep et Jérusalem, par ARROWSMITH. *Londres*, 1814, 2 feuilles.

756. Karte von Syrien von BERGHAUS. *Gotha*, 1835, 1 feuille (705).

757. Carte physique et politique de la Syrie, pour servir à l'histoire des conquêtes du général Bonaparte en Orient, par Ch. PAULTRE et LAPIE. *Paris*, 1803, 1 feuille.

758. Carte de la Palestine, par GRIMM. *Berlin*, 1830, 1 feuille.

759. Carte de la Palestine, par KLOEDEN. *Berlin*, 1817, 1 feuille.

Pelet, d'après les cartes de la marine, les reconnaissances des officiers d'Etat-major et les renseignements qu'ils ont recueillis, ainsi que d'après les voyages de Shaw, Peysonnel, etc. *Paris*, 1837, 1 feuille.

783. Carte de la province d'Oran, dressée au Dépôt de la guerre, sous la direction du lieut.-général Pelet, d'après les livres et les reconnaissances des officiers de l'Etat-major, ainsi que lesrelèvemens de la marine. *Paris*, 1837, 1 feuille.

784. Théâtre des opérations militaires dans le centre de la province d'Oran, dressé à l'État-major général pour servir à l'expédition commandée par M. le maréchal Clauzel. *Paris*, 1835, 1 feuille.

II. — *Maroc (empire de).*

785. Carte de l'empire de Maroc, dressée d'après les observations faites en 1830, par M. Washington, avec un plan de la ville de Maroc, et une coupe de l'empire dans une direction nord et sud. *Londres*, 1831, 1 feuille.

786. Carte d'une partie de l'Afrique pour servir à l'intelligence du Voyage de M. Cochelet, par le Chr Lapie. *Paris*, 1821, 1 feuille.

Voy. le No 771.

III. — *Tripoli (royaume de).*

787. Carte d'une partie nord-est de l'Afrique, pour l'intelligence des Voyages de Della-Cella, Lyon et Hornemann, par le Chr Lapie. *Paris*, 1823, 1 feuille.

Voy. les Nos 771 et 773.

IV. — *Tunis (royaume de).*

Voyez les Nos. 771 à 778.

§ 2. — Cap de Bonne-Espérance (colonie du).

788. Carte de la colonie du cap de Bonne-Espérance, par Arrowsmith. *Londres*, 1816, 4 feuilles.

789. The distrist of Albany, par Knobel. *Londres*, 1822, 1 feuille.

§ 3. — Congo et contrées voisines.

790. Carte d'une partie de l'Afrique équinoxiale, rédigée par

Brué, d'après les documens fournis par Douville. *Paris*, 1832, 1 feuille.

791. Carta geographica da costa occidental da Africa comprehendida entre 5° et 19° de lat. sul, por Pinheira Furtado, em 1790, gravada em 1825. *Paris*, 1 feuille.

§ 4. — Égypte et Nubie.

792. Carte générale de l'Égypte et de l'Arabie Pétrée, par A. H. Brué. *Paris*, 1822, 1 feuille (44).

793. Carte générale de l'Égypte et de la Nubie, à laquelle on a joint la Cyrénaïque, l'Arabie Pétrée, etc., par Fréd. Cailliaud. *Paris*, 1827, 1 feuille (802).

794. Carte de la Basse-Égypte, par P. Coste, architecte du vice-roi, d'après ses itinéraires et ses relèvemens de 1818 à 1827. *Paris*, 1 feuille.

795. Carte comparée de l'Égypte, par Jacotin et Jomard. *Paris*, 1 feuille.

796. Carte comparée de la Basse-Égypte, par Jacotin et Jomard. *Paris*, 1 feuille.

797. Carte historique, physique et politique de l'Égypte, par le Ch^er^ Lapie, d'après les matériaux recueillis par M. le comte Guilleminot et M. le baron de Tromelin. *Paris*, 1828, 2 feuilles.

798. Carte de l'Égypte, par Leake, publiée par Arrowsmith. *Londres*, 1812, 2 feuilles.

799. Carte géographique de l'Égypte et des pays environnans, réduite d'après la carte topographique levée pendant l'expédition de l'armée française, dressée au Dépôt de la guerre. *Paris*, 3 feuilles (800).

800. Carte topographique de l'Égypte et de plusieurs parties des pays limitrophes, levée pendant l'expédition de l'armée française, par les ingénieurs-géographes, les officiers du génie militaire et les ingénieurs des ponts-et-chaussées; assujettie aux observations des astronomes, et construite par Jacotin, au Dépôt de la guerre. *Paris*, 47 feuilles.

801. Carte de l'Oasis de Syouah et des routes qui y conduisent, dressée d'après l'itinéraire de Drovetti, etc. par Jomard. *Paris*, 1822, 1 feuille.

802. Carte détaillée du cours du Nil dans la haute et la basse Nubie, levée de 1819 à 1822, par F. Cailliaud. *Paris*, 1824, 10 feuilles.

§ 5. — Guinée, Sénégambie, et contrées voisines.

803. Carte de la Sénégambie, du Soudan et de la Guinée septentrionale, par A. Brué, en 1828, revue en 1831. *Paris*, 1 feuille (44).

Elle offre une carte particulière du pays de Ouallo.

804. Sénégambie et côte occidentale d'Afrique, depuis le cap Blanc jusqu'au cap Sainte-Anne, par Dufour. *Paris*, 1828, 1 feuille.

805. Carte du cours de la Gambie au-dessous de Coussaye, et du cours du Sénégal au-dessous de Moussala, assujettie aux observations les plus récentes (par J. Jomard). *Paris*, 1828, 1 feuille.

806. Carte du cours du Sénégal au-dessous de Moussala (par J. Jomard). *Paris*, 1828, 1 feuille.

Un supplément donne le pays de Ouallo à une plus grande échelle.

807. Map of North-Western Africa, constructed from original itineraries by T. E. Bowdich. *Londres*, 1820, 1 feuille.

808. Carte de la côte occidentale d'Afrique, des îles de Loss aux îles Cherbro, montrant les découvertes au N. E. de Sierra-Leone, par O'Beirne et le major Laing. *Londres*, 1828, 1 feuille.

809. Carte de la côte d'Or à la côte de Guinée, par J. Van den Bosch. *La Haye* et *Amsterdam*, 1818, 1 feuille (926).

§ 6. — Iles.

810. Ile de Bourbon, d'après la carte de Lislet-Geoffroy, avec des rectifications, les divisions administratives, la population, les produits, par Aug. B. (Aug^te Billiard). *Paris*, 1 feuille.

811. Carte de l'île de la Réunion (Bourbon), par Bory de Saint-Vincent. *Paris*, 1804, 1 feuille.

Voy. le N° 814.

812. Carte des îles de France et de la Réunion, par Bory de Saint-Vincent, pour servir à son voyage dans quatre îles des mers d'Afrique. *Paris*, 1804, 1 feuille.

813. Carte de l'Ile-de-France et des îles voisines, levée en 1807 par le capitaine Lislet-Geoffroy. *Londres*, 1814, 1 feuille.

814. Carte de l'île Madagascar, par Lislet-Geoffroy. *Londres*, 1820, 1 feuille.

815. Carte de l'île Madère, par Faden. *Londres*, 1791, 1 feuille.

816. Carte physique de l'île de Ténériffe, par L. DE BUCH. *Paris*, 1814, 1 feuille.

817. Carte de l'île de Ténériffe, par WEBB et BERTHELOT. *Paris*, 1835, 1 feuille.

SECTION SEPTIÈME.

AMÉRIQUE.

A. — Cartes générales.

818. Nouvelle carte de l'Amérique, contenant ses divisions politiques et naturelles, par CARY. *Londres*, 1819, 2 feuilles.

819. Amérique septentrionale et méridionale, par le Chev LAPIE. *Paris*, 1819, 1 feuille.

820. Carte générale de l'Amérique, par d'ANVILLE. *Paris*, 1746-1748, 7 feuilles.

821. Map of America, by ARROWSMITH. *Londres*, 1830, 4 feuilles.

822. Carte de l'Amérique, par FRIED. *Vienne*, 1818, 4 feuilles.

823. Amérique septentrionale et méridionale, divisée suivant ses différens pays, par ROBERT DE VAUGONDY. *Paris*, 1778, 4 feuilles.

824. A new American atlas, by H. S. TANNER. *Philadelphia*, 1825, 22 feuilles.

B. — Cartes particulières.

§ 1. — Amérique Septentrionale.

a. — Cartes générales.

825. Carte générale de l'Amérique septentrionale et des îles qui en dépendent, par A. BRUÉ, revue et augmentée par Ch. PICQUET. *Paris*, 1836, 1 feuille (44).

826. Nouvelle carte de l'Amérique septentrionale et des îles qui en dépendent, commencée par A. H. BRUÉ, revue, augmentée et terminée par Ch. PICQUET. *Paris*, 1837, 1 grande feuille (73, 102, 698, 763, 863, 916).

827. Carte physique et politique de l'Amérique septentrionale, dressée par Ch. PICQUET. *Paris*, 1827, 1 feuille (60, 101, 699, 764, 864, 919).

828. Nouvelle carte de l'Amérique septentrionale, du Groenland et des îles qui en dépendent, dédiée à l'Académie royale des Sciences, par A. H. Brué, revue et augmentée par Ch. Picquet. *Paris*, 1837, 4 feuilles (62, 103, 703, 768, 868, 921).

829. A new map of North-America, by H. S. Tanner. *Philadelphia*, 1828, 4 feuilles.

830. A map of North-America, by Arrowsmith. *London*, 1828, 6 feuilles.

831. Map of North-America, by J. Wyld. *Londres*, 1835, 7 feuilles.

b.—Cartes particulières.

I.—Amérique anglaise ou Hudsonie.

832. British North-America, by J. Arrowsmith. *London*, 1834, 1 feuille.

833. Map of the provinces of Lower and Upper Canada, etc., by Jos. Bouchette. *London*, 1831, 3 feuilles.

Cette carte accompagne ordinairement l'ouvrage du même auteur, intitulé : « A topographical and statistical description of the British dominions in North-America, including considerations on land-granting and emigration, and a topographical dictionary of Lower Canada. *London*, 1831, 2 vols. 4to (avec vues, cartes, plans de villes, de ports, etc.).

834. Map of the provinces of Upper Canada, and the adjacent territories in North-America, by Chewett. *London*, 1826, 3 feuilles.

835. Map of the provinces of New Brunswick and Nova Scotia, including also the island of Cape Breton and Prince Edward, by J. Wyld. *London*, 1825, 2 feuilles.

Consultez aussi les Nos 840, 841.

II.—Amérique danoise.

836. Carte du Groenland, par P. Egede. *Copenhague*, 1 feuille.

837. Grönland med omgivelser ifolge Graah, Scoresby, Giesecke, Ross, Parry, Egede, Danell, Hall, Pickersgill, Girige og Van-Keulen, par Graah. *Kiobenhavn*, 1832, 1 feuille.

III.—Amérique russe.

838. Carte des possessions russes dans l'Amérique, par Padischeff. *Saint-Pétersbourg*, 1823, 2 feuilles (588).

839. Carte générale de la mer de Behring, par LUTKÉ. *Saint-Pétersbourg*, 1828, 1 feuille.

IV.— ÉTATS-UNIS.

840. Carte des États-Unis, des Haut et Bas-Canada, de la Nouvelle-Écosse, du Nouveau-Brunswick, de Terre-Neuve, etc., seconde édition, par A. BRUÉ, revue et augmentée par Ch. PICQUET. *Paris*, 1836, 1 feuille (44).

841. Nouvelle carte des États-Unis, des Haut et Bas-Canada, de la Nouvelle-Écosse, du Nouveau-Brunswick, de Terre-Neuve, etc., dédiée à l'Académie royale des Sciences de l'Institut de France, par A. H. BRUÉ, revue et augmentée par Ch. PICQUET. *Paris*, 1836, 1 grande feuille.

842. Map of roads, canals, and steamboat routes of the United States, with distances from place to place, by H. S. TANNER. *Philadelphia*, 1836, 1 feuille.

843. Carte des États-Unis, avec le Canada, la Nouvelle-Écosse, etc., par le Chev LAPIE. *Paris*, 1814, 1 feuille.

844. Map of the United-States and the provinces of Upper and Lower Canada, by WALKER. *London*, 1827.

845. A map of the United-States of North-America, by ARROWSMITH. *London*, 1804, 4 feuilles.

846. Map of the United-States of America, by TANNER. *Philadelphia*, 1835, 4 feuilles.

847. Carte des États-Unis de l'Amérique septentrionale, corrigée et gravée sur celle d'Arrowsmith, par P.-F. TARDIEU. *Paris*, 1819, feuilles.

848. Atlas of the United-States, by H. S. TANNER. *Philadelphia*, 1825, 11 feuilles.

849. Nouvel et bel atlas général, contenant les cartes de chacun des États-Unis, publié par FIELDING, LUCAS et Ph. NICKLIN. *Baltimore* et *Philadelphie*, 31 feuilles.

V.—GUATEMALA.

850. Map of Guatemala reduced from the survey in the archives of that country, par A. ARROWSMITH. *London*, 1826, 1 feuille.

Voy. les Nos 852, 853, 889, 891

851. A map of Mosquitia and the territory of Poyais, with the adjacent countries. *Edinburgh*, 1822, 1 feuille.

VI.—Mexique.

852. Carte générale des États-Unis mexicains et des Provinces-Unies de l'Amérique centrale, par A. Brué. *Paris*, 1825, 1 feuille (44).

853. Nouvelle carte du Mexique et d'une partie des États-Unis de l'Amérique centrale, dédiée à l'Académie royale des Sciences de l'Institut de France, par A. H. Brué, œuvre posthume; revue et augmentée par Ch. Picquet. *Paris*, 1837, 1 feuille.

854. Carte générale de la Nouvelle-Espagne, d'après des matériaux existans à Mexico en 1804, par le baron Al. de Humboldt. *Paris*, 1811, 2 feuilles (858).

855. Carte de la Louisiane et du Mexique, dressée par P. Tardieu fils aîné. *Paris*, 1820, 2 feuilles.

856. Mexico, par Ward. *Londres*, 1829, 1 feuille.

857. Mexico and adjacent provinces (by Arrowsmith). *London*, 1830, 4 feuilles.

858. Atlas géographique et physique du royaume de la Nouvelle-Espagne, par A. de Humboldt. *Paris*, 1811, 1 vol. in-folio.

859. Carta geognostica de los principales distritos minerales del estado de Méjico, formada sobre observaciones astronómicas, barométricas y mineralógicas hechas por F. de Gerolt y C. de Berghes. *Dusseldorff*, 1827, 2 feuilles et 4 feuilles de profils.

860. A map of Sonora and the gulf of California, by Hardy. *London*, 1829, 1 feuille.

861. Map of Texas, with part of adjoining States, par Austin, publiée par Tanner. *Philadelphie*, 1830, 1 feuille.

§ 2.—Amérique Méridionale.

a.—Cartes générales.

862. Carte générale de l'Amérique méridionale et des îles qui en dépendent, par A. Brué, augmentée et rectifiée par Ch. Picquet. *Paris*, 1836, 1 feuille (44).

863. Nouvelle carte de l'Amérique méridionale et des îles qui en dépendent, dédiée à l'Académie royale des Sciences de l'Institut de France, par A. H. Brué, revue par Ch. Picquet. *Paris*, 1836, 1 grande feuille (73, 102, 698, 763, 826, 916).

864. Carte physique et politique de l'Amérique méridionale, par Ch. PICQUET. *Paris*, 1836, 1 feuille (60, 101, 699, 764, 827, 919).

865. Carte de l'Amérique méridionale, par le Ch[er] LAPIE. *Paris*, 1814, 2 feuilles.

866. Colombie ou Amérique méridionale, réduite de celle de la Rochette, par W. FADEN. *Londres*, 1811, 2 feuilles.

867. Carte générale de l'Amérique méridionale, d'après les observations et les cartes spéciales rapportées du voyage dans l'intérieur du Brésil, pendant les années 1817 à 1820, par MM. DE SPIX et DE MARTIUS. *Munich*, 1825-1828, 2 feuilles.

868. Nouvelle carte de l'Amérique méridionale et des îles qui en dépendent, dédiée à l'Académie royale des Sciences de l'Institut de France, par A. H. BRUÉ, augmentée par Ch. PICQUET. *Paris*, 1837, 4 feuilles (62, 103, 703, 768, 828, 921).

869. Map of South-America, by ARROWSMITH. *London*, 1823, 6 feuilles.

870. Mapa geográfico de la América meridional, por D. J. DE LA CRUZ. *Madrid*, 1775, 8 feuilles.

871. Columbia prima, or South-America, by DE LA ROCHETTE. *London*, 1808, 8 feuilles.

b.—Cartes particulières.

ARGENTINE (république). *Voy.* RIO DE LA PLATA.

I.—BOLIVIA (république de). Consultez les N°s 886, 887.

II.—BRÉSIL (empire du).

872. Carte du Brésil et d'une partie des pays adjacens, par A. BRUÉ, revue et augmentée par Ch. PICQUET. *Paris*, 1836, 1 feuille (44).

873. Carte géographique de la partie orientale de l'empire du Brésil, par ESCHWEGE et DE MARTIUS. *Munich*, 1834, 4 feuilles.

874. Carte géographique de Ceara, province du Brésil, rédigée par SCHWARZMANN et DE MARTIUS, d'après une carte manuscrite levée en 1817 par Silva Paulet. *Munich*, 1831, 1 feuille.

875. Carte géographique de Piauhy, province du Brésil, rédigée

d'après les cartes manuscrites de Menezes et Silva Pereira, par Schwarzmann et de Martius. *Munich*, 1828, 1 feuille.

876. Cours supérieur du Rio-Madeira et pays voisins, par de Spix et de Martius. *Munich*, 1831, 1 feuille.

Buenos-Ayres (république de). *Voy.* Rio de la Plata (république du).

III. — Chili (république du). Consultez le N° 886.

IV. — Colombie,

ou républiques de l'Équateur, de la Nouvelle-Grenade et de Venezuela.

877. La Colombie, par Philip. Banza. *Londres*, 1831, 1 feuille.

878. Carte des républiques de la Nouvelle-Grenade, de Venezuela et de l'Équateur, formées de l'ancien État de Colombie, et des Guyanes française, hollandaise et anglaise, par A. Brué, revue et augmentée par Ch. Picquet. *Paris*, 1836, 1 feuille (44).

V. — Guyanes,

anglaise, française et hollandaise.

Voyez le No 878.

879. Map of British Guiana, by W. Hilhouse. *London*, 1828.

880. Carte de la Guyane française, par Leblond. *Paris*, 1818, 1 feuille.

881. Carte de la colonie de Surinam, par J. Van den Bosch. *La Haye* et *Amsterdam*, 1818, 1 feuille (926).

882. Map of part of Dutch Guiana, containing the colonies of Essequibo, Demerara and Berbice, by Bouchenroeder. *London*, 1804, 3 feuilles.

883. Map of the colony of Surinam in Guiana, by Heneman. *London*, 1810, 4 feuilles.

884. Nieuwe special Kaart van de colonie Suriname, par Moseberg. 1802, 4 feuilles.

VI. — Paraguay (dictatorat du).

885. Carte du Paraguay, par J.-A. Rengger. *Aarau*, 1835, 1 feuille.

Voyez le N° 868, 886.

VII. — PÉROU ET DU HAUT-PÉROU OU BOLIVIA (républiques du).

886. Carte du Pérou, du Haut-Pérou, du Chili et de la Plata, par A. BRUÉ, revue et augmentée par Ch. PICQUET. *Paris*, 1836, 1 feuille (44).

887. Mapa físico y político del Alto y Bajo Perú, por DARMET. *Paris*, 1826, 2 feuilles.

VIII. — RIO DE LA PLATA (république du).

888. Carta de la provincia de Buenos Ayres, por don Bart. DE MUNOZ. *Londres*, 1826, 1 feuille.

Voyez le N° 886.

IX. — URUGUAY (république de l'). *Voy.* les N°s 868, 872.

§ 3. — Iles Antilles ou Indes occidentales.

a. — Cartes générales.

889. Carte des îles Antilles, des États-Unis de l'Amérique centrale et de la mer du Mexique, par A. BRUÉ. *Paris*, 1832, 1 feuille (44).

890. Carte particulière des îles Antilles ou des Indes occidentales, par A. BRUÉ. *Paris*, 1828, 1 feuille (44).

891. Carte générale des îles Antilles, des îles et bancs de Bahama, des États-Unis de l'Amérique centrale, de la mer du Mexique, etc., dédiée à l'Académie royale des Sciences de l'Institut de France, par A. H. BRUÉ, revue et augmentée par Ch. PICQUET. *Paris*, 1837, 1 grande feuille.

Elle donne des cartes à plus grand point de la Martinique, de la Guadeloupe et des îles Vierges.

892. Map of the West India and Bahama islands, with the adjacent coasts of Yucatan, Honduras, Caracas, etc., by FADEN. *London*, 1822, 1 feuille.

893. Carte des Indes occidentales et du golfe du Mexique, par le Ch^er LAPIE. *Paris*, 1814, 1 feuille

894. Chart of the West-Indies and Spanish dominions in North-America, by ARROWSMITH. *London*, 1810, 4 feuilles.

895. A collection of particular maps of the West-India Islands, on a large scale, by the late M. JEFFERYS, new edition corrected and improved, including also a general chart of the West-Indies. *London*, 22 feuilles.

b. — Cartes particulières.

I. — Haïti ou Saint-Domingue.

896. Carte de l'île Haïti ou de Saint-Domingue, gravée par Beaupré. *Paris* (Picquet), 1837, 1 feuille.

897. Carte de l'île de Saint-Domingue, par Darmet. *Paris*, 1825, 1 feuille.

898. Carte de l'île de Saint-Domingue, par le Ch^er Lapie. *Paris*, 1816, 1 feuille.

899. Carte politique de Saint-Domingue, par Leyritz, Levassor et Bourjolly, colons propriétaires. *Paris*, 1803, 1 feuille.

II. — Iles anglaises.

900. Antigua in the West Indies America, by J. Luffman. *London*, 1793, 2 feuilles.

901. Map of the island of Barbadoes in America, by Mayo. *London*, 1798, 4 feuilles.

902. An improved Chart of the Bermudas, drawn from the best surveys, by J. W. Norie. New edit. *Lond.*, 1828, 1 feuille.

903. Carta de la isla de San Cristoval, por D. Juan Lopez. *Madrid*, 1780, 1 feuille.

904. Island of Trinidad, by F. Mallett. *London*, 1829, 4 feuilles.

III. — Iles danoises.

905. Charte over den danske Œe St.-Croix i America, par Oxholm. *Kiobenhavn*, 1799, 2 feuilles.

906. Charte over den danske Œe St.-Jan i America, par Oxholm. *Kiobenhavn*, 1800, 1 feuille.

IV. — Iles espagnoles.

907. Carte de l'île de Cuba, rédigée sur les observations astronomiques des navigateurs espagnols et sur celles de M. de Humboldt, par le Ch^er Lapie. *Paris*, 1826, 1 feuille.

908. Carta de la isla de Cuba, par J. Lopez. *Madrid*, 1783, 2 feuilles.

909. Carta geográfica topográfica de la isla de Cuba, levada

en los años 1824-1834, por D. José G. JAIME VALCOURT É IZNARDI. *Barcelona*, 1837, 6 feuilles très-grandes.

Elle offre les plans particuliers de la Havane, de San Carlos de Matanzas, de Santiago de Cuba, de Santa Maria, de Puerto-Principe, de Trinidad, de la baie de Cuba, du port de Casilda, ainsi qu'un tableau statistique de l'île de Cuba.

910. Mapa topográfico de la isla de San Juan de Puerto-Rico y la de Bieque, por T. LOPEZ. *Madrid*, 1791, 2 feuilles.

V. — ILES FRANÇAISES.

911. Carte de l'île de la Guadeloupe, dressée en 1822 sur les documens les plus authentiques, par le colonel BOYER-PEYRELEAU, commandant de la colonie. *Paris*, 1823, 1 feuille.

912. Carte de la Martinique, par le Dépôt de la Marine. *Paris*, 1831, 1 feuille.

VI. — ILES HOLLANDAISES.

913. Carte de l'île Curaçao et des îles Caraïbes, par J. VAN DEN BOSCH. *La Haye* et *Amsterdam*, 1818, 1 feuille (926).

914. The island of St.-Eustatius, corruptly St.-Eustatia, by W. FADEN. *London*, 1795, 1 feuille.

SECTION HUITIÈME.

OCÉANIE.

A. — Cartes générales.

915. Carte de l'Océanie, ou cinquième partie du monde, par A. BRUÉ, revue et augmentée par Ch. PICQUET. *Paris*, 1837, 1 feuille (44).

916. Nouvelle carte de l'Océanie, commencée par A. BRUÉ, revue, complétée et terminée par Ch. PICQUET. *Paris*, 1837, 1 grande feuille (73, 102, 698, 763, 826, 863).

917. Carte de l'Océanie, par DUMONT D'URVILLE. *Paris*, 1832, 1 feuille.

918. Carte générale de l'Océan Pacifique, par DUMONT D'URVILLE et LOTTIN, publiée par le Dépôt de la Marine. *Paris*, 1834, 1 feuille (922).

919. Carte de l'Océanie, dressée par Ch. PICQUET, *Paris*, 1837, 1 feuille (60, 101, 699, 764, 827, 864).

920. Océanie, ou cinquième partie du monde, comprenant l'Archipel d'Asie, l'Australasie et la Polynésie; carte encyprotype, par A. Brué. *Paris*, 1814, 4 feuilles (62, 103, 703, 768, 828, 868).

921. Carte du voyage du *Blossom* dans l'Océan Pacifique, de 1825 à 1828, par Beechey. *Londres*, 1831, 1 feuille.

922. Atlas du voyage de la corvette *l'Astrolabe*, exécuté de 1826 à 1829, sous le commandement du capitaine J. Dumont d'Urville. *Paris*, 1833, 42 feuilles.

Les cartes ont été levées et dressées par MM. Gressien, Lottin, etc.

923. Atlas du voyage autour du monde, sur les corvettes *l'Uranie* et *la Physicienne*, de 1817 à 1820, publié par le capitaine L. de Freycinet, commandant de l'expédition. *Paris*, 1824, 22 feuilles.

Presque toutes les cartes ont été levées et dressées par M. L. I. Duperrey, officier de marine, embarqué sur *l'Uranie*.

924. Atlas de l'Océan Pacifique, dressé par le contre-amiral baron de Krusenstern. *Saint-Pétersbourg*, 1824-27, 34 feuilles.

B. — Cartes particulières.

§ 1. — Archipel d'Asie ou Malaisie.

925. Carte du grand archipel d'Asie, partie N. O. de l'Océanie, par A. Brué, revue et augmentée par Ch. Picquet. *Paris*, 1837, 1 feuille (44).

926. Atlas des possessions d'outre-mer du royaume des Pays-Bas, par J. Van den Bosch. *La Haye* et *Amsterdam*, 1818, 12 feuilles.

927. Cartes des possessions néerlandaises dans les Indes-Orientales, par J. Van den Bosch. *La Haye* et *Amsterdam*, 1818, 1 feuille (926).

928. Carte de l'île Amboine, par J. Van den Bosch. *La Haye* et *Amsterdam*, 1818, 1 feuille (926).

929. Carte des îles Banda, par J. Van den Bosch. *La Haye* et *Amsterdam*, 1818, 1 feuille (926).

930. Carte des îles Ceram, Boero, etc., par J. Van den Bosch. *La Haye* et *Amsterdam*, 1818, 1 feuille (926).

931. Carte de l'île Java, avec un plan de Batavia, par Van den Bosch. *La Haye* et *Amsterdam*, 1818, 1 feuille (926).

932. Carte de l'île Java, avec le plan de Sourabaya et l'île Madure, par J. Van den Bosch. *La Haye* et *Amsterdam*, 1818, 3 feuilles (926).

933. Map of Java, chiefly from surveys made during the British administration, by T. WALKER. *London*, 1817, 1 feuille.

934. Carte de l'archipel des Moluques méridionales, par D. H. KOLFF. *Amsterdam*, 1828, 1 feuille.

935. Carte des îles Philippines, d'après la carte espagnole de 1808, avec additions en 1823, par ARROWSMITH. *Londres*, 1 feuille.

936. Die Philippinen und der Sulu-Archipelagus, von BERGHAUS. *Gotha*, 1832, 1 feuille (705).

937. Map of the island of Sumatra, constructed chiefly from surveys taken by order of the late Th. RAFFLES. *London*, 1820, 1 feuille.

938. Carte des îles Ternate, par J. VAN DEN BOSCH. *La Haye* et *Amsterdam*, 1818, 1 feuille (926).

§ 2. — AUSTRALIE OU MÉLANÉSIE.

939. Carte de l'Australie, partie S.O. de l'Océanie, par A. BRUÉ, revue et augmentée par Ch. PICQUET. *Paris*, 1837, 1 feuille (44).

Elle offre une carte détaillée d'une partie de la Nouvelle-Galles méridionale.

940. Atlas du voyage de découvertes aux Terres Australes sur les corvettes *le Géographe* et *le Naturaliste* et sur la goëlette *la Casuarina*, de 1800 à 1804, rédigé par le capitaine L. FREYCINET. *Paris*, 1812, 30 feuilles.

941. Atlas des côtes de l'Australie, par KING. *Londres*, 1819-1826, 14 feuilles.

942. L'Australasie, par WEILAND, d'après Krusenstern. *Weimar*, 1820, 3 feuilles.

943. Carte de la terre de Diemen, par EVANS. *Londres*, 1820, 1 feuille.

944. Nouvelle-Galles méridionale, par ARROWSMITH. *Londres*, 1826, 1 feuille.

945. Map of part of New-South-Wales, with views in the harbour of Port Jackson, by W. LEWIS. *London*, 1825, 1 feuille.

946. Nouvelle-Galles méridionale, par OXLEY. *Londres*, 1825, 1 feuille.

947. Carte de la côte septentrionale de la Nouvelle-Guinée, par DUMONT D'URVILLE. *Paris*, 1827, 1 feuille (922).

948. Carte de la Nouvelle-Zélande, par A. TARDIEU. *Paris*, 1835, 1 feuille.

949. Carte de la Nouvelle-Zélande, par J. WYLD. *Londres*, 1833, 1 feuille.

950. Carte de la partie de la Nouvelle-Zélande, reconnue par le capitaine DUMONT D'URVILLE. *Paris*, 1827, 1 feuille (922).

951. Carte des routes de la corvette l'*Astrolabe* près des îles Vanikoro, par le capit. DUMONT D'URVILLE. *Paris*, 1828, 1 feuille (922.)

§ 3. — POLYNÉSIE OU MICRONÉSIE ET POLYNÉSIE.

952. Carte particulière de la Polynésie, partie orientale et septentrionale de l'Océanie, par A. BRUÉ, revue et augmentée par Ch. PICQUET. *Paris*, 1837, 1 feuille (44).

953. Carte de l'archipel des Carolines, par L. I. DUPERREY. *Paris*, 1828, 1 feuille (923).

954. Carte de l'archipel des Carolines, par LUTKÉ. *Saint-Pétersbourg*, 1830, 1 feuille.

955. Carte des îles Gilbert, par L. I. DUPERREY. *Paris*, 1824, 1 feuille (923).

956. Carte des îles Hawai, par A. TARDIEU. *Paris*, 1834, 1 feuille.

957. Carte générale de l'archipel des Mariannes, par L. I. DUPERREY. *Paris*, 1819, 1 feuille (923).

958. Carte des îles Pomotou, par L. I. DUPERREY. *Paris*, 1834, 1 feuille (923).

959. Carte des îles Pomotou et de la Société, pour les voyages de J. A. Morenhout, de 1828 à 1834, par A. TARDIEU. *Paris*, 1837, 1 feuille.

960. Carte des îles de la Société, par L. I. DUPERREY. *Paris*, 1823, 1 feuille (923).

961. Carte des îles Tonga, par A. TARDIEU. *Paris*, 1834, 1 feuille.

962. Carte des îles Viti, par le capit. DUMONT D'URVILLE. *Paris*, 1827, 1 feuille (922).

APPENDICE.

963. Tableau de l'état du globe à ses différens âges, basé sur l'examen des faits, par Boubée. *Paris*, 1834, 1 feuille.

964. Carte de la distribution des plantes les plus utiles sur la surface du globe, présentée par climats, avec un profil des montagnes pour chaque hémisphère, par Ph. de Canstein. *Berlin*, 1834, 1 feuille.

965. Nouvelle carte géométrique des distances en lieues de poste, entre tous les chefs-lieux de départemens du royaume de France, et les autres principales villes des quatre parties du monde, contenant de plus les départemens français et les divisions militaires dont ils dépendent; les latitudes et les longitudes d'un grand nombre de villes; l'heure de ces villes lorsqu'il est midi à Paris; les hauteurs comparées au-dessus du niveau de la mer des principales montagnes, de plusieurs lieux habités du globe, des volcans et de la végétation; un calendrier pour les années 1812 à 1885; enfin, les titres, poids et valeur en argent de France des différentes monnaies étrangères, par Dericquehem, 3e édition. *Paris*, 1829, 2 feuilles.

966. Comparateur universel des échelles géographiques, avec l'explication de sa construction et les moyens de s'en servir, par Bonne, publié par le Dépôt de la guerre. *Paris*, 1802, 2 feuilles.

967. Exposition graphique, à l'échelle de $\frac{1}{100000}$, des lieues européennes dont la longueur est exactement connue. — Rapport de la lieue prussienne de 2,000 verges du Rhin aux échelles des cartes les plus estimées, etc., par Oesfeld. *Berlin*, 1831, 2 feuilles.

968. Modèles pour le dessin des levés, exécutés par les officiers d'état-major, lithographiés par ordre du ministre de la guerre. *Paris*, 1824, 1 feuille.

FIN DU CATALOGUE DE CARTES GÉOGRAPHIQUES.

TABLE DES AUTEURS

ET

DES CARTES SANS NOMS D'AUTEURS

COMPRIS DANS LE CATALOGUE.

Les chiffres désignent les articles.

A.

Abrahamson (le colonel), 338.
Académie (l') des Sciences de Berlin, 272.
——————— Copenhague, 337, 355.
——————— Saint-Pétersbourg, 599.
Acszalay de Szendrio, 168.
Ainslie (John), 479.
Akrell (C.), 640, 646.
Allen [Black, Kingsbury et Parbury], 716.
Altishofen (d') [H. Keller, Scheuermann, Pfyffer et d'Osterwald], 653.
Amman [et Bonenberger], 323.
Andréossy (le général), 694.
Andriveau, 564.
Ansart [et Lebas], 87.
Apian, 219.
Arrowsmith (J.), 53, 753, 832.
Arrowsmith (A.), 61, 74, 365, 380, 466, 467, 469, 480, 483, 491, 517, 701, 702, 730, 731, 727, 733, 735, 755, 767, 788, 798, 821, 830, 845, 850, 857, 869, 894, 935, 944.
Artaria et Cie, 366.
Astolfi (G.), 536.
Astronomes (les) de Brera, 191.
Atlas portatif des postes de Russie, 600.
—— *(grand) de l'empire de Russie*, 587.
Aupick (F.) [et A. M. Perrot], 416.
Austin, 861.

B.

Baarsel et fils (C. van), 368.
Backenberg, 303.
Bacler d'Albe, 508, 514, 521.
Balbi (Adr.) [et Brué], 734.
Banza (Philip.), 877.
Barbantini, 540.
Barbié du Bocage (père), 498.
Barbié du Bocage (G.), 779.
Bardi [et Pagni], 186.
Bawr, 686.
Bayer, 195.
Bazin, 424.
Beaufort (D. A.), 482.
Beaupré, 896.
Beaurain (le chev. de), 214, 249.
Beautemps-Beaupré, 420.
Becker, 300.
Beechey, 921.
Beer (G.) [et Madler], 26.
Behrens, 254.
Bellanger [et Vasserot], 445.
Belleyme, 411, 429.
Benicken (F. G.), 38.
Berghaus, 244, 268, 705, 710, 711, 715, 724, 725, 728, 739, 750, 756, 761, 936.
Berghes (C. de) [y F. de Gerolt], 859.
Bernhardt, 235.
Bero (D.), 433.

Berthelot [et Webb], 817.
Billiard (Aug.), 810.
Bitouzé-Dauxménil, 430.
Black [Kinsbury, Parbury et Allen], 716.
Blume, 145.
Bode (J. E.), 32.
Bollin, 670.
Bonenberger [et Amman], 323.
Bonne, 966.
Bordiga, 559, 665.
Borgonio, 550.
Born (de), 339.
Bory de Saint-Vincent (le colonel), 364, 811, 812.
Boscowich [et Maire], 532.
Boubée, 963.
Bouchenroeder, 882.
Boucher [et P. Picquet], 387.
Bouchette (Jos.), 833.
Bourcet, 551.
Bourjolly [Levassor et Leyritz], 899.
Boutigny [et Héliot], 449.
Bouvard, 30.
Boyer-Peyreleau (le colonel), 911.
Bowdich (T. E.), 807.
Bredsdorff (J. H.) [et O. N. Olsen], 92.
Breitinger, 672.
Brion, 388.
Brué (A. H.), 35, 44, 45, 54, 58, 62, 65, 69, 75, 88, 89, 90 [et Bruguière, 93], 98, 102, 114, 115, 116, 146, 263, 356, 389, 397, 398, 399, 405, 406, 455, 460, 488, 501, 502, 503, 565, 589, 604, 635, 647, 675, 697, 703, 708, 714 [et Adr. Balbi, 734], 747, 749, 762, 763, 768, 771, 790, 792, 803, 825, 826, 828, 840, 841, 852, 853, 862, 863, 868, 872, 878, 886, 889, 890, 891, 915, 916, 920, 925, 939, 952.
Bruguière [et Brué], 93.
Buch (L. de), 143, 816.
Buchwalder, 656.
Buna, 220.
Bureau topographique (badois), 215.
Bureau topographique impérial de Vienne, 150, 151, 153, 154, 155, 156, 161, 163, 165, 166, 170, 175, 176, 177, 178, 179, 183, 185, 187, 190, 192, 196, 198, 203, 207, 545, 547, 623, 683, 691.
Bureau topographique de Stuttgard, 324.
Burnes (Alex.), 736.
Busset, 427, 431.

C.

Cabanes (el brigadier F. J. de), 357.
Cailliaud (Fréd.), 793, 802.
Calmet de Beauvoisin, 373, 383, 580.
Canstein (Ph. de), 464.
Capitaine [et Chanlaire, 330], 411.
Carlet de la Rozière, 250.
Carpelan, 645.
Carta topografica della grande strada del Sempione, etc., 665.
Carte de la partie européenne de l'empire de Russie, 597.
Carte de la partie septentrionale de l'île de Fionie, 341.
——— *de la Sicile*, 525.
——— *de l'île de Seeland*, 352.
——— *de Seeland et de Moen*, 351.
——— *des côtes de Barbarie*, 774.
——— *des îles Moen, Falster et Laaland*, 349.
——— *du duché de Holstein et du territoire des villes impériales de Hambourg et de Lubeck*, 342.
——— *du duché de Lauenbourg*, 348.
——— *du duché de Nassau*, 259.
——— *générale de l'empire de Russie*, 585.
——— *géographique militaire du duché de Holstein et des territoires des villes libres de Hambourg et de Lubeck*, 343.
——— *pour l'intelligence des voyages d'Alex. Burnes*, 736.
——— *routière de l'Ingrie*, 610.
Cary (J.), 8, 17, 31, 358, 457, 458, 461, 468, 470, 471, 472, 473, 477, 481, 484, 485, 717, 730, 818.
Cassini (P. D. Gio. M.), 509, 531.
Cassini de Thury [Le Camus de Montigny, Peyronnet, etc.], 418.
Chaix, 553.
Chalmandrier, 671.
Champion, 24.
Chanlaire (P. G.) [et E. Mentelle, 51, 510], 111, [et Capitaine, 330], 412.
Charles, 413, 414.

Chauchard, 132, 511.
Chéon (V.), 327.
Chewett, 834.
Chrysologue (le P.), 66.
Collin (E.), 774.
Compagnie (la) des Indes, 723.
Conrad, 678.
Coquebert de Montbret [et Homalius d'Halloy], 410.
Cordier, 666.
Cornillon, 434.
Corps (le) du génie (autrichien), 208.
Coste (P.), 794.
Coulon (A.) [et Green, 130], 131, 216.
Coutans (Dom), 447.
Cruchley, 462.
Cruttwell, 577.

D.

D'Anich (Pierre) [et Hueber], 205.
Danielow, 591.
D'Anville, 34, 106, 386, 700, 709, 766, 820.
Darmet, 436, 648, 743, 776, 887, 897.
D'Avezac, 773.
Davidos, 367.
De Bouge (J. B.), 112, 328, 569.
Decker, 225.
Delamarche, 2, 7, 13, 15, 19, 21.
Delavau, 438.
Demarets (P.), 437.
Denaix (le lieutenant-colonel), 40, 46, 70, 78, 79, 80, 81, 83, 84, 94, 95, 96, 103, 390.
Denis, 567.
Dépôt (le) topographique (napolitain), 529.
Dépôt (le) de la marine (danoise), 345.
Dépôt (le) de la marine (française), 72, 425, 912, 918.
Dépôt (le) des fortifications (de France), 404.
Dépôt (le) général de la guerre à Paris, 104, 205, 322, 359, 368, 379, 382, 384, 395, 411, 419, 426, 448, 454, 498, 499, 500, 561, 593, 602, 695, 778, 780, 781, 782, 783, 799, 800, 966.
Dépôt de la guerre de Milan, 182, 188, 210.
Dépôt (le) topographique de Saint-Pétersbourg, 594, 596, 606, 607, 628, 629, 631, 634, 688, 693, 696, 740, 742.
Dépôt (le) topographique hollandais, 576.
Dericquehem, 965.
Desmadryl aîné, 10.
Desmarest, 432.
Desnos, 47 [et Rizzi-Zannoni], 2.
Dewarat, 226.
Dien (Ch.) 1, 12, 18, 20, 27, 28, [illegible] 30, 33.
Diez, 125.
Direction (la) des ponts-et-chaussées de France, 407, 408.
Dirwald, 221.
Donnet (A.), 360, 369, 415.
Döring (N. de), 264.
Douville, 790.
Drovetti, 801.
Dubréna (V.), 469.
Dufour (A. H.), 25, 36, 48, 55, 374, 402 [et Lameau, 679], 775, 804.
Dumont d'Urville (J.), 917, [et Lottin, 918], 947, 950, 951, 962.
Duperrey (L. I.), 923 (note), 953, 955, 957, 958, 960.
Dupré, 41.

E.

Eckardt (C. L. P.), 252 [Scherz et Schwelin], 285.
Eckert (J. A.), 67.
Egede (P.), 836.
Engelhardt (F. B.), 121, 122, 260, 265, 269, 273, 275, 276, 280, 282, 618, 619.
Enouq (Jos.), 478.
Ericksen [et Olavius, 346], 644.
Eschwège [et de Martius], 873.
España maritima, 378.
État (l')-major bavarois, 217, 224, 227, 228.
État (l')-major danois, 354.
État (l')-major général de l'armée anglaise, 474.
État (l')-major général de l'armée française, 784.
État (l')-major polonais, 633.
État (l')-major prussien, 299.
Evans, 943.
Exchaquet [Struve et van Berchem], 662.

F.

Faden (W.), 361, 370, 463, 815, 866, 892, 914.
Fallon (le colonel de), 147.
Ferraris, 331.
Fielding [Lucas et Ph. Nicklin], 849.
Finck, 222.
Fischer, 261.
Flint, 353.
Forest, 439.
Forsell (K. de), 643.
Freycinet (L. de), 923, 940.
Fried, 71 [et Max de Traux, 149], 211, 822.
Fromman, 314.

G.

Gardner (James), 63.
Gatineau, 440.
Gelbke, 321.
Gemellaro, 527.
Gerardus, 590.
Gerolt (F. de) [y C. de Berghes], 859.
Gilly, 277, 626.
Glaser, 318.
Gliemann, 335, 338.
Golovin (F.), 350.
Görög, 169.
Gottholdt, 126, 270, 336.
Graah, 837.
Gressien, 922 (note).
Gressier (L.), 72.
Griemfeld, 200.
Grimm, 11, 64, 706, 712, 726, 758.
Guérin Delamotte [et Picquet père], 581.
Guilleminot (le lieut.-général), 368, 494, 682, 797.
Gussefeld, 255, 295, [et Reichard, 312,] 316, 375.

H.

Haas, 248.
Hagelstam, 636.
Hagenow (F. de), 279.
Hallstrom, 637.
Hammer, 325.
Hammer (de), 218.
Hardy, 860.
Hardy (le général), 288.
Heck, 49.
Heiliger [et Hogrèwe], 239.
Heinecken, 229.
Héliot [et Boutigny], 449.
Heneman, 883.
Hérisson, 406.
Hennert, 304.
Herbitz (l'abbé), 687.
Hermelin, 641.
Heunisch, 133, 212.
Hilhouse (W.), 879.
Hinrichs, 236.
Hisinger, 642.
Hoffmann (Fr.), 144.
Hogrèwe [et Heiliger, 239], 245.
Homalius d'Halloy [et Coquebert de Montbret], 410.
Homann (J. B.), 56.
Hueber [et d'Anich], 206.
Humboldt (Alex. de), 854, 858.

I.

Imbert des Mottelettes, 82, 85.
Inghirami (G.), 558.
Institut (l') géographique de Munich, 649, 681.
Institut (l') géographique de Weimar, 141, 242, 632.

J.

Jack, 615.
Jacotin [et J. Jomard, 795, 796], 800.
Jacoubet, 444.
Jaime Valcourt é Iznardi (D. José G.), 909.
Jambon, 22.
Jaubert (le chev.), 741.
Jefferys, 578, 895.
Jomard (J.), 751 [et Jacotin, 795, 796], 801, 805, 806.
Jomini (le général), 513.

K.

Keller (H.), 650, [Scheuermann, Pfyffer, d'Altishofen et d'Osterwald], 653.
Kelsall (Ch.), 523.

Khatoff (le général), 692, 744.
Kindermann, 202.
King, 941.
Kingsbury [Black, Parbury et Allen], 716.
Kirilow, 582.
Klaproth (J.), 707, 713.
Klein, 134.
Kloeden (C.F.), 99, 135, 289 [Schmidt et Mathias, 396], 759.
Kolff (D. H.), 934.
Knobel, 789.
Krayenhoff (le général), 568 (note), 572.
Kreybich (J. F.), 157, 158.
Kruse (Chr.), 86, 87.
Krusenstern (le contre-amiral baron de), 924.
Kurawoski, 334.

L.

La Borde (de), 518.
La Borde (L. de), 752.
La Cruz (D. J. de), 870.
Laing (le major) [et O'Beirne], 808.
Lalande [et Meissier], 13.
La Luzerne (de), 205.
Lameau (P.), 493 [et A. H. Dufour], 679.
Lapie (P. ou le chev.), 4, 5 [et Lapie fils, 50], 59, 68, 107, 117, 118, 127, 362 [et Ch. Picquet père, 363, 394], 400, [et Ch. Picquet fils, 403], 456, 459, 489, 494, 512, 595, 609, 638, 673, 674, 676, 682, 684, 738, 741, et Ch. Paultre, 757], 777, 786, 787, 797, 819, 843, 865, 893, 898, 907.
Lapie fils [et Lapie père], 50.
La Rochette (de), 871.
Las-Cases (le comte de) [A. Lesage], 43.
Leake, 798.
Lebas [et Ansart, 87].
Leblond, 880.
Le Camus de Montigny [Cassini de Thury, Peyronnet, etc.], 418.
Lecoq (le général), 290.
Leduc-Housset, 392.
Lehmann, 310, 311.
Lesage (A.) [le comte de Las-Cases], 43.
Levassor [Leyritz et Bourjolly], 899.
Lewin (W.), 945.
Liechtenstern (le baron de), 136, 137, 194.
Leyritz [Levassor et Bourjolly], 899.
Liesganig, 166.
Lipsky, 171, 172.
Lislet-Geoffroy, 813, 814.
Litta, 534.
Lopez (D. Juan), 903, 908.
Lopez (T.), 371, 376, 385, 579, 910.
Lottin [et Dumont d'Urville, 918], 922 (note).
Lucas [Fielding et Ph. Nicklin, 849].
Luffman (J.), 900.
Lutké, 839, 954.

M.

Macdonald Kinneir, 737, 754.
Madler [et G. Beer], 26.
Maire, 164 [et Boscowich, 532].
Maisch, 294.
Mallet, 659.
Mallett (F.), 904.
Map of Mosquitia and the territory of Poyais, 851.
Marion, 12, 30 (note).
Martius (de) [et de Spix, 867, 876], [et Eschwége, 873], [et Schwarzmann, 874, 875].
Mathias [Schmidt et Kloeden], 396.
Mayer de Heldenfeld, 624.
Mayo, 901.
Méchain, 15.
Méchel (Chr. de), 658, 669.
Meissier [et Lalande], 13.
Mellin, 611.
Meister, 246.
Melit, 23.
Mentelle (E.) [et P. G. Chanlaire], 51, 510.
Mentz, 262.
Meyendorff (le baron de), 741.
Michaelis (E. H.), 323.
Ministère (le) de la marine de France, 420.
Modèles pour le dessin des levés exécutés par les officiers d'État-major, 968.
Molini (Gius.), 506.
Moller [et Pilsack, 148].
Mollo, 204.
Momo (J.), 548.
Monaldini (Venanzio), 539.
Monteith (le lieut.-col. W.), 745.
Morenhout (J. A.), 959.

Moseberg, 884.
Muller, 173.
Muller, 240, 241.
Muller, 251.
Muller, 495.
Muller (C.), 566.
Muller (Joh. Chr.), 159.
Munoz (Bart. de), 888.
Munster (Sébast.), 591.

N.

Nantiat, 372.
Napoli (T.) [et G. A. Rizzi-Zannoni], 552.
Niehausen, 253.
Nicklin (Ph.) [Fielding et Lucas], 849.
Nolli. 538.
Nordmann, 621.
Norie (J. W.), 902.
Nouvelles cartes de l'empire de Russie, 583, 584.

O.

O'Beirne [et le major Laing], 808.
Odeleben, 308.
Oesfeld, 967.
O'Etzel (F. A.), 91, 706, [et C. Ritter], 770.
Ogée, 423.
Ohsen, 231.
Olavius [et Ericksen], 346.
Olivieri (B.), 533.
Olsen (O. N.) [et J. H. Bredsdorff], 92.
Oppermann [et Suchtelen (les généraux)], 603.
Orcesi, 544.
Orgiazzi, 504, 673.
Osterwald (J. F. d') [H. Keller, Scheuermann, Pfyffer et d'Altishofen, 653], 657.
Oxholm, 905, 906.
Oxley, 946.

P.

Padischeff (le colonel), 588, 838.
Pagni [et Bardi], 186.
Palma, 181, 677.
Palmeus (de), 541.
Papen (le colonel), 243, 319.
Parbury [Black, Kingsbury et Allen], 716.
Paultre (Ch.) [et Lapie], 757.
Perrot (A. M.) [et F. Aupick, 416], 667.
Peyronnet [Cassini de Thury, Le Camus de Montigny, etc.], 418.
Petri, 305, 306, 307.
Pelet (le lieut.-général), 419, 782, 783.
Pfyffer, [H. Keller, Scheuermann, d'Altishofen et d'Osterwald], 653.
Pianta della città di Milano, 209.
Picquet père (Ch.), 118, [et Lapie, 363], 393, [et Lapie, 394], 441, 442, 447, 453, 562, [et Guérin Delamotte, 581].
Picquet fils (Ch.), 44, 45, 48, 58, 60, 62, 65, 69, 73, 98, 100, 101, 102, 115, 116, 146, 263, 356, 398, 403, 441, 442, 443, 447, 453, 488, 501, 502, 505, 555, 565, 589, 604, 612, 614, 647, 663, 664, 674, 675, 697, 698, 699, 708, 714, 747, 749, 764, 775, 825, 826, 827, 828, 840, 841, 853, 862, 863, 864, 868, 872, 878, 886, 891, 915, 916, 919, 925, 939, 952.
Picquet (P.), 387.
Pilsack [et Moller], 148.
Pinchetti, 189.
Pinheira Furtado, 791.
Plan de Berlin, 296.
— *de Brunswick*, 232.
— *de Turin*, 556.
Plater (Stanislas), 616, 617.
Poirson, 3, 14.
Ponjakow, 748.
Pontoppidan, 644.
Poulain de Bossay, 37.
Puissant, 562.
Purdy (John), 76, 704.

R.

Raffles (Th.), 937.
Raglowich (le général), 131.
Raymond, 549, 554, 555.
Rega Belenstinie, 496.
Reichard, 39, 77 [et Gussefeld, 312], 320.
Reinecke, 347.
Reinsche, 310.
Rengger (J. A.), 885.
Rennell (le major J.), 718, 722.
Renner, 765.

Reymann, 109, 138, 142, 167, 278, 598, 608, 625.
Rheinwald, 226.
Riedig, 6, 16.
Riedl (J.),, 685, 689, 690.
Renzini (Stanislas), 620.
Ritter, 201.
Ritter (C.), 706, [et F. A. O'Etzel], 770.
Rizzi-Zanonni (Giov. Ant.) [et Denos, 391,] 506, 515, 516, 519, 520, 522, 528, [et T. Napoli, 552,] 622.
Robert de Vaugondy, 7, 52, 823.
Romano, 535.
Roth, 326.
Rothé, 450.
Rothenburg, 128.
Rousseau, 435, 452.
Rousseau (J. B. L. J.), 760.
Roussel, 381.
Roy (le général), 479.
Ruggieri, 563.
Ruhl de Lilienstern (le général), 110, 301.

S.

Sanson, 567.
Saxe (la) ernestine, 315.
Scheuchzer, 651.
Schenk, 309.
Scheuermann [H. Keller, Pfyffer, d'Altishfen et d'Osterwald], 653.
Scherz [C. L. P. Eckardt et Schwelin], 285.
Schlieben, 302.
Schlungs (W.), 283.
Schmettau (le comte de), 160, 256, 257, 258.
Schmettau (le baron de), 526.
Schmidt (L.), 152.
Schmidt (J. M. F.), 105, 119, 120, 284.
Schmidt (O. F.), 123, 129.
Schmidt [Mathias et Kloeden], 396.
Schroetter, 281.
Schubert (le général), 601, 605, 630.
Schumacher, 344.
Schwarzmann [et de Martius], 874, 875.
Schwelin [C. L. P. Eckardt et Scherz] 285.
Seikler (F. Ch.), 537.
Seep [et fils], 571.
Segato, 557, 772.
Seguin, 421, 422.
Selter (J. C.), 298.
Silva Paulet, 874.
Smith, 475, 476.
Smith (C.), 487.
Smith (W. H.), 524, 542.
Société royale de géographie (de Paris), 93, 760.
Société royale de géographie (de Londres), 745.
Soriot de L'Host (le général), 97.
Sotzmann (D. R.), 124, 140, 266, 271, 274, 286, 293, 639.
Spher, 230.
Spix (de) [et de Martius], 867, 876.
Stein [et Textor], 627.
Stieler (A.), 57, 139.
Strass, 42.
Streit [et Weiland, 233], 237, 317.
Strucchi, 507, 546.
Suchtelen [et Oppermann (les généraux)], 603.
Struve [Exchaquet et van Berchem], 662.
Sutherland (le colonel), 746.

T.

Tableau historique et géographique du royaume de Pologne, 613.
Tanner (H. S.), 824, 829, 842, 846, 848, 861.
Tardieu (A.), 9, 948, 956, 959, 961.
Tardieu (P. F.), 847.
Tardieu fils aîné (P.), 855.
Textor [et Stein], 627.
Thoummel (le baron de), 313.
Tofino, 377.
Traux (Max. de), 108 [et Fried, 149], 162.
Tromelin (le baron de), 494, 682, 797.
Tulla (J. G. de), 213.

U.

Ulrich, 234, 247.
Usteri, 660.

V.

Valle (G.), 184, 193.
Van Baarsel et fils (C.), 568.

Van Berchem [Struve et Exchaquet], 662.
Vandelli, 543.
Van den Bosch (J.), 809, 881, 913, 926, 927, 928, 929, 930, 931, 932, 938.
Van der Maelen, 113, 29, 332, 333.
Van Gorkum (le colonel J. G.), 575.
Vasserot [et Bellanger], 445.
Vaudoncourt (le général G. de), 497, 680.
Verdun de La Crenne, 347.
Verniquet, 446.
Viard (C.), 401.
Visconti (S.), 25.
Vitry, 451.
Vivien, 75, 768.
Vogel von Falkenstein, 297.
Voxende Kaart over Island og Faerøerne, 340.

W.

Walker (J.), 719, 732, 844, 933.
Ward, 856.
Washington, 785.
Webb [et Berthelot], 817.
Weiland (C. F.), 197, [et Streit, 233], 238, 267, 292, 654, 942.
Weinerus (P.), 223.
Weiss, 417, 683.
Weiss (J. H.), 652, 655, 661, 668.
Westphal, 530.
Wiebeking, 287, 291, 573, 574.
Wieland, 180, 295, 570.
Wyld (J.), 464, 465, 486, 490, 729, 731, 769, 831, 835, 949.

Y.

Youf de Maisons, 428.

Z.

Zach (le baron de), 194.
Zannoni (*Voyez* Rizzi-Zannoni.)
Zuccagni (Orlando), 560.
Zuccheri, 174.
Zurner, 199.

FIN DE LA TABLE DES AUTEURS COMPRIS DANS LE CATALOGUE

ET

DE TOUT LE TOME PREMIER.

ERRATA.

Page 63, ligne 13 d'en bas, supprimez la virgule après le mot *einer*.

217, ligne 4 d'en bas, *au lieu de* Mortans *lisez* Martens.

345, ligne 5 d'en bas, *au lieu de* entre Cantons de.... *lisez* entre les Cantons de.....

Page 697, le nº 252 du Catalogue des cartes doit en être le nº 247, et faire partie de la division de *Hesse-Darmstadt*.

Contraste insuffisant

NF Z 43-120-14

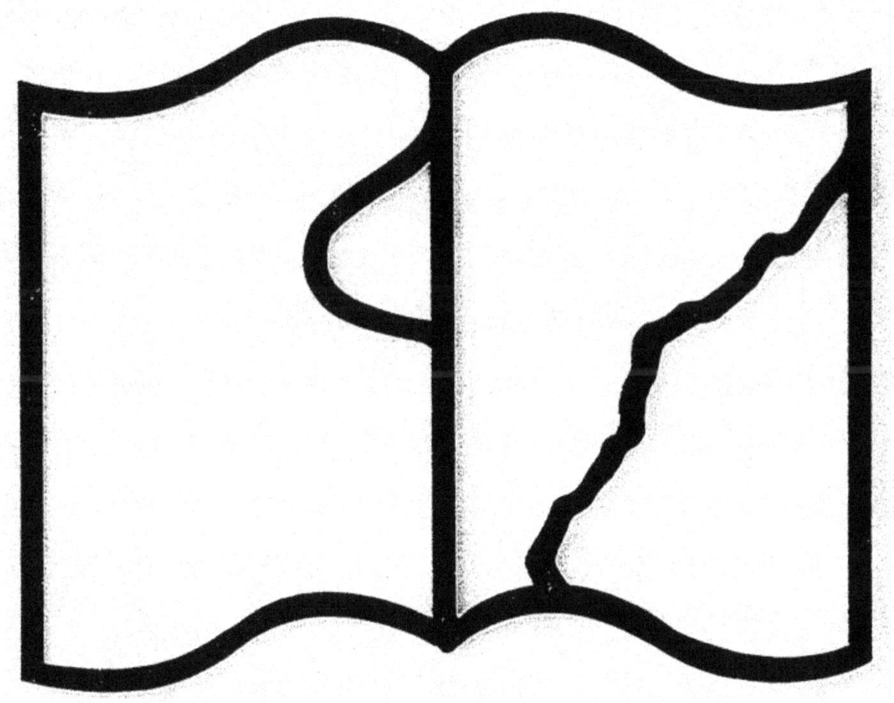

Texte détérioré — reliure défectueuse

NF Z 43-120-11

www.ingramcontent.com/pod-product-compliance
Lightning Source LLC
Chambersburg PA
CBHW052104230326
41599CB00054B/3758